ŒUVRES COMPLÈTES

DE L. VITET

CHEZ LES MÊMES ÉDITEURS

ŒUVRES COMPLÈTES

DE

L. VITET

DE L'ACADÉMIE FRANÇAISE

Format grand in-18

La Ligue, scènes historiques — Les États de Blois — Histoire de la ligue — Les Barricades — La Mort de Henri III, précédées des États d'Orléans (nouvelle édition)............................	2 vol.
Essais historiques et littéraires.............	1 —
Études sur l'histoire de l'art (2e édition).........	4 —
Histoire de Dieppe (*sous presse*)..............	1 —

Format in-8

L'Académie royale de peinture, étude historique.....	1 —
Le Louvre, étude historique (*sous presse*)..........	1 —

POISSY. — TYP. ET STÉR. DE A. BOURET.

ÉTUDES
SUR
L'HISTOIRE DE L'ART

PAR

VITET

DE L'ACADÉMIE FRANÇAISE

DEUXIÈME SÉRIE

—

MOYEN AGE

DEUXIÈME ÉDITION

PARIS

MICHEL LÉVY FRÈRES, LIBRAIRES ÉDITEURS

RUE VIVIENNE, 2 BIS, ET BOULEVARD DES ITALIENS, 15

A LA LIBRAIRIE NOUVELLE

—

1868

Droits de reproduction et de traduction réservés

ÉTUDES
SUR
L'HISTOIRE DE L'ART

I

NOTRE-DAME DE NOYON

PREMIÈRE PARTIE

ESSAI ARCHÉOLOGIQUE

L'ancienne cathédrale de Noyon n'a pas la célébrité qu'elle mérite. Elle ne peut lutter, il est vrai, ni en étendue, ni en élévation, avec ces immenses églises qui font la gloire de Chartres, de Reims ou d'Amiens; mais la beauté de son plan, la sévérité de ses formes, l'harmonie de ses proportions. ui donnent droit à être comptée parmi nos monuments reli gieux de premier ordre. Ajoutons qu'il y a dans sa construction certaines particularités qui en font un des types les mieux caractérisés de cette époque de transition, où l'arcade à plein cintre, dépossédée de sa vieille suprématie, et près de disparaître pendant trois siècles de notre sol, se mariait encore à l'ogive victorieuse et envahissante.

C'est surtout à ce titre, c'est comme objet d'étude, comme document utile à la solution de problèmes encore obscurs, que ce monument aussi important que peu connu mérite une sérieuse attention.

Plus son architecture présente de remarquables anomalies, plus il importerait de fixer avec certitude les dates auxquelles se rapporte chaque partie de sa construction.

Malheureusement c'est là une utopie qu'il n'est guère permis de réaliser. Des traditions incertaines, des documents contestables, des archives presques muettes, des historiens peu clairvoyants, voilà de quelles ressources nous pouvons disposer.

Ce n'est pas une raison pour s'abstenir.

Nous chercherons d'abord s'il est réellement impossible de découvrir des renseignements clairs et certains.

Si nous n'en trouvons pas, nous nous adresserons à des faits en apparence étrangers à notre sujet, mais d'une certitude incontestable, et nous verrons s'ils ne pourraient pas nous servir de jalons pour déterminer d'une manière générale les dates dont nous avons besoin.

Enfin nous interrogerons le monument ; nous lui demanderons d'achever lui-même son histoire, après avoir essayé toutefois de démontrer que ce mode d'investigation n'a rien d'arbitraire ni de chimérique, et qu'il constitue une science, encore à son début, il est vrai, mais qu'une saine méthode peut asseoir sur les bases les plus solides.

Nous aurons atteint notre but si nous prouvons par un exemple, quelque imparfait qu'il soit, qu'il ne faut pas désespérer d'établir approximativement l'âge de nos anciens monuments, lors même que les documents écrits semblent muets sur leur compte, ou, ce qui est encore pis, n'en parlent que pour accréditer de fausses et ridicules traditions.

Avant tout, il faut jeter un coup d'œil sur le monument tel qu'il est aujourd'hui.

1

ÉTAT ACTUEL ET CARACTÈRE DU MONUMENT.

Du haut des anciens remparts de Noyon, remparts dont il n'existe plus que d'informes débris, on voit s'élever au-dessus des toits et des fumées de la ville deux puissantes tours carrées, flanquées chacune, à leurs quatre angles, d'épais et robustes contre-forts. Ces tours ne s'élancent pas en pyramides, elles sont presque aussi larges au sommet qu'à la base ; elles ne sont pas couronnées par des flèches légères, leur toiture en ardoise est courte et ramassée. Tout en elles est sombre et sévère comme la couleur des pierres dont elles sont construites ; elles semblent placées là plutôt pour défendre la ville contre l'ennemi que pour renfermer les cloches qui appellent les fidèles à la prière.

Cependant, derrière ces tours, on voit se prolonger un noble et gracieux édifice, vaste corps d'église terminé par un chevet d'où rayonnent de nombreux arcs-boutants, et interrompu vers le milieu de sa longueur par deux bras ou transsepts arrondis à leur extrémité. La forme de ces transsepts produit une succession de lignes courbes et serpentantes que l'œil se plaît à suivre, et communique à tout le corps de l'église une apparence de souplesse et de grâce qui contraste admirablement avec le mâle aspect des deux clochers. Les proportions élancées du monument, la forme aiguë du toit, la riche dentelle qui se découpe en festons sur sa crête, tout concourt à vous persuader que c'est là une de ces brillantes églises créées dans un des siècles où le style à ogive unissait l'élégance à la fermeté; mais bientôt vos yeux, se portant de l'ensemble sur les détails, vous font apercevoir que toutes les ouvertures de la nef sont à plein cintre, et que, sauf dans deux étages des transsepts, dans quelques parties de l'abside, dans les deux tours et dans la façade, l'ogive n'apparaît pas sur l'extérieur du monument. Il est vrai que ces pleins cintres sont plus sveltes, plus élancés que ceux qui appartiennent à l'époque exclusivement romane ou byzantine[1]. Aussi cette cathédrale de Noyon, quoi-

---

[1] On pourrait citer la cathédrale de Spire et un certain nombre d'églises d'Italie, qui sont couronnées extérieurement par une galerie à jour placée sous le toit, et soutenue par une série de colonnes ou colonnettes supportant une succession d'arcades à plein cintre. A Noyon il n'y a pas de galeries, mais seulement de grandes fenêtres séparées par de larges trumeaux en maçonnerie pleine. Dans les églises dont

que presque entièrement percée d'arcades semi-circulaires, ne produit extérieurement, ni par l'ensemble de ses formes, ni par les détails de sa construction, la même impression qu'un monument à plein cintre proprement dit.

Avant d'entrer dans l'intérieur de l'église, examinons de plus près ses parties extérieures, et d'abord ce vaste porche qui s'avance en terrasse et qui abrite sous son triple berceau de voûtes les trois portes de la nef. Bien qu'il nuise à l'unité de la façade en la coupant et en la masquant en partie sous certains aspects, il est d'un effet imposant; c'est un noble péristyle qui ajoute à la profondeur de l'église, et qui prépare dignement à entrer dans le temple.

A gauche du porche, ce vieux bâtiment éclairé par cinq grandes ogives si richement encadrées et divisées par des moulures si nettes et d'un profil si pur, c'est l'ancienne salle du chapitre. Vis-à-vis, autour de la place, vous voyez huit lourdes et grandes portes cochères rangées symétriquement en demi-cercle, derniers et tristes témoignages de l'opulence des chanoines : c'est dans ces hôtels nouvellement bâtis que la Révolution est venue les surprendre.

Derrière la salle du chapitre, il existe un ancien cloître, dont cinq travées seulement sont encore debout. Chacune de ces travées se compose d'une grande ogive subdivisée en quatre compartiments et ornée de trèfles rayonnants fine-

---

nous parlons, les galeries se composent d'une série non interrompue d'arcades.

On trouvera, *à l'intérieur* de beaucoup d'églises à ogives, des fenêtres supérieures disposées à peu près comme celles qu'on voit *extérieurement* à Noyon. Ce que nous ne nous souvenons pas d'avoir remarqué ailleurs, c'est cette même combinaison employée à l'*extérieur*.

ment découpés dans la pierre. Au fond de la cour de ce cloître les arcades sont ruinées, mais le mur qui les soutenait subsiste encore : c'est un beau mur crénelé, d'une conservation parfaite et sur lequel on voit courir une frise de feuillages admirablement sculptés et refouillés. Si nous cherchions les effets pittoresques, nous nous arrêterions dans les ruines de ce cloître au milieu de ces beaux débris de sculptures et en face de ces créneaux qui donnent à cette sainte demeure comme un dernier reflet de son ancienne domination temporelle et féodale.

Au sortir du cloître on aperçoit la sacristie, percée de quatre grandes ogives moins riches que celles de la salle du chapitre, mais d'une courbe élégante et d'un heureux dessin; puis enfin nous voici devant le chevet de l'église : il se compose de deux rangs de terrasses, s'élevant comme de vastes gradins autour de l'abside et se reliant à elle par deux séries d'arcs-boutants superposés. Cet ensemble produirait un admirable effet, s'il n'avait été déshonoré par les barbaries du dernier siècle. Au lieu de restaurer les anciens arcs-boutants, on leur a substitué des contre-forts concaves et chantournés, surmontés de vases à parfums d'où s'échappent de soi-disant flammes dont l'agitation immobile produit la sensation la plus désagréable. Ce sont là les folies où tombe la sculpture toutes les fois qu'elle oublie que son domaine a des limites qu'elle ne peut impunément franchir.

Des deux côtés du chevet, en se dirigeant vers les transsepts, on aperçoit deux portes dont les sculptures ont subi de grandes mutilations; l'une, celle du côté du nord, connue sous le nom de porte Saint-Pierre, est précédée d'un porche qui l'a en partie protégée contre les injures du temps et des hommes. Les statues et les ornements du soubassement ont seuls complétement disparu : les chapiteaux et les archivoltes, au contraire, sont en assez bon état ; mais les sculptures dont on les a brodés affectent un goût tourmenté, tournoyant et indécis, dont on ne voit pas d'exemple dans la belle époque romano-byzantine, et qu'on rencontre rarement même dans sa décadence. C'est un luxe de rinceaux et de volutes qui, à force de se contourner, passent subitement de la maigreur à l'enflure : de telles sculptures ont l'air d'être estampées plutôt que taillées et ciselées ; elles donnent à la pierre l'aspect du plâtre et du carton, et semblent appartenir à la famille de ces ornements que les raffinements de la mode firent éclore il y a un siècle environ. L'autre porte, qu'on nomme la porte Sainte-Eutrope, quoique beaucoup plus mutilée, conserve les traces d'un goût plus sobre et plus pur. On remarque à droite et à gauche deux petits groupes sculptés en saillie sur la pierre, dont il est difficile de bien distinguer les sujets, tant ils sont dégradés, mais dont le mouvement général est heureux et dont l'exécution dut être ferme et hardie. Enfin, en levant les yeux du côté du chœur, on aperçoit un pan de muraille se distinguant de toutes les autres parties de la construction qui lui sont adhérentes, soit par la vigueur de son appareil, soit par l'aspect noirâtre de ses pierres frustes et rongées, soit enfin par une corniche dont les détails sont plus robustes et plus largement dessinés que dans toutes les autres parties de l'édifice [1]. En un mot, ce pan de mu-

[1] Il faut ajouter que le contre-fort qui se lie à ce pan de muraille est d'une autre forme et d'une autre dimension que les contre-forts sui-

raille a toutes les apparences d'une assez grande vétusté ; aussi, sans rien préjuger sur ce que nous pourrons ultérieurement découvrir ou conjecturer, il y a toute probabilité que ce doit être là une des parties les plus anciennes de l'église.

Retournons maintenant à l'autre extrémité de l'édifice : entrons sous le grand porche, et pénétrons dans la nef. Un spectacle imposant et harmonieux s'offre à nous. Ce ne sont pas des dimensions gigantesques ; mais telle est la justesse des proportions, que l'œil ne demande à pénétrer ni plus loin ni plus haut. La largeur, la profondeur et l'élévation du vaisseau sont combinées dans des rapports de parfaite concordance. Ce n'est pas cet élancement vertical et aigu, cette apparence presque aérienne et fragile des constructions dont l'ogive est le principe unique ; ce n'est pas non plus cet air de force et de majesté, cette solidité puissante dont l'arcade semi-circulaire est l'élément générateur : c'est vraiment un mélange, une fusion des effets de ces deux sortes de style ; le génie de la transition semble planer sous ces voûtes, aussi robustes que hardies, mais, avant tout, harmonieuses.

Et pourtant, au premier aspect, vous croyez entrer dans un monument où l'ogive seule est admise : les arcades, les voûtes se terminent en pointe ; les nervures et l'ensemble de la décoration semblent empruntées à une église entièrement à ogive. Ce n'est qu'au bout d'un instant, en levant la tête,

vants : il se termine par une colonne engagée, tronquée par le haut. Si cette partie de la construction n'appartient pas à l'église primitive, elle doit avoir été entreprise antérieurement au reste de l'édifice et d'après un plan auquel on aura renoncé lors de la reprise des travaux d'ensemble.

que vous vous apercevez que les grandes fenêtres qui éclairent le sommet du vaisseau sont à plein cintre ; que le plein cintre règne également dans la petite galerie placée au-dessous de ces fenêtres ; que, dans le chœur, les trois premières travées reposent sur des arcades semi-circulaires, et que la décoration des chapelles groupées autour de l'abside se compose aussi de petits arcs à plein cintre. Enfin, si vous montez dans les vastes galeries ou tribunes qui s'étendent sur tous les collatéraux de la nef et du chœur, là encore vous trouvez des fenêtres semi-circulaires, que, du sol de la grande nef, vous ne pouviez apercevoir. En un mot, cet intérieur d'église, dont la construction vous semblait d'abord ne dériver que du principe de l'ogive, se trouve en réalité contenir au moins autant d'arcs à plein cintre que d'arcs aigus.

Ce n'est pas tout : en descendant dans les détails, vous trouvez certaines dispositions du plan qui semblent n'appartenir qu'aux constructions de l'époque romane ; ainsi, par exemple, les arcades de la grande nef reposent alternativement sur un pilier carré, flanqué de colonnes engagées, et sur une colonne cylindrique complètement isolée. Cet emploi alternatif de deux genres de supports différents se rencontre fréquemment dans les monuments à plein cintre ; il disparaît complétement dès qu'on entre dans l'époque à ogive proprement dite. Il en est de même de ces anneaux saillants dont sont coupés, de distance en distance, les faisceaux de longues colonnettes qui séparent les dernières travées du chœur et la première de la nef : ce mode de décoration ne se rencontre plus, dès que le style vertical a pris son complet développement. Enfin, dans quel édifice purement à ogive trouvons-

1.

nous ces transsepts terminés en hémicycles? N'est-ce pas dans les constructions romanes, dans celles-là surtout qui sont empreintes du caractère byzantin, qu'il faut chercher des exemples de cette belle disposition?

Ainsi de tous côtés, dans cette cathédrale de Noyon, on retrouve la trace des traditions antérieures à l'époque où elle semble avoir été construite. Elle a beau porter le cachet du style à ogive, les souvenirs du style à plein cintre l'enveloppent et la dominent.

Plus on regarde de près, plus le problème se complique. Dans la plupart des monuments que nous a laissés l'époque de transition, on voit la construction se modifier, se transformer pour ainsi dire couche par couche : le monument change d'aspect à mesure qu'il s'élève, à mesure que le temps a marché. Ce sont d'abord de larges piliers ou d'épaisses colonnes supportant de lourds arceaux; puis au-dessus commence un système plus léger, qui enfin se termine en ogives. Ici, au contraire, l'ogive apparaît près du sol, et c'est le plein cintre qui couronne l'édifice. Le mélange des deux éléments s'est donc opéré d'un seul jet : ils semblent avoir été confondus ou plutôt mariés avec intention. On dirait une sorte d'accord et comme une transaction pacifique entre deux principes rivaux.

De telles exceptions peuvent-elles être l'effet du hasard? Évidemment non; elles ont une apparence trop régulière et trop systématique pour n'être que des accidents. Quelles sont donc les causes qui les expliquent? C'est à l'histoire qu'il faut les demander.

Notre premier soin devait être de caractériser le monument : nous venons d'en indiquer les principaux traits distinctifs. Il nous reste maintenant à déterminer, s'il est possible, l'époque de sa construction et les circonstances au milieu desquelles il dut être élevé.

Voyons d'abord si, parmi les documents écrits que nous pouvons consulter, il en est qui nous aideront à résoudre ce problème.

II

DOCUMENTS ET TRADITIONS. — INSUFFISANCE DES PREUVES ÉCRITES. — COMMENT Y SUPPLÉER ?

Un doyen du chapitre de Noyon, Jacques Levasseur, publia en 1633 un volume in-4° de 1,400 pages, intitulé : *Annales de l'église cathédrale de Noyon*. C'est l'œuvre d'un bon religieux, plein d'amour pour son église, mais mieux instruit des devoirs du chanoine que de ceux de l'historien. Il discute très-sérieusement la question de savoir si le nom de Noyon ne vient pas de celui de Noé, lequel *descendit en personne en notre Gaule*. Cette crédulité en fait d'étymologie donne la mesure du discernement de l'auteur. C'est partout la même bonhomie, le même défaut de critique. S'il a puisé aux sources originales, s'il a connu, comme tout porte à le croire, des manuscrits qui n'existent plus aujourd'hui[1], ces trésors

---

[1] Il n'y a pas lieu d'en douter, puisqu'on trouve presque à chaque page des *Annales de Noyon* la preuve que Levasseur avait à sa disposition les pièces originales les plus précieuses. Ainsi, par exemple, on lit en marge d'une lettre de Charles le Chauve rapportée textuellement.

se sont tellement altérés dans ses mains, qu'il est presque impossible maintenant d'en dégager l'alliage, et c'est là pourtant la seule histoire que nous puissions consulter sur les origines de la ville et de l'église de Noyon.

Jean Cousin, dans ses *Chroniques et Annales de l'évêché de Tournay*, qui parurent en 1619, raconte la vie des évêques de Noyon pendant l'époque où les deux diocèses de Noyon et de Tournay ne formèrent qu'un siège épiscopal, c'est-à-dire jusqu'en 1146; mais il ne parle pas de la cathédrale de Noyon. Il est vrai que le peu de mots qui lui échappent au sujet de celle de Tournay ne sont pas faits pour que son silence nous inspire beaucoup de regrets.

Dans le siècle précédent, un chanoine et pénitencier de

---

ces mots : *libro privileg. ecclesiæ Noviomensis, cotato R, fol.* 30, *et lib. cot. S, fol.* 23. Ailleurs, à propos d'une charte de donation faite aux frères de la milice du Temple, on trouve ces mots en note : « Elle (cette charte) est tirée de nos archives et du registre coté E et du coffret de notre thrésor coté III. » Enfin, dans un autre passage, on lit ces mots : « L'histoire qui reste depuis l'évêque Simon étant presque toute enregistrée dans les manuscrits de notre église, cotez par autant de lettres que l'*Iliade* et l'*Odyssée* d'Homère, il ne faut qu'ouvrir les yeux pour y voir, et je ne ferois icy que transcrire... » Malheureusement, il ne reste pas aujourd'hui le moindre vestige de ces registres si bien cotés, mais si mal consultés.

De ce que Levasseur a pu disposer de beaucoup de pièces originales, il ne faut pas conclure qu'il ait trouvé des documents également bien conservés sur toutes les époques. Nous verrons plus loin quels terribles et quels fréquents ravages le feu exerça sur ces archives de Noyon. Il est donc probable que les registres dont nous parle Levasseur avaient, en grande partie, été rétablis soit de mémoire, soit d'après des traditions plus ou moins inexactes.

l'église de Noyon publia de nombreux écrits sous le nom de Démocharès; son véritable nom était Antoine de Mouchy. Confident et familier du cardinal de Guise, il l'accompagna au concile de Trente, en 1562. C'était un ardent catholique, un des commissaires du procès d'Anne Dubourg, s'attribuant le titre d'inquisiteur de la foi de France, et en exerçant les fonctions. Malgré son zèle violent, il avait du sens, de la pénétration; ses écrits servent à rectifier plusieurs dates et à établir certains faits historiques relatifs au diocèse de Noyon. Malheureusement, il ne s'est pas non plus occupé de notre église.

Il existe à la Bibliothèque impériale un assez grand nombre de cartons pleins de pièces manuscrites relatives à la ville et à l'évêché de Noyon [1]. Nous avons parcouru et examiné toutes ces pièces; elles contiennent d'abondants matériaux pour l'histoire locale, beaucoup de particularités et de détails plus ou moins curieux sur le bailliage, l'échevinage, les élections et les corps de métier, sur les congrégations religieuses, les paroisses et les hôpitaux, sur les droits, statuts et règlements du chapitre, sur les prérogatives et revenus de l'évêché, en un mot, à peu près sur tout, excepté sur l'église Notre-Dame. Pas une quittance, pas un mémoire, pas une note concernant les travaux qui ont dû être exécutés dans ce grand édifice à tant d'époques différentes, si ce n'est toutefois quelques mots sur les restaurations de 1743 et de 1757 qui défigurèrent le chœur [2],

---

[1] Ces cartons sont remplis en grande partie de pièces recueillies par Ch. de Beaucousin, elles sont conservées dans la salle des Mappemondes.

[2] Elles avaient pour but de mettre les chanoines à l'abri du froid.

et sur le badigeonnage de 1771 [1], dont les tristes effets se font encore sentir. Est-il besoin de dire que ce n'est pas là ce que nous cherchons ?

Nos investigations sur les lieux, à Noyon même, n'ont pas été plus heureuses. On n'y a pas conservé une seule tradition de quelque valeur au sujet de l'ancienne cathédrale, pas un papier important qui ait échappé, soit aux nombreux incendies qui ravagèrent successivement la ville, soit aux dévastations révolutionnaires, soit à l'insouciance des habitants [2].

Pour mieux se garantir, ils avaient fait élever outre mesure la cloison contre laquelle étaient adossées leurs stalles. Ce changement n'était pas heureux : les habitants de Noyon se permirent d'en médire, et il courut par la ville force quolibets et chansons contre les chanoines; en voici un couplet, rapporté dans les cahiers manuscrits relatifs au chapitre :

> Et puis notre usage estant,
> Faut-il donc qu'on vous le dise ?
> De causer à chaque instant
> Et de rire dans l'église,
> N'est-il pas de notre honneur
> Que le public, dans le chœur,
> Ne puisse voir goutte,
> Goutte, goutte, goutte.

[1] Ce badigeonnage n'était pas le premier, car, en écaillant les murs, on retrouve plusieurs couches de badigeon. Du temps de Levasseur, il y avait encore quelques parties de l'église couvertes d'anciennes peintures. Il dit qu'on voyait « des pourtraits arrangez par dedans, au-dessous de la clef de la voûte du chœur, qui sont les représentations d'autant de personnages de l'Ancien Testament, jointe l'image de la très-sainte Marie, mère de Dieu, et l'histoire des trois roys. »

[2] Il existe bien à l'hôtel de ville un manuscrit, le seul peut-être qui se soit conservé : c'est un document précieux, mais qui n'a aucun rapport avec l'objet de nos recherches. Il est intitulé : « Registre de tous les bourgeois faits et créés en la ville de Noyon depuis l'an mil trois cent vingt-quatre, et des serments que les maires et échevins prêtent quand ils sont faits et renouvelés. »

Nous ignorons si, dans les archives du département, à Beauvais, on

Fnfin, si, pour dernière ressource, nous nous adressons aux historiens qui ont traité, non plus de Noyon ou du Noy..... en particulier, mais de la Picardie, et notamment des villes, monastères et églises situés aux environs de Noyon, dans l'espoir d'y découvrir par aventure quelques révélations au sujet de notre église, nous ne tardons pas à reconnaître combien cette espérance est vaine. Il n'y a rien à attendre ni de Guibert de Nogent-sous-Coucy, ni d'Herman, le moine de Saint-Vincent de Laon. Leurs écrits sont pleins de détails sur l'établissement tumultueux de la commune de Laon, sur l'incendie de cette ville, sur la restauration de sa cathédrale, mais ni l'un ni l'autre ne disent un mot de cette église de Noyon dont ils étaient cependant si voisins.

Un tel silence ne doit pas nous étonner. Ce qui est rare, ce qui est merveilleux, c'est une église que ses contemporains

pourrait obtenir de plus utiles découvertes. Ce dépôt est assez riche pour qu'il soit permis de l'espérer, mais il faudrait faire des recherches toutes spéciales, qui ne paraissent pas avoir encore été entreprises.

Nous devons joindre à la liste des ouvrages que nous avons consultés inutilement, d'abord celui de Colliette, intitulé : *Mémoires sur le Vermandois*, en trois volumes in-4° : c'est une histoire ecclésiastique qui ne dit pas un mot des églises ; ensuite les *Antiquités de Noyon*, par Duchesnes ; *l'ancien Noyon*, par Desrues, et enfin deux ouvrages modernes composés de citations, extraites, soit de pièces manuscrites, soit des différents auteurs que nous venons de citer. Ils ont été publiés par M. de la Fons, baron de Melicocq. L'un de ces ouvrages a pour titre : *Recherches historiques sur Noyon et le Noyonnais*, 1 vol. in-8°, 1857 ; l'autre est intitulé : *Une cité picarde au moyen âge, ou Noyon et le Noyonnais aux quatorzième et quinzième siècles*, 1 vol. in-8°, 1841. Ces deux recueils sont pleins de faits intéressants ; mais l'auteur paraît n'avoir rien trouvé qui se rapporte à la construction de la cathédrale. Il se borne à citer les dates données par Levasseur, en exprimant cependant quelque doute sur leur exactitude.

aient regardé bâtir et sur laquelle ils aient bien voulu nous laisser des notions exactes et précises. Ces chroniqueurs du moyen âge qui enregistrent tout ce qu'ils voient, tout ce qu'ils entendent raconter, qui ne nous font pas grâce de l'anecdote la plus insignifiante, jamais ils n'ont rien à nous dire de ces monuments qui de toutes parts grandissaient autour d'eux, et que le respect, la piété, l'enthousiasme des populations, signalaient à leurs regards. Survient-il le moindre trouble dans la paix du cloître, les revenus de l'abbaye sont-ils menacés par un procès, ses priviléges reçoivent-ils la moindre atteinte, nous en sommes instruits de cent façons; mais si nous voulons savoir l'origine de ces murailles qui abritent la communauté, de cette église qui retentit de ses prières, si nous cherchons quels changements sont survenus dans le plan primitif de ces constructions, par qui ces changements furent exécutés, les contemporains sont muets : ils n'ont rien vu, rien su, ou si par hasard il leur échappe quelques paroles, elles sont si brèves, si insouciantes, si incomplètes, que souvent elles ne servent qu'à nous égarer. Il y a tels monuments sur le compte desquels les données les plus fausses ne se sont accréditées que parce qu'une fois par hasard un contemporain leur a rendu le mauvais service d'en dire quelques mots.

Qu'on juge donc de notre embarras. S'il s'agissait de l'histoire de la ville de Noyon, les matériaux ne nous manqueraient pas. Fallût-il remonter jusqu'à Jules-César, nous trouverions des témoins oculaires, des pièces originales, des autorités dignes de foi. Nous n'en manquerions pas davantage, soit pour décrire l'établissement de la commune, soit pour assister à la formation de la bourgeoisie et à ses rapports avec l'évêque ; nous pourrions dépeindre dans tous leurs détails les dévastations dont les armées anglaises et espagnoles affligèrent pendant trois siècles cette triste contrée, le siége de la ville, sa prise et sa reprise durant la Ligue ; puis nous pourrions raconter encore, et jour par jour, en quelque sorte, les premières années de ce Jean Calvin, qui, tout en devenant pour sa ville maternelle un si grand sujet de scandale, devait faire rejaillir sur elle une part de sa célébrité [1] ; mais ce n'est pas

---

[1] Calvin naquit à Noyon, le 10 juillet 1509, dans une maison que possédait son père, Gérard Cauvin, tonnelier, au coin de la place du Marché-au-Blé. Levasseur la désigne ainsi : « La maison où pend à présent l'enseigne du Cerf. » On montre encore cette maison aux étrangers ; mais elle doit avoir été reconstruite vers le commencement du dernier siècle, car elle ne porte aucun caractère d'une époque plus ancienne.

Calvin fut baptisé en l'église Sainte-Godeberte, et nommé Jean. Levasseur lui fait un grand crime d'avoir, après son enfance, changé son nom de famille, et de s'être fait appeler Calvin au lieu de Cauvin. Mais il est à croire que ce changement s'opéra naturellement, lorsqu'il eut publié quelques écrits sur le titre desquels son nom de Cauvin était latinisé en celui de *Calvinus*.

A peine âgé de douze ans, il fut pourvu d'un bénéfice simple dans la cathédrale. Il devait cette faveur à un protecteur puissant, Claude d'Hangest, abbé de Saint-Éloi de Noyon.

Le 29 mai 1521, on procéda à son installation : la chapelle dont il devenait ainsi titulaire était située à l'entrée du chœur, et dédiée à la gésine de la Vierge ; elle lui était résignée par maître Michel Courtin, lequel, comme le jeune Calvin, n'avait d'ecclésiastique que son bénéfice.

Le 27 septembre 1527, il fut présenté à la cure de Saint-Martin de Marteville, diocèse de Noyon, par maître Antoine Favel, chanoine, qui avait droit de présentation ; puis au bout de deux ans, le 9 juillet 1529,

là notre tâche. C'est l'histoire de la cathédrale elle-même, de ses murailles, de ses pierres qu'il s'agit de tracer, et pour celle-là, encore une fois, nous ne pouvons invoquer le secours d'aucune pièce contemporaine, d'aucun témoignage authentique.

Il faut, bon gré mal gré, que nous consultions les *Annales* de Levasseur. Lui, du moins, il ne pèche pas par indifférence ; il a pour sa cathédrale un véritable amour. Il la décrit, il la mesure, il cherche à l'expliquer dans toutes ses parties. Ce n'est pas sa faute, si, n'ayant jamais voyagé, il n'a pas vu d'autres églises, et n'a pu rectifier ses idées au moyen des comparaisons. Qui d'ailleurs, à cette époque, pensait à voir et à comparer des églises? Il a recueilli pêle-mêle toutes les traditions qui se colportaient, il y a deux cents ans, sous les voûtes du cloître et dans la salle capitulaire de Noyon. Acceptons-le donc comme un écho de ces traditions, et laissons-le parler, sauf à nous tenir sur nos gardes et à chercher ensuite les meilleurs moyens de démêler le faux du vrai.

Selon Levasseur, c'est à saint Médard, premier évêque de Noyon, qu'il faut attribuer la construction de l'église cathé-

---

il permuta ladite cure de Marteville contre celle de Pont-Lévêque, avec messire Jean de Bisy.

Bien qu'il fût en possession d'une chapelle et d'une cure, il n'était ni chapelain ni curé, et jamais il n'entra dans les ordres, auxquels cependant il était destiné, non-seulement par la jouissance anticipée de ses bénéfices, mais par la volonté de sa famille et de l'abbé de Saint-Éloi. Parti de Noyon dans sa quinzième année, il séjourna tour à tour dans les écoles de Paris, d'Orléans et de Bourges, et ne revint jamais dans sa ville natale. Il se démit de ses bénéfices quelque temps avant la publication de son *Institution chrétienne*, vers 1555, lorsque déjà son parti était pris d'attaquer ouvertement l'Église et la papauté.

drale. Avant lui, il n'avait existé dans la ville que de petits oratoires, tels qu'en bâtissaient les premiers chrétiens. La seule église de la province, l'église épiscopale, était celle de Vermand, *Augusta Vermanduorum*, aujourd'hui Saint-Quentin. A la vérité, Levasseur ne veut pas admettre que Saint-Quentin ait jamais eu l'honneur d'être la capitale de la province et le siége de l'évêché : il consacre d'immenses dissertations à prouver que l'ancien Vermand n'est autre que le village de Vermand situé aux environs de Noyon. Peut-être a-t-il raison, mais cela n'a pas la moindre importance. Ce qu'il suffit de constater, c'est que, vers l'an 470, la ville de Vermand fut saccagée et renversée de fond en comble par les Huns, et que saint Médard, évêque de Vermand, se retira, avec son troupeau, dans la ville ou plutôt dans le château de Noyon, *castrum Noviomense;* que là, grâce à de fortes murailles de construction romaine, il échappa aux fureurs des barbares, et qu'enfin, lorsque ce terrible orage fut passé, ne pouvant faire renaître de ses ruines la ville de Vermand, il se fixa définitivement à Noyon et en fit le siége de son évêché.

Cette tradition est confirmée par tant d'écrivains, que nous ne faisons aucune difficulté d'y ajouter foi. Il est donc probable que la première église bâtie à Noyon fut l'œuvre de saint Médard : il y a même lieu de croire qu'elle occupait une partie de l'emplacement sur lequel s'élève l'église actuelle; mais qu'il subsiste aujourd'hui un fragment quelconque, un seul pan de mur, une seule pierre de l'église de saint Médard, c'est ce qu'il n'est pas même permis de supposer.

Levasseur n'en est pas moins convaincu qu'il a devant les yeux l'église du cinquième siècle; seulement il se demande si le saint prélat construisit l'édifice tout entier, ou s'il n'en acheva qu'une partie. Se conformant à l'opinion qui lui semble la plus générale, il n'attribue à saint Médard que le chœur seulement. Quant à la nef, elle lui paraît être d'une autre main et d'un autre temps. Il suppose que sa construction tira en longueur, et que les premiers fondements en furent jetés seulement vers le temps de Charlemagne, environ deux cents ans après la mort de saint Médard. Toutefois il n'est pas loin d'admettre que le saint évêque, pour accomplir son œuvre, avait bien pu construire *quelque forme de nef*; mais il pense que cette partie du bâtiment, moins solide que le chœur, ayant menacé ruine assez promptement, il fallut la reconstruire, et que ce fut Charlemagne lui-même par qui ce grand travail fut entrepris.

Il ne faut pas oublier, dit-il, que Charlemagne fut sacré roi à Noyon, ainsi que le rapportent et Sigebert, dans ses chroniques [1], et plusieurs autres historiens. Or, peut-on croire que ce grand homme, qui mit sa gloire à bâtir tant d'églises et de monastères, eût laissé inachevée ou près de s'écrouler la nef d'une cathédrale qui avait eu l'insigne honneur de le voir prendre la couronne et prêter son serment de roi? A l'appui de son opinion, Levasseur invoque une tradition que son grand oncle, chanoine comme lui, tenait des plus vieux chanoines de son temps, tradition qui attribuerait à Charlemagne, non-seulement la construction de la nef, mais celle des

---

[1] « Et Carolus quidem Noviomi regiam accepit coronam, Carlomanus vero in urbe suessonicâ. » Sigeb. (Anno 768.)

deux clochers qui la précèdent. C'est en vertu de cette tradition, dit-il, que fut peint le vieux tableau que nous voyons en la croisée septentrionale de notre église vis-à-vis du vestiaire, et qui représente la cérémonie du sacre de Charlemagne. Le monarque n'y est-il pas figuré tenant d'une main la boule du monde chrétien, et de l'autre *portant puissamment cette lourde masse de la nef et de ses clochers?* Cela ne veut-il pas dire qu'il est le fondateur des clochers aussi bien que de la nef? Cette peinture, aux yeux de Levasseur, était, sinon du temps de Charlemagne, au moins de la plus haute antiquité, et, pour preuve, il raconte que le roi Louis XI, se rendant à Péronne en l'année 1468, s'arrêta quelques instants à Noyon, visitant l'église cathédrale, et fut si touché à la vue de ce tableau, le trouva si ancien et si vénérable, qu'il voulut en avoir la copie. Il demanda, dit-il, *un pourtraict de ce pourtraict;* ce que le chapitre s'empressa de lui accorder, comme le constataient les registres capitulaires [1].

Telle est donc l'opinion bien arrêtée de notre chanoine : le chœur a été bâti par saint Médard, la nef et les clochers sont l'œuvre de Charlemagne.

Toutefois, il lui vient quelques scrupules. Il se demande si ce vieux tableau est aussi vieux qu'il en a l'air; si, quoique

---

[1] « Anno 1468, capitulo facto, die ultimâ Augusti, declaretur per operarios convocandos expensa pro imagine Caroli magni collocando in capella Sancti Eligii retro chorum in fronte ecclesiæ et describatur in papyro pro ostendendo domino regi (Ludovico undecimo), ut ipse petiit et voluit fieri... » Ces mots sont cités par Levasseur comme extraits du registre des délibérations capitulaires. La délibération est, comme on voit, du 31 août : Louis XI avait passé à Noyon huit jours auparavant, le 24.

d'un travail très-ancien, il n'aurait pas été renouvelé postérieurement à la construction des clochers[1], et si le copiste, en plaçant l'église dans la main du monarque, ne se serait pas permis la licence de la peindre, non telle qu'elle avait été, mais telle qu'il la voyait.

Sans nous arrêter à cette explication, et tout en croyant, ce qui n'a rien d'impossible, ce qui est même probable, que Charlemagne ait fait ajouter à la cathédrale de Noyon une nef et deux tours, en admettant par conséquent que le vieux tableau, quelque soit son âge, ait dit la vérité, faut-il en conclure que les clochers bâtis par Charlemagne soient identiquement les mêmes que les clochers actuels? C'est là qu'est tout le problème.

Levasseur ne l'aperçoit pas : il se borne à confesser qu'il a fait de vaines tentatives pour percer la nuit épaisse qui enveloppe ces questions. Il nous met dans la confidence de ces efforts infructueux, et se plaint amèrement des religieux et gens de plume des anciens temps, qui, en prenant quelques notes qui leur auraient coûté si peu, lui auraient épargné tant de doutes et de recherches inutiles.

Il reconnaît néanmoins, dans un autre passage, que, selon l'avis des personnes savantes en ces matières, la plus grande

---

[1] Non-seulement ce tableau avait dû être renouvelé, probablement plusieurs fois, depuis Charlemagne, mais il est même prouvé que celui que Louis XI avait vu n'était pas celui que Levasseur admirait de son temps. En effet, Levasseur lui-même, vers la fin de son livre, rapporte le fait suivant : « Le 25 novembre 1517, le tableau de saint Charlemagne, renouvellé par maistre Jean Benast, trésorier et chanoine, fut replacé devant le portail dit des Sibylles ou Siffleurs. » (C'est-à-dire dans le transsept septentrional, vis-à-vis la porte d'entrée.)

partie de la cathédrale devait avoir été renouvelée et rebâtie après l'an 1000 de Jésus-Christ, et que par conséquent l'ouvrage de ses illustres fondateurs ne subsiste plus que par fragments. Cet aveu lui coûte, mais il ne peut disconvenir que, pendant le siècle qui précéda l'an 1000, une fausse terreur, semée par toute la chrétienté, avait faire croire à la venue de l'antechrist et à la fin du monde, et que les populations découragées avaient laissé se délabrer et tomber en ruines la plupart des édifices religieux. Il reconnaît que l'église de Noyon, comme toutes les autres, fut tellement négligée et abandonnée, que sa chute était imminente. Mais lorsque l'an 1000 eut sonné et que la prédiction fut trouvée fausse, chacun reprit courage et se mit en devoir de réparer le temps perdu. « Voilà pourquoi, dit-il, on se porta avec une allégresse non pareille à bastir, restaurer ou amplifier les églises, qui devaient encore durer long-temps jusques à la consommation du monde, laquelle fut jugée n'être si proche. Ce fut alors que nostre chœur fut *rafraischy*, notre nef parachevée, nos clochers adjoustez pour accomplissement de l'œuvre. Au moins les experts jugent que ces ouvrages et manufactures sont de ce temps-là. »

Tel est le dernier mot de notre auteur : il ne renonce pas, comme on voit, au chœur bâti par saint Médard, il admet seulement que ce chœur a été *rafraîchi* immédiatement après l'an 1000, et même, pour plus de précision, après l'an 1003[1]. Quant à la nef et aux clochers, en disant que l'une

---

[1] « On attendit jusqu'à l'an 1003, d'autant qu'il est escrit que l'antechrist régnera deux ans et demi, « tempus et tempora et dimidium temporis. Daniel, 7. » (*Annales de Noyon*, p. 131.)

fut parachevée et que les autres furent ajoutés, il les dépouille, il est vrai, de l'honneur d'avoir été bâtis par Charlemagne, mais il ne va pas au delà de cette concession. Dans tout le reste de son livre, il ne lui vient même pas à la pensée de chercher si des restaurations ou des reconstructions plus ou moins importantes sont devenues nécessaires et ont été entreprises. A l'exception de certaines chapelles, que son grand-oncle a vu bâtir, il ne paraît pas supposer que depuis l'an 1003 il y ait eu rien de changé dans la cathédrale. Il avertit même son lecteur de ne pas lui en demander davantage. Ce sont les traditions, dit-il, je m'y tiens.

Et cependant, en racontant la vie de tous les évêques les uns après les autres, il entre dans des détails que les registres capitulaires ont pu seuls lui apprendre. Ces registres étaient donc à sa disposition. Comment n'y a-t-il pas trouvé de temps en temps la trace des travaux exécutés pour le compte du chapitre et payés par lui? S'il était, comme tant d'autres, d'une complète froideur pour ces questions, on supposerait qu'il n'a pas voulu lire ou qu'il n'a pas daigné parler de ce qu'il avait lu; mais nous savons que ce n'est pas là son défaut, et qu'il parle volontiers de tels sujets. Ajoutez qu'indépendamment des délibérations du chapitre, il avait entre les mains, de son propre aveu, le nécrologe de l'évêché, c'est-à-dire une des sources où se puisent ordinairement les meilleurs renseignements sur les édifices du moyen âge. Il est rare en effet, quand un évêque a de son vivant fondé non-seulement une église, mais un simple autel, enrichi le trésor de précieux ornements, restauré ou embelli la moindre chapelle, il est rare que le nécrologe n'en dise pas quelques mots. Comment donc expliquer qu'avec de telles ressources Levasseur garde un silence si absolu? Ce qui l'absout en partie, c'est qu'il n'avait en réalité que des fragments, des débris, des lambeaux de ces registres capitulaires, de ce nécrologe, et de tous les titres et papiers de l'évêché. Par une étrange fatalité, sept fois, pendant l'espace de quatre cents ans, le feu prit dans les bâtiments qui renfermaient ces précieuses archives. Tout ne fut pas dévoré, mais il se fit des lacunes irréparables, et ce que la flamme avait épargné devint la proie d'un autre fléau. En effet, dans les quinzième et seizième siècles, le Noyonnais fut le théâtre de guerres si acharnées, que plus d'une fois les chanoines ne durent leur salut qu'à la fuite, et restèrent errants et dispersés pendant plusieurs années [1]. Est-il donc étonnant que ces archives, dont une partie n'était qu'un monceau de cendres, dont l'autre partie avait été colportée de ville en ville par des fugitifs, se trouvassent, au temps de Levasseur, dans un tel état de désordre et d'incohérence, qu'un homme aussi peu expérimenté n'ait pu y recueillir que des indications incomplètes et insignifiantes?

---

[1] « En l'an 1382, les ravages, dévastations et bruslemens causez par les Anglois et autres ennemis du royaume furent tels en ce pays, que l'église de Noyon fut contrainte de congédier ses chanoines pour trois ans, et leur permettre d'aller où bon leur sembloit, *lucrando*. » (Levasseur, page 1002. Conclusion capitulaire du 24 octobre 1382.)

« Le dernier jour d'octobre 1552 fut ordonné, par le chapitre, commission pour citer et rassembler les chanoines, chapelains et vicaires épaves, que le désastre de la ville avait dispersés, à comparoistre à la quinzaine pour tout délai. Et le lundi 4 de novembre, fut conclu que ladite commission serait envoyée à Paris et signifiée à ceux du corps qui s'y étoient retirés. » (Levasseur, page 1180.)

Toutefois, à défaut d'autres témoignages, c'est à ces incendies eux-mêmes, causes premières de notre ignorance, que nous allons demander d'utiles révélations. S'ils nous ont enlevé les moyens d'obtenir des notions complètes et certaines, ils vont nous fournir au moins des données indirectes, qui nous permettront d'établir approximativement l'âge des principales constructions dont se compose la cathédrale.

En effet, grâce à un heureux hasard, les dates de ces divers incendies nous ont été conservées par des autorités nombreuses et sûres. Nous ne parlons pas de celui qui détruisit, dit-on, presque toute la ville du temps de saint Éloi, et qui ne put être éteint que par un signe de croix de sainte Godeberte; nous nous transportons dans une époque moins merveilleuse, et nous voyons, en 1131, la ville, l'église Notre-Dame, l'évêché et tous les monuments publics dévorés subitement par les flammes au milieu de la nuit, et sans qu'il soit possible d'arrêter l'embrasement. Le pape Innocent II était alors en France; il venait de sacrer Louis le Jeune à Reims, et, après la cérémonie, le nouveau roi et le pontife s'étaient rendus à Crépy, dans le château de Raoul, comte de Vermandois. On avait fait de magnifiques préparatifs pour les recevoir, mais à peine étaient-ils arrivés, qu'ils virent accourir, pleins de trouble et de tristesse, l'évêque de Noyon, Simon, frère du comte de Vermandois. Il apportait la fatale nouvelle de l'incendie de son église, et venait implorer le saint père pour qu'il l'aidât à réparer un si grand désastre. Innocent II se rendit à sa prière, et, dans une lettre qui nous a été conservée[1], il exhorte les archevêques de

[1] *Scriptum Innocentii Papæ ad Rothomagensem archiepiscopum*

Rouen et de Sens à venir au secours de l'église de Noyon, et à lui procurer l'assistance de tous les évêques, abbés, clercs, barons et autres fidèles de leurs provinces.

Cet incendie de 1131 produisit une grande sensation. Guillaume de Nangis en fait ainsi mention dans sa *Chronique générale* : « Anno MCXXXII[1] tota fere civitas Noviomensium

super combustione ecclesiæ Noviomensis, et domorum episcopi et canonicorum.

Innocentius episcopus servus servorum Dei, venerabili fratri Henrico Rothomagensi archiepiscopo, episcopis, et dilectis filiis abbatibus, clericis, baronibus, et aliis Dei fidelibus per Rothomagensem provinciam constitutis, salutem et apostolicam bened.

Utilis est et gratiosa admodum videri debet apud genus humanum hæc commutatio, ubi pro temporalibus æterna, pro transitoriis immutabilia conferuntur; dator enim et remunerator omnium bonorum dominus, sub cujus jurisdictione et dominio omnia concluduntur, bonam voluntatem irremuneratam non deserens de plenitudine abundantiæ suæ pro minimis maxima et pro terrenis præbere cœlestia consuevit.

Cæterum quid apud Noviomum peccatis exigentibus nuper contigerit, quomodo episcopalis, et mater ecclesia, cum domibus episcopalibus incendio sunt crematæ dilectionem vestram credimus non lætere. Quia igitur tantæ calamitati misericorditer compati, et pietatis intuitu fratrum suffragia ministrare debemus, universitatem vestram per præsentia scripta exhortamur in Domino, atque in remissionem peccatorum injungimus, ut ad præfatam ecclesiam ad honorem, et servitium domini reparandam, de facultatibus vobis a Deo collatis transmittatis; quatenus cum Psalmista veraciter decantare « Domine, dilexi decorem domus tuæ et locum habitationis gloriæ tuæ » atque in cœlesti patria corona immarcessibili præstante Domino valeatis. Datum Crispiaci, V, cal. Julii.

Levasseur nous apprend (p. 852) qu'il a trouvé cette lettre dans le registre capitulaire coté B, f. 27. privil. 56.

[1] Cette date est évidemment inexacte puisque la lettre du pape est datée de Crespy et que c'est seulement en 1131 qu'Innocent II séjourna chez le comte de Vermandois. Tous les autres historiens s'accordent

cum ecclesia Sanctæ Mariæ et episcopio incendio flagravit. »
Il n'est pas une chronique contemporaine, pas une histoire
de Picardie, écrite postérieurement, qui ne parle de ce désastre. Il faut que les effets en aient été bien terribles pour
avoir fait une si vive impression à une époque où de tels événements se renouvelaient, pour ainsi dire, chaque jour.

Vingt et un ans après ce premier incendie, en 1152, la ville
devint de nouveau la proie des flammes : « Quo præsidente
anno 1152, fuit incendium generale totius civitatis. » Ce
sont les expressions de Democharès. Un autre écrivain, Desrues, dans ses *Antiquités des villes de France*, prétend que
cette fois les églises ne furent pas atteintes par les flammes ;
mais cette allégation n'est appuyée par aucune autorité.

En 1238 [1], le feu dévasta, pour la troisième fois, une
grande partie de la ville. La cathédrale fut-elle épargnée?
Rien ne le prouve ; mais le désastre paraît avoir été moins
grand qu'en 1131, et même qu'en 1152 [2].

---

pour placer cet incendie en 1131. (Voyez Sigibert et *Gallia Christiana*,
tom. IX col. 1001.)

[1] Duchesne et Desrues parlent de ce troisième incendie à l'année
1228. Mais Democharès fixe sa date en 1238. Cette version est adoptée
par Levasseur et par le *Gallia christiana* : « Anno 1238 tertio conflagravit incendio urbs Noviomensis. » (*Gallia christiana*, tom. IX,
col. 1008.) — L'équivoque provient de ce que Duchesne et Desrues
ont confondu la date de l'élection de l'évêque Nicolas de Roye, qui
eut lieu en 1228, avec celle de l'incendie, qui n'arriva que dix ans
plus tard.

[2] En effet, cet incendie de 1238 est rapporté purement et simplement, sans commentaire ni description, par le petit nombre d'auteurs
qui en parlent, tandis que ceux de 1131 et de 1293 donnent lieu aux
expressions les plus énergiques et aux amplifications les plus effrayantes. Aussi l'auteur du *Gallia christiana*, qui se contente de dire, en

En 1293, au contraire, on vit éclater, le 21 juillet, jour de Sainte-Praxède[1], un incendie plus furieux que les deux précédents, et, s'il faut en croire les écrits qui sont parvenus jusqu'à nous, sa violence fut telle, qu'une grande partie de la ville et presque toutes les églises, y compris la cathédrale, furent réduites en cendres. Voici en quels termes les archives du monastère de Longpont parlent de ce quatrième incendie : « Anno incarnationis Domini 1293, mense Julio, 13 calendas Augusti, feria secunda, in aurora cœpit ignis in civitate Noviomensi, et a dicta aurora usque in meridiem feriæ tertiæ sequentis, ecclesia beatæ Mariæ Noviomensis, et aliæ ecclesiæ et quidquid infra muros civitatis continebatur, omnia combusta sunt, et quasi in pulverem reducta, exceptis domibus templariorum et hospitalariorum et excepta parvula ecclesia B. Petri apostoli. » Ainsi, le feu dura depuis le lundi matin au point du jour jusqu'au mardi vers le milieu de la journée, et de tous les monuments religieux il n'y eut que les maisons des templiers et la petite église de Saint-Pierre qui échappèrent aux flammes [2].

Pendant le quatorzième et le quinzième siècle, on n'entend plus parler d'incendie ; mais dans le seizième, nous en trouvons

---

1238, « Urbs tertio conflagravit incendio, » s'exprime ainsi, en 129 « Urbs pene universa quarto corruit incendio. »

[1] Demochares rapporte cet incendie dans les quatre vers suivants :

<blockquote>
Mi eque ter centum septem minus urbs fuit arsa
Per varium fuit ventum, Noviomi gens quoque sparsa
In Juli mense, Praxedis luceque festâ
Illius incensæ memor urbis tu Deus esto.
</blockquote>

[2] Du temps de Levasseur cette petite église de Saint-Pierre avait changé de nom : on l'appelait l'église Sainte-Godeberte. (Voyez Levasseur, pag. 841). — Il n'en reste point de trace aujourd'hui.

trois coup sur coup : d'abord le 4 juillet 1516, le feu prit à la cathédrale ; les désastres furent considérables, mais on se rendit maître des flammes au bout de quelques heures.

En 1552, le lundi 17 octobre, les Espagnols, s'étant emparés de la ville, la mirent à feu et à sang. Néanmoins, l'église Notre-Dame fut sauvée par le courage et la présence d'esprit d'un serviteur de l'œuvre, nommé Markets, qui, s'étant enfermé dans une des petites tours, armé d'une hallebarde, précipita trois soldats qui montaient vers la charpente du comble avec le charbon et la paille pour l'embraser [1].

Enfin, en 1557, à la fin de septembre, un mois après la fatale journée de Saint-Quentin, les Espagnols pénètrent de nouveau dans Noyon, après avoir fait mettre bas les armes à la garnison écossaise, qui s'était vaillamment défendue. L'ennemi pilla et incendia la ville, et cette fois l'église Notre-Dame ne fut pas épargnée [2].

---

[1] Voyez Levasseur, p. 842 et 1189.

Le sac de la ville, en 1552, resta longtemps dans la mémoire des habitants. Les ravages avaient été affreux. « Il y a quelques années, dit M. de La Fons (*Recherches historiques* p. 70), on t sait encore l'inscription suivante sur une poutre sculptée en gothique, placée à l'extérieur de la maison du sieur Payen, vitrier, rue Saint-Éloi, 2 :

    Cùm nostram sevus venit Burgundus in urbem
    Terribilis nimium glandibus et gladiis
    Surripuit quidquid valuit nā tota supellex
    Nobis ablata est, urbs quoque facta cinis.
    Alma Dei bonitas cunctis sperantibus in se
    Semper adest, nobis reddere plura potest.
       Anno domini 1552, 17 die oct.

[2] Tous les chanoines ayant abandonné la ville, il ne fut point tenu de chapitre à Noyon pendant plusieurs années : le dernier est du 9 août 1552. Les chanoines s'assemblèrent d'abord à Soissons, le 24 septembre, puis à Paris, le 15 novembre, afin d'aviser à déposer dans un

Toutefois, aucun de ces incendies du seizième siècle ne dut altérer la solidité de l'édifice. Beaucoup de pierres furent calcinées, elles portent même encore aujourd'hui la trace du feu ; mais l'ensemble de la construction ne fut pas compromis.

Les seuls incendies qui, par leur violence et leur durée, doivent avoir mis en péril le monument, et peuvent avoir rendu sa reconstruction nécessaire, sont ceux de 1131 et de 1293. Les témoignages sont nombreux, précis et unanimes : ce ne sont pas des feux partiels, éteints presque aussitôt qu'allumés, dont les dégâts aient donné lieu à quelques réparations de détail ; ce sont des incendies de la ville entière, de ces incendies auxquels rien ne résiste, et qui ne s'éteignent que faute d'aliments, lorsqu'ils ne trouvent plus rien debout sur leur passage.

Nous nous figurons difficilement de tels désastres, aujourd'hui que le jeu régulier des pompes et les mille moyens de secours dont une ville dispose triomphent, presque à coup sûr, des feux les plus violents ; mais, dans ces petites cités du moyen âge, aux rues étroites, aux maisons de bois si souvent recouvertes de planches ou de paille, la moindre étincelle avait, en quelques heures, embrasé tout un quartier, et le foyer devenait si ardent, que les murailles même les plus épaisses ne pouvaient résister à l'action des flammes. De nos jours, il est presque sans exemple qu'une église s'écroule par

lieu sûr les reliques qu'ils avaient emportées « occasione universalis incendii civitatis Noviomensis et dissolutionis dictæ ecclesiæ. »

La cathédrale ne fut purifiée et bénie, pour effacer les souillures résultant de l'effusion du sang, que le 7 octobre 1375.

l'effet d'un incendie ; la charpente du comble prend feu, les murs résistent presque toujours. Ainsi, nous avons vu la toiture de la cathédrale de Chartres incendiée, et le monument est resté debout ; mais si la ville tout entière eût été en feu, et si les secours, au lieu d'être distribués avec habileté et prévoyance, n'avaient consisté qu'en efforts désordonnés et confus, les pierres n'auraient pas tardé à se fendre, à se détacher, et l'édifice n'eût été bientôt qu'un monceau de ruines [1].

Il existait d'ailleurs, au temps de nos pères, certains usages qui rendaient les églises bien plus exposées qu'aujourd'hui au danger du feu : les murailles étaient, en grande partie, recouvertes de tapisseries, d'étoffes, de tentures de toute espèce : de nombreux *ex-voto* étaient suspendus aux voûtes ; en un mot, les églises étaient alors aussi meublées qu'elles sont nues aujourd'hui. D'un autre côté, le nombre des cierges toujours allumés, même pendant la nuit, était considérable, ainsi que l'attestent ces innombrables testaments dans lesquels il est pourvu par le mourant à l'entretien d'un cierge brûlant à perpétuité dans telle ou telle chapelle. Est-il donc étonnant que les clercs qui faisaient la garde s'endormissent quelquefois, et que souvent, au lever du jour, la flamme se fût emparée de tout l'intérieur d'une église [2].

[1] L'incendie récent de la ville de Hambourg prouve que, même de nos jours et malgré les moyens perfectionnés dont nous disposons, une ville presque entière et tous ses édifices les plus importants peuvent être réduits en cendre ; à la vérité, Hambourg était en quelque sorte une ville du moyen âge.

[2] Nous pourrions citer encore plusieurs autres incendies, mais de moindre importance. Ainsi, le vendredi 3 août 1607, la foudre tomba

Ces accidents étaient si fréquents, que, dans cette seule année 1131, où la cathédrale de Noyon fut incendiée, le feu détruisit l'église de Saint-Riquier et le bourg qui en dépendait, ainsi que plusieurs autres paroisses moins importantes des diocèses d'Amiens et de Beauvais. L'année précédente, en 1130, l'église Saint-Furcy de Péronne avait été la proie des flammes, et enfin, en 1136, nous voyons l'église Saint-Vaast d'Arras, avec son cloître, ses dépendances et une grande partie de la ville, presque entièrement détruite par le feu.

Mais aucun de ces incendies ne causa autant d'émotion et ne fit autant de bruit que celui de Noyon. Il est donc à présumer que ce désastre avait eu des conséquences encore plus terribles que de coutume, et il est impossible, par exemple, de ne pas supposer que la cathédrale avait dû être complétement ruinée, ou du moins qu'elle s'était trouvée, après l'incendie, dans un tel état, que de simples réparations eussent été insuffisantes. L'intervention du pape Innocent II, son appel aux archevêques de Rouen et de Sens, suffiraient, à défaut d'autres indices, pour attester qu'il ne s'agissait pas d'une simple restauration, et que l'édifice était à reconstruire de fond en comble.

Nous nous croyons donc autorisés à affirmer, sauf à en donner encore d'autres preuves, que l'église actuelle ne peut, dans aucun cas, être antérieure à l'année 1131. Nous verrons plus tard si la reconstruction fut immédiate, ou si elle ne dut pas traîner en longueur; mais une chose est certaine,

sur l'un des clochers (de l'église de Noyon) et y fit une brèche, mais on se rendit bientôt maître du feu.

c'est que cette reconstruction dut être complète; car l'édifice est bâti évidemment d'un jet, et c'est à peine, comme on l'a déjà vu, s'il s'y trouve un seul pan de muraille qui puisse être attribué à une époque plus ancienne [1].

Ainsi, ni le chœur de saint Médard, ni la nef de Charlemagne, ni les clochers de 1003 ne doivent avoir la prétention d'être parvenus jusqu'à nous, et cette date de 1131 est la plus ancienne à laquelle il soit permis de faire remonter le monument qui est devant nos yeux.

Mais une autre question se présente. L'incendie de 1293 ne parait avoir été ni moins violent ni moint destructeur que celui de 1131. Ses ravages sont même attestés avec plus de précision, nous en connaissons mieux toutes les circonstances : nous savons qu'à l'exception des maisons des templiers et de la petite église de Saint-Pierre, tous les monuments de la ville furent réduits en cendres. Comment donc supposer que l'église du douzième siècle ait survécu à cette catastrophe [2]? La même raison qui nous fait affirmer que l'ancien édifice a été détruit en 1131, et que, dans le monument actuel, tout est postérieur à cette époque, ne doit-elle pas nous forcer de croire qu'après 1293 une reconstruction complète fut également nécessaire, et qu'en conséquence l'église Notre-Dame ne date ni

---

[1] Ce fragment de muraille est celui dont nous avons déjà parlé et qu'on aperçoit à droite en entrant par la porte Sainte-Eutrope.

[2] Il est reconnu aujourd'hui que la durée moyenne des salles de spectacle est de trente à quarante ans, et qu'elles périssent presque toutes par le feu. Il en était à peu près de même des églises pendant le moyen âge, surtout jusqu'à l'époque où, toutes les anciennes églises construites en bois ayant successivement été détruites, il n'exista plus que les édifices religieux bâtis en pierres ou en maçonnerie.

du milieu ni de la fin du douzième siècle, mais bien des dernières années du treizième, ou même du commencement du quatorzième ?

La conclusion paraît rigoureuse, et cependant elle est inadmissible : pourquoi ? Parce qu'il est un témoin qui nous défend d'y croire, témoin plus véridique et que les archives de Longpont et que toutes les traditions écrites, c'est à savoir le monument lui-même. Il nous dit clairement qu'il n'est pas d'origine aussi récente : ce plan, ces profils, ces détails de sculpture, vous ne les retrouverez dans aucun monument construit soit au commencement du quatorzième siècle, soit même vers la fin du treizième. Il faudrait supposer que ceux qui bâtirent cette église se seraient amusés à oublier les usages de leur temps pour ressusciter ceux d'un siècle passé. Comme si cette façon d'emprunter les modes d'une autre époque, ce goût rétrospectif, comme on dit aujourd'hui, n'étaient pas d'invention toute moderne, comme si jamais nos pères avaient connu pareils raffinements.

Ainsi, malgré le témoignage de toutes les chroniques, la cathédrale de Noyon ne peut pas être postérieure à 1293. L'incendie de cette année, quelle qu'ait été sa violence, n'a endommagé que partiellement l'édifice ; la masse a résisté aux flammes : c'est chose prouvée pour nous, sous peine de nier toutes les observations, d'abolir toutes les règles aujourd'hui consacrées par la science.

Mais que parlons-nous de science ? existe-t-il réellement une science en pareille matière ? ne voyons-nous pas des hommes qui passent à bon droit pour doctes et profonds, sourire de pitié à l'idée qu'on puisse découvrir une règle, une loi quelconque pour classer chronologiquement les monuments du moyen âge?

Ce dédain est-il fondé? S'il est vrai que les œuvres de certains siècles soient encore entourées d'une grande obscurité, n'y a-t-il pas d'autres époques du moyen âge où la clarté est déjà vive et complète? Les hommes qui se livrent à ces études nouvelles ne se nourrissent-ils que de chimères, ou bien ont-ils obtenu des résultats sérieux? Qu'ont-ils trouvé jusqu'ici? Qu'ont-ils encore à faire? Ces questions valent la peine d'être éclaircies.

Qu'il nous soit donc permis de les examiner avec quelque détail.

III

L'ARCHITECTURE DU MOYEN AGE EST-ELLE UN ART? A-T-ELLE DES RÈGLES ET DES LOIS?

Pour déterminer approximativement l'âge d'un monument antique, il suffit, tout le monde le reconnaît, d'examiner le monument lui-même. Vous découvrez sur le sol de la Grèce ou de l'Italie les débris d'un édifice dont Pausanius ni Pline n'ont jamais fait mention, dans un lieu dont aucune tradition n'a conservé le souvenir, et à la seule inspection de ces fragments, selon que les moulures et les profils affectent telle ou telle forme, selon que la pierre et le marbre sont taillés ou appareillés de telle ou telle façon, vous prononcez avec une sorte de certitude que l'édifice est du siècle de Périclès ou de celui d'Alexandre, qu'il appartient au temps de la république ou à l'époque des empereurs.

En peut-il être de même pour les monuments du moyen âge? Portent-ils aussi sur leur front la date de leur naissance?

On commence à le croire aujourd'hui; mais l'époque n'est pas éloignée où l'opinion contraire était, chez nous, universelle et incontestée. Il était passé en force de chose jugée que jamais aucune règle, aucune méthode, n'avait présidé à la construction des monuments du moyen âge; que depuis la chute de l'empire romain jusqu'à la renaissance, depuis Clovis jusqu'à François Ier, le hasard seul avait, en France, dirigé l'art de bâtir, tantôt dans un sens, tantôt dans un autre; que, par conséquent, le même lieu, la même année, avaient dû voir souvent s'élever des monuments entièrement différents, tandis que des monuments identiques pouvaient avoir été construits à plusieurs siècles d'intervalle et aux deux extrémités du royaume; que dès lors on ne devait attribuer spécialement à aucune époque aucun caractère déterminé, et qu'il fallait se garder de jamais chercher à classer dans un ordre chronologique les monuments de ce temps-là.

Cette opinion n'était pas seulement une tradition, une routine d'atelier, elle était professée par les maîtres de la science. Le critique éminent qui, dans l'étude de la sculpture antique, a complété l'œuvre de Winckelmann, qui a développé les principes théoriques et pratiques de l'architecture des anciens avec une si savante précision, M. Quatremère de Quincy, n'a laissé échapper aucune occasion de proclamer dans ses écrits que l'architecture du moyen âge n'est pas une architecture, que ce n'est pas un art, mais seulement une compilation, un composé d'éléments disparates et hétérogènes rassemblés par une fantaisie ignorante et désordonnée [1].

Qui aurait osé, dans l'école, élever la voix contre cet anathème ? qui se serait permis d'étudier cette soi-disant architecture ? La vue de tels monuments ne passait pas seulement pour inutile, on la croyait pernicieuse, et si par hasard quelque artiste moins timoré que ses confrères, trouvant une vieille église sur son chemin, s'avisait de ne pas détourner les yeux, s'il en admirait certaines parties, s'il osait même en crayonner quelques souvenirs, sa foi n'en était pas ébranlée, car ce n'était pas l'examen d'un monument isolé, c'était la comparaison laborieuse et réfléchie d'un grand nombre de monuments qui seule aurait pu l'éclairer et lui faire apercevoir dans ce prétendu chaos un principe d'ordre et de classification. Or les plus téméraires n'auraient jamais alors entrepris tel travail. Il est donc probable que, pendant longtemps encore, nos architectes auraient jugé les monuments du moyen âge sans les connaître, et que l'impossibilité de les classer fût demeurée proverbiale, si quelques hommes étrangers à la pratique de l'art, de simples amateurs, sans préjugés d'école, sans doctrines traditionnelles, n'obéissant qu'à leur propre sentiment, à l'amour des belles choses et à un certain attrait de curiosité, ne s'étaient mis à la recherche

---

[1] *Dictionnaire historique d'architecture,* tome 1er, au mot *gothique,* p. 670 ; tome II, aux mots *ordre,* p. 173 ; *proportion,* p. 517 ; *voûte,* p. 690.

de ces monuments, et, après en avoir beaucoup contemplé, beaucoup comparé, n'avaient senti le besoin de se rendre compte de leurs impressions et d'analyser ce qu'ils avaient vu.

Il ne tardèrent pas à reconnaître que, dans les innombrables éléments dont cette architecture se compose, la confusion et l'irrégularité sont surtout apparentes, et que, pour peu qu'on les regarde avec attention, il est impossible de n'être pas frappé de certaines analogies et de certaines différences qui se reproduisent d'une manière constante et régulière. A force de réunir les analogies et d'abstraire les différences, ils parvinrent à établir des divisions générales susceptibles d'être ultérieurement subdivisées et de devenir les cadres d'une classification méthodique. La plus large, la plus complexe de ces divisions, résulta naturellement d'une différence fondamentale dans la forme d'un des membres principaux de l'architecture. Comment ne pas remarquer, en effet, que, parmi tous ces édifices auxquels on applique sans distinction cette dénomination de monuments du moyen âge, il en est dont toutes les arcades, toutes les ouvertures, se terminent en pointe, en ogive, tandis que, dans d'autres, le plein cintre règne exclusivement, et que, chez quelques-uns enfin, on remarque simultanément le plein cintre et l'ogive?

Ces distinctions n'étaient-elles que fortuites, ou bien constituaient-elles des différences essentielles dans l'origine et la nature de ces trois sortes de monuments? les uns et les autres pouvaient-ils être contemporains, ou bien devait-on nécessairement les attribuer à des époques distinctes? Pour résoudre ces questions, il fallut recourir au témoignage des monuments écrits, et lorsque, après des expériences maintes fois répétées, après des vérifications sans nombre, il fut toujours reconnu que les monuments à plein cintre n'apparaissaient plus au delà d'une certaine époque, que les monuments à ogive, au contraire, ne commençaient à paraître qu'à partir d'une autre époque, et que les monuments mixtes semblaient appartenir aux années intermédiaires, il fut permis sans doute de constater ce premier résultat comme une preuve évidente qu'il y avait là une science possible.

Ce n'était qu'un premier pas ; mais bientôt, en faisant pénétrer l'analyse dans ces trois grandes classes de monuments, on reconnut que chacune d'elles, prise à part, pouvait être subdivisée, et que les signes indicateurs de ces subdivisions, bien qu'ils fussent plus ou moins distincts, n'avaient rien d'arbitraire ni d'accidentel. En un mot, ces premiers essais, quelque incomplets qu'ils fussent, posèrent les bases d'une classification générale : on commença à voir clair dans ces dix siècles de ténèbres ; les monuments de chaque espèce se trouvaient groupés à peu près à leur rang dans l'ordre chronologique, et enfin, ce qui n'est pas moins nécessaire, on entreprit de fixer leurs rapports géographiques, c'est-à-dire les différences qui les distinguent, non plus de siècle à siècle dans le même lieu, mais de pays à pays dans le même moment.

En effet, pour connaître l'histoire d'un art, ce n'est pas assez de déterminer les diverses périodes qu'il a parcourues dans un lieu donné, il faut suivre sa marche dans tous les lieux où il s'est produit, indiquer les variétés de forme qu'il y a successivement revêtues, et dresser le tableau comparatif de toutes ces variétés, en mettant en regard, non-seulement chaque nation, mais chaque province d'un même pays. Ainsi, par exemple, on ne connaît pas l'architecture grecque, si l'on se borne à étudier les différents styles qui successivement brillèrent à Athènes : il faut se transporter à Égine, à Sycione, en Ionie, en Sicile, partout où l'art fut florissant, et chercher, à côté des caractères généraux sous lesquels il apparaît à chaque siècle, les influences diverses qu'il subit dans chaque lieu.

C'est vers ce double but, c'est dans cet esprit qu'ont été dirigées presque toutes les recherches entreprises depuis trente ans parmi nous au sujet des monuments du moyen âge. Déjà, vers le commencement du siècle, quelques savants d'Angleterre et d'Allemagne nous avaient donné l'exemple par des essais spécialement appliqués aux édifices de ces deux pays. Leurs travaux n'eurent pas plutôt pénétré en France, et particulièrement en Normandie, qu'ils y excitèrent une vive émulation. En Alsace, en Lorraine, en Languedoc, en Poitou, dans toutes nos provinces, l'amour de ces sortes d'études se propagea rapidement, et maintenant partout on travaille, partout on cherche, on prépare, on amasse des matériaux. La mode, qui se glisse et se mêle aux choses nouvelles, pour les gâter bien souvent, n'a malheureusement pas respecté cette science naissante, et en a peut-être un peu compromis les progrès. Les gens du monde sont pressés de jouir ; ils ont demandé des méthodes expéditives pour apprendre à donner sa date à chaque monument qu'ils voyaient. D'un autre côté, quelques hommes d'étude, emportés par trop de zèle, sont tombés dans un dogmatisme dépourvu de preuves et hérissé d'assertions tranchantes, moyen certain de rendre incrédules ceux qu'on prétend convertir. Malgré ces obstacles, inhérents à toute tentative nouvelle, les vrais travailleurs continuent leur œuvre avec patience et modération. Les vérités fondamentales sont acquises ; la science existe, il ne s'agit plus que de la consolider et de l'étendre en dégageant quelques notions encore embarrassées, en achevant quelques démonstrations incomplètes. Il reste beaucoup à faire ; mais les résultats obtenus sont tels qu'à coup sûr le but doit être un jour définitivement atteint.

Essayons d'indiquer avec toute franchise quels sont ces résultats, c'est-à-dire quels sont les points qu'une méthode vraiment scientifique a constatés, quels sont ceux qui restent encore incertains et contestables.

La période des monuments à plein cintre n'est pas également bien éclaircie dans toutes ses phases. Sa durée est très-longue, et, sous une apparente uniformité, elle renferme les variétés les plus nombreuses. On peut bien tracer, même assez nettement, les divisions principales dont elle se compose ; mais les caractères permanents de chacune de ces divisions ne se déterminent pas encore avec une précision suffisante ; il est plus facile de les sentir que de les expliquer. Ainsi, pour qui a beaucoup vu de monuments de ce genre, il existe de notables différences entre les constructions encore gallo-romaines des sixième et septième siècles et les monuments carlovingiens, et, parmi ces derniers, ceux qui appartiennent au règne de Charlemagne lui-même se distinguent aisément de tout ce qui a été construit dans la seconde moitié du neuvième siècle et dans le dixième tout entier ; mais les signes de ces différences ne sont pas toujours exactement les mêmes : il faut les chercher, tantôt dans certain mode de construction, tantôt dans certaine nature d'ornements, et quelquefois seulement dans la façon plus ou moins grossière dont l'artiste a travaillé. Pour conserver l'espoir d'obtenir des données plus positives, il faudrait que les monuments de cette époque ne fussent pas d'une aussi grande rareté. Comment, sur un si petit nombre d'exemples, parvenir à établir des règles sûres et constantes? Nous ne doutons pas que de sérieuses études, de patientes comparaisons ne dissipent en grande partie cette obscurité; mais il restera toujours, quoi qu'on fasse, quelque chose de vague et d'incomplet dans la classification des monuments antérieurs à l'an 1000.

Une clarté plus grande apparaît dès le début du onzième siècle. Là, ce n'est plus la rareté des exemples, c'est plutôt leur trop grand nombre qui augmente les difficultés. Si l'on se contente de généralités, point d'embarras. Cette grande renaissance du onzième et du douzième siècle se manifeste par deux styles fortement caractérisés : le premier, robuste et massif, le second, riche, élégant, et aspirant presque à la légèreté. Mais à quelle époque précise celui-ci succède-t-il à l'autre? Combien de nuances, combien de degrés entre ces deux points extrêmes! Quelle variété dans les plans, dans les modes de constructions, dans l'ornementation surtout! Et si l'on passe d'une province dans une autre, quel spectacle différent! quel changement de formes et de caractères! Une si grande diversité donne à cette architecture beaucoup d'attrait : mais elle est un immense obstacle à la découverte des lois essentielles, des principes fondamentaux qui la gouvernent. Il faut néanmoins reconnaître qu'on a déjà beaucoup avancé cette œuvre difficile. Nous avons des données exactes, non-seulement sur la chronologie générale des constructions à plein cintre du onzième siècle et de la première moitié du douzième, mais sur les principales particularités qui les distinguent dans la plupart de nos provinces. Lorsque les nombreux monuments de cette époque qui survivent encore auront tous été relevés, mesurés, étudiés et comparés avec intelligence, bien peu de questions resteront encore douteuses; mais parviendra-t-on sur tous les points à la certitude scientifique? Nous n'oserions l'affirmer. Cette architecture, quoique complétement distincte et de l'architecture romaine et de tous ses dérivés, n'est cependant pas entièrement originale. Les éléments qui la constituent sont presque tous empruntés; les uns viennent directement d'Orient, les autres sont comme détachés, pour ainsi dire, des monuments romains existant sur notre sol, quelques-uns enfin sont le produit de traditions purement locales. Ce n'est pas un tout homogène, vivant de sa propre vie, conséquent avec lui-même dans toutes ses parties, depuis la racine jusqu'au sommet; c'est un composé, c'est une compilation, pour employer ce mot que l'illustre critique cité plus haut applique à tort, selon nous, à toutes les architectures du moyen âge sans distinction, mais qui ne manque pas de justesse, si l'on s'en sert pour qualifier l'architecture à plein cintre, principalement pendant les siècles de sa complète décadence. Or, comme il est impossible de faire l'analyse méthodique d'une compilation, il ne faut pas s'étonner que toute classification rigoureuse et complète des monuments à plein cintre nous semble un problème presque insoluble, et que, tout en constatant les règles générales auxquelles ils sont soumis, nous devions probablement nous résigner toujours à laisser fléchir ces règles devant un certain nombre d'exceptions.

La même observation s'applique aux monuments mixtes, c'est-à-dire à ceux qui participent à la fois et de l'architecture à plein cintre et de l'architecture à ogive, soit que ces deux formes d'arcade y figurent simultanément, soit que, composés exclusivement d'ogives, ils conservent néanmoins tous les autres caractères des constructions à plein cintre. C'est peut-être autour de ces monuments mi-partis que s'est amassé le plus d'incertitude et d'obscurité. Bien qu'ils appartiennent à une époque où les documents historiques commencent à devenir abondants, on ne trouve dans les témoignages écrit que bien peu de paroles qui les concernent, et quelques-unes de ces paroles prêtent à des équivoques et servent à accréditer des erreurs. Vieillir ce qui est ancien est un plaisir auquel bien peu d'esprits savent résister. C'est là ce qui explique l'empressement avec lequel on s'est armé de textes ambigus ou mal interprétés pour attribuer à quelques monuments de cette catégorie une antiquité exceptionnelle et merveilleuse. Ces hérésies ont beau être victorieusement combattues, elles n'en renaissent pas moins à tout propos, et contribuent à entretenir le scepticisme chez ceux qui sont portés à ne pas admettre la possibilité de classer scientifiquement les monuments du moyen âge. Au fond, toutes les incertitudes sur cette époque de transition se réduisent à un seul point litigieux, l'origine de l'ogive; question complexe, question insoluble, quand on l'aborde isolément, quand on veut y voir une énigme dont un mot unique peut donner la clef. Nous chercherons plus loin sous combien d'aspect divers il faut l'envisager, à quelles autres questions il faut la rattacher, pour qu'il y ait quelque chance d'en poursuivre utilement la solution. Nous verrons les points qu'on peut espérer d'éclaircir, la direction qu'il convient d'imprimer aux recherches qui seront désormais entreprises ; quant à présent, il n'est pas besoin d'insister pour prouver que cette seconde classe de monuments est encore imparfaitement étudiée, et que presque tout est à faire pour la soumettre à une classification régulière et méthodique.

Il n'en est pas ainsi de la troisième. Quelle que soit l'origine de l'ogive, que son apparition soit plus ou moins ancienne, qu'elle nous vienne de l'Orient ou des régions septentrionales, qu'elle soit sacerdotale ou laïque, qu'elle résulte d'une production spontanée et nécessaire, ou de combinaisons accidentelles et capricieuses, il est un fait certain, incontestable, c'est qu'à partir du commencement du treizième siècle (à quelques années près, selon les pays), on voit toutes les constructions religieuses, civiles, militaires, sans exception, exécutées d'après un système uniforme et régulier, système dont les éléments sont, les uns entièrement neufs, les autres combinés dans un ordre tout nouveau, système enfin dont on peut déterminer exactement le but, les conditions et la durée.

Ce n'est pas là un paradoxe. Nous n'avons pas hésité tout à l'heure à reconnaître ce qu'il y avait d'incomplet, au point de vue de la science, dans les époques précédentes ; nous n'avons pas caché que, du sixième au douzième siècle, l'imagination et le hasard semblaient se mêler parfois aux règles qui gouvernent les divers styles à plein cintre, que l'histoire du style de transition était encore pleine de vague et d'incertitude; mais maintenant que nous sommes dans le treizième siècle, maintenant que l'ogive a définitivement remplacé le plein cintre, un spectacle tout différent s'offre à nous : nous voyons cette régularité, cet enchaînement, cette conséquence, cette série de rapports, à la fois fixes dans leur principe et variables dans leur application, qui constituent un système, et malgré tous les livres d'architecture, malgré les doctes arrêts de leurs auteurs, il faut bien qu'on nous permette de constater ce que nous voyons.

Si les érudits qui ont jugé l'art du moyen âge sans le connaître et d'après quelques observations isolées et passagères, l'avaient regardé d'un œil moins distrait ; si, au lieu de confondre et de condamner en bloc tout ce que nos pères ont construit pendant huit ou neuf cents ans, ils avaient seulement examiné les principaux monuments qui, d'après des témoignages authentiques et irrécusables, ont été bâtis en France depuis l'an 1200 jusqu'aux premières années du seizième siècle, il n'est pas douteux que nous serions bien près de nous entendre; car, s'ils connaissaient ces monuments, s'ils les avaient étudiés, il n'échapperait pas à leur perspicacité que pendant ces trois siècles un principe commun préside à l'art de bâtir, principe aussi neuf que fécond, aussi régulier que hardi, et que ce principe subit successivement trois grandes modifications qui correspondent à peu près à chacun de ces trois siècles.

C'est, je le répète, faute d'avoir ouvert les yeux qu'on traite toutes ces vérités de chimères et qu'on se renferme dans une incrédulité dédaigneuse.

Au lieu d'examiner les monuments, on proclame, sous forme d'axiome, qu'il n'a jamais existé et qu'il ne peut exister qu'une seule architecture proprement dite, l'architecture classique, attendu qu'elle seule est conforme aux grandes lois de l'intelligence, qu'elle seule possède un système de proportions régulières et de combinaisons constantes, qu'elle seule, en un mot, repose sur un principe d'*ordre*[1], tandis que « *le genre de bâtisse* auquel on donne le nom de gothique est né de tant d'éléments hétérogènes et dans des temps d'une telle confusion, d'une telle ignorance, que l'extrême diversité de formes qui le constitue, inspirée par le seul caprice, n'exprime réellement à l'esprit que l'idée du désordre[2]. »

Vérifions sur-le-champ l'exactitude de cette assertion; entrons dans une de ces *bâtisses gothiques* : ne choisissons pas, si l'on veut, les plus belles et les plus grandes cathédrales; n'allons ni à Reims, ni à Chartres, ni à Beauvais; une simple église de second ou de troisième ordre nous suffira, pourvu qu'elle ait été construite soit au treizième, soit au quatorzième siècle, et que le caractère de la construction primitive ne soit pas trop altéré par des mutilations ou par des restaurations. Nous voici dans la nef : quelles sont nos impressions? est-ce l'idée du désordre qui vient nous assaillir? ne sommes-nous

---

[1] *Dictionnaire historique d'architecture* (in-4°, 1853), t. II, p. 175, 2ᵉ col. au mot *ordre*.

[2] *Id.*, t. II, p. 175, 1ʳᵉ col.

pas frappés, au contraire, de la régularité de l'ordonnance, et, quelles que soient la multiplicité et la variété des détails, ne sentons-nous pas qu'une grande unité de pensée se révèle dans tout le monument? Cette profonde perspective, la disposition de ces piliers, la manière dont ils se multiplient et se ramifient au sortir d'un tronc commun, leur épanouissement pour former et soutenir le couronnement de l'édifice, tout cela n'est-il qu'un jeu du hasard, un effet accidentel et imprévu? Dites à qui vous voudrez que c'est sans intention et par un caprice irréfléchi que ces voûtes ont été portées si haut et que l'élévation du monument est si grande par rapport à sa largeur, personne ne vous croira. Les uns, si leur esprit est tourné vers l'utile, admireront ce moyen sage et prévoyant de répandre à profusion l'air respirable dans des vaisseaux où de si grandes réunions d'hommes doivent être entassées; d'autres, portant les yeux hors de ce monde, et s'inquiétant d'autres lois que de celles de la physique, verront dans cette extrême élévation l'intention d'abaisser l'orgueil de l'homme par la comparaison de son infime petitesse avec l'immensité de la maison du Seigneur. Personne ne supposera que ce soit sans but, sans calcul, sans préméditation, que ces hardis travaux aient été exécutés.

Le critique auquel nous répondons, tout en refusant d'admettre qu'à une époque quelconque du moyen âge il ait existé une architecture, ne peut s'empêcher de reconnaître que quelques-uns des monuments que nous ont laissés ces siècles d'ignorance ont un certain air de grandeur et produisent, surtout à l'intérieur, une assez vive impression [1]; mais ce

[1] *Dictionnaire historique d'architecture*, t. II, p. 175, 1re col.

sont là, dit-il, des effets que l'instinct seul peut créer : rien ne prouve qu'ils soient le résultat de combinaisons savantes et réfléchies. Selon lui, les architectes du moyen âge, aussi bien ceux du treizième que ceux du neuvième siècle, lors même qu'ils font de belles choses, ne savent pas ce qu'ils font : ils tâtonnent sans règle, sans méthode. Si par fortune ils rencontrent une heureuse disposition, ils sont hors d'état de la reproduire à coup sûr, soit dans un autre édifice, soit même dans les différentes parties du même monument. En un mot, pour réduire à des termes précis l'opinion de l'illustre écrivain, il regarde comme radicalement impossible de découvrir dans cette soi-disant architecture la base, soit d'un système de proportion, soit d'un système de construction, soit d'un système d'ornementation, trois choses sans lesquelles une architecture n'existe pas.

Voilà la question nettement posée ; nous l'acceptons dans ces termes. A notre avis, l'architecture des treizième et quatorzième siècles possède un système de proportion, un système de construction, un système d'ornementation, systèmes qui lui sont propres, qui constituent son originalité, et qui la rendent profondément distincte non-seulement de l'architecture antique, mais de tous les modes de bâtir employés successivement à d'autres époques du moyen âge.

Voyons d'abord ce qui regarde les proportions.

Point d'architecture sans un système de proportion : nous en tombons d'accord. Il faut qu'un certain rhythme, une certaine mesure, un certain *ordre* détermine les rapports du tout avec les parties. Si ces rapports sont harmonieux, l'esprit est satisfait, et l'art a rempli sa mission. Mais pourquoi supposer qu'un procédé unique et invariable puisse seul créer cette harmonie? Il y a de l'*ordre* dans une architecture dès qu'elle produit l'effet qu'elle a pour but de produire. Peu importe si les moyens qu'elle emploie sont plus ou moins conformes à ceux dont on s'est déjà servi pour produire d'autres effets; c'est en elle-même qu'il faut la juger, abstraction faite des modèles consacrés.

Le système de l'antiquité repose, comme on sait, sur certains rapports de mesure entre la colonne et l'entablement, entre le support et la chose supportée. Or il n'y a pas d'entablement dans l'architecture du treizième siècle : faut-il en conclure que tout système de proportion lui est interdit, et que ses productions sont nécessairement arbitraires et désordonnées? Sans doute le mode suivi par les anciens est admirablement simple et régulier. L'esprit humain a peut-être eu tort de l'abandonner; peut-être, au contraire, comme quelques-uns le pensent, a-t-il fait preuve, en s'en écartant momentanément, d'une heureuse témérité : ce n'est pas là qu'est la question. A tort ou à raison, nos pères, pendant le moyen âge, sont sortis des voies de l'antiquité, et le chemin qu'ils ont pris les a conduits dans des régions nouvelles, dans un monde inconnu des anciens. Ce monde n'a-t-il pas ses lois, son rhythme, son harmonie? Cherchez d'abord à le comprendre, et voyez ensuite si ces artistes, que vous croyez barbares, n'en ont pas connu le secret et ne l'ont pas fidèlement exprimé.

N'est-il pas évident, en effet, que c'est volontairement et systématiquement qu'ils ont abandonné, ou plutôt qu'ils ont exclu de leurs constructions la ligne horizontale, si fortement accentuée dans l'entablement antique? A peine si de légers filets permettent à l'œil de suivre horizontalement la division des divers étages dont ces constructions sont composées, tandis que de fortes saillies verticales, à l'extérieur sous forme de contre-forts, à l'intérieur sous forme de longues colonnes s'élançant d'un seul jet de la base au sommet de l'édifice, traversent toutes les lignes horizontales, les interrompent et les font oublier.

Le système de proportion de l'architecture à ogive peut donc se résumer en ces mots : déguiser les lignes horizontales, accentuer les lignes perpendiculaires.

Mais ce n'est là, dira-t-on, qu'un principe abstrait, une loi générale, dont l'application peut être faite de diverses manières; un véritable système s'explique plus catégoriquement; il ne laisse rien à l'arbitraire, il donne des préceptes, ou plutôt des commandements. C'est ainsi que les *ordres*, dans l'architecture antique, tracent jusque dans leurs moindres détails toutes les proportions de chaque nature d'édifices. Prouvez-nous que l'architecture à ogive obéit à quelque chose d'analogue aux *ordres* grecs et romains, et nous reconnaîtrons qu'elle repose sur un système, nous ne contesterons plus qu'elle soit une véritable architecture.

Avant de répondre, il faut s'entendre sur l'idée qu'on se fait des ordres antiques. Prétend-on qu'ils consistent dans des prescriptions tellement absolues, dans des combinaisons mathématiques tellement exactes, qu'il en résulte un moyen pour ainsi dire mécanique de construire des édifices toujours parfaitement semblables, à un millimètre près? Dans ce cas, nous confesserons franchement qu'à aucune époque du moyen âge, même aux treizième et quatorzième siècles, l'architecture n'est tombée dans cet état d'asservissement; si, au contraire, comme il est facile de le prouver, la théorie des *ordres* repose, non sur la reproduction servile de patrons taillés d'avance, mais sur certaines grandes lois d'harmonie générale qui n'excluent pas certaine liberté dans les moyens d'exécution, nous n'hésitons pas à le dire, il existe de semblables lois dans l'architecture à ogive, et ces lois la gouvernent aussi bien que les *ordres* régissent l'architecture grecque et romaine.

Il ne faut pas croire, en effet, comme on le suppose assez généralement, qu'une fois donné le diamètre de la colonne antique, on connaisse exactement sa hauteur, et que cette hauteur détermine invariablement la dimension de toutes les autres parties de la construction. Si cela était vrai, les édifices appartenant à un même ordre seraient tous absolument semblables, leur échelle seule pourrait différer : il y aurait de grands et de petits temples doriques, de grands et de petits temples corinthiens; mais les petits seraient trait pour trait la miniature des grands; proportion gardée, ils seraient identiques, et, comme il n'existe que trois ordres, il n'y aurait également que trois types de chaque nature d'édifices, types dont les innombrables reproductions seraient autant d'épreuves sorties d'un même moule.

Consultez les faits : voyez, non dans Vitruve, mais dans les monuments eux-mêmes, si vous trouvez cette prétendue identité. D'abord vous constaterez qu'en traversant les siècles, et surtout en passant de Grèce en Italie, ces ordres qu'on suppose immuables ont subi de nombreux changements, ou plutôt de véritables transformations. Mais laissons de côté cet élément de diversité; ne comparons que des monuments dans les mêmes conditions, c'est-à-dire construits d'après un même ordre, dans un même pays, dans la même époque, et pour nous adresser au plus pur, au plus noble de tous les ordres, au dorique grec, mesurons le Parthénon et les Propylées. Ces deux monuments, qui se touchent, sont-ils calqués l'un sur l'autre ? leurs colonnes sont-elles de même hauteur relativement à leur diamètre? Non, la différence est de près d'un demi-diamètre. Et si vous sortez d'Athènes, pour comparer à ce même Parthénon un autre chef-d'œuvre d'Ictinus, le temple de Bassœ près Phygalie, par exemple, ne vous présente-t-il pas aussi des mesures différentes et des anomalies bien autrement remarquables? Ainsi, partout la liberté se fait jour ; les règles n'en subsistent pas moins, mais elles ne sont ni despotiques ni tracassières : elles se contentent de caractériser le style du monument par de grands traits généraux : elles lui donnent un cachet d'unité, tout en laissant la carrière ouverte à la variété. Et qu'on ne dise pas que les diversités qu'elle tolère sont imperceptibles : les colonnes doriques ont, dans tel édifice, une hauteur à peine égale à quatre diamètres ; dans tel autre, elles en atteignent presque six, ce qui n'empêche pas que ces deux genres d'édifices soient également doriques. Leur stature, leur physionomie, diffèrent, mais leurs proportions générales sont les mêmes; on reconnaît sur-le-champ qu'ils sont de même famille.

Il en est ainsi de l'architecture à ogive. Prenez toutes les églises bâties en France dans le treizième siècle, et, pour mieux déterminer l'époque, depuis 1220 jusqu'à 1280; restez en deçà de la Loire, car au delà vous trouverez un sol où le style vertical ne s'est jamais complétement acclimaté; surtout ne confondez pas dans votre examen les parties de ces églises qui peuvent appartenir à des temps plus reculés, ou que des restaurations postérieures auront modifiées. C'est faute de ces précautions qu'on a si vite prononcé qu'il n'y avait là qu'un inextricable chaos. Si vous avez soin de ne comparer que des productions d'une même époque, d'un même pays, d'un même style, il est impossible que vous ne reconnaissiez pas que tous ces monuments ont le même aspect général, que toutes leurs parties essentielles sont conçues dans le même esprit et affectent les mêmes formes, que tous, enfin, ils ont cet air de famille qui distingue les édifices antiques appartenant à un même ordre.

Maintenant, si vous procédez le compas à la main, vous trouverez assurément des différences de mesure; mais ces différences n'ont jamais rien d'excessif, elles ne sortent pas d'un certain terme moyen, et, tout en modifiant les dimensions des édifices, elles n'en altèrent pas les proportions. Les proportions dans les œuvres de l'art, comme dans celles de la nature, sont des lois générales; les dimensions sont des accidents particuliers. Voyez si la nature soumet jamais ses créations à des mesures invariables. Donne-t-elle la même taille à tous les animaux de même espèce? Donne-t-elle même à leurs membres une grandeur toujours relativement égale? Non, il n'existe pas deux êtres de même famille qui se ressemblent exactement, et cependant tous les individus de cette famille sont semblables par certains rapports généraux, rapports constants, immuables, nécessaires. Ce sont ces rapports qui constituent les proportions.

Ne vous récriez donc pas si le plan de la cathédrale d'Amiens n'est pas absolument le même que celui de Notre-Dame de Reims, si la nef de l'une est moins longue que celle de l'autre relativement à la longueur du chœur, si les piliers de ces deux temples ne sont pas exactement de même épaisseur en comparaison de leur hauteur. Ce ne sont là que des diversités de dimension, diversités inévitables, et dont les monuments classiques, comme nous venons de le voir, ne sont pas plus exempts que les autres. Pourvu que dans une certaine mesure les rapports du tout avec les parties restent les mêmes, peu importe ces variations des parties entre elles. Ce qui constitue un système de proportions, ce n'est pas l'absence de ces apparentes anomalies, c'est la présence de certaines grandes lois générales supérieures à toutes les dissemblances individuelles : d'où il suit que, si l'architecture du treizième siècle repose, comme nous le prétendons, sur un système de proportions qui lui est propre, nous devons trouver dans toutes ses œuvres, quelles que soient les particularités qui les distinguent, certaines ressemblances fondamentales et nécessaires, indices certains d'un principe commun duquel elles émanent.

Or, rien n'est plus facile à constater. Commençons par examiner les plans ; nous allons distinguer à des signes infaillibles ceux du treizième siècle de tous ceux des âges précédents. Le plan du temple chrétien se trouve modifié, à cette époque, d'abord par l'addition d'un collatéral autour du chœur, addition *nécessaire* dans toutes les églises à plusieurs nefs; en second lieu par le changement de la forme du chœur lui-même, dont l'extrémité, jusque-là semi-circulaire, devient *nécessairement* polygonale. Mais, quelle que soit l'universalité de ces modifications dans les plans, elles peuvent ne paraître que d'une importance secondaire. Ce n'est pas sur le sol des églises, c'est sur leurs parois qu'il faut jeter les yeux pour apercevoir aussitôt les caractères généraux et invariables dont on voudrait en vain contester la présence.

D'abord toutes les ouvertures, tous les vides se terminent en arc brisé, en ogive. C'est là une règle absolue. Que si une fois entre mille, comme à Notre-Dame de Metz par exemple, on voit un arc à plein cintre se glisser au milieu d'innombrables ogives, c'est une de ces exceptions imperceptibles qui sanctionnent les règles au lieu de les infirmer. Ce qui est certain, c'est qu'avec le treizième siècle l'emploi de l'ogive devient exclusif non-seulement dans les églises, mais dans tous les autres édifices. On n'ouvre plus une fenêtre, on ne pratique plus une porte dans une construction quelconque, sans leur donner la forme aiguë. Un fait aussi universel peut-il n'être qu'un accident et un caprice? S'il était question de ces monuments qu'on rencontre en d'autres temps et en d'autres pays, monuments où quelques arcades à ogives apparaissent comme par hasard et égarées, pour ainsi dire, au milieu d'arcs à plein cintre ou d'ouvertures à angles droits, il serait juste et raisonnable de ne voir dans l'emploi de cette forme qu'une fantaisie capricieuse ; mais ici ce sont toutes les ouvertures sans exception qui se terminent en pointe, et non-seulement les portes, les arcades et les fenêtres, mais les voûtes et jusqu'aux fondations elles-mêmes. L'édifice tout entier est moulé sur cette forme ; elle lui est inhérente ; elle compose sa structure, son organisation, son *ossatura*. Sans elle il ne serait pas.

Ainsi voilà déjà une première loi générale qui caractérise l'architecture du treizième siècle. Il en est une seconde non moins importante. L'ogive n'est pas seulement employée exclusivement dans toutes les productions de cette architecture ; elle y affecte une forme déterminée ; sa base, c'est-à-dire son ouverture inférieure, est égale à chacun de ses deux côtés latéraux, ou, en d'autres termes, elle procède du triangle équilatéral. Cette forme est évidemment la perfection de l'ogive, comme la figure géométrique qui la produit est la plus parfaite des figures triangulaires. Au douzième siècle, lorsque l'ogive est à sa naissance, et commence à se substituer au plein cintre, sa base est généralement plus large que chacun de ses côtés ; en conséquence, son angle supérieur est plus obtus que les deux autres, ce qui donne à l'ensemble de l'ogive un aspect un peu lourd, un peu écrasé. Au quatorzième siècle, au contraire, lorsque le style ascensionnel tend à l'exagération de son principe, la base de l'ogive devient plus étroite, et ses branches latérales sont de plus en plus allongées. Entre ces deux extrêmes, le treizième siècle nous donne le vrai type de l'ogive, c'est-à-dire cette forme dont l'angle supérieur résulte de l'intersection de deux courbes égales tirées des deux extrémités d'une ligne droite. C'est à l'usage presque exclusif de ce type que les chefs-d'œuvre du treizième siècle doivent ce caractère à la fois élancé et vigoureux qui les distingue. Ils ont beau s'élever à perte de vue, on est sans crainte sur leur solidité. Ce triangle équilatéral, qui se retrouve inscrit dans l'extrémité supérieure de toutes les ouvertures, donne à l'ensemble de la construction quelque chose de bien assis, un air d'aplomb, une consistance, qui font oublier tout ce qu'il y a de téméraire dans sa légèreté presque aérienne.

Est-il besoin de dire qu'en assignant ainsi à chaque période du style verticale une forme d'ogive déterminée, nous ne prétendons pas poser des règles absolues. Encore une fois, il n'existe pour aucune architecture des mesures invariables; ce n'est jamais que sur des moyennes qu'on peut raisonner. Il n'y a donc pas lieu de s'étonner si, même au temps de saint Louis, on trouve quelques ogives soit trop larges, soit trop étroites à leur base, en proportion de leur hauteur; si, d'une autre côté, on aperçoit dès le douzième siècle des exemples du type équilatéral, ou si, dans le quatorzième, il s'en présente encore. Des circonstances locales, des difficultés d'emplacement suffisent presque toujours pour motiver ces exceptions, et, lors même qu'elles proviendraient parfois du caprice des artistes, elles sont trop rares pour altérer l'autorité et le mérite d'observations mille fois répétées. Nous nous croyons en droit de regarder comme vrai et comme acquis à la science tout fait qui n'est presque jamais démenti; voilà dans quel sens nous disons que, pendant le treizième siècle, l'ogive procède du triangle équilatéral, ou du moins qu'elle se rapproche, autant qu'il est possible, de ce type; qu'au douzième elle ne l'atteint pas encore, et qu'au quatorzième elle tend à le dépasser. Quant au quinzième siècle, nous n'oserions pas désigner quelle est exactement la forme de ses ogives : tantôt il les élargit outre mesure, tantôt il le rétrécit. Dans cet âge de recherches et de raffinements, l'empire de la règle s'affaiblit, l'imagination semble gouverner seule : aussi cette époque n'est-elle fortement caractérisée que par son ornementation, tandis que ses proportions sont vagues, changeantes et difficiles à généraliser.

C'est donc dans les deux siècles précédents, et surtout dans le treizième, qu'il faut étudier le système de proportions du style vertical; c'est là qu'il apparaît dans sa pureté, soumis à la discipline de la raison et aux lois d'une sévère harmonie. La forme systématique et régulière des ogives n'en est pas l'unique preuve ; elle n'est qu'une révélation partielle de l'ordre qui règne dans toutes les parties de l'édifice. Interrogez-les toutes, vous les trouverez également conséquentes et dérivant de principes communs. Nous n'avons pas la prétention toutefois de remonter jusqu'à la loi unique et souveraine qui doit résumer tous ces principes : nous sommes persuadés qu'elle existe; mais faut-il la chercher, comme quelques-uns le supposent, dans le point central du monument, c'est-à-dire, quand il s'agit d'une église, dans l'intersection de la nef et des transsepts ? Est-ce le carré de cette partie centrale qui sert de base, de racine géométrique à toutes les autres parties de l'édifice, de telle sorte qu'on puisse en déduire non-seulement la hauteur des quatre grands piliers qui soutiennent les quatre ogives maîtresses, mais la forme de ces ogives elles-mêmes et enfin les proportions relatives de tous les autres piliers et de toutes les autres ogives dont se compose le monument? Ce sont là des solutions qui, toutes vraisemblables qu'elles puissent être, n'ont pas encore acquis un degré suffisant de certitude pour être scientifiquement admises. Nous n'en avons pas éprouvé personellement la valeur par des expériences assez multipliées pour nous en porter garant.

Mais, sans nous élever jusqu'à ces problèmes, sans entrer dans ces régions encore mal explorées, contentons-nous de constater, preuves en mains et sur la foi des expériences les plus incontestables, qu'il existe dans tous les monuments, soit du treizième, soit du quatorzième siècle, une répétition constante des mêmes dispositions générales, et une certaine mesure moyenne applicable à toutes les parties principales de l'édifice. Cette démonstration doit suffire, car c'est là ce qui constitue et ce qui a toujours constitué un système de proportions.

Voyons maintenant s'il est vraiment impossible, comme on le prétend, de découvrir dans cette architecture la moindre trace d'un système de construction.

Sans doute, on peut trouver dans le moyen âge une longue période, la période du style à plein cintre, pendant laquelle l'art de construire devient un métier plutôt qu'un système. Mélange confus et barbare de méthodes antiques mal comprises, de traditions à demi perdues et de maladroites innovations, il mérite bien alors qu'on le prenne en pitié. C'est à peine si, vers le onzième siècle, on le voit commencer à suivre quelques règles fixes, à observer quelques principes constants. Mais lorsque apparaît l'ogive, et surtout lorsque son règne est devenu universel et exclusif, les vieilles méthodes, les procédés bâtards, disparaissent; l'art de la construction se transforme, se régularise et adopte systématiquement des méthodes inconnues jusque-là. A des effets nouveaux il faut des nouvelles causes. Ces formes verticales, sveltes, aiguës, ne peuvent être produites que par des combinaisons qui leur soient spécialement applicables. La coupe des pierres exige des calculs tout nouveaux : partout des angles saillants et rentrants, partout des formes mixtilignes; de là des difficultés sans nombre pour évider, pour ajuster, pour appareiller les matériaux : puis, à côté de ces nouveautés de détail, des principes généraux de statique et d'équilibre, également tout nouveaux, soit à cause de l'extrême élévation des édifices, eu égard à leur épaisseur, soit à cause de la délicatesse de leur support et de l'envahissement des parties vides sur les parties pleines. Une telle révolution dans la théorie pouvait-elle manquer d'en produire une dans la pratique? A défaut des preuves, le simple raisonnement défendrait d'en douter.

Qu'importe que les Romains aient employé des voûtes d'arête dans quelques-uns de leurs monuments, dans leurs thermes, par exemple? faut-il en conclure que les constructeurs des douzième et treizième siècles n'ont fait que copier les Romains, qu'ils ne sont que des compilateurs, et que, s'ils ont un système, ce système ne leur appartient pas? Comme si le mérite de l'invention était ici de la moindre conséquence. Oui, sans doute, les Romains ont fait des voûtes, d'autres peuples en ont fait avant eux, on en a probablement fait dès les temps les plus reculés; mais qu'on nous cite une époque, qu'on nous montre un pays où tous les édifices sans exception aient été surmontés de voûtes, où ces voûtes aient toutes été supportées non-seulement par des arêtes croisées, mais par des nervures saillantes, proéminentes et profondément évidées à leur base, où la maçonnerie, suspendue sur ces nervures, ait été aussi mince, aussi légère, et disposée avec une telle hardiesse : c'est dans ces détails d'exécution que consiste l'originalité; c'est dans l'universalité de l'application que consiste le système. Nous n'insisterons pas plus longtemps sur ce point. Que ceux qui ont étudié sérieusement la manière dont sont bâties les églises à ogive nous disent si elles sont l'œuvre du hasard et de la routine. C'est là une de ces questions pratiques dont les hommes du métier sont les meilleurs juges. Qu'on les interroge ; nous nous en rapporterons aux tailleurs de pierre et aux moindres maçons. Demandez à ceux qui vont encore aujourd'hui, à l'issue de leur apprentissage, visiter la vis de Saint-Gilles en Provence; demandez-leur si ce célèbre ouvrage n'est pas construit d'après des règles et par des procédés complétement distincts de ceux qui ont fait élever et la maison carrée et les autres chefs-d'œuvre antiques du voisinage? Leur réponse vaudra mieux que toutes les dissertations.

Il ne reste donc plus à résoudre que ce dernier problème : existe-t-il dans l'architecture à ogive un système de décoration?

Sur ce point, comme sur les deux autres, le savant auteur du *Dictionnaire d'architecture* n'admet pas même la controverse. Il y a, selon lui, chez tous les décorateurs du moyen âge manque absolu d'originalité et incapacité complète de rien imaginer qui leur appartienne [1]. « L'ornement gothique, dit-il, n'est qu'une dégénération de l'ornement antique, tradition confuse et transposition incohérente de tous les éléments décoratifs des trois ordres grecs, où les feuilles

---

[1] *Dictionnaire historique d'architecture*, t. Ier, p. 679, 2e col.

du corinthien, les volutes de l'ionique, les tores du dorique se trouvent compilés sans intention, sans choix, et exécutés sans art[1]. » Et plus loin, en parlant de la décoration extérieure des églises : « Aucune sorte de goût ni de raison ne peut ni se rendre compte de cette décoration, ni même tenter de s'en définir l'idée. Tout ce qui en fait partie peut y être ou n'y être pas, peut occuper une place ou une autre place, sans qu'on sache ou qu'on puisse dire pourquoi ; tout y indique ce manque absolu de raison qui, ainsi que dans les objets de mode et de fantaisie, ne peut s'expliquer que par le hasard, qui n'explique rien[2]. »

Nous comprenons jusqu'à un certain point que, lorsqu'il s'agit des proportions ou même de la construction, on se refuse à reconnaître un caractère régulier et systématique, non-seulement dans les œuvres du moyen âge en général, mais même dans celles des trois siècles où domine l'ogive. Pour distinguer les règles géométriques qui appartiennent exclusivement à ce style, de celles qui sont communes à toutes les architectures, pour apprécier les procédés pratiques que lui seul met en usage, il est nécessaire d'avoir étudié et comparé des monuments qu'on regardait à peine il y a trente ans; mais pour ce qui concerne l'ornementation, celle du style à ogive est tellement spéciale, tellement unique en son genre, qu'il semble impossible, même quand on n'a fait que l'entrevoir, d'en méconnaître l'originalité. Pour nous, loin d'être un plagiat et une œuvre de déraison, l'ornementation du treizième siècle est une des créations les plus originales, les plus spontanées,

---

[1] *Dictionnaire historique d'architecture*, t. 1er, p. 674, 2e col.
[2] *Ibid.*, p. 677, 2e col.

les plus imprévues de l'esprit humain, en même temps qu'une de ses œuvres les plus raisonnables et les plus méthodiques. Sans doute, il est une époque du moyen âge, celle qui s'écoule entre la chute du style antique et le triomphe du style à ogive, où la décoration architecturale n'est, en grande partie, qu'une imitation dégénérée de l'ornementation grecque et romaine. Bien que, pour être juste, il fallût au moins lui tenir compte des trésors d'imagination qu'elle mêle si souvent aux choses qu'elle imite, et de cet air de jeunesse et de nouveauté qu'elle répand sur les débris qu'elle emprunte, on peut reprocher, si l'on veut, à cette époque sa stérilité et ses compilations ; mais une fois l'ogive devenue maîtresse de bâtir, où trouver, dans ces ornements tout nouveaux qu'elle fait éclore, la moindre trace d'imitation? Dans quel lieu, dans quel temps aurait-elle pris ses exemples? Nous n'hésitons pas à le dire, ces ornements apparaissent alors pour la première fois dans le domaine de l'art. Non-seulement ils ne reproduisent, ni de loin ni de près, les ornements antiques, mais ils sont faits, avec intention, dans un sentiment tout contraire. L'originalité, chez eux, va presque jusqu'à l'affectation. Quelques mots seulement pour en donner la preuve.

Les ornements dont se sert l'architecture peuvent être de deux sortes : tantôt ils consistent en figures purement abstraites et géométriques, tantôt dans une imitation plus ou moins exacte d'objets naturels, tels que végétaux, pierreries, perles, galons ou broderies. Dans l'un et l'autre cas, nous voyons le style à ogive, une fois parvenu à sa maturité, c'est-à-dire vers le commencement du treizième siècle, affecter de s'écarter et des traditions antiques et des exemples plus récents, soit de l'époque à plein cintre, soit de l'époque de transition. Prenez tous les filets, toutes les moulures creuses ou saillantes, plates ou arrondies, qui décorent une construction du treizième siècle; examinez la forme des arcs doubleaux, celle des nervures qui tapissent les piliers et les voûtes, vous trouverez partout des profils entièrement nouveaux. Dans les siècles précédents, les moulures, même les plus imparfaites et les plus grossières, vous laissent toujours apercevoir, comme à travers un verre trouble, le profil romain qu'on s'est proposé pour modèle : ici, au contraire, l'intention de chercher un type nouveau est manifeste. On ne se borne pas à modifier les formes anciennes, on en choisit qui n'ont jamais été employées, et on les exprime sans hésitation, sans mollesse, avec un accent hardi et novateur.

Ce genre d'innovation, il est vrai, ne saurait être parfaitement senti que par un œil exercé, tandis que tout le monde, au premier coup d'œil, appréciera ce qu'il y a de neuf dans les imitations d'objets naturels que le style à ogive emploie comme ornement. D'abord il n'imite presque exclusivement que des végétaux : plus d'oves, plus de perles, plus de rais-de-cœur, comme dans l'antique ; plus de têtes de clous, plus de pointes de diamants, plus de galons ni de broderies, comme au temps du plein cintre byzantin ou roman : l'ornementation devient essentiellement végétale. Ce n'est pas tout : au lieu d'idéaliser les végétaux, comme on l'avait fait jusque-là, au lieu de leur prêter une forme conventionnelle, en harmonie avec le caractère des monuments antiques, on les copie purement et simplement, on les calque d'après nature, c'est la représentation exacte de certaines plantes, de certains feuillages qu'on fait exprimer à la pierre ; enfin, on ne se contente pas d'adopter une nouvelle manière d'imiter les plantes et les feuillages, on en cherche les modèles, non plus en Orient ni sous le beau ciel de la Grèce ou de l'Italie, mais dans nos forêts et dans nos champs : c'est la feuille de chêne, la feuille de hêtre, c'est le lierre, le fraisier, la vigne vierge, la mauve, le houx, le chardon, la chicorée et tant d'autres plantes, toutes de notre sol et de notre climat, qui viennent couvrir les archivoltes et composer les chapiteaux.

Jamais ces végétaux modestes n'avaient reçu tant d'honneur : jamais architectes, avant le treizième siècle, n'avaient daigné chercher en eux un motif d'ornement. Le style antique les eût trouvés trop prosaïques. Il ne s'adressait au règne végétal que pour orner les édifices les plus pompeux. L'ordre dorique n'en admettait pas l'emploi ; l'ionique les tolérait à peine et seulement dans la frise : le corinthien seul en faisait un abondant usage, mais comme tout, dans cet ordre, devait affecter un air de majesté, c'eût été un contre-sens que d'y introduire des feuillages sous leur forme simple et naturelle ; quelque riche, quelque noble que fût, par elle-même, la feuille d'acanthe, il fallait la rendre plus riche et plus noble encore ; ajouter à la fermeté et à la fierté de ses formes, l'idéaliser, en un mot, pour la rendre digne de servir de support à ces somptueuses corniches et de couronnement à ces brillantes colonnes. Le même principe s'appliquait aux rinceaux et aux enroulements aussi bien qu'aux chapiteaux. L'artiste, en les composant, s'inspirait du souvenir de certaines plantes, mais ce n'étaient pas ces plantes elles-mêmes qui sortaient de son ciseau. En un mot, l'antiquité, et après elle l'époque bizantine et romane, quand elles ont appliqué la botanique à l'architecture, n'ont jamais connu qu'une botanique de convention, dont les modèles n'existent pas dans la nature.

C'est donc un changement complet, une véritable révolution que le système adopté par le treizième siècle. Non-seulement il reproduit avec une naïve fidélité les plantes sous leurs formes naturelles, mais il s'impose la loi de ne choisir ses modèles que dans la flore indigène. Ce dernier fait est de tous le plus significatif : il suffirait pour imprimer au style à ogive son véritable caractère, ce caractère essentiellement national qu'on chercherait vainement à lui contester. Quelle que soit l'origine de l'ogive elle-même, l'architecture qu'elle a fait naître chez nous est fille de nos climats et n'appartient qu'à eux : tous les autres styles que nous avons tour à tour adoptés, soit avant elle, soit après elle, ne sont que des fruits étrangers transplantés avec plus ou moins de succès ; elle seule est sortie de notre propre sève, elle seule porte la marque de notre propre création. Ce n'est pas ici le lieu d'insister sur cette idée : peut-être essayerons-nous ailleurs d'entrer dans les développements qu'elle comporte : il nous suffit en ce moment d'avoir établi que l'ornementation du style à ogive n'a rien emprunté, ni aux ornements antiques, ni à aucun autre genre d'ornements préexistants, et que ceux qui ne la connaissent pas peuvent seuls l'accuser de plagiat.

Quant au reproche de déraison, a-t-il plus de fondement ? Évidemment il ne provient que d'une méprise entre deux époques. Il est bien vrai que, dans certaines sculptures byzantines ou romanes, le caprice et la fantaisie dominent tellement, qu'il n'est pas toujours très-facile de leur trouver un sens raisonnable; peut-être est-il permis de dire de ces sculptures que « tout ce qui en fait partie peut y être ou n'y être pas, occuper une place ou une autre place, sans qu'on puisse dire pourquoi. » Mais existe-t-il la moindre analogie entre ces sculptures et celles du treizième siècle? Autant les unes sont capricieuses et variées, autant les autres sont régulières, nous oserions presque dire uniformes. Voyez les chapiteaux d'une église à plein cintre, il n'y en a pas deux qui se ressemblent : ils diffèrent non-seulement par la décoration, mais par la forme et par les dimensions; dans une église à ogives, au contraire, dans une église du treizième siècle, tous les chapiteaux sont conçus d'après un même type, dans un même esprit. Suivez des yeux ces longues files de piliers, vous les trouverez tous couronnés de même; les feuillages qui serpentent autour des chapiteaux peuvent varier quelquefois, ce n'est là qu'un détail accessoire; mais la hauteur, la largeur, la forme générale, ne changent pas; vous retrouvez le même caractère, le même accent, le même profil dans le chapiteau, non-seulement de chaque pilier, mais encore de chaque colonne, de chaque colonnette, ou du moindre fuseau.

Il en est de même des bases; leur régularité répond à celle des chapiteaux. Les voûtes elles-mêmes, quelle que soit la variété de leurs décorations, ne présentent jamais que des combinaisons qui se répètent avec ordre et symétrie. Quoi de plus raisonnable et de mieux motivé que les nervures croisées des treizième et quatorzième siècles? Si, vers la fin du quinzième, l'amour des tours de force engendre des complications presque inintelligibles, ce n'est pas au système à ogive alors expirant, qu'il est juste de les imputer.

Enfin, quant aux façades et aux extérieurs d'église, est-il vrai qu'aucune « espèce de goût ni de raison ne puisse s'en rendre compte? » Ces contre-forts et ces arcs-boutants, qu'on veut nous donner comme d'informes échafaudages, produisent-ils donc un effet si confus et si désordonné n'ajoutent-ils pas au monument une ampleur pyramidale qui contraste merveilleusement avec la légèreté purement verticale de la décoration intérieure? Le chevet de Notre-Dame de Paris aurait-il cet aspect grandiose, s'élèverait-il si noblement à l'extrémité de cette île; ne semblerait-il pas maigre, étroit et fragile, sans les majestueux supports qui l'entourent de toutes parts? Ces prétendues aberrations ne sont donc que d'habiles et ingénieux calculs. Ce qui est vrai du chevet de Notre-Dame de Paris l'est également du portail de Notre-Dame de Reims. Cette richesse somptueuse des façades, où l'on dit que la raison se perd, cesse d'être une énigme quand on sait en pénétrer le sens, quand, au lieu de s'arrêter à quelques défauts de symétrie matérielle, on s'élève jusqu'à la signification symbolique de ces grandes compositions, quand on cherche l'harmonie générale cachée sous leur brillante variété.

Enfin, ce n'est pas assez d'être originale, méthodique et régulière, l'ornementation du style à ogive revêt à chacune de ses phases une physionomie tellement tranchée, qu'avec une étude, même légère, on peut, à la vue des monuments, reconnaître, presque à coup sûr, à laquelle de ces phases ils appartiennent, et constater approximativement leur âge. Les caractères distinctifs de ces diverses phases, bien qu'ils ne consistent que dans des nuances, sont cependant plus facilement appréciables que dans toutes les autres architectures, y compris, nous le disons sans hésiter, l'architecture classique elle-même. L'ornementation du treizième siècle se distingue de celle du quatorzième ou du quinzième au moyen d'indications plus précises que celles qui servent à classer chronologiquement la décoration des édifices antiques : aussi est-on moins exposé à prendre pour une œuvre de saint Louis un monument sculpté sous Charles V qu'à confondre une construction du temps d'Auguste avec un édifice de l'époque des Antonins.

Mais nous ne saurions le dire trop haut, tout ce qu'on vient de lire ne s'applique à l'architecture à ogive que dans le nord de l'Europe, depuis la Loire jusqu'au Danube. Si vous sortez de ce terrain, les règles s'évanouissent, vous marchez d'exception en exception. C'est faute de s'être prémuni contre cette cause d'erreur que l'illustre critique dont nous avons cité les paroles, et beaucoup d'autres savants esprits, ont méconnu les faits les plus incontestables, et, qu'on nous permette de le dire, nié jusqu'à l'évidence. C'est le gothique du Midi, le gothique d'Italie surtout, qui leur a fait prendre le change, qui a troublé leur jugement. Sans doute ils ont raison, jamais en Italie, à aucune époque du moyen âge, il ne s'est formé un art de bâtir qui reposât sur des principes, qui se gouvernât avec la rigoureuse précision d'un système. L'antique abâtardi n'a pas cessé d'y régner un seul jour, et n'a cédé la place qu'à l'antique régénéré. Ouverte à toutes les importations étrangères, l'Italie ne s'en est jamais approprié systématiquement aucune. L'Orient lui a transmis ses brillantes fantaisies, le Nord son ogive; mais ces semences exotiques ont changé de nature en germant dans un sol tout sillonné de fondations romaines. Aussi, qu'est-ce que l'ogive en Italie? qu'est-ce que l'architecture qui emprunte cette forme? Une compilation, le nom est juste, un composé des éléments les plus divers et les plus hétérogènes. Grâce à la beauté des matériaux, à la poésie du climat et à un reste du génie de l'antiquité, ces œuvres bâtardes ont quelquefois l'aspect le plus séduisant. Les églises de Sienne et d'Orvieto nous éblouissent par l'élégance et l'éclat des détails; mais l'œil a beau s'y plaire, l'esprit n'y trouve rien qui le satisfasse entièrement : il cherche vainement le principe, le régulateur qui a dirigé l'artiste, il ne voit qu'un amalgame de traditions antiques mal comprises et d'innovations avortées. Cette indécision, ce tâtonnement, excluent toute idée de système. Peu importe donc la grandeur et le charme de quelques-unes de ses œuvres, l'architecture du moyen âge en Italie ne fut jamais qu'un art de décadence, un art sans lois, sans règle, sans méthode.

Aussi, quand Brunelleschi vint fouiller les ruines de Rome antique pour en exhumer un système d'architecture, il accomplissait une œuvre nécessaire, il comblait une place laissée vide depuis mille ans. Sa patrie n'avait pas de système d'architecture, il lui en donnait un. Chez nous, au contraire, florissait, vers la même époque, un système déjà dans sa puissance, et qui ne demandait qu'à croître et à prospérer. nous n'avions pas besoin d'un Brunelleschi en France; il ne fallait que la paix et la richesse, point d'Anglais, point de

Bourguignons ! Sans ces deux siècles d'oppression, de destruction et de misères, le système national aurait paisiblement et glorieusement accompli ses destinées, au lieu de tomber brusquement dans une décadence anticipée, suivie d'une renaissance dont les gracieux chefs-d'œuvre ne sauraient faire oublier l'origine étrangère et la dangereuse influence.

N'abordons pas ici des idées que nous ne pouvons tout au plus qu'indiquer, et qu'il nous suffise d'avoir montré comment les hommes du plus haut savoir, habitués à n'étudier l'art qu'en Italie, ne connaissant la France que pour l'avoir traversée, s'occupant encore moins de l'Angleterre et de l'Allemagne, sont nécessairement conduits, par de fausses analogies, aux erreurs que nous avons signalées. Pour eux, le moyen âge est partout ce qu'il est au delà des Alpes, c'est-à-dire une époque de décadence qui se continue sans interruption jusqu'au jour de la renaissance classique ; et comme l'introduction de l'ogive en Italie ne fit qu'augmenter la confusion, le pêle-mêle de tous les styles qui s'y heurtaient en désordre depuis plusieurs siècles, ils en concluent que partout comme en Italie l'époque dite gothique fut l'apogée de la décadence [1].

Nous avons répondu d'avance à cette conclusion. Non, l'architecture du treizième siècle, dans le nord de l'Europe, n'est pas la continuation de la décadence ; elle en est le terme. Sa seule ressemblance avec la décadence consiste à

---

[1] « Héritière de tous les abus, de tous les mélanges dont les siècles de barbarie furent témoins, l'architecture gothique ne fait qu'achever l'œuvre de destruction avec un surcroît de désordre et d'insignifiance. » (*Dict. hist. d'arch.*, t. II, p. 675.)

s'affranchir comme elle des règles de l'antiquité; mais pourquoi s'en affranchit-elle? Pour obéir à des règles nouvelles. Dans ces siècles profanes, au contraire, qui brisèrent l'entablement antique et firent asseoir à sa place, sur le tailloir de la colonne, l'arcade, qui jusque-là s'était respectueusement abritée sous l'architrave, pourquoi violait-on le noble et harmonieux système inventé par les Grecs? Était-ce pour substituer à son principe fondamental un principe différent? Non, c'était pour le plaisir brutal d'altérer ce qu'on ne pouvait plus ni comprendre ni reproduire. Et vous voudriez comparer cet acte de décrépitude et d'ignorance à l'œuvre de résurrection, de jeunesse et d'enthousiasme qui s'accomplit chez nous au treizième siècle !

Nous terminerons ici cette digression déjà trop longue; résumons-la seulement en quelques mots.

Une classification chronologique des monuments du moyen âge, en France, n'est pas une œuvre chimérique.

Les bases de cette classification sont jetées, il ne s'agit que d'achever ce qui est commencé. Seulement, toutes les époques ne se sont pas jusqu'ici également bien prêtées aux investigations de la science.

Ainsi, depuis la chute de l'empire romain jusqu'à l'apparition des premières ogives, la classification semble à peine ébauchée, tant elle est vague et générale; les deux derniers siècles de cette longue période présentent seuls un peu de précision et de clarté.

Depuis la naissance de l'ogive jusqu'à la fin de l'époque de transition, l'obscurité redouble, la science hésite, et l'hypothèse et le roman se donnent libre carrière.

Mais, à partir du jour où l'ogive devient souveraine, une ère nouvelle commence : l'ordre et la régularité d'un système donnent à la classification chronologique des fondements solides et sûrs; l'observation scientifique suit des jalons certains; des indications précises ne permettent plus de se méprendre sur la moindre nuance, sur le moindre détail; chaque édifice nous raconte lui-même son histoire, et, eût-il été bâti à dix reprises différentes pendant ces trois siècles, il nous laisserait clairement apercevoir où commence et où finit chacune des phases de sa construction.

C'est là ce que nous voulions établir. C'est pour obtenir cette démonstration que nous avions un moment quitté notre sujet.

Retournons maintenant à Notre-Dame de Noyon.

IV

L'ÉGLISE NOTRE-DAME DE NOYON PEUT-ELLE ÊTRE ANTÉRIEURE OU POSTÉRIEURE AU DOUZIÈME SIÈCLE?

Si l'incendie du 21 juillet 1293 eût été aussi violent que le prétendent les archives de Longpont, si toutes les églises de Noyon, à l'exception de la petite paroisse de Saint-Pierre et de la chapelle des Templiers, eussent été réduites en cendres, la cathédrale ne pourrait avoir été reconstruite que vers les dernières années du treizième siècle, ou même au commencement du siècle suivant, et son architecture porterait nécessairement les caractères du style du quatorzième siècle, car, dans la plupart des monuments de l'Ile-de-France et de la Picardie, les innovations de détail qui constituent ce style commencent à apparaître un peu avant l'an 1300, vers la première moitié du règne de Philippe le Bel. Or, il n'existe, dans toute la cathédrale de Noyon, que deux échantillons très-peu importants du style du quatorzième siècle, c'est à savoir la décoration appliquée sur les jambages des trois portes qui mettent en communication le porche occidental avec la nef de l'église, et les deux contreforts ou éperons qui soutiennent la façade de ce porche. Le porche lui-même paraît appartenir au treizième siècle; les contreforts, au contraire, sont évidemment ajoutés après coup; ils ne font pas corps avec la maçonnerie du porche; les assises des deux constructions ne se raccordent pas, il n'y a pas adhérence, et, enfin, les colonnettes placées dans les angles, les bases et les chapiteaux de ces colonnettes, et toute la décoration de la partie supérieure, sont dans le goût du quatorzième siècle le mieux caractérisé. Quant aux jambages des portes, leur décoration, aujourd'hui toute mutilée, mais qui laisse encore apercevoir des traces de coloration très-visibles et des feuillages de lierre et de groseiller sculptés avec une étonnante finesse, ne consiste qu'en une sorte de placage incrusté dans la masse d'une maçonnerie évidemment plus ancienne.

Il est à présumer que l'incendie de 1293 porta principalement ses ravages de ce côté de l'édifice; qu'il n'ébranla ni les clochers ni l'église elle-même, mais qu'il endommagea les portes de la nef, et le porche placé devant ces portes ; que, pour réparer le désastre, on refit en placage et dans le goût du temps la décoration des portes, et qu'enfin, pour prévenir la chute du porche, on éleva ces deux éperons si forts et si saillants. Cette conjecture est confirmée par le passage suivant, d'une bulle du pape Boniface VIII, en date du 17 juillet 1294 : *quod quædam pars Noviomensis ecclesiæ, cum claustro et capitulo, ac ornamentis, fuerat casu miserabili concremata* [1]. Le pape, comme on voit, n'est pas d'accord avec les moines de Longpont ; il ne parle pas d'un embrasement total, mais seulement d'un incendie partiel, et il indique même par ces mots, *cum claustro et capitulo*, le côté de l'église qui dut être particulièrement endommagé. En effet, la salle du chapitre et une des galeries du cloître sont précisément situées dans le voisinage du porche. Il nous semble donc hors de doute que l'église ne fut atteinte que dans sa partie occidentale, et nous croyons que, même dans cette partie, si le feu dévora le mobilier, les ornements, les tapisseries, les vitraux, il ne fit qu'endommager la maçonnerie, et ne donna lieu qu'à de simples réparations ; celles du porche sont seules apparentes aujourd'hui parce qu'elles furent sans doute les plus considérables. Quant à la salle du chapitre, elle ne dut être également que restaurée : ses profils sont

---

[1] Cette bulle a pour objet d'autoriser le doyen et le chapitre de Noyon à mettre à exécution un statut qui obligeait chaque nouveau chanoine à faire don au chapitre d'une chappe de la valeur de dix francs. Ce statut, intitulé « De cappâ sericâ a novo canonico solvendâ, » fut arrêté en chapitre l'an 1288, cinq ans avant l'incendie, et pour toute autre cause que le besoin de réparer l'église. Mais le pape, en le confirmant, prit pour motif le désastre survenu l'année précédente.

trop fermes, son ornementation trop mâle et trop accentuée, pour qu'elle ne date pas du milieu du treizième siècle. Il est plus difficile, à l'égard du cloître, de se prononcer avec certitude : il peut sans doute avoir été reconstruit après l'incendie, mais il conserve sous tant d'aspects le cachet pur du treizième siècle, que, malgré ce dessin rayonnant et ces formes un peu compliquées, nous penchons à croire que sa construction peut être antérieure de quelques années à 1293.

Ainsi voilà un premier point éclairci : non-seulement l'église entière n'a pas été incendiée, mais celles de ses parties qui ont subi l'action du feu n'ont pas toutes été reconstruites, et n'ont exigé que des travaux de réparation, d'où il suit que ce n'est ni au quatorzième siècle ni à la fin du treizième qu'il faut attribuer ce qui subsiste encore aujourd'hui de l'ancienne cathédrale de Noyon.

Serait-ce au treizième siècle lui-même? et, par exemple, peut-on supposer qu'après l'incendie de 1238 des travaux de reconstruction générale auraient été entrepris? Nous parlons de reconstruction générale, parce que, comme nous l'avons déjà fait observer, l'édifice entier étant homogène et appartenant à un même style, il ne peut être question de reconstructions partielles et successives, mais seulement d'une réédification complète, faite en un seul coup, et achevée tout au plus en un demi-siècle. Or il serait extraordinaire que ce fût l'incendie de 1238 qui eût été l'occasion de cette réédification. Rien ne prouve, comme nous l'avons dit, qu'il ait causé de grands ravages : le petit nombre d'auteurs qui en font mention ne le cite qu'en passant et sans lui attribuer la moindre gravité. On peut donc supposer que la solidité de l'édifice n'en fut pas compromise. Mais, indépendamment de cette présomption, d'autres raisons plus fortes nous donnent l'assurance que la reconstruction de la cathédrale ne date pas de cette époque. D'abord il eût été sans exemple, en 1238 et surtout dans cette partie de la France, d'admettre, même par fantaisie et comme exception, l'emploi de l'arc à plein cintre; à plus forte raison n'aurait-on pas construit, d'après ce type abandonné, la presque totalité des ouvertures à l'extérieur de l'église et au dedans toutes celles des étages supérieurs. Les transsepts arrondis, tradition du style à plein cintre, qu'on retrouve si rarement, même à l'époque de transition, n'auraient jamais été tolérés après 1238, pas plus que les colonnes annelées, telles que celles qui s'élèvent dans le chœur et à l'entrée de la nef de Noyon, pas plus que l'alternance d'un support cylindrique et d'un pilier multiple, ancienne combinaison qui avait disparu sans retour dès la fin du douzième siècle.

Ces raisons, ou plutôt ces faits, sont, selon nous, sans réplique. Ainsi la cathédrale de Noyon n'a pas plus été construite au milieu du treizième siècle qu'au quatorzième, nous pouvons l'affirmer avec une égale certitude.

Nous n'avons donc plus de choix ; il ne reste que les incendies de 1131 et de 1152 qui puissent avoir rendu nécessaire la reconstruction de la cathédrale.

Mais ne va-t-on pas nous demander pourquoi nous supposons que ces deux incendies, et plus particulièrement le premier, ont détruit l'édifice de fond en comble? La seule raison que nous en ayons donnée jusqu'ici, c'est que les historiens nous l'attestent; or, nous venons de voir qu'en pareille matière les témoignages historiques ne sont guère infaillibles; nous venons de démontrer, malgré les attestations d'archivistes contemporains, que le fameux incendie de 1293 avait dû nécessairement épargner la presque totalité de l'église : pourquoi n'en serait-il pas de même du désastre de 1131 ? pourquoi le vieux monument n'aurait-il pas résisté aux flammes ? pourquoi ne serait-ce pas lui que nous aurions devant les yeux ?

Notre réponse est bien simple : la même raison qui ne nous a pas permis de croire au récit des moines de Longpont nous force d'ajouter foi aux paroles de Guillaume de Nangis et à celles de tous les chroniqueurs qui ont parlé de l'incendie de 1131. Dans les deux cas, c'est le caractère de l'architecture qui détermine notre conviction, c'est lui qui nous fait affirmer que l'édifice ne peut être ni antérieur, ni de beaucoup postérieur au douzième siècle.

Mais n'avons-nous pas dit que l'époque de transition (et c'est au douzième siècle que ce nom est généralement donné) n'était encore qu'imparfaitement étudiée; que ses caractères constitutifs ne pouvaient pas être définis avec la même précision que ceux de l'époque du style à ogive proprement dit, c'est-à-dire des treizième, quatorzième et quinzième siècles? Dès lors quels indices certains, quel moyen de contrôle la vue des monuments peut-elle nous fournir? de quel droit pouvons-nous rejeter ou accepter le témoignage des historiens?

Qu'on nous permette de distinguer ce qui est encore vague et obscur dans l'époque de transition, et ce qui peut, au contraire, être éclairci jusqu'à l'évidence, et l'on verra qu'il existe des signes assez nombreux et assez sûrs pour déterminer que tel monument est ou n'est pas de ceux que cette époque a dû voir construire.

Cette nouvelle disgression ne nous écarte pas de notre but, puisque, en essayant ces recherches sur la cathédrale de Noyon nous nous proposions avant tout, sinon de résoudre, du moins de poser nettement les questions principales que soulève encore l'époque de transition.

V

QUESTIONS RELATIVES A L'ÉPOQUE DE TRANSITION.

Ces questions sont de deux sortes : les unes, purement chronologiques, consistent à savoir quelle est l'époque où finit le règne exclusif du plein cintre, et à quels signes on peut reconnaître approximativement l'âge d'un monument de transition ; les autres, plus générales et d'un plus haut intérêt historique, ont pour but de rechercher l'origine même de l'ogive, ou plutôt les causes qui favorisèrent l'adoption de cette forme et firent proscrire le plein cintre, le sens de cette révolution, son but, son esprit, son caractère.

De ces deux sortes de problêmes, nous n'essaierons de traiter ici que les premiers, mais nous hasarderons à propos des seconds quelques aperçus seulement qui indiqueront dans quelle voie des recherches nouvelles pourraient être utilement dirigées.

Començons par le problème chronologique.

Il s'agit de définir le sens de ces mots : époque de transition. Ils indiquent, cela va sans dire, l'intervalle qui sépare le temps où le style à plein cintre régnait seul, et les trois siècles qui appartiennent exclusivement à l'ogive. Mais à quel moment le plein cintre cesse-t-il de régner seul ? c'est ce qu'il faut déterminer.

Suffit-il qu'une ogive apparaisse comme par hasard dans une partie quelconque d'un monument à plein cintre, pour attribuer ce monument à l'époque de transition ? Faut-il, au contraire, ne ranger dans cette époque que les édifices où le principe semi-circulaire et le principe aigu sont en présence et contribuent chacun dans une certaine mesure à l'effet général du monument ? Selon qu'on adopte l'une ou l'autre solution, on donne à l'époque de transition des limites assez restreintes ou une étendue presque indéfinie.

Qui ne sait, en effet, que, dans les constructions les plus anciennes de Rome et même de la Grèce, on peut découvrir de loin en loin quelques exemples d'arcs à ogive ? Faudra-t-il en conclure que l'époque de transition remonte jusqu'aux siècles des Héraclides ou jusqu'aux temps des Tarquins ? Et si, à des époques du moyen âge où le règne exclusif du plein cintre ne saurait être mis en doute, nous rencontrons quelques-unes de ces ogives fortuites et isolées, faudra-t-il crier au miracle, et proclamer, comme on l'a fait quelquefois, que l'ogive était en usage sous Charlemagne, voire même au temps de Dagobert ?

Non, ces exceptions ne prouvent rien. L'ogive prise en elle-même est aussi ancienne que l'architecture : c'est une de ces formes que personne n'a inventées, dont personne ne s'est servi un certain jour pour la première fois, et qu'on peut rencontrer par aventure en tout temps et en tout lieu. Les plus simples lois de la statique ne nous disent-elles pas qu'en divisant et en faisant butter l'un contre l'autre deux segments d'un cintre, en les étayant, pour ainsi dire, l'un par l'autre, on donne à l'arcade ainsi composée plus de force qu'en lui laissant la forme semi-circulaire? Les points d'appui, étant chargés plus directement, plus verticalement, tendent moins à s'écarter, et opposent une résistance plus forte : c'est là un fait que démontre la moindre expérience.

Il n'est donc pas étonnant qu'en certaines circonstances, soit par défaut d'espace, soit par nécessité de fortifier quelques parties d'un édifice, soit même par caprice de décoration, on ait employé accidentellement cette forme. Il n'y a rien là qui constitue l'époque de transition. La présence d'une ogive dans un monument à plein cintre ne commence à tirer à conséquence que lorsqu'elle résulte évidemment d'une intention systématique, d'un parti pris, lorsque ce procédé de construction est mis en regard du système semi-circulaire avec le dessein d'établir entre eux une sorte de lutte, et de remplacer au moins partiellement l'un par l'autre.

Toute la question est donc de savoir comment se révèlent cette intention systématique, ce parti pris, cette lutte? Rien n'est plus clair, toutes les fois qu'au lieu d'ogives éparses, égarées, vous voyez apparaître soit des séries d'ogives entremêlées à des séries de pleins cintres, soit l'ogive régnant seule à certains étages ou dans certaines parties spéciales de l'édifice.

Il faut pourtant y regarder de près, surtout lorsqu'il s'agit des voûtes. On rencontre des monuments entièrement à plein cintre, dont toutes les voûtes sont à ogive, mais la plupart du temps ces voûtes ont été construites un siècle ou deux après le monument.

N'oublions pas que si les voûtes d'arête furent en usage dès les beaux siècles de l'architecture romaine, elles disparurent presque entièrement au milieu des temps de barbarie, et que, dans la plupart des églises bâties avant le onzième siècle on voyait, en guise de voûtes, des plafonds horizontaux composés de poutres apparentes plus ou moins ornées. Ces plafonds ne cessèrent pas complétement d'être employés durant le onzième siècle, ni même pendant le commencement du douzième ; on en trouve encore aujourd'hui des exemples dans des églises d'Angleterre postérieures à la conquête, telles que celles de Winchester, d'Ely et de Peterborough. C'est seulement vers le milieu du douzième siècle que l'usage de voûter les grandes nefs et les transsepts des églises commença à devenir universel. Alors on ne se contenta plus de construire des voûtes dans les églises qu'on bâtissait à nouveau, on en ajouta dans les églises anciennement bâties, et comme l'ogive, en ce temps là, devenait la forme dominante, les voûtes substituées aux vieux plafonds furent presque toutes des voûtes à ogive.

Avant donc de rien conclure de la présence d'une voûte à ogive dans un monument entièrement à plein cintre, il faut s'assurer si la voûte et le monument ont été faits en même temps, et lors même qu'ils seraient évidemment contemporains, ce ne sera pas toujours un motif pour que le monument appartienne nécessairement à l'époque de transition. En effet, l'emploi de l'ogive dans les voûtes et surtout dans les grands arcs doubleaux qui relient, même lorsqu'il n'y a pas de voûte, les deux parois de la grande nef à son extrémité vers le point d'intersection, peut remonter aux époques les plus reculées.

Ainsi dans la grande église de Saint-Front, à Périgueux, église dont la construction ne saurait être postérieure aux premières années du onzième siècle, et qui est probablement plus ancienne, les vastes coupoles suspendues sur la nef et sur les transsepts sont soutenus par quatre grandes ogives construites évidemment en même temps que le reste de l'église. Je défie qu'on découvre dans tout ce monument la moindre tendance aux idées novatrices, le moindre reflet de transition ; ce n'était donc pas pour obéir à une mode nouvelle que ceux qui construisaient ces grands arcs, au lieu de les terminer par un cintre parfait, les brisaient à leur extrémité supérieure, c'était pour chercher un moyen de construction qui leur offrît plus de chance de solidité. Les Romains, sans doute, auraient dédaigné cet expédient lorsque, passés maîtres dans l'art de construire, ils élevaient avec tant d'audace les arcs et les voûtes semi-circulaires de leurs grandes salles de thermes ; mais de telles traditions, une fois perdues, ne s'improvisent pas, et des artistes à demi barbares, voulant lancer aussi des voûtes et des arcades sur de vastes vaisseaux, devaient procéder avec plus de prudence et chercher dans l'arc brisé un moyen plus sûr d'accomplir leur entreprise. De là ce grand nombre de monuments à plein cintre, dont la partie supérieure se termine en ogives rarement très-aiguës, quelquefois même assez peu sensibles pour que, du sol de l'édifice, il soit difficile de ne pas les prendre pour des pleins cintres, monuments évidemment antérieurs, et par leur date et par leur caractère, à toute tentative de rénovation de l'architecture.

Nous croyons que ces exemples prématurés de l'ogive doivent être à peu près comme non avenus pour qui cherche sincèrement à fixer les premières limites de l'époque de transition. Ce ne sont évidemment pas là les débuts de la nouvelle architecture; on aurait pu continuer ainsi de siècle en siècle à employer l'ogive dans les voûtes sans que le style à ogive proprement dit eût jamais pris naissance; d'où il suit, nous le répétons, que même quand il est prouvé qu'une voûte à ogive est contemporaine du monument auquel elle appartient, ce n'est pas un signe suffisant pour classer ce monument dans l'époque de transition. Nous ne voulons pas dire que les édifices qui appartiennent réellement à cette époque ne se terminent pas presque tous par des voûtes à ogive, nous disons seulement que tout monument terminé par une voûte à ogive n'est pas nécessairement un monument de transition.

Mais si les voûtes sont un indice imparfait et souvent trompeur, il n'en est pas de même des parois verticales. Là, point d'équivoque possible. Si vous y trouvez l'ogive mêlée au plein cintre, soit par séries, soit par groupes alternatifs, vous êtes en pleine transition.

Il n'entre pas dans notre plan d'indiquer, même sommairement, sous combien de combinaisons différentes le mélange de ces deux formes peut se produire. Il faudrait passer en revue tous les monuments mi-partis qui sont parvenus jusqu'à nous. Le nombre en est immense, et l'on peut affirmer qu'il n'en est pas deux où le plein cintre et l'ogive occupent les mêmes places, et soient distribués dans le même ordre et dans les mêmes proportions : ici l'ogive domine dans l'intérieur du monument, tandis que toutes les ouvertures extérieures sont à plein cintre, là les deux formes sont entremêlées, aussi bien en dedans qu'au dehors ; quelquefois c'est seulement dans les ouvertures extérieures du chœur que la forme aiguë apparaît timidement; ailleurs c'est uniquement dans la façade qu'on peut en apercevoir quelques indices ; tantôt le plein cintre est seul admis dans les parties inférieures de l'édifice, tandis que les étages supérieurs semblent réservés à l'ogive; tantôt, mais plus rarement, c'est l'ogive, comme à Noyon, par exemple, qui règne seule dans les premiers étages, tandis que le plein cintre est relégué dans le haut. L'énumération de toutes ces variétés serait interminable et sans profit. Il suffit de constater que, quelle que soit la manière dont l'ogive se mêle au plein cintre, dès l'instant qu'elle occupe dans un monument, soit au dedans, soit au dehors, et plutôt dans les parties verticales que dans les voûtes, une place assez notable pour qu'il ne soit pas permis de supposer qu'elle la doive seulement au hasard, le monument est à coup sûr un monument de transition.

Voilà donc notre règle générale : le caractère de transition résulte de la présence simultanée de l'ogive et du plein cintre, quelle que soit la part plus ou moins grande accordée à l'une ou à l'autre de ces formes, mais pourvu que l'ogive, au lieu de n'être qu'un accident isolé, contribue à modifier dans une certaine mesure l'effet architectural du monument.

Hâtons-nous de dire que cette règle subit deux exceptions : d'une part, il est des édifices où vous ne trouvez pas un seul plein cintre, mais qui conservent, malgré leurs ogives, tous les caractères du style semi-circulaire, c'est-à-dire les mêmes moulures, les mêmes chapiteaux, les mêmes ornements ; d'autre part, il existe des monuments où vainement vous chercheriez l'ogive, même dans les voûtes, mais dont les pleins cintres sont si élancés, si sveltes, bordés de moulures si fines, qu'ils semblent renier leur origine et aspirer à un style nouveau. Ces deux sortes de monuments appartiennent en réalité à l'époque de transition, ou du moins ils occupent une sorte de terrain neutre à ses deux frontières opposées. Ce qui complique un peu la question, c'est que, selon les lieux qui les ont vus naître, selon les circonstances au milieu desquelles ils ont été élevés, ces monuments exceptionnels ne se trouvent pas toujours placés chronologiquement au point qui semble leur appartenir, c'est-à-dire, les uns au début, les autres au terme de l'époque de transition proprement dite. Mais ces anomalies, dont le nombre est d'ailleurs limité, et dont il ne serait pas très-difficile de se rendre compte en recherchant les causes spéciales qui les ont produites, ne peuvent infirmer en rien la règle générale que nous avons posée. L'emploi simultané de l'ogive et du plein cintre sous les conditions indiquées plus haut, voilà sans contredit le signe le plus apparent, le plus incontestable, le véritable signe caractéristique de l'époque de transition.

Poursuivons donc, et, maintenant que nous avons défini en quoi consistent les monuments de ce genre, tâchons d'abord de découvrir à quel moment ils commencent à apparaître; puis, quand nous aurons fixé les premières limites de l'époque qui les a produits, cherchons si, pendant toute la durée de cette époque, ils peuvent être soumis à une classification rigoureuse, si, malgré leur infinie variété, ils sont régis par des lois assez constantes pour qu'il soit possible de déterminer leur âge relatif.

Nous devons l'avouer franchement, de ces deux questions, la seconde ne saurait, dans l'état actuel de la science, recevoir une solution nette et précise. On peut bien dire, d'une manière générale, que ceux de ces monuments où l'ogive apparaît à peine et ne joue qu'un faible rôle sont de tous les plus anciens; que ceux, au contraire, où la part de l'ogive et celle du plein cintre semblent être à peu près égales, doivent avoir été plus tardivement construits, et qu'enfin les plus récents sont ceux où le plein cintre cède presque partout la place à l'ogive et conserve à peine quelque vestige de son ancienne prépondérance. Sans doute cette classification est indiquée par la nature même des choses, et de nombreux exemples semblent la confirmer; mais, quelque fondée qu'elle soit en raison, en fait elle n'est pas infaillible. Ce n'est pas là une de ces règles qui reposent sur des observations constantes et invariables.

Lorsque l'architecture à ogive est parvenue à sa maturité, lorsque le treizième siècle, cette époque d'ordre et d'organisation, est venu lui donner des lois fixes et régulières, on peut sans témérité, nous l'avons vu, poser les jalons d'une classification chronologique. C'est qu'en effet il s'opère alors, tous les vingt-cinq ou trente ans, soit dans les procédés de construction, soit même dans les principes architectoniques, une modification plus ou moins légère, mais toujours assez appréciable pour servir d'indication à l'archéologue. Cette modification, il est vrai, peut n'être pas adoptée partout en même temps, mais elle finit toujours par pénétrer dans tous les lieux où l'architecture à ogive est établie. Il suffit donc de savoir, et l'observation nous l'apprend bientôt, que certaines nations ou certaines provinces sont plus ou moins précoces, c'est-à-dire accueillent en général plus ou moins promptement ces sortes d'innovations, pour en conclure, avec une certitude scientifique, que telle ou telle particularité dans le style d'un monument doit, selon le lieu où on l'observe, faire attribuer sa construction à telle ou telle période du treizième, du quatorzième ou même du quinzième siècle. Dans l'époque de transition, au contraire, rien n'est assis, rien n'est réglé; on essaye de tout en même temps et en tous lieux ; on revient, après de longs intervalles, aux essais qu'on a d'abord tentés; c'est un va-et-vient continuel, une hésitation générale en matière de goût. Le siècle est novateur et incertain ; son esprit se reflète sur ses monuments. Il ne faut donc pas s'étonner que, dans cette bigarrure, nous cherchions vainement un de ces principes régulateurs qui servent de base à une classification scientifique. Comment généraliser ce qui est variable à l'infini, et à quoi bon poser les règles, quand il faudrait, au même instant, pour chaque pays et pour chaque sorte de monuments, faire courber ces règles devant d'inévitables exceptions? Découvrira-t-on jamais une loi commune à toutes les productions architecturales de cette époque, une loi qui rende compte de leur inexplicable diversité? Nous voulons bien ne pas en désespérer, tout en nous résignant, quant à présent, à ne déterminer que très-approximativement et avec une grande réserve l'âge relatif de ces monuments.

Mais si l'époque de transition, considérée dans ses phases successives, est encore pleine d'obscurité, est-elle également impénétrable lorsqu'il s'agit seulement de fixer ses premières limites, de découvrir son véritable commencement? Nous ne le pensons pas. Assurément personne ne saura jamais quel est le jour, quelle est l'année où, pour la première fois, un monument mi-parti d'ogives et de pleins cintres parut dans nos contrées. Ce n'est pas en ce sens que le problème peut être résolu; mais nous croyons qu'il est permis d'affirmer, avec cette confiance qu'on accorde aux vérités historiques les mieux démontrées, que, dans celles de nos provinces où l'architecture s'est le plus hâtée d'accueillir les premiers essais du système nouveau, il n'a rien été construit d'après ce système tant qu'a duré le onzième siècle, et que c'est seulement vers les premières années du règne de Louis le Gros qu'on peut, avec quelque assurance, admettre l'apparition d'un petit nombre de monuments de transition.

Nous n'ignorons pas combien de controverses ont été soulevées à ce sujet. Presque tous ceux qui, de près ou de loin, ont porté leurs regards sur l'archéologie du moyen âge, ont émis, à propos de cette question, les opinions les plus contradictoires, et presque toujours tranchantes et absolues. Les uns, plus érudits qu'archéologues, plus accoutumés à lire dans les livres que sur les monuments, ont soutenu, sur la foi de certains textes, les plus étranges paradoxes, et donné à quelques édifices qu'ils affectionnaient une vétusté tout à fait inconciliable avec le style de l'architecture; d'autres, ne voulant voir dans ces découvertes paradoxales que de pieuses fraudes, ont nié sans pitié toutes ces prétendues exceptions, toutes ces précocités hors nature, et n'ont consenti à admettre l'existence des monuments de transition que dans la dernière moitié et presque à l'extrémité du douzième siècle. Au nombre de ces derniers, il faut compter presque tous les écrivains de l'Allemagne et de l'Angleterre qui se sont occupés de ces matières avec le plus de distinction.

Tout en partageant sur beaucoup de points leur incrédulité, je ne puis me refuser d'admettre qu'ils sont allés trop loin. Ils ont subi malgré eux l'influence de ce qu'ils voyaient dans leur propre pays, et ont jugé qu'il en devait être nécessairement chez nous de même que chez eux. Or, nous ne saurions trop le dire, sans vouloir en tirer la moindre vanité nationale, l'antériorité des monuments à ogive français sur tous ceux du nord de l'Europe ne nous semble pas pouvoir être mise en doute. C'est un fait que les écrivains anglais en général ne font pas grande difficulté de reconnaître. M. Dawson Turner [1], M. Whittington [2], M. G. Wilson [3], M. Gally Knight [4], avouent franchement que l'ogive n'est pas d'inven-

[1] *Voyages en Normandie*, 1820.
[2] *Revue historique des antiquités ecclésiastiques de France*, 1820.
[3] *Remarques sur l'architecture gothique* à la suite du spécimen de Pugin, 1821.
[4] *Voyage archéologique en Normandie*, 1836. — *Excursion monumentale en Sicile et en Calabre*, 1839.

tion anglaise, et qu'elle apparaît en France plus tôt qu'en Angleterre[1]. Des aveux aussi explicites sont plus rares sur le sol germanique; mais les faits y parlent aussi clairement. On sait exactement à quelle époque ont été construits les principaux monuments de l'Allemagne; combien n'en voit-on pas qui sont bâtis à la fin du douzième siècle, sans que l'ogive s'y laisse apercevoir! et même au commencement du treizième combien sont encore mi-partis d'ogives et de pleins cintres! Voyez à Gelnhausen les ruines de cet admirable

---

[1] Il est maintenant établi et reconnu par presque tous les archéologues anglais que ce fut seulement vers les dernières années du règne de Henri II (mort en 1189) que la lutte entre le style semi-circulaire et le style à ogive commença à se manifester en Angleterre. (V. Gally Knight, *Voyage archéologique*, Londres, 1836.) Ainsi, dans l'abbaye de Kirkstal, bâtie de 1153 à 1170, on trouve les premiers essais d'ogive bien authentiquement constatés. La crypte de la cathédrale d'York, où l'on voit aussi des ogives, est de 1170. On peut encore citer la partie à ogive de l'église du Temple à Londres, qui fut consacré en 1185; le chœur de la cathédrale de Canterbury, reconstruit dans le style à ogive, après l'incendie de 1175, par Jean de Sens, architecte français; l'extrémité occidentale et la grande tour de la cathédrale d'Ély, bâtie par l'évêque Ridel, qui mourut en 1189. Toutes ces constructions portent le caractère de la transition: ce sont des essais du style à ogive. Ce style n'atteint sa perfection en Angleterre que sous le règne de Henri III, vers le milieu du treizième siècle.

Ce qui prouve combien il rencontra d'obstacles à sa naissance, combien l'hésitation entre les deux architectures fut longue et persistante, c'est que même après Henri II, même sous Henri III, on voit encore construire des monuments à plein cintre. Ainsi la nef de la cathédrale de Peterborough, celle de la cathédrale de Rochester, bâties de 1170 à 1194, ne contiennent pas la moindre trace du style à ogive : le plein cintre y règne seul. Il en est de même de l'abbaye de Fontaine, construite de 1204 à 1244, et enfin dans l'église de Ketton (Rutlandshire), qui date de 1252, on retrouve encore un exemple de portail semi-circulaire.

palais que construisit Frédéric Barberousse vers 1180, c'est-à-dire pendant que Notre-Dame de Paris était en pleine construction ; vous n'y trouverez pas la moindre ogive, et bien que les détails de sculpture soient traités avec ce luxe tout oriental qui appartient surtout à l'époque de transition, la masse de la construction est encore empreinte d'une rudesse et d'une sévérité qui pourraient la faire attribuer au siècle des Othon. Soit que vous suiviez les bords du Rhin, soit que vous pénétriez dans l'intérieur du pays, vous voyez pendant tout le douzième siècle le plein cintre régner sans trouble et presque sans partage : s'il fait des concessions, c'est en maître, et quand vient l'époque où il succombe enfin, il n'abandonne que pied à pied son domaine. Chose étrange ! ce style à ogive, si longtemps arrêté dans sa marche en Allemagne, est réputé par quelques Allemands le style teutonique par excellence ! Sans doute il s'est acclimaté et naturalisé en Germanie, sans doute il y a produit de grandes et belles œuvres ; mais qu'il y soit né, jamais observateur de bonne foi ne pourra le soutenir. Les preuves du contraire sont palpables. Il y a dans la seule Picardie et dans l'Ile-de-France, cette partie de notre sol où l'ogive semble avoir fait sa première apparition, quinze ou vingt monuments du premier ordre dont l'histoire repose sur des titres authentiques, et qui sont indubitablement de trente à quarante ans plus anciens que les monuments similaires en Allemagne. A moins donc de mettre de côté tout ce que les témoignages les plus irrécusables nous apprennent au sujet d'églises, telles que Notre-Dame de Paris, Notre-Dame de Senlis, Saint-Yved de Braisne, la cathédrale de Soissons, à moins de ne tenir aucun compte de faits aussi bien établis que l'époque où furent construits nos grands édifices du treizième siècle, la cathédrale de Reims, par exemple, celle de Bourges, celle d'Amiens, celle de Beauvais, je ne saurais, quelle que soit mon estime et ma déférence pour des hommes dont l'esprit et la science sont si justement honorés en Allemagne, leur accorder que cette antiquité, qu'on attribue chez nous à certains monuments à ogive, doive nécessairement être une fable grossière, par cela seul qu'au delà du Rhin l'impossibilité d'un tel fait serait évidente et hors de tout débat. Pour faire une semblable concession, il faudrait avoir oublié qu'en l'an 1248 nous consacrions à Paris la Sainte-Chapelle du Palais, ce type accompli du style à ogive, lorsque sur les bords du Rhin, dans cette même année, on se disposait seulement à poser la première pierre du dôme de Cologne.

Mais si nous n'adoptons pas dans toutes ses conséquences le scepticisme des savants allemands, nous nous garderons bien, d'un autre côté, d'accepter sans contrôle les brevets d'ancienneté si libéralement accordés parmi nous, non-seulement à quelques monuments de transition, mais même à des constructions à ogive du style le plus pur, le plus fin, le plus élancé, tel que la cathédrale de Coutances, par exemple, ce modèle exquis de l'art de bâtir au treizième siècle, dont on veut faire remonter la fondation à l'an 1030 et l'achèvement à l'an 1083.

De tous les paradoxes qu'a suggérés l'archéologie du moyen âge, c'est assurément là le plus hardi. Soutenue d'abord avec chaleur et conviction par le savant M. de Gerville, mais accueillie presque aussitôt par d'inflexibles objections et par une incrédulité à peu près générale, cette opinion semblait abandonnée, lorsque, il y a peu d'années, un nouveau champion, M. l'abbé Delamare, vicaire-général de Coutances, se présenta dans la lice avec un mémoire aussi remarquable par une parfaite bonne foi que par les plus grands efforts de patience et d'érudition [1]. Malheureusement l'auteur était mieux préparé aux recherches paléographiques qu'à l'étude des monuments. Il paraît en avoir peu vu, peu comparé ; de là vient qu'il fait si bon marché de toute classification chronologique, fondée sur l'étude et sur la comparaison des monuments eux-mêmes. Il lui semble presque puéril d'attacher, en pareille matière, quelque importance aux analogies et aux différences, comme si, en quelque matière que ce soit, la science humaine pouvait reposer sur autre chose. Si M. Delamare avait pour un moment laissé là les textes qu'il étudie si bien, et visité, avec des yeux d'archéologue, seulement quinze ou vingt monuments du treizième siècle pris au hasard ; si, retrouvant dans toutes ces constructions les mêmes principes générateurs, au travers de quelques différences secondaires, il avait ensuite porté ses regards sur un certain nombre de monuments de transition, et qu'il eût retrouvé en eux les germes encore incomplets de ces principes communs à tous les monuments du treizième siècle, ne se serait-il pas dit, en refermant prudemment ses nécrologes et ses archives capitulaires : il y a quelque chose de moins trompeur que les écrits des hommes,

[1] *Essai sur la véritable origine et sur les vicissitudes de la cathédrale de Coutances*, par M. l'abbé Delamare, 124 pages in-4 ; inséré dans le XIIe volume des Mémoires de la société des antiquaires de Normandie, années 1840 et 1841.

ce sont les lois nécessaires et constantes de l'esprit humain, et parmi ces lois il en est une qui n'est ni la moins constante ni la moins nécessaire, celle qui veut que ni l'homme ni l'espèce humaine ne fassent rien de complet et d'achevé du premier coup? Les plus grands siècles comme les plus grands génies ont obéi à cette loi : point de chef-d'œuvre sans ébauche. Et vous voulez que cet admirable système de l'architecture à ogive, avec tous ses effets, avec tous ses secrets, avec sa coupe de pierres si compliquée et si neuve, avec cette audacieuse légèreté, résultat d'une foule de combinaisons que nous voyons éclore successivement et laborieusement pendant plus d'un siècle, vous voulez que tout cela, sans que rien y manque, ait été improvisé un certain jour à Coutances, près de deux cents ans avant que, dans aucun autre lieu du globe, ce système eût été complétement réalisé, et quatre-vingts ans au moins avant que partout ailleurs on songeât à introduire quelques pauvres ogives au milieu des antiques pleins cintres! A quelle cause attribuer un tel prodige? L'auteur ne le dit pas, et c'est à peine s'il le cherche, tant il paraît avoir peu conscience qu'il y a là quelque chose qui révolte la raison[1].

---

[1] L'auteur ne donne qu'une seule explication à ceux qui lui demandent : Pourquoi une église du style à ogive le plus perfectionné aurait-elle été bâtie à Coutances si longtemps avant qu'on en construisît ailleurs d'un style même imparfait? Cette explication, la voici : les Tancrède étaient nés près de Coutances; ils ont fourni à l'évêque Geoffroy de Montbray d'abondantes richesses pour bâtir sa cathédrale; les Tancrède ont construit en Sicile des monuments à ogives; Geoffroy de Montbray s'est rendu de sa personne auprès d'eux pour réclamer leur secours : il aura rapporté non-seulement leurs trésors, mais la science de l'architecture à ogive.

Tout cela n'est que fiction. Nous savons quels monuments les Tan-

Il croit soutenir une opinion comme une autre, et bouleverse avec une tranquillité parfaite non-seulement toutes les données de l'histoire, mais les conditions premières de notre nature. Parce qu'il a lu, dans je ne sais quel registre, dont on ne retrouve plus nulle part l'original, registre désigné sous le nom de *Livre noir*, qu'en l'an 1030 une église a été fondée à Coutances, il se croit en droit d'affirmer que cette église est bien celle qui existe aujourd'hui, et prétend que ce n'est pas lui qui est tenu d'en administrer la preuve, mais que c'est à ceux qui voient dans cette église une œuvre du treizième siècle à fournir la démonstration écrite de ce qu'ils avancent.

Telle était déjà la prétention de M. de Gerville, mais elle

crède ont construits en Sicile ; nous savons le rôle que joue l'ogive dans ces monuments. Si, après les avoir vus, Geoffroy de Montbray est venu bâtir du premier coup la cathédrale de Coutances, nous le tenons pour tout aussi devin, pour tout aussi sorcier que s'il n'eût trouvé en Sicile que le temple d'Agrigente ou le théâtre de Thaurmine. Entre ces basiliques siciliennes, conçues dans un système à moitié latin, à moitié oriental, et nos églises du xiiie siècle, il y a, pour quiconque a quelques notions d'architecture, de ces différences tellement profondes, qu'aucun homme et aucune époque ne peuvent les franchir d'un seul bond. L'ogive, dans les basiliques siciliennes, peut être remplacée par le plein cintre, sans qu'une seule moulure de l'édifice en soit altérée : c'est une forme purement capricieuse, et qui n'influe en rien sur le système général de la construction, tandis que l'ogive, dans nos monuments du treizième siècle, c'est le principe même de leur architecture, c'est la racine d'où tout émane, et sans laquelle rien ne peut subsister.

C'est faute d'avoir fait ces distinctions essentielles entre ce qu'on peut appeler l'ogive accidentelle et l'ogive systématique, que l'auteur, malgré son incontestable habileté, tombe à chaque pas dans de si étranges erreurs, dès qu'il s'agit d'apprécier le style des monuments.

Ainsi, il consacre un chapitre à prouver que les Tancrède ont dû

s'est fortifiée chez son continuateur : en effet, et c'est là ce qu'il y a de neuf dans le travail de M. Delamare, après avoir établi, sur la foi de ce vieux cartulaire, aujourd'hui égaré, que l'église de Coutances, fondée en 1030, a été achevée en 1083, il fait passer sous nos yeux toutes les archives du chapitre, archives qui, selon lui, sont complètes et sans lacune, et il défie qu'on trouve, depuis l'année 1083 jusqu'au milieu du quatorzième siècle, un seul moment où l'on puisse supposer qu'une nouvelle église ait pu être édifiée.

Il faudrait, pour que cet argument négatif eût quelque valeur, admettre une chose presque aussi prodigeuse qu'une église du treizième siècle bâtie en l'an 1030, c'est à savoir l'existence d'archives capitulaires complètes et sans lacune.

contribuer à la construction de la cathédrale actuelle de Coutances, puisqu'on avait placé leurs statues dans une certaine partie de l'édifice, et il ne s'aperçoit pas que, ces statues étant incontestablement de la fin du treizième siècle ou plutôt du quatorzième d'après les dessins même qu'il en donne, il y a là une preuve de plus que la cathédrale a été reconstruite, et que, conformément à un usage dont le moyen âge donne tant d'exemples, en reconstruisant l'édifice dans un nouveau style, on a refait, selon la mode du temps, ces statues qui probablement avaient décoré l'église de 1030.

Que dirons-nous des inductions que l'auteur croit pouvoir tirer de la forme des sceaux ovoïdes, pour prouver que l'usage du style à ogive remonte bien au delà du douzième siècle? Comme s'il y avait le moindre rapport entre l'ogive, dont le principe est le triangle équilatéral, et toute espèce de forme ovoïde ! Comme si le principe de ces sceaux (presque tous ecclésiastiques) n'était pas la forme symbolique connue sous le nom de *vesica piscis*, c'est-à-dire une tout autre forme que l'ogive.

L'étude des monuments aurait, nous le répétons, empêché l'auteur de tomber dans des méprises de ce genre, erreurs matérielles qui viennent sans cesse détruire ce qu'il y a souvent de spécieux dans les inductions qu'il sait tirer de ses recherches paléographiques.

Quelle que soit notre confiance dans les savantes recherches de M. Delamare, nous ne saurions croire à la réalité d'un tel prodige. Mais, en supposant même que, par une exception merveilleuse, ces archives de Coutances, tenues exactement jour par jour, nous soient parvenues intactes et complètes, faudrait-il donc, si nous les trouvions muettes au sujet d'une reconstruction de l'église, faudrait-il en conclure que cette reconstruction n'aurait pas eu lieu? N'avons-nous pas vu déjà quelle est l'insouciance des chroniqueurs et des archivistes du moyen âge pour tout ce qui concerne l'édification des monuments qui s'élèvent sous leur yeux? Ne savons-nous pas que les seuls faits dont ils tiennent exactement registre sont les faits purement ecclésiastiques[1]? Or c'est encore là une occa-

---

[1] S'il était besoin de donner de nouvelles preuves de chances d'erreur auxquelles on s'expose en acceptant sur parole ce que les chroniqueurs du moyen âge nous disent des monuments, quand par hasard ils en parlent, nous n'aurions que l'embarras du choix. Ne lisons-nous pas, dans un manuscrit cité par le *Gallia christiana*, que l'église de Jumiéges *tout entière* fut rebâtie en 1230, lorsqu'il est aussi clair que le jour que l'ancienne nef du onzième siècle est encore debout aujourd'hui, et que le chœur seul fut reconstruit au treizième siècle? Ne trouvons-nous pas encore, dans le *Gallia christiana* (t. XI, col. 920), que Guillaume Le Roy, abbé de Lessay, en 1385, a été le fondateur de l'église de son abbaye : *ecclesiam inchoasse dicitur*. Or cette église est un monument du onzième siècle, sans aucune addition postérieure. Évidemment Guillaume Le Roy n'avait entrepris, en 1385, que quelques réparations.

Encore une fois, les écrivains du moyen âge ne doivent être consultés par l'archéologue qu'avec la plus grande circonspection. S'il s'agit de priviléges concédés ou refusés à l'église, de legs ou de donations, de discussions entre l'évêque et son chapitre, de conflits de juridiction, de question de discipline, de fondation de chapelles, d'autels ou de services, d'actes de dévotion, de procès avec les seigneurs

sion d'erreur contre laquelle il importe de se tenir en garde. De ce que ces archives de Coutances font mention presque à chaque page, soit de cierges que des fidèles à leur lit de mort ordonnent d'entretenir dans la cathédrale, soit de services divins qui doivent y être célébrés, l'auteur en conclut qu'il n'a pas dû s'écouler un seul instant sans qu'il existât une église cathédrale à Coutances, que, par conséquent, il n'y a eu ni destruction ni reconstruction, et que l'ancienne église a toujours subsisté. Mais comment oublier que, pendant le moyen âge, c'était un usage constant et nécessaire que de faire succéder sans interruption, pour ainsi dire, l'église nouvellement reconstruite à l'église abandonnée? Même au milieu des fouilles et des décombres, au milieu des échafaudages couverts de centaines d'ouvriers, il fallait assurer la perpétuité du culte, en conservant tout ou partie du vieil édifice jusqu'au moment où le nouveau pouvait être consacré. Les faits abondent pour certifier cet usage. Ainsi dans les archives capitulaires de Beauvais, on lit ces mots : *Anno 1272 prid. cal. novemb.* IN CHORO RECENS EXTRUCTO *miræ altitudinis et amplitudinis canonici divina officia celebrare cœperunt*[1]. Ce fut donc, comme on voit, en 1272 que pour la première fois les chanoines de Beauvais célébrèrent les offices dans leur chœur nouvellement construit : or, leur cathédrale avait

voisins, en un mot d'affaires ecclésiastiques, vous pouvez à peu près compter sur l'exactitude et sur l'intelligence des narrateurs ; mais quant à ces phrases si rares, si laconiques et si obscures, qui leur échappent à l'occasion des monuments, il faut n'en faire usage qu'en marchant avec précaution, comme sur un terrain où l'on peut rencontrer un piége.

[1] *Gallia christiana*, t. IX, col. 745.

été incendiée en 1225; sa ruine avait été à peu près complète. Eh bien, pendant les quarante-sept ans que durèrent les travaux de réédification, on ne trouve rien dans les archives capitulaires qui puisse faire supposer que l'église a cessé d'exister. On voit, comme par le passé, les évêques donner des revenus à telles ou telles chapelles de la chathédrale, fonder des messes *singulis diebus celebrandas;* on continue enfin à voir enterrer les évêques dans l'église. N'est-il donc pas évident que la non-interruption du service divin dans la cathédrale de Coutances ne peut détruire les raisons qui nous ordonnent de croire que, depuis sa fondation en 1030, elle a dû nécessairement être reconstruite?

Quant à la prétendue impossibilité qu'une église édifiée au milieu du onzième siècle ait été rebâtie de fond en comble pendant le treizième, c'est-à-dire deux siècles à peine après sa construction primitive, sans que sa ruine ait été causée par une guerre ou par un incendie dont on garde le souvenir, c'est encore là, qu'on nous permette de le dire, un oubli complet de ce qui se passait tous les jours au moyen âge ; c'est s'étonner d'une chose toute simple et tout ordinaire. Sans parler des innombrables églises que nous voyons reconstruire à partir de l'an 1000, bien que souvent elles n'eussent pas un siècle d'existence, combien n'en trouverait-on pas, même à l'époque qui nous occupe, qui furent ainsi renouvelées sans qu'il y eût absolue nécessité, mais seulement pour obéir, soit au vœu de riches testateurs, soit à la pieuse ardeur de paroissiens jaloux d'un temple construit à la moderne dans une ville du voisinage! Ne prenons pas un exemple obscur : la belle église de Senlis a été réédifiée vers l'an 1155, achevée en 1184, et inaugurée en 1191. A quelle époque avait-elle été fondée pour la première fois? Vers 1068 [1], par conséquent moins d'un siècle avant qu'elle fût construite à nouveau. Ni la guerre, ni l'incendie, n'avaient causé sa ruine; mais elle avait été probablement mal bâtie, on la trouvait déjà vieille et peu solide : on la rebâtissait pour la rendre plus belle et plus spacieuse. Pourquoi, si à Senlis il en était ainsi, n'en aurait-il pas été de même à Coutances?

Nous ne suivons l'auteur, comme on voit, que sur le terrain où il se croit inattaquable. Si nous abordions la question sous un autre aspect, au point de vue de l'appréciation des styles, il serait facile de prouver combien il se méprend sur la valeur de ce qu'il appelle le système d'analogie, et à combien de jugements erronés, faute de notions pratiques, il est conduit à son insu.

Ce n'est ici ni le moment ni le lieu d'entrer dans ces détails; mais il est à souhaiter qu'une réfutation complète

---

[1] Selon qu'on admet que le fondateur a été Odon I*er* ou Odon II, on fait remonter la fondation à l'an 990 ou à l'an 1068. La différence n'est pas grande, puisque, entre la fondation primitive et la reconstruction, il se serait écoulé, dans un cas, 87 ans, dans l'autre, 165 ans. Voici les textes relatifs à la cathédrale de Senlis : « Odo hanc ecclesiam fundavit, vel sub finem seculi x, circa 990, quo primus Odo vivebat, vel circa 1068, quo florebat Odo secundus. — Reædificata circa 1155, perfecta 1184, inaugurata 1191. » (*Gallia christiana*, t. X, col. 1378.) « Ecclesia S. M. Silvanectensis media corruens vetustate innovatur à fundamentis. » (Lettre de Louis VII aux archevêques, évêques, abbés, etc., à l'occasion de la reconstruction de la cathédrale de Senlis, « ad restaurandum majus templum Silvanectense. ») «.... Ædemque B. M. Sulvanect., quæ spatio annorum triginta restituta fuerat. » (*Gallia christiana*, t. X, col. 1406.)

vienne bientôt dissiper jusqu'au moindre doute que peut soulever la lecture de ce mémoire. C'est un travail à faire en présence des archives de Coutances et surtout en présence du monument, travail qui n'aurait pas seulement pour résultat de faire justice d'un préjugé local, mais de donner un salutaire avertissement, en montrant à quelles chimériques conséquences un esprit distingué peut, de la meilleure foi du monde, être entraîné par une fausse méthode archéologique[1].

A côté de cette controverse sur la cathédrale de Coutances, toutes les autres semblent fades et décolorées. Partout ailleurs, en effet, c'est pour des années qu'on se dispute, tandis qu'à Coutances ce sont les siècles qui sont en jeu. C'est le règne de saint Louis qu'il s'agit de substituer au règne du roi Robert : nulle part on ne s'élève à de telles prétentions. Toutefois la cathédrale de Séez sert de texte à des récits qui

[1] Nous craignons de nous être étendu trop longuement sur la cathédrale de Coutances, et cependant nous ne pouvons nous empêcher de déposer encore ici les impressions que la vue toute récente de ce beau monument nous a fait éprouver. Nous l'avons interrogé pierre par pierre, nous avons cherché avec une minutieuse attention si, dans cette architecture en apparence si pure, si régulière, si achevée, il n'existerait pas quelques singularités, quelques bizarreries cachées, quelque chose, en un mot, d'insolite et d'inconnu, qui permettrait d'y voir une construction unique en son genre, une œuvre d'exception. Non-seulement nous n'avons rien trouvé de semblable, mais nos recherches nous ont conduit à un résultat tout contraire. Nous avons reconnu que, parmi les monuments les plus parfaits que le treizième siècle a produits, il n'en est peut-être pas un où se trouvent réunies à un aussi haut degré cette pureté de forme, cette justesse de proportion, cette grandeur de conception dans l'ensemble, et cette finesse d'exécution dans les détails qui caractérisent un style parvenu à son apogée. Quand on a passé en revue chaque membre de cette architecture, chaque mou-

ne sont guère moins extraordinaires. Quoique d'un style plus inégal et moins pur que celle de Coutances, la cathédrale de Séez appartient aussi à la belle époque de l'architecture à ogive; ce n'est pas un monument de transition, le principe vertical et les formes aiguës s'y manifestent d'un manière presque exagérée. Qu'importe? on vous prouve, l'histoire en main, que cette église a été fondée en 1053; à vingt-trois ans près, c'est aussi merveilleux qu'à Coutances. Cependant ici le paradoxe est soutenu avec moins de hardiesse, d'abord parce qu'à Séez il n'y a ni *Livre noir*, ni archives capitulaires; en second lieu, parce qu'il est à peu près prouvé qu'en l'an 1150 la cathédrale et la ville furent incendiées de fond en comble. C'en est assez pour que les moins clairvoyants soient en garde contre la prétendue identité de la cathédrale actuelle et de la cathédrale de 1053.

Quant aux autres églises à dates merveilleuses, telles que la collégiale de Mortain, la cathédrale de Chartres, l'église de l'abbaye de Fécamp, ce sont au moins des constructions qui

lure, chaque filet, chaque fleuron, on n'est pas seulement étonné de cette netteté vigoureuse des profils, qui n'appartient qu'à l'art au terme de sa croissance, dans sa plus belle maturité, mais on acquiert la conviction que, dans toute cette église, il n'y a pas une seule pierre taillée à la romane, pas un reflet des anciens procédés, pas une trace d'hésitation, de doute ou de tâtonnement. Conduisez l'homme le plus ignorant dans cette église, et dites-lui que c'est là le début, le premier essai d'une nouvelle architecture; le simple bon sens lui défendra de vous croire. Pour moi, je veux bien qu'on nous dise que les anges sont venus bâtir en 1030 la cathédrale de Coutances; mais ce que je n'admettrai jamais après l'avoir vue, c'est que des hommes aient taillé et posé une seule des pierres qui la composent, non pas cent soixante-dix ans, mais un seul jour avant que le treizième siècle eût commencé de luire sur nos contrées.

appartiennent en partie à l'époque de transition; elles sont toutes d'un demi-siècle environ plus anciennes que les cathédrales de Coutances et de Sécz, et comme on fait remonter leur fondation moins haut, il faut convenir qu'à leur égard la vraisemblance est moins outrageusement violée. Cela n'empêche pas qu'aucun de ces monuments ne peut avoir été construit aux époques qu'on leur assigne. Ainsi, à Mortain, il ne reste évidemment de la construction de 1082 qu'une seule porte, et cette porte est à plein cintre; à Chartres, s'il est vrai comme on le raconte, que la princesse Mahaut, veuve de Guillaume le Bâtard, ait fait couvrir de plomb, en 1088, le chœur, les transsepts et une partie de la nef de la cathédrale, il est parfaitement certain que ce n'était ni le chœur, ni les transsepts, ni la nef de la cathédrale actuelle, dédiée seulement en 1260. Notre-Dame de Chartres était à peine hors de terre, lorsqu'en 1145, au retour d'un voyage dans le pays chartrain, Hugues, archevêque de Rouen, écrivait à l'évêque d'Amiens Thierry que tous les habitants de la province, hommes, femmes et enfants se livraient depuis peu avec une incroyable ardeur à la reconstruction de leur église [1]. Enfin, quant à Fécamp, on oublie, lorsqu'on veut voir dans l'église de son abbaye un monument de 1108, qu'en 1167 un incendie réduisit en cendres tout le monastère [2], et que l'abbé Henri de Sully travaillait encore à relever l'église de ses ruines lorsqu'il mourut en 1188.

[1] Voyez *Remarques* de l'abbé Lebeuf sur le tome VI des Annales bénédictaires de don Mabillon publié par dom Martenne. *Mercure de France*, juin 1739.

[2] « 1167 : Fiscannense monasterium combustum, etc. » (Robertus de Monte, in append. ad Sigebertum.)

Ainsi, tout en regardant comme un fait incontestable que l'époque de transition commence dans le nord-ouest de la France beaucoup plus tôt que dans les pays voisins, il faut mettre de côté tous ces prétendus miracles qui ne font que rendre suspectes aux gens sérieux nos dates même les plus authentiques. Des monuments de transition, à partir de 1150, quelque rares qu'ils puissent être dans le reste de l'Europe, nous pouvons hardiment en montrer chez nous un bon nombre; mais des constructions complétement à ogive avant cette époque, c'est courir après un chimère que de vouloir en trouver une seule.

Toutefois, quelques mots encore sur une église à laquelle on attribue, en Picardie, une ancienneté presque aussi extraordinaire que celle dont on fait honneur, en Normandie, à la cathédrale de Coutances. Nous voulons parler de l'ancienne cathédrale de Laon. L'histoire de cette grande église, remarquable à beaucoup d'égards par son architecture, est mêlée à celles des sanglantes catastrophes qui signalèrent, dans la ville de Laon, l'établissement de la commune. Au moment où les bourgeois venaient de massacrer leur évêque, la cathédrale, prise et reprise d'assaut, devint tout à coup la proie des flammes. L'incendie fut violent; il dévora une moitié de la ville, et l'église fut en grande partie détruite. C'était en l'année 1112. Deux ans après, en 1114, grâce à des quêtes abondantes, faites non-sculemant en France, mais même en Angleterre, grâce à l'ardeur du clergé et de la population, tout était réparé, et le culte était solennellement rétabli dans l'église [1].

[1] « IV. Id. Sept. anno 1114, ecclesiam cathedralem a se instauratam

Venait-on seulement de restaurer l'édifice? l'avait-on reconstruit complétement? L'opinion commune croit à une reconstruction [1]. Si cette opinion était fondée, si l'église qui subsiste aujourd'hui était celle de 1114, cette immense édifice serait l'œuvre de deux années et quelques mois? Une telle supposition ne peut pas se soutenir. Quelque nombreux que fussent les ouvriers, quelque abondant que fût l'argent, il était matériellement impossible qu'un si vaste vaisseau pût être élevé et couvert dans l'intervalle de deux ans et demi. Un pareil tour de force ne serait pas plus admissible avec les procédés employés aujourd'hui qu'avec ceux dont on se servait alors. Ajoutons que, parmi les monuments du moyen âge dont on sait exactement l'histoire, monuments moins grands, pour la plupart, que la cathédrale de Laon, plus richement dotés, soit par le zèle des fidèles, soit par la munificence de nos rois, comme l'église Saint-Yved de Braisne, par exemple [2], il n'en est pas un seul dont la construction

---

dedicavit, ut patet ex his verbis Hermani, lib. III, cap. 1 : Bartholomæus adeo templum dominæ nostræ studuit accelerare ut post duos semi annos incensionis ejus rursum fieret solemnis dedicatio ejus. » *Gallia christiana*, t. IX, col. 530.

[1] V. Dom Lelong, *Histoire du diocèse de Laon*, in-4°, p. 215.

[2] L'église Saint-Yved de Braisnes fut commencée en 1180, par Agnès, femme de Robert, comte de Dreux, fils de Louis VI. En 1216, on y travaillait encore lorsque l'archevêque de Reims et l'évêque de Soissons la consacrèrent; les travaux n'avaient pas été interrompus : les largesses de la fondatrice permettaient de les pousser avec la plus grande activité.

Cette belle église, comblée des faveurs royales, ne put cependant être terminée plus vite; il est vrai qu'elle fut exécutée avec un soin extrême. C'est un admirable modèle de ce style, qui, quoique entièrement à ogive, porte encore un léger caractère de transition.

n'ait duré vingt, trente, quarante et même jusqu'à soixante ans [1]. Il est donc évident que les travaux qui s'exécutèrent à Laon de 1112 à 1114 étaient des travaux, non de reconstruction complète, mais seulement de restauration. Comment d'ailleurs conserver le moindre doute, puisque le moine Herman, témoin oculaire du désastre, nous apprend que l'église n'avait pas été entièrement détruite, mais qu'elle avait seulement souffert de grands dommages[2].

Ainsi la cathédrale consacrée en 1114 n'était autre que l'ancienne cathédrale, monument à plein cintre, d'une assez haute antiquité, qu'on venait de consolider, de réparer, afin de pourvoir aux besoins du culte. Au bout d'un demi-siècle environ, ces murailles calcinées auront de nouveau menacé

---

[1] Les travaux de la cathédrale de Reims durèrent trente ans sans interruption. A Saint-Denis, la reine des abbayes, la reconstruction du treizième siècle commence en 1231 et se poursuit sans relâche jusqu'en 1281.

[2] « Sic etiam ecclesiam nostram quam ut prædictum est, per multa tempora insigni gloria sublimaverat, in diebus nostris « NON QUIDEM EX « TOTO DESTRUI, » sed nimia passus est (Deus) tribulatione vexari. » (Hermani monachi de miraculis B. Mariæ Laudunensis libri, tres ; lib. I, cap. 1.)

Ces mots « non quidem ex toto destrui » s'appliquent-ils au monument ou bien à l'église spirituelle? c'est ce qu'il est assez difficile de décider.

Mais voici qui est plus clair :

« Bartholomæus episcopus cujus industria cathedralis ecclesia in brevi *reparata iterum*, fuit consecrata. » (Herman. Voyez *Gallia christiana*, t. IX, col. 529.) Il est donc évident que l'église fut réparée et non reconstruite. Si, au lieu du mot *reparata*, on lisait *restaurata*, il serait possible de croire à une reconstruction, car le mot *restauratio* a presque toujours cette signification dans les auteurs de ce temps, tandis qu'ils ne se servent du mot *reparare* que dans le sens de notre verbe réparer.

II. 7

ruine, et il aura fallu les rebâtir de fond en comble. De là l'église actuelle, construction faite évidemment d'un seul jet, bien qu'on y rencontre quelques disparates; monument dont certains chapiteaux conservent encore une forme un peu romane, mais où l'ogive domine presque exclusivement, et qu'il est difficile de ranger parmi les œuvres de l'époque de transition, tant il semble appartenir plutôt au treizième siècle qu'au douzième.

Est-il besoin de dire que, puisque les travaux de 1114 n'ont été nécessairement que des travaux de restauration, il est impossible de supposer que le monument restauré se soit conservé jusqu'à nos jours, et que ce soit encore lui que nous ayons devant les yeux. Dabord on ne découvre pas sur la maçonnerie de la cathédrale actuelle la moindre trace d'une reprise, d'une réparation aussi importante que dut être celle de 1114; en second lieu, la cathédrale de Laon, d'après le témoignage des historiens, était déjà très-ancienne lorsqu'elle fut incendiée : croire à sa perpétuité, ce serait donc admettre l'existence d'un monument entièrement à ogive, non plus au début du onzième siècle, mais bien avant l'an 1000. Ce serait faire un acte de foi encore plus complaisant que celui qu'on nous demande pour la cathédrale de Coutances.

Cette thèse a pourtant été soutenue [1]. On a prétendu que les chroniqueurs ne parlant pas d'une reconstruction de la cathédrale postérieurement à 1114, cette reconstruction ne pouvait avoir eu lieu. Pour nous, elle n'en est pas moins certaine, et à défaut de toutes les raisons que nous venons de donner, il suffirait, pour se convaincre, de jeter les yeux sur

[1] Voyez Devismes, *Histoire de Laon*, t. Ier, p. 226.

un autre monument encore debout dans la ville de Laon, l'église de l'ancienne abbaye de Saint-Martin. Cette collégiale n'ayant été réformée et régularisée par saint Norbert qu'en 1124, et le nombre des religieux ne s'étant augmenté dans une proportion assez considérable pour motiver la reconstruction de l'église qu'environ douze ans après, on ne peut faire remonter cette reconstruction qu'à 1140, ou tout au plus à 1136. Eh bien, à l'exception de la façade, qui est beaucoup plus récente, l'église entière n'est percée extérieurement que de fenêtres à plein cintre; sa forme, son aspect général, les sculptures de la corniche, les moulures qui relient les cintres des fenêtres, tout en elle appartient au style roman de la dernière époque.

Que ceux qui verront cette église de Saint-Martin de Laon la comparent avec la cathédrale, et qu'ils se demandent s'il est possible de supposer que, de ces deux édifices, la cathédrale soit le plus ancien. Admettons même, si l'on veut, l'hypothèse d'une reconstruction totale en 1114, hypothèse démentie par les faits, comme on l'a vu plus haut; il n'en sera pas moins hors de toute vraisemblance qu'à côté d'un monument où le style à ogive semble déjà presque parvenu à son entier développement, il se soit élevé, vingt ou trente ans plus tard, dans la même ville, un autre monument servilement fidèle, par ses formes extérieures, aux lois de l'ancienne architecture, et se rattachant à peine à l'époque de transition par quelques arcades à ogive qui se montrent timidement à l'intérieur [1].

[1] On pourra dire, nous le savons, que l'église Saint-Martin dépendait d'une abbaye; que le clergé régulier était en général très-attaché

Ainsi mettons de côté la cathédrale de Laon comme toutes les autres. Pas plus d'exceptions miraculeuses en Picardie qu'en Normandie. Partout l'art a suivi, non pas une marche uniforme et regulière, tant s'en faut, mais un certain mouvement de progression plus ou moins lent, plus ou moins rapide, sans jamais cesser d'être continu. Nulle part de ces pas de géant qui franchissent d'un bond la carrière; nulle

aux traditions anciennes, très-peu enclin aux innovations; qu'il ne serait donc pas étonnant que les moines de Saint-Norbert, en construisant leur église, n'eussent pas pris modèle sur la brillante cathédrale qu'ils avaient devant les yeux. L'observation est vraie, mais seulement dans une certaine mesure. Entre une abbaye et une église séculière bâties à la même époque, il y a presque toujours une certaine différence, c'est-à-dire un peu plus de tendance aux idées novatrices dans l'église séculière, un peu plus de respect pour les anciennes traditions dans l'abbaye; mais ni d'un côté ni de l'autre on ne saute deux ou trois degrés intermédiaires, soit en arrière, soit en avant. Les différences se bornent à des nuances peu sensibles. Ici, au contraire, deux styles entièrement opposés sont en présence; leur apparition simultanée serait déjà un vrai prodige, mais on va plus loin. On veut que celle de ces deux églises qui est la plus moderne en apparence, c'est-à-dire la cathédrale, soit en réalité la plus ancienne. Ce premier point établi, on n'est malheureusement pas maître de rendre la cathédrale plus ancienne seulement de vingt ou trente ans; l'hypothèse d'une reconstruction totale, en 1114, est, comme on sait, inadmissible : il faut donc remonter à un siècle ou deux pour assister à la construction première de l'édifice; dès lors les moines de Saint-Martin, en construisant leur église, ont dû faire un terrible effort rétrospectif, puisque l'aspect qu'ils ont donné est plus ancien que celui d'un monument qui aurait été bâti plus de deux siècles auparavant.

N'avions-nous pas raison de dire que cette observation, sur les caractères de l'architecture propre aux abbayes et aux églises séculières, n'était vraie que dans une certaine mesure, et l'application qu'on en voudrait faire ici ne serait-elle pas complétement dépourvue de fondement?

part de ces coups d'essai valant mieux que les coups de maître; partout, au contraire, entre l'ancien et le nouveau style, un temps de passage, plein de diversité, variable dans sa durée comme dans ses formes, mais nécessaire; partout, en un mot, une époque de transition.

C'est là le premier point qu'il importe de constater, puis, une fois démontrée la nécessité et l'universalité de l'époque de transition, reste à déterminer, d'une manière générale, à quel moment elle commence.

Nous l'avons affirmé déjà, et nous le répétons avec plus d'assurance, ce n'est pas durant le onzième siècle. On peut à cette époque rencontrer des ogives éparses, on trouve même, à mesure que le siècle est plus proche de sa fin, de plus nombreux essais de la forme nouvelle ; mais ce ne sont que des essais isolés, des tentatives qui s'ignorent, des exemples sans imitateurs.

Pendant les premières années du douzième siècle, ces essais ont dû se multiplier, sans toutefois qu'on puisse encore citer aucun monument à date certaine dans lequel l'ogive joue un rôle vraiment important.

De 1120 à 1140, au contraire, on aperçoit plus clairement un parti pris, une intention systématique de substituer la nouvelle forme à l'ancienne. Les ogives commencent à se montrer par séries et souvent même par étages superposés. Néanmoins, c'est presque uniquement dans l'intérieur des édifices, avec une sorte de mystère et de timidité, comme à Saint-Martin de Laon, par exemple, que les innovations osent se produire. Il semble que cette prise de possession des monuments par leur intérieur soit une loi commune à toutes les époques de transition. Ainsi, lorsqu'au seizième siècle l'ogive est à son tour abandonnée pour le plein cintre, c'est encore dans l'intérieur des édifices que se manifestent de préférence les premiers essais du nouveau style. Combien ne citerions-nous pas d'églises bâties à cette époque, particulièrement en Normandie, dont les fenêtres à ogives sont encore parsemées de meneaux flamboyants, tandis qu'à l'intérieur le ciseau de la renaissance s'est promené sur la pierre et l'a couverte de ses légères arabesques! Le même fait s'était produit quatre siècles auparavant; voilà pourquoi nous trouvons tant d'églises, qui, par leur aspect extérieur, semblent encore appartenir à la famille des édifices à plein cintre, tandis que leurs parois intérieures reposent sur deux rangées d'arcades aiguës. Il est vrai que, pour expliquer cette anomalie, on a prétendu que les croisés avaient trouvé, dans l'intérieur de l'église de Jérusalem, le tombeau du Sauveur entouré d'une colonnade à ogive, et que par un pieux souvenir nos constructeurs d'églises n'avaient d'abord songé à reproduire ce genre d'arcades qu'à la place qu'elles occupaient dans le lieu saint, c'est-à-dire dans l'intérieur des édifices [1]. Nous ne nous prononçons pas sur le mérite de cette explication; nous constatons seulement comme un fait que, parmi les monuments de transition, ceux qui paraissent les plus anciens, et qu'on peut avec le plus de certitude faire remonter jusqu'à la première moitié du douzième siècle, se distinguent assez généralement par cette circonstance, que l'ogive occupe en dedans une place de quelque importance, tandis qu'on l'aperçoit à peine au dehors.

[1] Voyez le *Voyage en Alsace* de Schweighauser.

Vers 1150, le nombre des monuments mi-partis va toujours en croissant, l'ogive se montre de plus en plus hardie, et il est bien peu de constructions, soit religieuses, soit civiles, où on ne la voit se mêler aux arcs semi-circulaires.

Enfin, après 1170 environ, l'emploi de l'ogive est devenu assez fréquent, assez habituel, non-seulement pour qu'il ne se construise plus un seul monument sans que cette forme y figure, mais pour qu'on commence à en construire où elle figure seule, à l'exclusion de toute autre forme architecturale. C'est là la dernière période de l'époque de transition, période qui finit par se confondre, vers les premières années du treizième siècle, avec l'âge du style à ogive proprement dit. Pendant cet intervalle, le plein cintre ne disparaît pas encore de la scène : on le voit même parfois lutter avec vigueur et jeter un dernier éclat, comme sur la tour méridionale de la cathédrale de Sens, bâtie en 1185 ; et quant à l'architecture à ogive, quoique déjà parvenue au terme de sa croissance, elle n'est pas encore en possession de tous ses moyens d'effet, elle n'a pas complétement le secret de son propre génie, sa légèreté est encore un peu robuste, et ses voûtes ont beau s'élancer vers le ciel, on croit y voir planer encore, comme à Saint-Yved de Braisne, je ne sais quel souvenir de plein cintre qui les rabaisse vers la terre. En un mot, quoique le but soit bien proche, il n'est pas atteint ; c'est encore l'époque de transition, c'est-à-dire la préparation à quelque chose de plus pur et de plus parfait.

Telles sont les seules données générales qu'il nous soit permis de hasarder au sujet de ce problème chronologique que nous avons en commençant déclaré presque insoluble, et qui en effet résisterait certainement, quant à présent du moins, à toute solution plus nette et plus précise. En ne donnant pas aux divisions que nous proposons un sens trop absolu, et surtout en ne sortant pas de cette partie du sol de la France que nous avons pris soin de circonscrire, nous croyons difficile qu'en nous suivant on risque de beaucoup s'égarer.

VI

APPLICATION DES PRINCIPES ÉNONCÉS CI-DESSUS.

Appliquons maintenant ces données à l'église Notre-Dame de Noyon.

Ne devient-il pas d'abord évident, ainsi que nous l'avons déclaré avec Guillaume de Nangis, que l'incendie de 1131 a dû détruire l'église de fond en comble, ou du moins qu'il a rendu nécessaire sa complète reconstruction? Quelle que soit la part que le plein cintre conserve dans l'église actuelle, bien que cette part semble presque égale à celle de l'ogive, il n'en est pas moins vrai que l'ogive y règne à peu près en souveraine, et que le monument tout entier est conçu sous l'influence et dans l'esprit du système à ogive. Or, nous savons maintenant jusqu'à quel point il serait chimérique de supposer qu'un tel monument ait pu exister avant 1131.

Reste à savoir, ce qui est beaucoup plus difficile, à quel moment à dû s'affectuer la reconstruction : a-t-elle été entreprise immédiatement après l'incendie? s'est-il, au contraire, écoulé un intervalle plus ou moins long avant qu'on se soit mis à l'œuvre?

Sans pouvoir déterminer en quelle année commencèrent les travaux, nous ne pensons pas que la reconstruction ait été immédiate. D'abord, au moment du désastre, les finances de l'évêché ne devaient pas être florissantes. L'évêque Simon se livrait depuis sept ans avec un grand zèle à la fondation de la célèbre abbaye d'Ourscamp. Cette œuvre pieuse avait épuisé toutes ses ressources. Il est vrai qu'à la nouvelle de l'incendie, le pape vint, comme on l'a vu, au secours de l'évêque en écrivant la lettre que nous avons rapportée ; mais rien ne prouve que les évêques de Rouen et de Sens aient répondu avec beaucoup d'enthousiasme à la provocation du saint-père. Il serait même possible que, pour complaire au pape lui-même, leur zèle se fût bientôt refroidi, car on voit, quelques années après, notre évêque encourir les censures de la cour de Rome pour avoir favorisé le divorce de son frère Raoul, comte de Vermandois. Cette disgrâce dura longtemps et eut de fatales conséquences pour l'évêché de Noyon, car elle lui fit perdre l'espèce de suzeraineté qu'il exerçait sur le siége de Tournay. La réunion de ces deux évêchés s'était maintenue depuis plusieurs siècles, au grand désespoir des chanoines flamands ; l'évêque, en effet, résidait presque toujours à Noyon, et malgré l'apparente égalité des deux siéges, celui que n'occupait pas l'évêque était réellement soumis à l'autre. Profitant des mauvaises dispositions du pape à l'égard de Simon, les chanoines de Tournay obtinrent une bulle qui prononçait la séparation des deux siéges, et donnait à Tournay un évêque propre. De ce moment, ce n'est plus ni la fondation d'Ourscamp, ni le désastre de sa cathédrale, c'est la perte d'une de ses deux crosses qui devient la première affaire de l'évêque de Noyon. Nous le voyons aller à Rome pour tâcher de fléchir le saint-père, puis, n'ayant pas réussi, venir implorer l'assistance de son cousin le roi Louis VII; mais ce prince allait bientôt se brouiller lui-même avec la papauté : Simon, se liant étroitement à la personne et à la fortune de son royal parent, le suivit à la croisade, et mourut pendant l'expédition, à Seleucie, l'an 1148.

Il y avait dix-sept ans que la cathédrale avait été incendiée, et, selon toute apparence, on n'avait pas encore pu s'occuper sérieusement de sa reconstruction. Peut-être avait-on réparé, pour abriter le culte, les parties les moins endommagées de l'édifice, mais sous un épiscopat aussi agité, au milieu de circonstances aussi défavorables, il est plus que probable que le chapitre avait dû se borner à de simples travaux provisoires, et que la réédification de toute la cathédrale avait été ou ajournée ou poursuivie avec beaucoup de lenteur et d'hésitation.

Sous le successeur de Simon, au contraire, de meilleurs jours commencent à luire pour l'évêché de Noyon. La perte de Tournay n'est pas réparée, mais les vertus du nouveau prélat, Beaudoin II, son activité prévoyante, son administration calme, énergique et régulière ont bientôt fait disparaître les désordres que les continuelles absences de Simon avaient encouragés. Honoré de la faveur de Suger, de l'amitié de saint Bernard, Beaudoin cherchait à prendre ces deux grands hommes pour modèles. Or, la construction des églises fut, comme on sait, une des grandes occupations de de leur vie. N'est-il donc pas probable que Beaudoin, après avoir rétabli l'ordre dans son diocèse, dut se consacrer avec ardeur à la réédification de son église! Un fait, que Levasseur a probablement puisé dans les archives capitulaires, et qu'il cite en passant sans y attacher d'importance, vient à l'appui de cette conjecture. Levasseur nous dit qu'en 1153 l'évêque Beaudoin confirma les autels de la cathédrale, et plus loin il ajoute que, par l'ordre du même Beaudoin, le corps du bienheureux saint Éloi (le patron, le saint tutélaire de Noyon) fut transféré dans une nouvelle châsse et exposé à la piété des fidèles.

Qu'était-ce que cette confirmation des autels? S'agissait-il d'une consécration de chapelles nouvellement reconstruites? n'était-ce pas plutôt une déclaration solennelle par laquelle l'évêque annonçait que, dans la nouvelle cathédrale, les anciens autels seraient maintenus, resteraient sous l'invocation des mêmes patrons, et conserveraient leurs priviléges et leurs revenus. Cette déclaration n'était-elle pas une sorte d'appel à la dévotion, et surtout à la générosité des fidèles? Accoutumés à s'agenouiller de préférence devant certains autels, ils avaient besoin d'être assurés que, s'ils s'imposaient des sacrifices pour faire sortir la cathédrale de ses ruines, ils y retrouveraient encore les objets de leur culte et de leur prédilection. Quant à la châsse nouvelle pour les reliques de saint Éloi, n'était-ce pas encore un moyen de faire pleuvoir les offrandes et de se préparer des ressources pour le grand œuvre qu'il s'agissait d'entreprendre? Enfin, si l'on se rappelle qu'un an avant cette confirmation des autels, la ville avait été ravagée par un nouvel incendie, n'y a-t-il pas lieu de supposer que les populations, frappées de terreur, durent attribuer le retour de ce fléau à l'état d'abandon où le temple à demi détruit était resté depuis vingt ans, que la nécessité de le relever devint plus pressante que jamais, et que l'évêque et son chapitre durent saisir cette occasion d'exalter plus vivement encore les esprits par le spectacle de cérémonies pieuses.

En somme, il nous paraît probable que, tant que vécut Simon, les travaux durent être languissants, et se borner, soit à l'enlèvement des décombres, soit à des démolitions ou à des réparations partielles, tandis que, sous Beaudoin II, ils furent certainement conduits avec ardeur et persévérance; enfin, si l'on nous demandait de désigner l'année où la reprise de ces travaux dut commencer à devenir active et efficace, les faits que nous venons de citer nous feraient croire que c'est en 1153.

Maintenant, peut-on présumer que Beaudoin acheva son œuvre; et qu'à sa mort, en 1167, la construction de la cathédrale était complétement terminée? Nous ne le pensons pas. D'abord nous avons vu combien, en général, les monuments du moyen âge s'édifiaient lentement. Les travaux de la cathédrale de Senlis se sont continués sans interruption pendant plus de trente ans, *spatio annorum tringinta et amplius*[1], ceux de Braisne pendant trente-six ans; ceux de la cathédrale de Paris étaient à peine achevés au bout d'un siècle[2]. Or nous ne voyons aucun motif pour qu'on eût fait

[1] *Gallia christiana*, t. IX.
[2] Les constructions entreprises par Suger à Saint-Denis furent beau-

preuve à Noyon d'une plus grande diligence. Nous avons au contraire une raison de supposer qu'en 1167, à la mort de Beaudoin, l'édifice n'était pas complétement terminé, car nous voyons que, contrairement à l'ancien usage, cet évêque ne fut pas enterré dans la cathédrale, et que son corps fut porté à Ourscamp [1]. N'en pourrait-on pas conclure que l'édifice, encore en voie de construction, n'était pas en état de recevoir dignement la dépouille du prélat. Ses deux succes-

coup plus rapidement exécutées, *en trois ans et trois mois;* mais aussi Suger cite le fait comme un miracle. Dans cette même abbaye de Saint-Denis, à une époque où le trésor n'était pas moins riche que du temps de Suger, et où les moyens d'exécution étaient au moins aussi puissants, on voit les travaux de reconstruction du chœur et de la nef se continuer pendant *cinquante ans*, de 1231 à 1281. Aussi les constructions du treizième siècle ont duré jusqu'à nos jours, tandis que celles du douzième, si promptement terminées, menaçaient ruine au bout de quatre-vingts ans.

[1] L'évêque Simon avait aussi été enseveli dans l'église d'Ourscamp. Comme il en était le fondateur, cette exception, en ce qui le concerne, s'expliquerait assez naturellement ; mais les trois successeurs de Simon furent comme lui enterrés à Ourscamp ; or, il n'existait à leur égard aucun motif de violer une règle si constamment observée. Avant la mort de Simon, on ne pouvait citer que deux évêques de Noyon qui n'eussent pas été ensevelis dans la cathédrale, savoir, Beaudoin Ier, enterré, en 1068, dans le couvent de Saint-Barthélemy, et Fulchaire, enterré, en 955, dans le monastère de Saint-Éloi. Tous les autres évêques, depuis 936 jusqu'en 1148, et depuis 1228 jusqu'à la fin du quatorzième siècle, ont été ensevelis dans la cathédrale. Pendant la réunion des deux évêchés, certains prélats voulurent être enterrés à Tournay, d'autres à Noyon, mais jamais hors de l'une des deux cathédrales. N'avons-nous donc pas quelque raison d'attacher une certaine importance à cette interruption d'un usage si ancien, surtout lorsqu'elle correspond à une période pendant une grande partie de laquelle la cathédrale devait, selon toute apparence, être en voie de reconstruction ?

seurs, Beaudoin III et Étienne Ier, furent également ensevelis à Ourscamp, et ce n'est qu'en 1228, lors de la mort de l'évêque Gérard, que l'antique usage fut enfin rétabli pour se perpétuer ensuite sans exception jusqu'à la fin du quatorzième siècle.

Nous ne voudrions pas, sur la seule autorité de ce fait, affirmer qu'avant l'épiscopat de Gérard, c'est-à-dire avant 1221, la cathédrale de Noyon ne fût pas entièrement reconstruite; nous voudrions encore moins soutenir le contraire. Quelle que soit l'homogénéité de la construction, et malgré le grand caractère d'unité qui résulte d'une persistance presque constante dans le même plan, nous sommes convaincus que les travaux ont dû se continuer longtemps. Se seront-ils prolongés au delà de l'an 1200? personne n'en peut répondre; mais, en examinant de près certaines parties de la nef et en particulier ces bases de colonnes au profil si vivement accentué, il nous semble permis de croire que, si elles n'ont pas été sculptées au treizième siècle, elles ne l'ont pas été du moins beaucoup plus tôt que la fin du douzième.

Ainsi, en dernière analyse, la cathédrale de Noyon doit prendre rang, selon nous, parmi les monuments de transition de la deuxième et de la troisième époque : conçue et entièrement ébauchée de 1150 à 1170, elle n'aura été totalement sculptée, ragréée et parachevée que vers la fin du siècle, et peut-être même un peu au delà [1].

---

[1] Nous devons faire remarquer qu'il y a de chaque côté du chœur, au rez-de-chaussée, trois grandes arcades à plein cintre, lesquelles, si elles ne sont pas un reste de l'ancienne église brûlée en 1131, ont bien pu du moins être construites peu de temps après l'incendie. Cette

Dans ce même intervalle, nous ne le dissimulons pas, on voit s'élever des monuments qui n'ont pas avec celui-ci une complète analogie : ainsi, pour ne pas sortir du voisinage de Noyon, nous citerons la cathédrale de Senlis; on connaît assez exactement toutes les phases de sa construction. Elle aussi fut entreprise vers le milieu du douzième siècle, en 1155 environ, et à peine terminée vers 1191. Les deux édifices sont donc contemporains, ils auront été conçus et exécutés presque simultanément, et cependant n'existe-t-il pas entre eux une différence fondamentale? A Senlis, on a proscrit le plein cintre; à Noyon, on l'a respecté [1].

partie de la construction présente une certaine disparate avec tout le reste. J'en dis autant de ce vieux pan de mur formant une des parois extérieures du chœur et correspondant, par sa position, avec les arcades dont nous venons de parler. Ce pan de mur, que nous avons déjà indiqué à la page 7 comme ayant probablement fait partie de l'ancienne église, pourrait aussi ne pas remonter plus haut que les années qui suivirent l'incendie. C'était peut-être un commencement de construction qu'on abandonna plus tard pour suivre un plan moins robuste et plus élégant. Toutefois, la nature de l'appareil et la forme de la corniche nous portent encore à penser que ce fragment de muraille doit appartenir à une époque plus reculée.

[1] Ce n'est pas seulement la cathédrale de Senlis qu'il faudrait comparer avec celle de Noyon; il y a dans l'ancien diocèse de Senlis une autre église, moins célèbre que la cathédrale, mais non moins digne d'intérêt, l'église de Saint-Leu d'Esserent, qui offre peut-être matière à un parallèle encore plus instructif et à des contrastes plus frappants. L'église de Saint-Leu présente de telles analogies avec la cathédrale de Noyon, soit par la conception du plan, soit par la nature des profils et de toutes les particularités essentielles de la construction, qu'il n'est guère possible de ne pas les regarder comme à peu près contemporaines. Eh bien, à Saint-Leu on ne trouve pas un seul plein cintre, ni au dedans ni au dehors de la nef et du chœur : il n'en existe que sur la façade occidentale. C'est uniquement sur cette partie de l'édifice qu'il

Cette différence est grave assurément; mais suffit-elle pour nous empêcher de croire à la simultanéité des deux constructions? Ne savons-nous pas combien cette époque de transition est tolérante? N'arrive-t-il pas souvent que, dans le même lieu et au même moment, elle laisse vivre ensemble presque tous les styles à la fois? Lors donc que la cathédrale de Noyon serait empreinte des caractères les plus prononcés de l'ancienne architecture, il ne faudrait pas croire absolument impossible qu'à quelques lieues de là, vers le même temps, il se fût élevé une autre cathédrale sous l'inspiration du système nouveau. Mais ici, notez-le bien, il n'est pas question de pareils contrastes. Nous l'avons déjà dit, malgré ses pleins cintres, ses transsepts en hémicycle, malgré l'effort qu'elle semble faire pour se donner un air d'ancienneté, la cathédrale de Noyon n'est au fond qu'une église à ogives; elle ne vit que de la vie nouvelle; dans toutes ses nervures, dans tous ses rameaux de pierre, la séve qui circule, c'est la même séve qu'à Senlis. Ses arcades à plein cintre elles-mêmes n'ont du plein cintre que la forme; elles n'en ont ni l'esprit, ni le caractère : ce sont des ogives arrondies. Aussi, quelques nombreuses que soient ces arcades, elles sont sans influence, elles

a été fait une concession à l'ancien style ; partout ailleurs il est exclu. Non-seulement le plein cintre n'apparaît pas dans l'église, mais il n'y est question ni de l'alternance des supports multiples et des supports cylindriques, ni des annelures, ni des transsepts arrondis. Tous ces souvenirs des anciennes traditions ne pénètrent pas à Saint-Leu, et néanmoins, entre Saint-Leu et Noyon, l'analogie est extraordinaire et la contemporanéité évidente. D'où vient donc qu'à Saint-Leu aussi bien qu'à Senlis on a, dans le même moment, suivi d'autres errements qu'à Noyon? C'est ce que nous essayons d'expliquer dans le chapitre suivant. (Voir la note de la page 137.)

modifient à peine l'aspect général du monument. Il semble que ce soit par une usurpation, où plutôt à l'aide d'une concession bénévole, que le plein cintre soit admis dans cette église. Il y occupe plus que sa part légitime et naturelle. Sa présence y fait l'effet d'une fiction ou d'un anachronisme. Ainsi, vous le voyez, la différence entre nos deux cathédrales n'est pas aussi grande qu'elle en a l'air ; les deux constructions ne se distinguent par aucune diversité réelle et profonde. C'est le même principe qui les a créées ; rien ne nous défend donc de les croire contemporaines.

Mais d'où vient à Noyon ce respect pour le plein cintre ? Cette sorte d'honneur qu'on lui rend a beau n'être qu'abstrait et nominal, pourquoi lui est-il rendu ? Pourquoi, l'a-t-on laissé avec tant de complaisance régner seul dans toutes les parties supérieures de l'édifice ? Pourquoi, lorsque tous les membres de cette architecture semblent vouloir se développer selon les formes nouvelles, sont-ils contraints à suivre où plutôt à simuler les anciennes formes, et tandis qu'à Senlis on s'abandonne sans résistance à la pente du siècle, pourquoi faire à Noyon de l'archaïsme à plaisir ?

Répondre que l'époque de transition nous fournit des exemples fréquents de monuments simultanément conçus dans un esprit purement novateur et de monuments empreints d'un caractère archaïque, c'est ne rien répondre, c'est résoudre la question par la question.

Ne voir dans les œuvres si étrangement diverses d'une même époque que les jeux d'un hasard aveugle, insouciant, inexplicable, c'est une façon trop commode de trancher la difficulté.

Sans doute, il y a des faits dont il serait aussi puéril qu'inutile de rechercher les causes ; mais ces grandes créations de la foi et de la patience de nos pères, ces monuments pleins de tant d'énigmes, ne méritent pas un tel dédain. Malgré nous, nous voulons percer le mystère de leur origine, et pénétrer jusqu'à la cause de leurs différences et de leurs analogies.

Nous voilà donc conduits en dehors du sol un peu aride de la pure chronologie, sol sur lequel, jusqu'ici, nous nous sommes enfermés. C'est vers le problème historique qu'il faut maintenant tourner nos regards ; ce sont les générations qui virent élever ces monuments, c'est la société du douzième siècle, c'est son histoire qu'il faut interroger ; en un mot, il ne suffit plus d'exposer, il faut expliquer l'époque de transition.

Nous avons déjà fait nos réserves, ce ne sont que des aperçus que nous allons hasarder. Loin de nous l'espoir d'atteindre le but, nous ne voulons qu'indiquer une voie qui nous semble pouvoir y conduire.

VII

ORIGINE ET CARACTÈRE DE LA RÉVOLUTION ARCHITECTURALE COMMENCÉE AU DOUZIÈME SIÈCLE.

La révolution architecturale dont le douzième siècle est témoin ne provient-elle que d'un de ces changements de goût matériel, d'un de ces besoins de nouveauté que les hommes éprouvent nécessairement à certains intervalles? L'ogive est-elle née seulement parce qu'il y avait trop longtemps que le plein cintre durait? N'y a-t-il là qu'une affaire de mode? Cette explication, dont quelques-uns se contentent, n'en est réellement pas une. La mode elle-même ne doit-elle pas avoir sa cause? Cette cause est futile et insaisissable, s'il ne s'agit que du caprice de quelques individus; mais ne peut-elle pas être grave et profonde, lorsqu'il est question des habitudes de tout un peuple? Or, d'où est née la mode qui, pendant le douzième siècle, fit adopter universellement, dans une moitié de l'Europe, un nouveau genre de construction? La question, comme on voit, reste toujours au même point.

Cette révolution doit-elle être attribuée uniquement, comme d'autres l'ont voulu, à la nécessité toujours croissante d'exhauser les églises, soit par zèle religieux, pour mieux honorer la Divinité, soit par motif de salubrité, pour prévenir l'asphyxie des fidèles? L'ogive, il est vrai, s'emploie utilement dans les constructions d'une grande hauteur; mais on peut faire des monuments très-élevés sans se servir de l'ogive. Les cathédrales de Mayence, de Worms, de Spire, ont tout autant d'élévation que beaucoup de grandes églises du treizième siècle, et leurs arcades sont toutes à plein cintre. L'architecture à ogive ne serait donc pas devenue d'un usage nécessaire, universel et exclusif, s'il n'y avait eu d'autre motif de l'adopter que le besoin d'élever de très-hautes murailles. Ce n'est encore là qu'une cause secondaire, ce n'est pas l'explication que nous cherchons.

La trouverons-nous, comme on l'a souvent prétendu, dans ces voyages en Orient, si fréquents à la fin du onzième siècle? Mais, comme il n'existe en Orient de monuments réellement analogues à nos monuments à ogive que ceux qui y ont été construits depuis le douzième siècle par des Européens, peu nous importe que les croisés aient eu occasion d'apercevoir çà et là quelques arcs brisés sur des pans de murailles arabes; il est probable qu'en cherchant bien, ils en auraient trouvé même en Occident. Ce qu'ils ne pouvaient, au contraire, rencontrer nulle part, c'était l'architecture à ogive, car elle n'est arrivée toute faite ni d'Orient ni d'aucun autre point du globe. Elle s'est formée dans nos climats[1]; comment et pourquoi s'est-elle formée? c'est là toujours qu'est la question.

Un point nous paraît évident, c'est qu'elle n'a pas été le produit d'une cause unique, et qu'elle résulte du concours d'une foule de circonstances diverses. Ainsi la tendance à exhausser de plus en plus les constructions aura certainement contribué à son développement : le souvenir du tombeau de Jésus-Christ, s'il est vrai qu'il fût dès lors entouré d'ogives, aura dû concourir à sanctifier, à populariser cette nouvelle sorte d'arcades; mais toutes ces causes, et tant d'autres également secondaires, auraient été sans vertu par elles-mêmes, si elles n'eussent été dominées et mises en mouvement par une cause supérieure.

Cette cause n'est autre, selon nous, que l'esprit même du douzième siècle, esprit novateur, hasardeux, systématique.

[1] Si elle eût existé en Orient, comment aurait-elle pénétré si difficilement et si imparfaitement dans les pays de l'Europe méridionale? comment serait-elle devenue si populaire dans le Nord?

N'est-ce pas à lui que sont dus les premiers combats de la raison contre l'autorité, de la bourgeoisie à sa naissance contre la féodalité à son déclin, des langues populaires et vivantes contre la langue antique et sacerdotale, près de devenir langue morte? Au milieu de cette lutte générale, de ce mouvement universel des esprits, lorsque tout change et se transforme, l'architecture pouvait-elle rester immuable? Le style qu'elle avait adopté depuis tant de siècles n'avait-il pas même durée, même origine, même fondement, pour ainsi dire, que cette autorité qu'on attaquait à coups redoublés? Le plein cintre n'était-il pas comme identifié avec l'ancien état de la société? n'en était-il pas le représentant, le type, le symbole? A la société nouvelle, à cette société tourmentée d'une fièvre d'affranchissement, il fallait un nouveau type, un nouveau symbole, un autre drapeau. Maintenant, pourquoi l'ogive plutôt que toute autre forme, plutôt que la ligne horizontale et l'architrave, par exemple? C'est là, qu'on nous permette de le dire, le petit côté de la question. Toute révolution est à la fois accidentelle et nécessaire. Ce qui était purement accidentel alors, c'était la forme qu'adopterait la nouvelle architecture : ce qui était nécessaire, c'était qu'il se formât un style nouveau, que se style se rattachât à l'ancien par de nombreux éléments communs, mais qu'il s'en séparât par certains éléments propres et par une originalité visible et saisissante. L'ogive s'est trouvée là, favorisée et mise en évidence par ces causes multiples et accessoires que nous avons signalées; sa forme insolite semblait prédestinée à caractériser un mouvement tout nouveau des esprits. Tel est, selon nous, le secret de sa fortune.

Et qu'on ne croie pas que ce sont là de chimériques conjectures. Montrons combien sont réels les rapports qui rattachent l'origine et les progrès de l'ancienne architecture à la révolution sociale du douzième siècle.

Le caractère dominant de cette époque, ce n'est pas seulement le besoin de l'émancipation, c'est la tendance à la sécularisation. La société, jusque-là exclusivement monacale, aspire pour la première fois à devenir laïque. La puissance temporelle de l'Église, après avoir atteint son apogée, est sourdement menacée jusque dans ses fondements. La foi ne perd rien de son ardeur, mais elle aussi se sécularise pour ainsi dire. On commence à admettre la possibilité de faire son salut ailleurs que dans un cloître : l'université de Paris se croit et se proclame aussi bonne catholique que l'Église ; en un mot, la société laïque, en même temps qu'elle cherche à se constituer et à s'entourer de garanties vis-à-vis des pouvoirs purement temporels, s'exerce peu à peu à faire par elle-même tout ce qui était jusque-là l'apanage exclusif de la société sacerdotale.

Voilà le spectacle que présentent les deux sociétés; voyons maintenant les deux architectures.

Un fait incontestable, c'est qu'avant le douzième siècle on ne construit pas un seul édifice religieux dans le Nord de l'Europe sans que l'architecte soit moine, chanoine, ou tout ou moins ecclésiastique. Presque toutes les sciences, il est vrai, n'avaient alors d'autres adeptes que les hommes d'église ; mais parmi toutes les sciences, celle de l'architecture était réputée sainte et sacrée par excellence. Un des premiers devoirs de l'abbé, du prieur, du doyen d'une communauté, était de savoir tracer le plan d'une église et de pouvoir en diriger la construction. On voit des moines entreprendre de longs voyages, aller jusqu'à Constantinople pour se fortifier dans cette étude, pour puiser les saintes traditions à leur source. Et ce n'est pas seulement dans le clergé régulier que cette science est obligatoire; il faut que les évêques président aux travaux de leurs cathédrales, comme les moindres prêtres à ceux de leurs églises. En un mot, la règle est générale, jusqu'au douzième siècle point d'architecte qui ne soit religieux.

Un autre fait non moins incontestable, c'est qu'à partir du douzième siècle, sauf quelques exceptions presque imperceptibles, nous ne voyons plus d'autres architectes que des laïques. Les Robert de Luzarches, les Thomas de Cormont, les Hugues Libergier, les Robert de Coucy, les Pierre de Montereau, les Jean de Chelles, les Erwin de Steinback, les Eudes de Montreuil, n'appartiennent ni à l'église ni à aucun ordre; ils sont tous bourgeois, vivant de leurs œuvres, et la plupart mariés.

Ainsi, avant le douzième siècle, avant la première apparition du style à ogive, l'architecture est dans les mains du clergé, elle n'a que lui pour interprète; au treizième siècle, au contraire, lorsque l'ogive est souveraine, l'art de bâtir n'appartient qu'aux laïques; il reste à peine dans le fond des cloîtres quelques vieux moines essayant encore de manier l'équerre et le compas.

Du rapprochement de ces deux faits ne résulte-t-il pas que, dans l'époque intermédiaire, pendant le douzième siecle, lorsque les deux architectures étaient en lutte, lorsque la victoire semblait encore indécise, les deux sortes d'architectes devaient aussi se trouver en présence : d'un côté, la cohorte cléricale, les champions de l'esprit d'autorité, s'efforçant de maintenir le système et les traditions du plein cintre ; de l'autre, les libres constructeurs, les *maîtres d'œuvres*, comme ils s'intitulaient, s'appropriant l'ogive, s'en façonnant un système, et s'en servant comme d'une arme pour se rendre maîtres à leur tour de l'art de bâtir.

Jamais toutefois ce système laïque n'aurait triomphé, si ceux qui le soutenaient n'eussent été que des individus isolés. Aux associations monacales, dépositaires des traditions hiératiques, il fallait opposer d'autres associations organisées avec assez de force pour durer et pour devenir à leur tour gardiennes de traditions, avec assez de mystère pour ne pas éveiller dès le début de dangereuses résistances. Telles furent les confréries maçonniques, les *fraternités* de constructeurs (*fraternitates*) dont l'existence dès le douzième siècle, dans l'Ile-de-France et dans la Picardie, ne saurait être mise en doute. Il est vrai que c'est seulement vers la fin du quatorzième, et principalement aux bords du Rhin, que la grande institution des francs-maçons commence à prendre un caractère historique, c'est alors qu'elle s'organise sur une vaste échelle, et qu'elle cherche à donner à ses statuts une nouvelle autorité ; mais cela même est une preuve qu'elle existait depuis longtemps. Les francs-maçons du quatorzième et du quinzième siècle n'avaient plus rien à inventer de nouveau, l'architecture qu'ils professaient était triomphante, incontestée, et avait produit ses plus beaux chefs-d'œuvre. Si nous les apercevons alors pour la première fois dans l'histoire, tandis qu'antérieurement il faut les y deviner, c'est que, leur institution se relâchant, ils commençaient à divulguer eux-mêmes leur propre existence. Pourquoi dans leurs nouveaux statuts se recommandent-ils si sévèrement le secret? Parce qu'ils se surprenaient sans doute à ne le plus bien garder. La formation des *loges* allemandes du quinzième siècle passe donc à tort pour la création des confréries maçonniques; elle n'en est qu'une réorganisation, motivée probablement par des symptômes de décadence. La propre de ces sortes d'institutions est de n'avoir jamais autant de vigueur et de discipline que dans leurs commencements; il est donc permis de croire non-seulement que la confrérie des francs-maçons existait depuis au moins deux siècles, lors de l'établissement pour ainsi dire officiel des *loges*, mais que les jours de sa plus grande, de sa réelle puissance étaient déjà passés.

C'est pendant la lutte entre les deux styles, quand il fallait triompher des habitudes et des routines du passé, quand il fallait diriger dans des voies régulières, méthodiques, savantes, le système vainqueur, c'est alors que les confréries maçonniques durent déployer leur plus grande énergie et faire preuve de cette persévérance que l'esprit d'association peut seul inspirer. Sans le secours de ces confréries, jamais, encore une fois, l'architecture à ogive n'aurait accompli sa destinée. Ce système de proportions, ce système de construction, ce système d'ornementation végétale et indigène, dont nous avons constaté l'existence; l'unité, l'harmonie, la conséquence qui règnent dans les œuvres de cette architecture une fois parvenue à sa perfection, tout cela était impossible sans les confréries, c'est-à-dire sans une science à la fois traditionelle et expérimentale transmise comme un mot d'ordre de générations en générations. Si l'art de bâtir, échappant aux mains de l'Église, fût tombé à la merci des caprices individuels et d'une liberté non organisée, au lieu des chefs-d'œuvres du treizième siècle, nous aurions eu un pêle-mêle anarchique de tous les styles. Heureusement la foi, l'oubli de soi-même, toutes les vertus qui font naître et durer les associations, étaient encore vivaces dans ce monde : l'art pouvait impunément se séculariser; à défaut de l'Église spirituelle, il trouvait dans la franc-maçonnerie une sorte d'Église laïque, au sein de laquelle il devait se perpétuer et se maintenir pendant trois siècles, comme un secret mystérieux et respecté.

Ainsi, pour tout résumer, peu importe que l'ogive, en tant que forme géométrique et architecturale, ait été mise en faveur par telle ou telle cause accidentelle, et que ces causes soient plus ou moins nombreuses; ce qui est d'un véritable intérêt, c'est de savoir par qui, comment et pourquoi elle a été convertie en système, et d'où est venue à ce système une physionomie si tranchée, si originale, si exclusive, si incompatible avec tout autre genre d'architecture. Une fois qu'il est reconnu que l'esprit de liberté, l'esprit séculier et laïque, l'esprit du douzième siècle, est, sinon le créateur, du moins le principal promoteur de ce système; que la fortune du plein cintre, au contraire, se lie à celle des idées et des institutions dont la société nouvelle tend à s'affranchir, dès lors les mélanges, les amalgames, les contradictions de l'époque de transition ne sont plus des bizarreries inintelligibles, nous en pénétrons le sens, nous leur trouvons une signification. L'architecture devient pour nous un reflet, presque toujours fidèle, des événements dont la société est le théâtre. Ainsi, dans celles de nos villes où les tentatives d'émancipation sont tardives, timides ou immédiatement comprimées, dans les abbayes, dans les communautés, dans tous ces pieux asiles défendus par une triple enceinte contre les invasions des idées nouvelles, l'ancien style persiste longtemps, et ce n'est que peu à peu et comme à regret qu'il se laisse altérer par quelques tentatives de nouveauté; dans les lieux, au contraire, où la victoire reste de bonne heure aux idées de réforme, et où, soit de gré, soit de force, une bourgeoisie improvisée s'est mise en possession des droits de cité et de commune, on s'aperçoit bien vite que les nouveaux constructeurs ont dû trouver la porte ouverte pour ainsi dire, et qu'ils se sont établis avec liberté et hardiesse, sans se soucier des anciennes traditions; enfin, lorsque les franchises municipales, nées de transactions pacifiques ou d'octrois bénévoles, sont tempérées, incomplètes, et laissent une large part à la vieille autorité, il n'est pas rare que les deux styles semblent se marier et se fassent à chacun leur part en bonne harmonie et d'un mutuel consentement.

Or, c'est là précisément le spectacle que nous offre notre cathédrale de Noyon. Le plein cintre et l'ogive sont en présence, mais sans qu'il y ait entre eux la moindre hostilité : l'ogive domine, mais en quelque sorte malgré elle, et en laissant voir une sorte de soumission inaccoutumée vis-à-vis du plein cintre. Cette singularité devient toute naturelle si l'on fait attention aux circonstances qui amenèrent et qui suivirent l'établissement de la commune dans la ville de Noyon. Ce ne fut pas, comme à Laon, comme à Reims, au moyen de violentes insurrections et au prix de leur sang que les habitants de Noyon obtinrent leurs franchises. Ils étaient gouvernés, vers le commencement du douzième siècle, par un évêque nommé Baudry, homme sage, clairvoyant et de bonne foi. Avant d'être élevé à l'épiscopat, Baudry, simple chapelain de l'évêché de Cambrai, avait assisté aux troubles sanglants de cette ville, et s'était convaincu qu'on ne gagnait rien à résister aux tentatives d'indépendance qui éclataient alors de toutes parts; que mieux valait les prévenir par d'habiles concessions, et qu'une fois ces concessions faites, elles devaient être fidèlement respectées. Il n'attendit donc pas que la révolte se fît entendre; il alla au-devant d'elle, et, dès l'an 1108, de son propre mouvement, il présenta aux habitants de la ville une charte de commune, jura de l'observer, et tint parole. Les droits octroyés par cette charte n'étaient pas, comme le remarque M. Thierry[1], tout à fait aussi étendus que ceux qui avaient été conquis de vive force dans d'autres villes; mais les bourgeois de Noyon s'en contentèrent, et comme les successeurs de Baudry eurent la sagesse d'imiter son exemple, on ne vit point à Noyon, comme dans tout le voisinage, ces fausses trêves sans cesse rompues par le meurtre et la violence : la paix y fut sincère et durable, et le bon accord ne cessa de régner entre la ville et son seigneur.

Ainsi, lorsque, vers 1150, Beaudoin II entreprit, comme nous le supposons, la reconstruction de sa cathédrale, il existait à Noyon une commune depuis longtemps établie et consacrée par une paisible jouissance, mais placée en quel-

[1] *Lettres sur l'histoire de France*, in-8°, p. 268.

que sorte sous la tutelle de l'évêque. C'est le reflet de cette situation que nous présente l'architecture de l'église. Le nouveau style avait déjà fait trop de chemin à cette époque pour qu'il ne fût pas franchement adopté, surtout dans un édifice séculier et dans une ville en possession de ses franchises ; mais en même temps le pouvoir temporel de l'évêque avait encore trop de réalité pour qu'il ne fût pas fait une large part aux traditions canoniques[1]. Nous ne pré-

---

[1] Il n'en était pas de même à Senlis, ni par conséquent à Saint-Leu d'Esserent. Le territoire du diocèse de Senlis faisait partie du domaine royal. L'émancipation communale et laïque s'y était accomplie librement et sans restriction, et en ne laissant à l'évêque qu'une faible part de pouvoir temporel.

A Noyon, au contraire, l'évêque avait, comme seigneur féodal, un pouvoir très-étendu : il était à la fois grand vassal de la couronne, en vertu de fiefs immédiats réunis à son siége, et seigneur indépendant du Vermandois, qui relevait de son évêché. Comme grand vassal, il était un des pairs ecclésiastiques, et portait le baudrier au sacre du roi de France ; comme suzerain du Vermandois, il traitait d'égal à égal avec le pouvoir royal. Aussi, lorsqu'en 1191, après la mort de Philippe d'Alsace, comte de Vermandois, Philippe-Auguste eut réuni le Vermandois à la couronne, il fallut qu'il transigeât avec l'évêque de Noyon. Le roi et le prélat se donnèrent des lettres doubles ou lettres d'échange, scellées de leurs sceaux, en date du mois d'août 1213, par lesquelles, d'un côté, Étienne, évêque de Noyon, déclare qu'il remet et quitte au roi Philippe l'hommage dû à son église pour le comté de Vermandois, et le roi, en échange, lui cède les terres et fiefs qu'il possédait à Lassigny et à Coye. Dans ce marché, c'était l'évêque qui gagnait du pouvoir temporel. Est-ce seulement à partir de cette époque, et comme une compensation de plus accordée par le roi que les évêques de Noyon prirent le titre de comte? le portaient-ils, au contraire, trois ou quatres siècles auparavant, comme semble l'indiquer une charte du roi Eudes de 893? D. Mabillon est de ce dernier avis ; Colliette, l'auteur des *Mémoires sur le Vermandois*, soutient l'opinion contraire. Peu nous importe ; ce qu'il nous suffit de constater, et ce que

8.

tendons pas que cette part ait été réglée par une transaction explicite, ni même qu'il soit intervenu aucune convention à ce sujet ; les faits de ce genre se passent souvent presque à l'insu des contemporains : que de fois nous agissons sans nous douter que nous obéissons à une loi générale ! et cependant cette loi existe, c'est elle qui nous fait agir, et d'autres que nous viendront plus tard en signaler l'existence et en apprécier la portée. C'est ainsi que l'évêque et les chanoines, tout en confiant la conduite des travaux à quelque maître d'œuvre laïque, parce que le temps le voulait ainsi, tout en le laissant bâtir à sa mode, lui auront recommandé de conserver quelque chose de l'ancienne église, d'en rappeler l'aspect en certaines parties, et de là tous ces pleins cintres dont l'extérieur de l'édifice est percé, de là ces grandes arcades circulaires qui lui servent de couronnement tant au dedans qu'au dehors. Il est vrai que les profils déliés de ces arcades les rendent aussi légères que des ogives : l'obéissance de l'artiste laïque ne pouvait pas être complète ; elle consistait dans la forme et non pas dans l'esprit.

C'est encore certainement pour complaire aux souvenirs et aux prédilections des chanoines que le plan semi-circulaire des transsepts aura été maintenu : la vieille église avait probablement ses bras ainsi arrondis, suivant l'ancien type romano-by-

---

est parfaitement établi, c'est que le pouvoir temporel des évêques de Noyon était considérable, et que, même au milieu de la crise du douzième siècle, au lieu de déchoir, il ne fit que se fortifier. (Voir les *Recherches historiques* de M. Lafons, p. 22 à 27 ; *l'Art de vérifier les dates*, t. IX, pag. 184-193, et t. XII, pag. 201. — Voir ci-dessus la note de la page 77.

zantin; mais, tout en conservant cette forme, on semble avoir voulu racheter l'antiquité du plan par un redoublement de nouveauté dans l'élévation. Remarquez en effet que ces transsepts en hémicycle sont percés de deux rangs de fenêtres à ogive, tandis que, dans la nef, bien qu'elle soit évidemment postérieure, toutes les fenêtres sont à plein cintre.

Il est très-probable aussi que la forme arrondie de ces deux transsepts a été conservée en souvenir de la cathédrale de Tournay, cette sœur de notre cathédrale. A Tournay, en effet, les deux transsepts byzantins subsistent encore aujourd'hui dans leur majesté primitive, avec leur ceinture de hautes et massives colonnes. En 1153, la séparation des deux siéges n'était prononcée que depuis sept années. La mémoire de ces admirables transsepts était encore toute fraîche, et c'est peut-être en témoignage de ses regrets, et comme une sorte de protestation contre la bulle du saint-père, que le chapitre de Noyon voulut que les transsepts de sa nouvelle église lui rappelassent, au moins par leur plan, ceux de la cathédrale qu'il avait perdue. Cette conjecture s'accorde avec toutes celles qui précèdent; c'est une explication de plus de ce mélange de traditions et d'inventions, de formes anciennes et de style novateur, qui est le caractère dominant de la cathédrale de Noyon.

Qu'on applique à tous les monuments de l'époque de transition les deux ou trois principes que nous venons d'émettre, et nous avons la presque certitude qu'après une étude attentive, précédée d'une sage défiance envers les dates et les récits consacrés, on verra toujours, au moins sur quelques points, se justifier nos prévisions. Il y a plus de trente ans que nous avons indiqué sommairement ces idées[1], et depuis ce temps nous n'avons rien trouvé qui ébranlât notre croyance; elle s'est plutôt fortifiée par le résultat de constantes observations, et bien qu'aucun texte précis, aucun document incontestable ne donne encore à ces aperçus une véritable consistance, nous ne perdons pas l'espoir de pouvoir quelque jour invoquer en leur faveur une révélation positive. Déjà une récente découverte semble justifier cet espoir : on vient de trouver en Allemagne quelques fragments du journal d'un franc-maçon, et il résulte des notes tracées sur ce journal que le triangle équilatéral était bien réellement la *base fondamentale* du système à ogive : voilà donc déjà un de ces principes auxquels on pouvait jusque-là contester toute valeur scientifique, qui commence à prendre un caractère de certitude. Avec de persévérantes recherches, on pénétrera plus avant, on retrouvera quelque autre secret des confréries maçonniques, on obtiendra la confidence de leur origine, de leur constitution, de leur véritable but. Que tous ceux à qui ces questions inspirent un sérieux intérêt cessent de s'évertuer à prouver, les uns que l'ogive nous est venue d'Orient, les autres qu'elle est indigène, querelles vides et oiseuses; qu'ils cherchent par qui a été mis en œuvre le système à ogive; pourquoi l'influence de ce système a été si grande et si universelle, comment pendant trois siècles il a pu exercer sur une moitié de l'Europe une absolue souveraineté; qu'ils cherchent enfin si la naissance et les progrès de ce système

---

[1] *Rapport sur les monuments historiques des départements de l'Aisne, de l'Oise, du Nord, de la Marne et du Pas-de-Calais*, in-8°, 1831, pages 10 et suiv.

ne sont pas inséparablement liés à la grande régénération des sociétés modernes dont le douzième siècle voit éclore les premiers germes.

C'est dans ce sens, encore une fois, qu'il reste à faire de profitables découvertes. C'est là le véritable problème, le problème historique de l'époque de transition. Les révolutions architecturales ainsi envisagées ne se confondent plus avec ces fantaisies futiles et éphémères qui font préférer telle étoffe à telle autre pendant un certain temps; elles sont de sérieuses, de véritables révolutions; elles expriment des idées. Il faut que l'archéologie, en même temps qu'elle constate et qu'elle analyse les faits dans leurs plus minutieux détails, les généralise parfois et fasse planer sur eux un coup d'œil d'ensemble. C'est ainsi qu'elle prend rang parmi les sciences utiles, puisque en nous révélant, à la vue des monuments, l'état des sociétés qui les virent construire, elle nous fournit un des meilleurs moyens d'investigation, un des plus sûrs instruments de critique historique.

VIII

CONCLUSION.

Nous voici au terme de cet essai.

Pour parvenir à notre but, c'est-à-dire pour déterminer à quelle époque doit avoir été construite l'église Notre-Dame de Noyon, nous avons suivi successivement deux routes différentes : l'une purement historique, l'autre théorique.

Historiquement, nous nous sommes appuyé, à défaut de preuves plus directes, sur quelques faits d'une certitude incontestable qui nous ont permis d'établir par induction la date dont nous avions besoin.

Théoriquement, nous avons essayé de démontrer que les monuments du moyen âge, et particulièrement ceux de l'époque à ogive, se prêtent à une classification méthodique fondée sur des lois constantes, et nous servant de cette classification comme d'un moyen de contrôle, nous avons reconnu qu'elle confirmait en tous points les inductions tirées de nos recherches historiques.

Enfin, pour justifier encore mieux ces inductions, nous nous sommes livré à une étude particulière de l'époque à laquelle notre monument nous semblait appartenir, l'époque de transition; nous en avons tracé les limites, nous en avons fixé, autant qu'il est possible, les subdivisions chronologiques; puis, nous plaçant à un point de vue plus général, nous avons indiqué dans quel sens devraient être dirigées les recherches de ceux qui aspirent à connaître la véritable signification historique de la révolution architecturale que cette époque a vu s'accomplir.

De quelque manière qu'on envisage l'église Notre-Dame de Noyon, qu'on l'examine avec le microscope de l'archéologue, ou du point de vue de l'historien, on y trouvera un ample sujet d'études et d'observations. C'est une mine qui n'est pas exploitée : nous en avons seulement signalé la richesse.

DEUXIÈME PARTIE

APPENDICE

I

PLAN DE L'ÉGLISE ET DES MONUMENTS ADJACENTS.

Le plan de Notre-Dame de Noyon est admirablement harmonieux. Ses quatre parties, c'est-à-dire la nef, le chœur et les deux transsepts se lient et s'enchaînent par des rapports de parfaite concordance. Rien de mieux combiné, pour exprimer dans un plan la forme de la croix, que ces deux transsepts terminés comme le chœur en hémicycle. On a peine à comprendre que ce parti n'ait pas été plus généralement adopté, surtout lorsqu'on voit combien en élévation l'effet de perspective est heureux. Nous indiquerons plus loin un certain nombre d'églises encore existantes où cette disposition se retrouve. On pourrait probablement en citer quelques autres qui nous ont échappé, mais le nombre n'en est certainement pas grand. Même pendant le règne du plein cintre, ces sortes d'églises sont des exceptions, et elles deviennent d'une extrême rareté dès qu'on entre dans l'époque à ogive.

Parmi les autres caractères archaïques que présente l'église de Noyon, nous avons signalé ces piliers carrés, flanqués de colonnes engagées, et alternant avec des colonnes cylindriques dans toute la longueur et des deux côtés de la grande nef. On ne trouve en général cette disposition que dans les monuments romans. Mais, en se reproduisant ici elle subit une importante modification. Les piliers carrés ne portent pas seuls, comme le voulait l'ancien usage, les retombées de la grande voûte de la nef. L'arête qui part du pilier carré aboutit diagonalement au support cylindrique et réciproquement, tandis que dans l'ancien style cette arête, laissant de côté le support cylindrique, n'irait se reposer que sur le pilier carré qui vient après. De cette manière l'arête décrirait un arc beaucoup plus grand, ce qui lui permettrait de conserver la courbe semi-circulaire; tandis que de la façon dont les arêtes se croisent dans les voûtes de l'église de Noyon, il faut nécessairement que leur courbe soit brisée par le haut, et qu'elles forment par conséquent un berceau à ogives. Ces voûtes sont traitées exactement comme celles des églises du treizième siècle, sauf toutefois que les piliers carrés, placés vis-à-vis l'un de l'autre de chaque côté de la nef, sont reliés par un arc doubleau épais et robuste, tandis que les supports cylindriques ne sont rattachés l'un à l'autre que par une simple arête.

Du reste le principe de l'*alternance* semble avoir présidé à la construction de cette église, comme si elle était entièrement à plein cintre : ce n'est pas seulement à leur base que les supports varient alternativement de force et d'épaisseur : cette différence se fait également remarquer au premier étage, et elle continue jusqu'au sommet de l'édifice ; ce n'est que dans les voûtes qu'il y a, comme nous l'avons déjà dit, une modification notable des anciens usages, et pour ainsi dire un oubli du principe de l'*alternance*. Cette circonstance vient encore à l'appui de l'opinion que nous avons émise au sujet de la longue durée des travaux. A l'époque où l'on travaillait aux voûtes, il est probable que, malgré la tendance si manifeste à conserver dans cette église quelque chose des formes anciennes, il était déjà trop tard pour ne pas faire des voûtes à ogives et à arêtes croisées sans *alternance*.

Maintenant si, laissant de côté ce qu'on peut appeler la partie archaïque de cette église, nous voulions constater, au contraire, la part d'innovations qui distingue son architecture, il faudrait signaler, sans sortir de l'examen du plan, les cinq chapelles qui enveloppent l'abside en rayonnant vers un centre commun, disposition qui appartient spécialement au style à ogives.

Lorsque ce style est parvenu à sa perfection, c'est-à-dire au treizième siècle, on voit, comme dans les cathédrales d'Amiens, de Beauvais, de Cologne, le nombre des chapelles de l'abside s'élever jusqu'à sept ; quelquefois, et par exemple dans la cathédrale de Reims, qui est aussi un chef-d'œuvre, mais dont la construction est un peu moins récente, on ne compte, comme à Noyon, que cinq chapelles autour du chœur. Dans d'autres églises, au contraire, qui, quoique exécutées en grande partie dans le treizième siècle, ont été conçues dans le douzième, telles que les cathédrales de Chartres, de Rouen, etc., le plan de l'abside ne présente que trois chapelles, et la manière dont elles sont groupées offre plus d'analogie avec les anciennes traditions romanes qu'avec les règles adoptées par les architectes du treizième siècle.

A Noyon, non-seulement nous voyons le collatéral se prolonger autour du chœur, comme dans les églises à ogives, mais les cinq chapelles dont se compose la partie inférieure de l'abside sont groupées d'après les lois qui devinrent générales au treizième siècle. Seulement, au treizième siècle, la forme de ces chapelles eût été polygonale, tandis qu'elle est semi-circulaire. Enfin, comme s'il eût fallu que dans cette église les innovations fussent toujours mélangées d'anciens souvenirs, ces chapelles sont éclairées par des fenêtres à ogive, et néanmoins les parois en sont décorées, dans le bas, par de petites arcades à plein cintre taillées dans la pierre et reposant sur des chapiteaux qui, par le style de la sculpture, sembleraient appartenir aussi bien au onzième siècle qu'au douzième.

En somme, le plan seul de la cathédrale de Noyon suffit pour révéler ce caractère mixte, cette réunion d'éléments empruntés à des systèmes opposés, ce mélange d'archaïsme et d'innovation qui se manifeste dans tout l'ensemble du monument. D'un côté, l'alternance des colonnes et des piliers, la forme semi-circulaire des transsepts, et ajoutons aussi la position des portes qui donnent accès dans ces transsepts [1], vous transportent dans l'époque byzantino-romane ; de l'autre, l'ensemble du plan et ce rayonnement de cinq chapelles autour de l'abside appartiennent essentiellement à l'architecture du treizième siècle.

[1] Ces portes sont placées dans la même position que celles des cathédrales de Pise et de Mayence, et de beaucoup d'autres édifices dont le style est exclusivement à plein-cintre; dans les églises du treizième siècle, au contraire, les portes latérales sont presque toujours placées aux extrémités des deux transsepts.

Malgré ces contradictions apparentes, le plan est parfaitement harmonieux. Il se distingue même par une symétrie plus exacte que dans beaucoup d'églises d'ailleurs très-remarquables. Ainsi la largeur de la nef centrale est double de celle des nefs latérales, les travées de la nef sont une fois plus nombreuses que celles du chœur, savoir : cinq dans le chœur et dix dans la nef ; les trois divisions du porche répondent exactement aux trois divisions du vestibule ou avant-nef ; enfin, il n'y a pas jusqu'aux quatre escaliers qui ne soient placés aux quatre coins de l'édifice dans une position parfaitement parallèle. Il est impossible de ne pas reconnaître qu'un tel plan a dû être conçu d'un seul jet : il n'est évidemment pas le résultat de pensées successives, et il a fallu que, pendant toute la durée des travaux, les constructeurs, par une exception bien rare, restassent toujours fidèles aux données générales du plan primitif.

C'est seulement lorsque l'église aura été complétement construite que, pour satisfaire des besoins imprévus à l'époque de la fondation, il aura fallu appliquer contre les nefs latérales ces additions qui s'accordent assez mal avec le reste du monument, et qui en troublent extérieurement l'harmonie.

Il faut pourtant que nous jetions un coup d'œil sur cette partie du plan tel qu'il est aujourd'hui.

Du côté du nord on s'est borné à faire entre chaque contrefort une chapelle d'une largeur à peu près égale à la nef latérale, ce qui laisse subsister la régularité apparente du plan ; seulement, dans la partie correspondant aux deux travées les plus rapprochées du transsept, on est sorti de la ligne parallèle ou collatérale pour s'étendre sur une largeur à peu près double. De cette addition moderne, il résulte une assez grande pièce servant aujourd'hui de garde-meuble : l'ancienne destination de ces deux travées ne m'est pas connue.

Quant au côté du sud, les anomalies y sont plus nombreuses ; et la symétrie de cette partie du plan se trouve détruite par trois différentes sortes de constructions additionnelles, qui ont chacune une largeur et un caractère complétement distincts. C'est d'abord en allant de l'ouest à l'est une chapelle des morts et du saint sépulcre : elle occupe seulement deux travées : vient ensuite une chapelle dédiée à Notre-Dame de Bon-Secours : celle-ci correspond à trois travées et est plus profonde que la chapelle précédente d'environ 1 mètre 30 cent. ; puis, enfin, l'espace compris entre la chapelle de Bon-Secours et le transsept est occupé par une chapelle de Saint-Nicolas moins profonde intérieurement que la précédente, bien que les murailles extérieures de l'une et de l'autre soient sur le même alignement.

De ces trois chapelles, celle de Notre-Dame de Bon Secours mérite seule un examen attentif. Il y a bien dans la chapelle du Saint-Sépulcre quelques détails de sculpture du quatorzième siècle qui ne manquent pas de finesse et d'élégance, mais ils sont fort dégradés, et les figures placées autour du calvaire, vous forcent, malgré vous, à détourner les yeux. La chapelle de Notre-Dame de Bon-Secours, au contraire, est en assez bon état de conservation et sa décoration est complète. Mais cette décoration, conçue dans l'esprit du quinzième siècle et exécutée au seizième, a toute la lourdeur, toute la gaucherie des œuvres de décadence. Ces sculptures, qui veulent être légères, sont massives et maladroites : ces pendentifs, ces culs-de-lampe, qui devraient être suspendus en l'air comme par magie, semblent menacer la tête du spectateur tant ils sont épais et mal découpés. En un mot, quelque brillante, quelque travaillée que soit l'ornementation de cette chapelle, quelle que soit l'admiration qu'elle excite chez les habitants de Noyon, lesquels vous parlent de leur chapelle en termes aussi pompeux que Levasseur dans son livre, nous ne saurions, comme œuvre d'art, lui témoigner beaucoup d'estime. A côté des merveilles que le quinzième siècle et le commencement du seizième nous ont laissées en ce genre, la chapelle de Noyon est une œuvre fort ordinaire. Il faut convenir aussi que la restauration déplorable qu'elle a subie, il y a quinze ou vingt ans, la blancheur désolante du badigeon qui la recouvre, les statuettes et les petits ornements de peinture dont elle est çà et là tapissée, ne permettent guère de porter sur son véritable mérite un jugement parfaitement équitable.

Cette chapelle a été bâtie par l'évêque Charles de Hangest, neveu du célèbre archevêque de Rouen, Georges d'Amboise, et renommé entre tous les évêques de Noyon par ses vertus et ses talents. L'épiscopat de Charles de Hangest dura depuis le 2 octobre 1501 jusqu'au 1er août 1525. Puis il vécut jusqu'à la fin de juin 1528, après avoir résigné son évêché à son neveu Jean de Hangest, mais en gardant, sous le titre de vicaire-général, toute son ancienne autorité. Or, c'est deux mois environ avant son décès qu'il donna le terrain sur lequel devait être bâtie la chapelle neuve et qu'il posa la première pierre. Ce fait est attesté par l'extrait suivant des archives capitulaires que nous a transmis Levasseur : « Capitulo facto die 29 aprilis 1528, dominus episcopus Noviomensis liberaliter concessit Ecclesiæ plateam contiguam cappellaniæ Sanctæ Luciæ, inter dictam cappellam et portale per quod itur ad palatium dicti episcopi, continentem in latitudine incipiendo a muro versus navim 36 pedes et in longitudine 47 pedes incipiendo a dictâ cappellâ ad dictum portale [1]. »

Les dimensions du terrain concédé sont celles de la chapelle hors œuvre. Il faut seulement remarquer que l'emplacement occupé par cette porte ou portail dont il est question dans la délibération capitulaire (*portale per quod itur ad palatium*, etc.) était compris dans le terrain de 45 pieds sur 36 cédé par l'évêque. Pour conserver une communication entre l'église et l'évêché, on aura probablement ouvert une autre porte; mais on ne peut pas savoir exactement à quelle place. On ne voit pas trace d'une ancienne baie dans le mur de la nouvelle chapelle : peut-être la porte fut-elle pratiquée dans le fond du transsept méridional, où quelques vestiges semblent l'indiquer.

Quoi qu'il en soit, la fondation de cette chapelle de Notre-Dame de Bon-Secours ne remonte pas évidemment plus haut que 1528, et les travaux se continuèrent au moins pendant quatre ou cinq ans. Nous en trouvons la preuve dans les conclusions capitulaires du 1er juin 1530 et du 23 octobre 1532, qui décident que certaines sommes d'argent seront mises « ès mains de M. Antoine Fauvel, maistre de la fabrique, pour parachever la chappelle neufve, et pour y mettre des images à la discrétion dudit Fauvel et de l'escolastre [2]. »

Ainsi, vers 1530, lorsqu'il s'agissait de construire dans

---

[1] Levasseur, p. 1119.
[2] *Annales de Noyon*, p. 1119.

une cathédrale une nouvelle chapelle, on se servait encore du style à ogives, tandis que dans la même ville on bâtissait sept ans auparavant, en 1523, un hôtel de ville dans le style de la renaissance. Nous ne citons l'hôtel de ville de Noyon qu'afin de rendre le contraste plus saillant. Mais si nous cherchions dans les autres villes du royaume, ce n'est pas seulement en 1523, c'est dès le règne de Louis XII, c'est-à-dire bien avant 1515 que nous trouverions des exemples de constructions civiles où l'ogive n'apparaît plus et cède la place au plein cintre. Nous ne prétendons pas qu'avant 1530 on n'eût pas encore appliqué le style de la renaissance aux édifices religieux, nous voulons seulement faire remarquer qu'on ne s'en servait pas généralement pour cette destination et que, tandis que son emploi était devenu presque universel dans les édifices civils, on conservait encore pour les constructions religieuses une certaine fidélité à ce style que quatre siècles auparavant l'Église n'avait adopté qu'avec hésitation, mais qu'elle avait encore plus de peine à abandonner.

La chapelle de Notre-Dame de Bon-Secours était autrefois désignée sous un autre nom : on l'appelait chapelle de l'Assomption. De semblables changements de nom se sont opérés successivement dans presque toutes les autres chapelles de la cathédrale de Noyon, sans qu'on puisse savoir pour quelle cause et à quel moment les nouvelles dénominations ont prévalu. Ainsi, la chapelle centrale, derrière l'extrémité du chœur, est aujourd'hui, comme dans presque toutes les églises, la chapelle de la Sainte-Vierge ; elle était autrefois, et du temps même de Levasseur, consacrée à saint Éloi [1]. Au-

[1] « L'église porte en longueur 48 toises à prendre depuis le grand

jourd'hui c'est la chapelle contiguë du côté du sud, qui est placée sous l'invocation de ce saint. Enfin, la chapelle actuelle de Saint-Nicolas était jadis divisée en trois parties, dont la plus rapprochée de la chapelle de Notre-Dame de Bon-Secours était consacrée à sainte Luce et à sainte Marguerite, en vertu d'une fondation de l'évêque Guy Després, remontant à l'année 1285. Presque toutes les anciennes consécrations ont été ainsi bouleversées. Plusieurs chapelles sont même complétement abandonnées. Aussi ne compte-t-on maintenant dans la cathédrale que onze autels consacrés, tandis qu'il est constaté par une bulle du pape Clément VI, qu'en 1348, il existait trente-neuf chapelles fondées et dotées. Levasseur en comptait encore de son temps vingt-six ou vingt-sept, y compris le maître-autel et *celles des voûtes*. Il entend par ces mots, les chapelles alors établies dans les galeries ou tribunes qui surmontaient tous les collatéraux de l'église, et notamment ceux du chœur. Ces chapelles hautes devaient être assez nombreuses. On ne trouve guère dans le rez-de-chaussée de l'église que l'emplacement de vingt chapelles environ; ainsi, à moins que le maître-autel pût servir à deux chapellenies, il fallait qu'en 1348, il y eût dix-neuf autels dans les tribunes hautes, et, qu'au temps de Levasseur, il en restât encore six ou sept[1].

Il nous reste à dire quelques mots des constructions au

portail jusqu'au fond de la chapelle Saint-Éloi, derrière le chœur » (Levasseur, p. 134). Il y avait aussi, dans la nef, une deuxième chapelle de Saint-Éloi et une troisième à l'entrée du chœur.

[1] Ainsi nous ne voyons plus aujourd'hui l'ancienne chapelle dédiée à la *gésine* de la Vierge, dont Calvin fut titulaire de 1521 à 1534, (Voyez ci-dessus, p. 17).

milieu desquelles se trouvait placée l'église Notre-Dame de Noyon. D'un côté, au sud, les bâtiments épiscopaux occupaient un vaste emplacement. Ils se composaient du palais de l'évêque, de la chapelle et de l'évêché proprement dit. Ces constructions n'existent plus qu'en très-petites parties; ce qui en reste a très-peu d'intérêt, sauf toutefois une grande lucarne sculptée qui peut nous donner une idée de la richesse qui régnait dans l'ensemble de cet édifice. Le fondateur du palais épiscopal était ce même Charles d'Hangest qui posa la première pierre de la chapelle de Notre-Dame de Bon-Secours. Quant à la chapelle particulière des évêques, dite sainte chapelle, elle est encore debout, mais mutilée et dépouillée de toute espèce de sculpture. Son vaisseau ne manque pas d'élégance et de légèreté, sans mériter toutefois une grande attention. Cette chapelle est située à peu près parallèlement à l'abside de la cathédrale du côté du sud.

Les bâtiments situés de l'autre côté de l'église sont dans un meilleur état de conservation et plus dignes d'examen. On est d'abord frappé des belles proportions de la salle du chapitre, vaste parallélogramme de 24 mètres sur 12 ; c'est une belle et noble conception. Il est difficile de bien apprécier aujourd'hui la beauté de cette grande salle et surtout de ses voûtes si élégamment soutenues par quatre légers fuseaux de pierre, parce que deux cloisons modernes coupent le bâtiment ; mais, quand la vue pouvait pénétrer librement dans toute sa profondeur, ce grand berceau de pierre devait produire un admirable effet! Il y a dans la disposition de cette salle quelque chose qui rappelle le délicieux réfectoire de l'abbaye Saint-Martin des Champs à Paris. Les salles capitulaires de quelques cathédrales d'Angleterre, soutenues par un seul pilier, dont les innombrables nervures simulent les branches d'un palmier, sont assurément plus éblouissantes encore ; mais la forme et le caractère de la salle de Noyon, sont peut-être mieux en rapport avec sa destination.

A côté de la salle capitulaire nous trouvons les débris du cloître : cinq travées seulement sont encore debout. Nous en parlerons tout à l'heure plus en détail, ainsi que du mur crénelé parallèle à l'église.

Les deux grandes salles contre lesquelles le cloître était adossé du côté du levant, servent de sacristie. Elles sont aujourd'hui surmontées d'un plafond plat du temps de Louis XV ; mais on conserve le souvenir de leurs anciennes voûtes à arêtes retombant sur un seul pilier central, comme dans les salles de chapitre des cathédrales anglaises dont nous parlions plus haut.

A la suite de ces deux sacristies, on trouve un bâtiment dont l'évêque et le chapitre se servaient comme de prison. Enfin, en retour d'équerre, nous voyons une longue construction : ce bâtiment est presque tout en bois. On remarque à l'extérieur, sur la charpente, quelques traces de sculpture qui peuvent remonter au seizième siècle. C'était la bibliothèque ou librairie des chanoines. Elle passe pour avoir été construite par l'évêque Raoul de Coucy vers 1422. Mais elle est évidemment plus moderne. On voit bien, en 1422, Raoul de Coucy faire présent à son chapitre d'un beau cours de droit civil en cinq volumes, à la charge de faire construire une bibliothèque : quelques jours après, le chapitre s'assemble et donne commission à maistres Pierre le Mard, Jean de Lespinoy, Jean Gossuin et Robert Givard, chanoines, d'édifier ladite bibliothèque *en tel lieu qu'ils verront bon estre* (Levasseur p. 1026). Mais rien ne prouve qu'ils se soient mis immédiatement à l'œuvre. La mort du roi et celle de Raoul de Coucy, qui survinrent peu de temps après, les troubles et l'agitation toujours croissant dans le royaume et particulièrement dans les villes qui, comme Noyon, étaient alors au pouvoir des Anglais, enfin, un grand procès entre les chanoines et leur nouvel évêque, Jean de Mailly, querelle qui, pour être moins grave que les guerres entre Français et Bourguignons, n'en absorbait pas moins toutes les pensées du chapitre; ce sont là, selon nous, des causes qui ont pu faire suspendre ou traîner en longueur la construction de la bibliothèque. Elle n'était pas achevée, ni peut-être même commencée en 1506, car nous lisons dans Levasseur le passage suivant, qui paraît avoir échappé à ceux qui supposent que la construction remonte à 1422 : « Le 16e jour de novembre audit an (1506), l'affaire de la librairie se remet sus. Le sieur Doyen offre cent francs pour cet œuvre. Ordonné qu'il sera advisé du lieu. Et le 20e jour de novembre, ouy le maistre de fabrique et commissaire à ce députez, fut arresté le plan le long de l'allée qui meine de l'église à la porte Corbaut ; et à cet effect sera tiré le bois nécessaire de nos forêts et se fera ladite librairie suivant le pourtraict ou patron exhibé en chapitre le 6e jour de mars 1506. Le bailly du chapitre donne cent sols pour le bastiment, à condition qu'il en aura la clef[1]. »

---

[1] Conclusions capitulaires des 26 novembre 1506 et 14 juin 1507 rapportées par Levasseur, p. 1111.

L'emplacement dont il est ici question est celui qu'occupe la bibliothèque actuelle : il est donc hors de doute que rien n'aura été construit avant 1606, et que le bâtiment tout entier, bien que sculpté dans le goût de la fin du quinzième siècle, appartient au milieu du règne de Louis XII.

A cette époque, la nécessité de cette construction devenait de plus en plus urgente, car les chanoines de Noyon possédaient déjà une belle collection de manuscrits et même d'ouvrages imprimés par les procédés nouvellement découverts. Le premier noyau de cette bibliothèque avait été formé par un chanoine nommé Guillaume de Camba, lequel, en mourant (le 12 mai 1417), laissa option au chapitre ou de cent écus d'or à prendre dans sa succession, ou de beaux exemplaires manuscrits des Décrétales, des Clémentines, de la Somme de Saint Thomas, du Miroir de droit et d'autres ouvrages estimés à 200 francs. Ces messieurs, dit Levasseur, firent choix des livres. On voit, à l'admiration qu'il en éprouve, que, de son temps, le chapitre eût probablement opté pour les cent écus d'or.

On ne trouve plus aujourd'hui dans cette bibliothèque que quelques volumes dépareillées : tous les livres de prix ont disparu il y a soixante et dix ans.

Revenons au plan de notre église pour en dire un dernier mot. Sa longueur est d'environ 100 mètres dans œuvre, depuis l'entrée du porche jusqu'à l'extrémité de la chapelle de la Vierge. Les cathédrales de Chartres, d'Amiens et de Reims ont de 131 à 138 mètres de longueur : nos églises de deuxième et de troisième ordre ne s'étendent guère au delà de 60 à 80 mètres. La cathédrale de Noyon, sans appartenir à la catégorie des plus grands édifices religieux, peut cependant passer, comme on voit, pour une église d'une vaste dimension.

N'oublions pas de faire remarquer que l'axe du chœur ne correspond pas directement à l'axe de la nef, ou, en d'autres termes, que le plan de l'église penche de gauche à droite dans sa partie orientale. Cette inclinaison, qu'on peut observer dans un si grand nombre d'églises, est ici très-prononcée. La déviation est de près d'un mètre ($0^m,92$).

Cette coutume d'incliner la tête des églises est attribuée, comme on sait, au pieux désir d'imiter la position du Sauveur expirant sur la croix.

... *Inclinato capite expiravit.*

Heureusement ce jeu de mots architectural n'est jamais assez complet pour détruire l'effet de perspective; mais il y a beaucoup d'églises, et celle de Noyon est du nombre, qui gagneraient quelque chose à avoir été conçues avec plus de respect pour la ligne droite.

II

FAÇADE OCCIDENTALE.

Les deux clochers qui paraissent semblables au premier coup d'œil, se distinguent l'un de l'autre par beaucoup de différences de détail.

D'abord la hauteur n'en est pas la même. Celui de gauche est de 1 mètre 40 centimètres environ plus élevé que celui de droite. Ils n'ont certainement pas été construits en même temps, du moins dans leur partie supérieure. Le plus anciennement bâti doit être le moins élevé, ainsi que l'indique sa décoration : en construisant plus tard le second on aura voulu prendre un style plus élégant, et de là cette surélévation ; car l'élégance d'un clocher s'obtient surtout par la hauteur.

On a beau dire que les architectes du moyen âge n'ont jamais égard à la symétrie, qu'ils l'évitent même avec intention ; le fait est loin d'être exact. Ils abandonnent la symétrie toutes les fois qu'une nécessité de construction ou de service leur commande de la sacrifier ; mais ils se gardent bien d'y renoncer gratuitement. La symétrie des masses est la loi de toutes les architectures. Pourquoi donc les monuments du moyen âge offrent-ils si souvent, non-seulement dans les détails mais dans les masses, des défauts de parallélisme et de symétrie qui n'ont, certainement pour motif, aucune nécessité de service ou de construction ? La cause en est presque toujours à la différence des époques pendant lesquelles deux parties correspondantes d'un même édifice auront été bâties. Ainsi, pour ce qui concerne cette façade et ces clochers, il est évident que, jusques et y compris le premier étage, tout a dû être conçu et exécuté en même temps. Il y a bien au-dessus de la grande ogive du clocher septentrional une guirlande de trèfles sculptés qui n'existe pas de l'autre côté ; mais c'est là une addition appartenant à la même époque que toutes les autres sculptures dont on a postérieurement décoré le clocher. Du reste la symétrie est parfaite ; à droite comme à gauche, trois ouvertures à plein cintre allongé sont inscrites dans une ogive de même forme et de même proportion.

Au second étage, au contraire tout est différent : le clocher méridional et la partie intermédiaire qui relie les deux clochers sont ornés l'un et l'autre par une série de sept colonnettes, dont la hauteur est égale à quatorze fois leur diamètre, et qui portent des arcs à plein cintre tellement petits que leur rayon n'a pas tout à fait un diamètre de longueur : le clocher septentrional, au contraire, nous offre, en pendant de ces sept colonnettes isolées, cinq faisceaux de colonnettes accouplés, trois par trois, et surmontés de quatre arcs à ogive. Enfin, à l'étage supérieur, le clocher de droite nous fait voir trois grandes lancettes, dont la hauteur est égale à dix fois et demie la largeur, tandis que le clocher de gauche nous en montre quatre qui sont chacune quinze fois plus hautes que larges. A ces différences de nombre et de dimension il faut ajouter la diversité du style : d'un côté l'ogive la plus pure procédant du triangle équilatéral, une grande fermeté de profils, des ornements très-sobres, et cette corniche mâle et sévère composée de feuilles à crochets comme dans les monuments du treizième siècle et de la fin du douzième ; de l'autre l'ogive surhaussée, telle qu'on la trouve au voisinage du quatorzième siècle, puis au-dessus et entre chaque paire d'ogives une rose à jour formée de six lobes, enfin des frontons en trèfles sculptés au-dessus des ogives, et une corniche coquette et légère, composée également de trèfles sculptés. Remarquez, en outre, que les ressauts des contreforts sont unis au clocher du sud, tandis qu'ils sont tout brodés de trèfles sur le clocher du nord, et vous aurez une idée de toutes les différences de détail qui distinguent ces deux masses en apparence semblables. Évidemment la construction de ces clochers appartient à deux époques séparées par un intervalle de près d'un siècle. Sans les chapiteaux à crochets très-prononcés qui supportent les ogives du clocher septentrional on pourrait croire qu'il n'a été bâti qu'après l'incendie de 1293 ; mais il est un peu moins moderne. Je suppose qu'il a pu être construit par l'évêque Guy Després, qui fit exécuter beaucoup de travaux dans l'église de 1272 à 1280. Quant au clocher méridional, il doit être l'œuvre de Baudoin II, au moins jusqu'au second étage. La partie supérieure peut bien n'avoir été bâtie que dans les dernières années du douzième siècle ou vers le commencement du treizième.

Entre les deux clochers, et principalement vers le sommet, on aperçoit des pierres d'attente : ce sont les amorces d'une arcade qui ne paraît pas avoir été construite. Pour réaliser ce projet, il eût fallu que les tours fussent couronnées chacune par une grande flèche, soit de pierre, soit de bois. Ce n'est qu'en supposant l'existence de ces deux flèches qu'on peut admettre la jonction des deux clochers. Dans l'état actuel il en résulterait, pour l'aspect général de la façade, une extrême lourdeur [1].

Il est probable que, dans les plans primitifs on se proposait de surmonter de flèches ces tours puissantes et massives. Les quatre bases de clochetons placés en encorbellement aux quatre angles, si elles étaient prolongées jusqu'à une certaine hauteur et terminées en pointe, accompagneraient de

---

[1] Des pierres d'attente à peu près semblables se remarquent sur les parois latérales des clochers de Sainte-Gudule, à Bruxelles.

la manière la plus heureuse une grande flèche centrale; mais quoique tout semble disposé pour réaliser un si beau projet, il ne paraît pas qu'on ait jamais tenté de mettre la main à l'œuvre. Une fois le treizième siècle passé, il était trop tard; le malheur des temps devait rendre trop précaire la fortune de l'évêque et de son chapitre pour que de tels travaux pussent être entrepris.

Telle qu'elle est cette façade n'en a pas moins un grand caractère de noblesse et de sévérité; elle est mâle jusqu'à la rudesse et robuste jusqu'à la lourdeur. Les contreforts surtout sont d'une force et d'une saillie disproportionnées avec le poids qu'ils soutiennent; mais, néanmoins, on éprouve, à la vue de ce grand ensemble, une impression très-vive et très-extraordinaire [1]. Je suis frappé d'un grand air de ressemblance entre ces clochers et ceux de la cathédrale de Tournay. Ce n'est pas le même style, ce n'est pas le même plan, mais c'est le même aspect solennel, la même exagération de solidité et de fermeté. Il existe entre eux ce qu'on peut appeler un air de famille. L'ancienne réunion des deux siéges et les regrets encore si vifs que leur récente séparation excitait dans le chapitre de Noyon vers l'époque où l'église se construisait, nous permettent de croire que cette analogie ne doit pas avoir été purement accidentelle.

Nous n'avons rien dit jusqu'à présent du porche avancé qui garnit le pied de la façade. Nous le croyons un peu postérieur à la partie supérieure du clocher méridional. Quant

---

[1] Le clocher du sud est encore plus pur de formes et de proportions sous son aspect méridional que du côté de la façade occidentale.

aux deux éperons qui soutiennent le porche, nous en avons déjà parlé (voy. p. 76), et plus loin nous en dirons encore quelques mots (voy. p. 180).

Il y a certains aspects sous lesquels ce porche nuit à l'ensemble de la façade, mais sous beaucoup d'autres, cette construction en saillie lui donne de l'ampleur et du grandiose. Intérieurement ces belles voûtes sont d'un excellent effet, et se marient heureusement avec le reste de l'église.

Les trois grandes ouvertures de ce porche laissent apercevoir les trois portes de l'église et les débris de leur ancienne ornementation. Nous avons déjà dit combien l'exécution en était délicate : on peut, d'après le caractère de ces sculptures, être à peu près certain qu'elles sont postérieures de quelques années à l'incendie de 1293.

Il ne reste plus aucune trace des bas-reliefs qui remplissaient les tympans. Levasseur nous dit (p. 709) qu'en dessus de la porte du milieu on avait figuré le jugement dernier, sujet dont il existe de si nombreuses reproductions. Ce qui préoccupe le plus Levasseur, en nous parlant de ce bas-relief, c'est la question de savoir quels sont les deux évêques mitrés et crosse en main qui y sont représentés au milieu des damnés. Il pense que l'un est l'évêque Fulcher (élu en 954), l'autre un évêque de Tournay, nommé Théodore. Il nous apprend, en outre, que sur le grand portail, *entr'autres pourtraictures y sont taillées au vif* celles de saint Éloi, de sainte Godeberte, d'Hérodes, etc., etc. Nous ne nous arrêterons pas à ces détails, puisqu'il ne reste aucun vestige des sculptures dont nous parle Levasseur, et que nous ne devons nous occuper ici que du monument tel qu'il est aujourd'hui.

Nous voulons le décrire, l'expliquer, et non le restaurer. Nous devons donc passer rapidement devant ses parties à demi détruites, à moins que nous ne puissions en apercevoir encore quelques débris.

III

INTÉRIEUR.

En entrant dans l'intérieur de l'église et en embrassant du même coup d'œil, comme dans une coupe transversale, la grande nef et les deux nefs latérales divisées chacune en deux étages, nous apercevons dans le fond, à rez-de-chaussée, les petits arcs à plein cintre qui décorent les chapelles de l'abside, et au-dessus les fenêtres à ogive qui les éclairent. Au premier étage nous voyons également des fenêtres à ogive, masquées en partie par de nombreux faisceaux de colonnes et par les retombées des voûtes qu'ils supportent. Cette perspective, quoique très-complexe, est d'une grande clarté; l'œil en saisit sans peine toutes les parties; il rencontre de tous côtés l'ordre et la symétrie.

Nous nous bornons pour le moment à faire remarquer la justesse et l'harmonie des porportions générales du monument à l'intérieur, la forme élégante et ferme des ogives qui terminent le sanctuaire, et l'heureuse disposition de tout cet ensemble. Tout à l'heure, après un examen plus approfondi, nous signalerons quelques particularités d'ornementation qui échappent au premier abord. Mais il est un détail que nous pouvons indiquer immédiatement : nous voulons parler de la forme des trois petites arcades qui occupent, au troisième étage, la travée centrale du chœur. Dans toutes les autres travées, ces petites arcades sont trilobées; dans la travée centrale, au contraire, l'arcade du milieu est à plein cintre, et celles de droite et de gauche à ogive. Ne semble-t-il pas que ce soit là, en quelque sorte, le résumé de toute l'église? En plaçant ainsi en évidence et dans la partie la plus solennelle du monument, ce plein cintre entre deux ogives, l'architecte n'a-t-il pas voulu nous avertir que c'était volontairement et systématiquement qu'il avait admis dans toutes les parties de sa construction le mélange des formes semi-circulaires et des formes aiguës? Si ces trois petites arcades se trouvaient dans une autre travée, égarées comme par hasard au milieu de toutes les autres arcades trilobées, elles pourraient ne provenir que d'un caprice insignifiant; mais, quand nous les voyons dans le point central, au-dessus du sanctuaire, à une place qui semble si bien avoir été choisie avec intention, comment ne pas supposer qu'elles expriment une idée?

L'ordonnance de la nef se distingue de celle du chœur et de celle des transsepts. On retrouve bien dans chacune de ces trois grandes parties de l'église quatre rangs d'arcades superposés, mais ces arcades ne sont pas placées partout dans le même ordre. Dans la nef les grandes arcades à ogive du rez-de-chaussée sont immédiatement surmontées d'autres grandes arcades à ogive, qui portent les voûtes de la tribune ou collatéral supérieur; puis ensuite vient une petite galerie composée d'arcades à plein cintre, au-dessus de laquelle s'élèvent deux grandes fenêtres pareillement à plein cintre. Dans le chœur la distribution des ouvertures est la même, si ce n'est que l'arcature est trilobée et que les fenêtres supérieures ne sont pas divisées en deux parties. Quant aux transsepts, l'ordonnance en est tout autre; l'arcature à plein cintre est placée entre les fenêtres à ogive du rez-de-chaussée et une grande galerie à ogives surmontée de doubles fenêtres à plein cintre comme dans la nef.

Ces différences ne nuisent pas à l'harmonie générale : elles servent au contraire à mieux caractériser chaque grande division du monument.

En comparant ces trois systèmes de décoration, on ne tarde pas à s'apercevoir que le parti adopté pour le chœur est de tous le moins heureux et le moins bien combiné. C'est par ce côté du monument qu'on a commencé la reconstruction; on y voit la trace de l'hésitation et des tâtonnements qui accompagnèrent nécessairement les premiers essais d'un nouveau style. Il y a d'ailleurs, dans cette partie de l'église, certains fragments qui manquent d'homogénéité avec le reste de la construction, et qui doivent provenir soit d'un édifice antérieur, soit tout au moins des premiers essais de reconstruction qui purent être commencés immédiatement après l'incendie de 1131, sous l'évêque Simon : le plan qu'on avait alors suivi aura été abandonné lors de la reprise des travaux sous Baudoin II, et, pour tirer parti des matériaux déjà mis en place, on se sera résigné à quelques irrégularités difficilement explicables, si nous n'avions pas recours à cette hypothèse. Ainsi, sans parler de ce pan de muraille qui fait à l'extérieur un si étrange contraste avec la maçonnerie qui l'entoure, il y a dans l'intérieur du chœur, notamment dans les trois premières travées, des piliers d'un diamètre disproportionné avec leur hauteur, d'une force inutile pour le poids qu'ils supportent, et mal appropriés par conséquent à la destination qui leur a été donnée. Ce rez-de-chaussée du chœur, à l'exception de l'extrémité du sanctuaire, qui est d'une élégante pureté, manque évidemment de régularité et d'harmonie.

Au premier étage l'ordre renaît : un parti franchement arrêté a été suivi ; mais, quoique ce parti soit en apparence le même que dans la nef, il s'en faut bien qu'il produise un effet aussi heureux. D'abord, si nous comparons les deux arcatures, celle du chœur, quoique plus riche de dessin, a bien moins de caractère par cela seul qu'elle est adhérente à la muraille, tandis que, dans la nef, les colonnettes sont en saillie et se détachent sur un fond vide qui lui sert de repoussoir. Quant aux grandes galeries ou tribunes, elles sont bien, dans le chœur comme dans la nef, composées d'ogives géminées, mais dans la nef le point de séparation est une simple colonnette svelte et légère, tandis que dans le chœur c'est un faisceau de trois colonnettes, support trop fort pour son fardeau, et par conséquent d'un aspect lourd et massif. Puis les moulures qui partent de ce faisceau de colonnettes sont d'une épaisseur tout à fait inutile ; dans la nef, au contraire, les moulures des ogives sont fines et nerveuses. Enfin, dans le chœur, les ogives géminées ne sont pas inscrites, comme celles de la nef, dans une ogive supérieure ; chaque ogive est encadrée par une moulure qui lui est parallèle et qui va butter contre le bandeau horizontal qui supporte l'arcature. De là un entassement, une confusion qui fatigue les yeux; tandis que dans la nef tout est clair, tout est distinct : au premier étage, comme au rez-de-chaussée, on voit régner au-dessus du sommet des ogives une partie lisse qui fait valoir les parties sculptées, et qui répand du calme sur toute la décoration. Ces travées de la nef sont assurément de véritables chefs-d'œuvre, des modèles du genre : plus on les étudie, plus on découvre d'harmonie et de justesse dans toutes les proportions.

Ce n'est pas seulement vues de face que ces travées sont irréprochables, vues de profil, c'est-à-dire en perspective, elles s'échelonnent et se succèdent sans la moindre confusion : on les aperçoit toutes à la fois, depuis la première jusqu'à la dernière. C'est à la combinaison alternative d'une colonne isolée et d'un pilier flanqué de demi-colonnes que cette grande clarté de perspective est due. S'il y avait deux piliers à chaque travée, ils seraient si rapprochés qu'au delà de deux ou trois travées il serait impossible de les distinguer; les derniers seraient complétement masqués, et la profondeur de la nef serait en apparence beaucoup diminuée. Grâce à l'alternance, au contraire, les piliers sont assez espacés pour que la vue plonge dans l'intervalle qui les sépare et pour qu'on les aperçoive tous jusqu'au dernier. Chaque plan de la perspective se trouvant ainsi fortement accusé, l'effet général est à la fois bien plus varié et bien plus régulier que dans la plupart des nefs d'église dont tous les supports sont semblables.

Si nous devions chercher encore une des causes qui donnent au chœur de la cathédrale de Noyon un air moins svelte et moins dégagé qu'à la nef, nous la trouverions dans ces an-

nelures qui, de distance en distance, coupent les grands fu
seaux qui supportent les voûtes. Il y a des exemples d'anne
lures de ce genre qui ne manquent pas d'élégance, mai
celles-ci ont beaucoup trop de saillies, et elles sont si rap
prochées que les fuseaux qu'elles enveloppent ressemblent
d'énormes bambous. Heureusement le style à ogives en s
perfectionnant s'est débarrassé de ces annelures. En rendan
entièrement lisses les fûts de ces longues colonnes qui filen
tout d'un jet, comme des fusées depuis le sol jusqu'aux com
bles, on a décuplé les moyens d'effet dans les intérieurs d'é
glise, on est entré franchement dans l'esprit de l'architec
ture verticale, on lui a donné sa véritable expression.

S'il n'était pas déjà prouvé que la construction de la ne
de Noyon a dû être postérieure à celle du chœur, on s'er
convaincrait par cela seul qu'il n'y a plus d'annelures dan
la nef. Nous allons trop loin en disant qu'il n'y en a pas, or
en voit sur le faisceau de petites colonnes qui sépare les deux
premières travées ; et, ce qui est assez remarquable, il er
existe une seule dans le bas du semblable faisceau place
entre les deux travées suivantes. C'est là probablement l
dernière annelure qui aura été faite dans l'église : on aur
reconnu qu'il était bien préférable de s'en passer, et tout l
reste de la nef a été construit avec des colonnes lisses.

Jusqu'ici nous n'avons comparé que la nef et le chœur ;
quant aux transsepts, la décoration, comme nous l'avons
dit, en est entièrement distincte. Cette arcature à plein cintre
qui sépare les deux rangées d'ogives est une combinaison
d'un très-heureux effet. Peut-être ne l'emploierait-on pas
avec autant de succès dans une nef d'église, c'est-à-dire en

perspective et sur une longue ligne plane et horizontale : cette petite galerie paraîtrait peut-être alors comme écrasée entre les deux rangs de grandes ogives. Mais dans ces hémicycles, grâce à la courbe des lignes, cette disposition est complétement heureuse, et elle a d'ailleurs l'avantage de se distinguer, par un contraste fortement accentué, de la décoration de tout le reste de l'église.

Nous n'avons plus qu'à faire quelques observations sur l'intérieur de l'édifice considéré dans son ensemble : la première, c'est qu'il n'existe, sous la cathédrale de Noyon, ni crypte, ni construction, ni souterrain quelconque. Seulement le chœur est plus élevé que la nef; on y monte par cinq degrés.

En second lieu, neus ferons remarquer combien, dans les deux premières travées de la nef, les stylobates des colonnes et des piliers sont plus élevés que dans les travées suivantes. Il est probable que le chœur venait autrefois jusqu'au second pilier de la nef et le dépassait même un peu : les marches devaient alors être placées à neuf mètres environ plus en avant, et ces stylobates, aujourd'hui si élevés, se trouvaient enterrés dans le sol du chœur.

Enfin nous devons signaler une autre particularité dans la construction de la nef. Les grands piliers qui se rapprochent de l'intersection sont plus épais que ceux qui se rapprochent de la façade occidentale. La différence est très-sensible, puisqu'il y a deux colonnes de plus aux uns qu'aux autres. Nouvelle preuve de l'antériorité des constructions du côté du chœur. A mesure que les travaux se sont avancés du côté de l'ouest l'art s'est perfectionné : les calculs sont devenus plus justes et plus précis; on a reconnu qu'il était inutile d'entasser des masses de pierres que la solidité du monument ne réclamait pas, et qu'il y avait toute espèce de profit à n'employer que les matériaux rigoureusement nécessaires, puisqu'en même temps qu'on réduisait la dépense on donnait encore plus de légèreté et d'élégance au monument.

IV

DÉTAILS.

§ Ier.

Bases des colonnes.

Dans toutes les parties de la cathédrale de Noyon, dans la nef aussi bien que dans le chœur, les bases des colonnes sont toutes ornées de pattes ou griffes. Ce genre d'ornement est certainement un des signes les plus sûrs pour déterminer l'âge des monuments. A peine en usage dans les premières époques du style à plein cintre, il devient d'un emploi presque universel au onzième siècle, se perpétue pendant presque tout le douzième, et ne disparaît définitivement que lorsque le style à ogive a complétement triomphé et devient pur de tout mélange. Il nous suffirait donc de trouver dans cette église de Noyon des griffes sur toutes les bases des piliers et des colonnes pour affirmer que, si la construction s'est prolongée jusqu'au treizième siècle, elle n'a certainement pas duré au delà de ses premières années.

Il est vrai que, si les griffes que nous voyons sur ces bases leur assignent un certain caractère d'ancienneté, la forme de ces mêmes bases, surtout dans la partie occidentale de la nef, semble au contraire leur donner un cachet de nouveauté. Remarquez combien le tore inférieur est aplati, combien il déborde le stylobate, combien la scotie est profonde : ne sont-ce pas là les profils adoptés par le treizième siècle, et même vers sa seconde moitié? Il y a quelque chose d'étrange à trouver ainsi réunis des signes indicateurs pour ainsi dire contradictoires. Mais, nous l'avons déjà vu, tel est le caractère dominant de cette église de Noyon. Dans ses moindres détails, aussi bien que dans ses grands traits d'ensemble, toujours se représente ce mélange évidemment intentionnel de l'archaïsme et de l'innovation.

Nous nous bornerons à cette observation générale sur les bases des colonnes et piliers. Si nous pouvions les passer toutes en revue, dans la nef, dans le chœur, dans toutes les parties et à tous les étages du monument, nous aurions à faire remarquer une foule de nuances et de variétés qui ne sont pas sans intérêt, soit quant à ce qui concerne la forme plus ou moins aplatie, plus ou moins accentuée de ces bases, soit quant à l'extrême diversité des griffes dont elles sont ornées.

Quiconque voudra faire une étude spéciale des bases de colonnes du moyen âge, et notamment des bases ornées de griffes, de palmettes et autres appendices de ce genre, ne trouvera nulle part une moisson plus abondante d'exemples aussi variés et aussi originaux que dans cette église de Noyon.

§ II.

Chapiteaux des chapelles du chœur.

Parmi ces chapiteaux, il en est d'une forme élégante, il en est aussi dont le dessin est confus et tourmenté, quelques-uns enfin sont d'une rudesse vraiment bizarre. Si nous étions dans une église romane ou byzantine, si ces sculptures étaient à leur place et en leur temps, nous nous bornerions à un examen rapide, quelques observations suffiraient. Ici, au contraire, outre les mérites et les défauts de ces chapiteaux, il nous faut tenir compte du singulier contraste que produit leur présence dans ce monument.

Au premier aspect, on est tenté de croire que les chapelles du chœur sont antérieures au douzième siècle, ou qu'elles auront été conservées lors de la construction de l'église. Mais comment supposer que dans l'ancienne église romane, bâtie en 1131, l'abside ait été ainsi entourée d'une ceinture de chapelles séparées du chœur par une allée collatérale? Ce plan si moderne n'appartient-il pas nécessairement au douzième siècle, et les fenêtres à ogive qui éclairent ces chapelles, fenêtres qui n'ont pas été ouvertes après coup, n'ajoutent-elles pas une preuve de plus à celle que nous fournit le plan? Il faut donc le reconnaître, ces chapelles, telles que nous les voyons, ont été construites en même temps que le reste du chœur.

Mais ne peut-on pas supposer que les colonnettes appliquées contre les murs, et surtout les chapiteaux de ces colonnettes, ont appartenu à l'ancienne église? Le feu ne peut-il pas les avoir épargnés? ne les aurait-on pas sauvés des décombres et mis en réserve pour les employer lors de la reconstruction générale?

Une telle hypothèse ne serait guère admissible dans la plupart des cas. Elle est contraire à toutes les habitudes des constructeurs du moyen âge; jamais on ne les voit employer des pièces de rapport. Ils ont trop de foi dans leurs propres œuvres pour emprunter celles d'autrui; mais ici, dans cette église toute pleine d'exceptions, on ne peut pas raisonner d'après une règle générale. Il y a entre ces chapiteaux et tout le reste du monument, une telle disparate qu'il faut bien, pour l'expliquer, recourir à une cause extraordinaire. Si les sculptures avaient été exécutées en même temps que toutes les autres, pourquoi en différeraient-elles si essentiellement? Je sais bien qu'on peut dire qu'elles sont placées dans le chœur, près du sanctuaire, c'est-à-dire dans la partie de l'édifice où le clergé devait tenir plus particulièrement à suivre les traditions du vieux style; mais pourquoi dans le reste du chœur et dans le sanctuaire lui-même, ne trouvons-nous que des chapiteaux d'un goût beaucoup plus moderne? ceux-là même qui supportent des arcades à plein cintre aussi bien que ceux qui soutiennent des ogives, se rapprochent du style en usage au treizième siècle. Ne semble-t-il donc pas que s'il n'existe des chapiteaux romano-byzantins que dans ces cinq chapelles, c'est qu'on n'en aura sauvé de l'incendie que le nombre nécessaire pour les décorer.

Ce qui fortifie cette conjecture, ce n'est pas seulement le dessin barbare et grossier de quelques-uns de ces chapiteaux, mais certains détails de style que les constructeurs de l'église auraient probablement omis s'ils les avaient composés eux-mêmes, s'ils avaient fait de vieux chapiteaux de fantaisie, s'ils avaient sculpté de mémoire dans le goût de l'ancien temps. Ainsi les tailloirs sont tous d'une hauteur presque égale à celle des chapiteaux eux-mêmes. Les bases des colonnettes sont formés par deux tores inégaux, que sépare une scotie très-haute et très-peu profonde; enfin ces bases ne portent pas de griffes. Ce sont là les indices d'une assez grande ancienneté. Or, il est fort douteux que les sculpteurs du temps e Baudoin II, même en se proposant de travailler dans l'ancien style, fussent restés ponctuellement et archéologiquement fidèles à ces prescriptions de détail. Leur imitation aurait été plus ou moins libre et porterait leur propre cachet. Nous ne sommes donc pas éloigné de croire que ces colonnettes et ces chapiteaux auront pu être, au moins en partie, sauvés des ruines de l'ancienne église ; qu'on aura employé tout ce qui n'était pas calciné ; et que, s'il a fallu faire à neuf quelques colonnettes, on les aura calquées sur les anciennes pour qu'elles fussent semblables à celles qu'on employait.

Que cette explication soit plus ou moins exacte, que ces chapiteaux et leurs bases appartiennent à une église antérieure, qu'ils aient été restaurés, copiés, ou même composés à nouveau, il importe assez peu ; car, dans tous les cas, le fait principal subsiste ; ce fait, c'est la présence de sculptures romano-byzantines, du style le mieux caractérisé, dans des chapelles éclairées par des fenêtres à ogive et dans une église où le style à ogive est en quelque sorte souverain. Qu'on ait employé ces sculptures après les avoir conservées, ou qu'on les ait fait faire dans un esprit archaïque, c'est toujours au même principe qu'on a obéi : on a voulu maintenir dans l'édifice un certain respect des anciennes traditions.

Quelques mots maintenant sur les chapiteaux eux-mêmes. Ils sont de deux sortes : les uns à figures, les autres à feuillages fantastiques. Parmi ces derniers, il en est quelques-uns qui sont brodés de perles. Le caractère des feuilles et la manière dont elles sont ajustées se rapprochent beaucoup plus du goût oriental que du style romain dégénéré. Il en est quelques-uns cependant où le souvenir des volutes se laisse apercevoir; mais dans le plus grand nombre on n'en voit pas trace. Quant aux figures, elles sont surtout bizarres. Nous ne nous épuiserons pas en conjectures pour deviner leur signification. Cette espèce de sanglier qu'on voit sculpté dans un de ces chapiteaux, sanglier à deux pattes, dont le corps se termine en queue de dragon, a-t-il avalé un serpent? y a-t-il dans cette représentation grossière un symbolisme quelconque? Nous l'ignorons et ne croyons pas qu'il soit fort nécessaire de le chercher. Autant il est digne d'intérêt d'interroger certaines œuvres de sculpture dessinées avec assez d'intelligence pour que la main qui les traça semble avoir obéi à une intention, à une opération de l'esprit, autant il serait puéril de vouloir découvrir le sens d'ébauches informes échappées au ciseau capricieux de certaines époques du moyen âge.

Peut-être ne faudrait-il pas ranger dans cette catégorie cet autre chapiteau qu'on ne peut manquer de remarquer quand on entre dans ces chapelles. On y voit représentées quatre chimères ailées et coiffées du bonnet phrygien. Ces quatre chimères n'ont-elles pas un sens? Ne pourrait-on pas y voir une satire de l'esprit de liberté? L'artiste n'aurait-il pas voulu qualifier de chimériques et d'impuissantes les premières tentatives d'affranchissement dont il était témoin. Cette conjecture, qui s'accorderait avec celle que nous avons faite sur l'âge de ces sculptures, est peut-être un peu raffinée. Mais à quelles subtilités demi-scolastiques, demi-païennes, l'esprit ne se livrait-il pas dès le milieu du onzième siècle? Dans tous les cas, il est presque impossible de ne voir dans ces quatre figures qu'une création purement fantastique, une combinaison d'un hasard intelligent. Sans doute il arrive souvent aux sculpteurs de cette époque d'emprunter, sans rime ni raison, les traditions mythologiques, et de traduire d'une manière confuse et incompréhensible les souvenirs du paganisme; mais ici ce n'est pas un type connu reproduit avec maladresse et par routine, c'est une combinaison nouvelle de deux symboles mythologiques, qui, en se réunissant, prennent une signification. Pourquoi supposer que cette signification, qui se présente naturellement à l'esprit, aurait échappé à celui qui composa ce chapiteau?

§ III.

Chapiteaux de la nef, du triforium du chœur et des transsepts.

Ces chapiteaux sont d'une toute autre famille que ceux des chapelles du chœur. A peine si dans quelques détails on aperçoit encore un léger reflet du style romano-byzantin; le caractère général, le galbe, l'ajustement de tous ces chapiteaux, appartiennent au style à ogives : ils ont tous des cornes ou volutes à crochets; seulement ces volutes sont moins saillantes, moins évasées que celles du milieu du treizième siècle; le feuillage indigène n'apparaît pas encore, ce sont principalement des feuilles d'eau et quelques feuillages exotiques qui composent le corps du chapiteau, mais la disposition de ces feuillages est simple, symétrique, régulière; ce n'est plus cette richesse d'imagination, ce luxe capricieux et vagabond de l'ornementation orientale. Il y a encore de la variété, mais seulement de la variété de détail qui s'absorbe et disparaît dans l'ensemble.

Ces observations s'appliquent principalement aux chapiteaux de la nef; ceux-là surtout sont plus droits, plus camards que les chapiteaux ordinaires du treizième siècle, et rappellent encore un peu la silhouette de la corbeille romane. On remarquera aussi sur le tailloir de quelques-uns de ces chapiteaux, une sorte d'ornement qui semble imité du fleuron du chapiteau corinthien. On ne trouverait plus dans le treizième siècle la moindre trace de semblables traditions.

Les chapiteaux des galeries (ou triforium) du chœur ont un autre caractère que ceux de la nef. Le feuillage manque de simplicité et de franchise, il est frisé et tourmenté dans ses bords comme dans presque toutes les sculptures exécutées pendant la décadence du style romano-byzantin, et, en général, dans toutes les sculptures de décadence. C'est toujours à la mollesse dans les contours, à l'exubérance et à la richesse de la décoration que les styles d'abord les plus sobres et les plus vigoureux finissent par aboutir. N'y a-t-il pas une singulière ressemblance entre les feuilles de ces chapiteaux, dernière expression de l'art à plein cintre, et celui des feuilles de choux, dont l'art à ogive, près d'expirer à son tour, devait, trois siècles plus tard, se montrer si prodigue. Cette analogie de toutes les sculptures à leur déclin est facile à démontrer, dans quelque pays et à quelque époque de décadence qu'on veuille en chercher des exemples.

De tous les chapiteaux sculptés dans cette église, ceux qui sont composés avec le plus de pureté et le plus d'élégance, ce sont ceux de l'arcature des transsepts. L'évasement gracieux des volutes, l'ajustement délicat du feuillage, sont tout à fait conformes aux traditions qui dominèrent dans le treizième siècle. Ce qu'il y a de singulier, c'est que ces chapiteaux soutiennent des arcs à plein cintre : nouvelle preuve de ce mélange intentionnel du passé et de l'avenir que nous rencontrons dans toute cette construction, soit que nous la contemplions dans son ensemble, soit que nous en étudions les moindres parties.

§ IV.

Corniches, arcs doubleaux, nervures et moulures diverses

A la vue de ces détails, on ne peut s'empêcher de reconnaître combien la construction du chœur diffère de celle de la nef. En effet, nous voyons sur la corniche du couronnement du chœur, sur le cordon qui entoure à l'extérieur les chapelles de l'abside, sur les nervures des voûtes de ces chapelles, des ornements sculptés qui ont une physionomie encore toute romane ou byzantine : c'est à savoir des têtes de clous, des perles, des pointes de diamants taillés à facettes, des rosaces à quatre feuilles allongées, et enfin des modillons à figures grimaçantes. Rien de tout cela n'apparaît, soit au dehors, soit au dedans de la nef. Là, toutes les moulures sont lisses, sans la moindre trace de broderie. Il en est quelques-unes, et par exemple celle du cordon extérieur des galeries, qui ont déjà dans leur profil l'accent du treizième siècle : celle du chœur et des transsepts, au contraire, sont moins évidées et conservent quelque chose des formes un peu plates et adoucies de l'époque romane.

Nous ferons remarquer une ouverture trilobée ou trèfle évidé dans la pierre, qui se trouve répétée trente fois dans l'intérieur de l'église, c'est à savoir vingt fois dans la nef et dix fois dans les transsepts. Elle ne paraît pas dans le chœur. Les figures trilobées, ou, en d'autres termes, les trèfles, passent comme on sait, pour avoir un caractère symbolique : quelques personnes y voient une image abstraite de la Trinité. Ce sont là des questions que nous ne voulons pas aborder. Mais ce qui nous paraît certain, c'est que l'emploi de ce genre de figures ne commence à devenir fréquent et presque universel que lorsque le système à ogive commence lui-même à se développer. Ce système, reposant tout entier sur le triangle équilatéral, devait naturellement rechercher les figures triangulaires, et le trèfle n'est autre chose qu'un triangle. Peut-être aussi les confréries maçonniques, qui étudiaient l'architecture par principes, et qui, par conséquent, enseignaient à leurs adeptes à se servir du compas, faisaient-elles un si fréquent usage des figures rayonnantes en témoignage, pour ainsi dire, de leur science.

Quelle que soit la valeur de ces conjectures, que des idées mystiques ou de simples traditions d'école aient inspiré les architectes, il n'en est pas moins prouvé que le trèfle est un caractère distinctif du style à ogive, un des cachets des associations maçonniques qui ont propagé et perfectionné ce style. Or, il n'est pas sans intérêt de remarquer que nous trouvons ces ouvertures trilobées dans la nef et dans les transsepts de l'église de Noyon, c'est-à-dire dans les parties qui ont le caractère le plus moderne; tandis que nous n'en voyons aucune trace dans le chœur.

§ V.

Éperons du porche.

Quelle que soit la cause qui ait rendu nécessaire la construction de ces deux éperons, ce n'est évidemment qu'à son corps défendant et pour prévenir un danger presque certain que l'architecte se sera résigné à les édifier. Ces deux corps avancés, ces deux étais, sont d'un effet d'autant plus fâcheux qu'ils semblent trahir un défaut de prévoyance dans la construction primitive. En effet, quand on se demande pourquoi ils ont été bâtis, la première explication qui se présente c'est que les voûtes du porche ont dû être mal combinées, mal calculées; que le mur de façade poussait au vide, et que pour éviter de le reconstruire de fond en comble, il a fallu le soutenir.

Heureusement pour l'honneur de l'architecte, on peut supposer que le déversement du mur de la terrasse ne se sera manifesté qu'à la suite de l'incendie de 1293, et que la chute de lourds et nombreux matériaux, jointe à l'action du plomb fondu et de toutes les autres causes d'ébranlement et de destruction que dut subir cette partie de l'édifice, ont seules fait naître la nécessité de construire ces deux massifs.

Ce qui donne une grande vraisemblance à cette dernière hypothèse, c'est que les éperons, bien qu'ils n'aient pas été bâtis très-longtemps après le porche, ne sont évidemment pas de la même époque. Il existe entre les deux constructions une nuance de style assez sensible. Or, si le déversement du mur de face avait été le résultat d'un défaut de calcul dans la poussée des voûtes, il se serait manifesté presque immédiatement, et les éperons auraient été construits, pour ainsi dire, en même temps que le porche. Nous avons donc eu quelque motif (voy. la page 77) d'attribuer à l'incendie de 1293 la construction de ces deux éperons.

Mais, quelle que soit la véritable cause qui les ait fait élever, nous n'en devons pas moins faire remarquer avec quelle adresse, avec quelle grâce, les artistes de ce temps savaient déguiser sous une ingénieuse décoration ce qu'il y a toujours de lourd et de disgracieux dans un massif de maçonnerie destiné à résister à la poussée d'une muraille. Supposez qu'un architecte de nos jours soit contraint de recourir à un tel expédient, lui viendra-t-il dans la pensée qu'il peut tirer parti d'un motif aussi ingrat? le verra-t-on transformer cette masse résistante en un objet d'art décoré? Ces longues colonnettes logées dans les angles des contre-forts, ces petits frontons aigus, ce toit à écailles, ces trèfles à quatre lobes et la jolie guirlande qui les encadrent, forment un ensemble à la fois si simple et si gracieux, qu'on est tenté d'oublier le but purement utile et un peu prosaïque, que s'est proposé l'artiste. On se demande si ces contreforts lui ont été vraiment imposés par une nécessité, ou s'il n'a pas plutôt cherché l'occasion de combiner des ornements si bien choisis et si bien groupés; le triomphe de l'art au moyen âge, aussi bien que dans l'antiquité, c'est la manière dont il marie toujours le beau à l'utile.

§ VI.

Le cloître.

Ce cloître est un modèle d'élégance sans recherche et de richesse sans profusion. L'ogive principale est un peu trop évasée pour sa hauteur; mais cette forme, qui serait disgracieuse dans une nef d'église, est très-bien appropriée à une galerie de cloître, qui n'aspire pas à la hauteur, et qui doit rester humble même en se décorant. Ces trois grands trèfles à six lobes, si bien portés par ces quatre petites arcades en demi-trèfle; ces moulures qui se ramifient et se croisent sans confusion, la forme des bases des colonnettes, la proportion des fûts et des chapiteaux, la finesse de tous les profils et le parfait ajustement des pierres, tout concourt à faire de ces fragments du cloître de Noyon un objet d'étude et un exemple à consulter.

Nous avons déjà dit (p. 78) que la construction de ce cloître doit avoir été antérieure de très-peu d'années à l'incendie de 1293. Son architecture participe à la fois des caractères propres au style du treizième siècle et de ceux qui n'appartiennent qu'au quatorzième. Ainsi, les chapiteaux ne sont pas tous à crochets comme au treizième siècle, mais ceux mêmes qui ne sont composés que de feuillages indigènes n'ont pas encore cette forme d'entonnoir ou de corbeille resserrées par le milieu, que les architectes du quatorzième siècle adoptent exclusivement. Les bases, dont la scotie est excessivement profonde, ne sont pas des bases du quatorzième siècle, car le dé qui les supporte n'est pas prismatique, et cependant la manière dont elles s'ajustent sur ce dé n'appartient pas tout à fait au treizième siècle. Les trèfles à six lobes semblent, par leur profil, avoir été construits avant l'an 1293, et la frise en feuillage qui couronne chaque travée paraîtrait, au contraire, plus récente de quelques années.

Il est donc à peu près impossible, comme on voit, d'affirmer si c'est avant ou après l'incendie de 1293 que ces charmantes arcades ont été construites. Ce qui nous semble certain, c'est qu'elles l'ont été par les soins et sous les ordres de l'évêque Guy des Prés, dont l'épiscopat dura depuis 1272 jusqu'en 1297, soit qu'il ait entrepris le cloître en même temps que la chapelle de Sainte-Luce et d'autres travaux exécutés de 1280 à 1290, soit qu'il l'ait restauré ou même complétement bâti dans les quatre années qui suivirent l'incendie.

§ VII.

Porte de la sacristie.

Cette porte est un joli modèle de sculpture sur bois : elle est conçue dans le style plein de finesse et sobre d'ornements qui était en usage à la fin du treizième et au commencement du quatorzième siècle. Elle aura probablement été sculptée après l'incendie de 1293. L'ancienne porte ne devait pas alors être très-ancienne, puisque les sacristies paraissent avoir été bâties soit sous l'épiscopat de La Boisière (1250-1272), soit pendant l'époque où Guy des Prés exécuta de grands travaux dans l'église (1272-1280). Mais, selon toute apparence, l'incendie avait étendu ses ravages jusqu'à cette partie de l'édifice, et la porte avait été ou brûlée ou mise hors de service.

On remarquera l'heureuse diversité des petites roses sculptées dans le tympan de chaque ogive. Ce sont des jeux de compas aussi variés que spirituels. Sur douze roses, il n'y en a que deux qui se répètent; et, comme tout le reste de la décoration est parfaitement régulier, cette petite variété accessoire n'a rien de fatigant, et jette un grand charme sur toute la composition. C'est là le secret de l'art à cette époque.

On se demandera peut-être pourquoi l'artiste n'a pas fait ses six panneaux de même largeur et pourquoi le troisième, en allant de gauche à droite, est si étrangement plus large que les autres. Il eût été si facile de les rendre égaux, qu'il faut bien reconnaître là une preuve, sinon d'antipathie, au moins de grande indifférence pour la symétrie. Nous pensons cependant, comme nous l'avons déjà dit plus haut, que ce n'était pas uniquement pour le plaisir de faire une chose irrégulière que les artistes de ce temps se permettaient de ces sortes de licence : ils se préoccupaient avant tout et exclusivement de la destination des édifices, des meubles et de tous les objets, grands ou petits, qui leur étaient demandés. Ils suivaient littéralement leur programme et subordonnaient sans pitié la décoration du dehors aux combinaisons et aux arrangements du dedans.

Ainsi, par exemple, il est à présumer que les chanoines avaient demandé à l'ouvrier qui fit cette porte, que les deux battants ne fussent pas égaux, que celui qui devait s'ouvrir le plus souvent, fut plus étroit que l'autre ; et, comme d'un autre côté il fallait que le marteau servant de loquet fût fixé sur une moulure saillante, l'ouvrier s'est trouvé amené tout naturellement à composer la porte telle que nous la voyons. Un ouvrier de notre temps se croirait déshonoré s'il lui fallait faire cette impertinence à la symétrie. Un ouvrier du quatorzième siècle n'éprouvait ni embarras ni remords en faisant naïvement une faute d'orthographe pour que l'ordre qu'il avait reçu fût fidèlement exécuté.

§ VIII.

Armoires et bahuts dans la salle du Trésor.

Voilà tout ce qui reste de l'ancien mobilier de la cathédrale. Nous n'avons à signaler, dans ces deux bahuts, que les ferrures ; elles sont d'un beau dessin et bien ajustées. Il existe une grande analogie entre elles et les grandes ferrures de l'escalier du Trésor. Celles-ci paraissent remonter à l'époque de la construction générale de l'église actuelle, c'est-à-dire à la dernière moitié du douzième siècle. La forme arrondie et recourbée des enroulements, les pommes de pin en guise de palmettes sont les caractères ordinaires des ferrures de l'époque romane et de l'époque de transition. Toutefois, comme tous les arts secondaires tels que l'orfévrerie, la serrurie, la ferronnerie, sont toujours un peu moins précoces, au moyen âge, que l'architecture et la sculpture proprement dites, il n'y aurait rien d'étonnant que ces ferrures des portes du trésor et surtout celles des deux bahuts, fussent du treizième siècle.

Quant à l'armoire elle est d'un grand prix, tant à cause de l'originalité de sa forme et de ses ornements, que pour les restes de peintures qui la décorent. La petite corniche crénelée qui la couronne est d'un goût charmant. A en juger par l'espèce de frise placée sous les petits créneaux, cette armoire doit être du même temps que les portes de la sacristie. Nous trouvons sur ces portes les mêmes bâtons rompus et contrariés formant des triangles, dans lesquels se dessinent des trèfles à feuilles allongées. C'est bien le même travail et le même coup de ciseau. Ainsi nous pouvons attribuer cette armoire soit aux dernières années du treizième siècle, soit au commencement du quatorzième.

Les peintures, malheureusement bien effacées, paraissent remonter à la même époque : les draperies ne sont plus assez simples pour avoir été exécutées vers le milieu du treizième siècle. Sans cette observation et sans l'analogie de la sculpture de la frise avec celle des portes de la sacristie, nous aurions été tenté de supposer, d'après les fleurs de lis sans nombre dont certains panneaux sont semés, que ce meuble avait dû être donné au chapitre par l'évêque Pierre Ier (*Petrus Karlottus*), fils naturel de Philippe-Auguste, légitimé par le pape Honoré III, et autorisé à porter les armes des fils de France. C'est ce prélat de sang royal auquel Guillaume Lebreton, son précepteur, a dédié la *Philippéide*. Ce qui nous empêche d'insister sur notre conjecture, c'est que Pierre Ier ne fut évêque que de 1243 à 1249 selon Levasseur, et de 1240 à 1250 selon M. de Lafons. Or, d'après le caractère de la sculpture, il n'est guère possible de croire que cette armoire ne soit pas postérieure de près d'un demi-siècle à l'épiscopat de Pierre Ier.

Quoi qu'il en soit, cette armoire paraît avoir été d'un grand prix aux yeux des chanoines, soit à cause du donateur, soit seulement pour le mérite du travail, car elle est, ce nous semble, désignée dans un inventaire du trésor de la cathédrale à la date de 1419. Au milieu de l'énumération de toutes les pierreries, de tous les objets d'orfévrerie, de toutes les broderies de soie et d'or que possédait l'église, on lit ces mots : « Item magna huchia operata a parte anteriori et ad duas serruras. Je ne sais quel est exactement le sens du mot *huchia*, mais en Picardie on désigne sous le nom de *huche* tout meuble, coffre ou armoire qui sert à enfermer soit de la vaisselle soit des objets de ménage. Les mots *operata a parte anteriori* s'appliquent très-bien à notre armoire. Seulement, au lieu de deux serrures, il y en a quatre. Il est vrai que dans l'inventaire ces mots *ad duas serruras* sont précédés de celui-ci : « entre deux. » Que veulent dire ces mots ? Indiquent-ils une autre sorte de meuble que la *magna huchia*? C'est chose assez difficile à deviner.

Dans le même inventaire, qui nous est donné par M. de Lafous (*Cité picarde*, page 151), mais sans indication d'origine, on lit ces mots : « Item, duo coffreti pares trium pedum longitudinis vel circiter, ferrati. » Si la phrase s'arrêtait là, j'y verrais l'indication de nos deux bahuts. Mais l'inventaire ajoute : « Et armurati armis de la Boissière, escuchoneti autem cuprei sunt. » Or on ne voit sur ces bahuts ni armoiries ni écussons de cuivre. Ce ne sont donc pas ceux que l'inventaire a voulu désigner, à moins que les écussons n'aient été enlevés depuis longtemps et que la trace n'en soit plus visible. Le style des ferrures pourrait très-bien, comme nous l'avons dit, appartenir au treizième siècle. Or Vermond de la Boissière était précisément évêque en 1250.

V

DES ÉGLISES A TRANSSEPTS ARRONDIS.

Parmi toutes les particularités qu'un minutieux examen nous a fait découvrir dans l'ancienne cathédrale de Noyon, il n'en est peut-être aucune qui mérite une étude plus attentive que celle qui, dès l'abord, frappe tous les regards ; nous voulons parler de la forme semi-circulaire des transsepts.

Ce n'est pas là une de ces singularités secondaires sur lesquelles il est prudent de ne pas trop s'appesantir; ce n'est pas d'un détail, ce n'est pas d'un accessoire qu'il s'agit, c'est du plan et d'une des parties du plan, dont l'importance est capitale dans un édifice sacré.

Pour trouver quelques rares exemples de transsepts qui se terminent ainsi, il faut remonter jusqu'à l'époque romane : dès qu'on entre dans le règne de l'ogive on n'en aperçoit plus. Voilà pourquoi ces deux bras arrondis donnent à cette église de Noyon, bâtie presque entièrement à ogives, n aspect si particulier : c'est le trait qui la caractérise entre toutes les autres.

D'où vient qu'une forme dont les effets sont si gracieux et si nobles, qui jette tant de variétés dans les lignes de l'architecture, qui leur donne tant de souplesse et de mouvement, n'a pas été plus généralement adoptée?

Si, comme tout semble l'indiquer, elle est d'origine orientale, serait-ce la séparation des Églises grecque et romaine qui, en lui imprimant un caractère, pour ainsi dire, schismatique, aurait nui à sa fortune en Occident? En serait-il des églises à transsepts semi-circulaires comme de ces églises à coupoles, semées de loin en loin dans quelques-unes de nos provinces, véritables chefs-d'œuvre d'élégance, qui seraient probablement moins rares si la fidélité aux traditions latines avait permis d'en multiplier les imitations?

Ce qui donne quelque valeur à cette conjecture, c'est que les églises à transsepts semi-circulaires qui subsistent encore en Occident sont presque toutes concentrées dans les lieux où, pendant le moyen âge, l'influence orientale s'est le plus librement exercée. Ainsi nous en trouvons à Cologne, celle de toutes les villes marchandes de la Germanie qui, du neuvième au treizième siècle, entretint avec le Levant les plus fréquentes relations. Nous en voyons à Bonn, à Neuss, à Marbourg, cités du second ordre, où l'exemple de Cologne était tout-puissant. Enfin il en existe une à Tournay, et Tournay, comme on sait, devait à l'Orient le secret de son industrie principale, la fabrication des tapisseries.

Ajoutons que ceux qui visitent aujourd'hui l'Asie Mineure et la Grèce nous disent que dans ces contrées les églises à transsepts semi-circulaires sont beaucoup moins rares que dans les nôtres. Peut-être même ce type y serait-il dominant si les édifices chrétiens n'étaient pas demeurés si longtemps, en Orient, exposés à la dévastation et à la ruine, et si les plus anciens, ceux qui reproduisaient avec le plus de pureté les traditions nationales, n'avaient pas dû périr les premiers.

Nous croyons donc qu'on ne court pas grand risque de se tromper en attribuant une origine orientale à l'idée de terminer en hémicycle les transsepts des églises; et, une fois cette origine admise, il n'est pas extraordinaire que ce soit seulement par exception et dans un petit nombre de lieux que cette idée ait été adoptée en Occident.

Mais, si la question de l'origine historique et géographique des transsepts semi-circulaires est conjecturale, celle de leur origine théorique est bien autrement obscure. Nous ne l'aborderons pas; nous ne chercherons pas quel est le sens qu'il faut attribuer à cette forme architectonique, quelle est la pensée qui lui aura donné naissance. Évidemment il y a dans ces trois hémicycles groupés en forme de trèfle le même principe générateur que dans le triangle, c'est-à-dire le principe trinitaire. Le plan des églises à transsepts semi-circulaires exprime à la fois l'idée de la Trinité et l'idée de la Croix, et cette expression géométrique des deux grands symboles chrétiens est assurément plus complète, plus manifeste que celle qui résulte de toute autre forme analogue, et par exemple de la croix latine. Pourquoi cependant la chrétienté catholique a-t-elle adopté, de préférence, la croix latine pour le plan de ses églises? Encore une fois, nous n'avons pas le dessein de nous hasarder dans de tels problèmes. Ce sont de ces questions mystérieuses sur lesquelles on peut disserter à perte de vue, mais sans la moindre chance d'arriver à des résultats clairs et précis.

Toutefois, si nous n'osons rien affirmer sur l'origine soit historique, soit théorique, des églises à transsepts semi-circulaires en général, nous serons plus hardi en ce qui concerne notre cathédrale de Noyon. Nous l'avons déjà dit et nous le répétons avec assurance, si les transsepts de l'église épiscopale de Tournay n'avaient pas été terminés en hémicycles, ceux de la cathédrale de Noyon affecteraient probablement une autre forme. Nous savons bien qu'il existe de très-grandes différences de détail entre les majestueuses colonnades des transsepts de Tournay et l'élégante décoration de ceux de Noyon; mais les uns comme les autres sont arrondis, et cette courbe demi-circulaire était trop insolite et trop peu compatible avec les conditions générales de l'architecture adoptée à Noyon, pour que nous n'y remarquions pas la trace évidente de l'esprit d'imitation. On sait tous les motifs qui viennent à l'appui de cette explication : les chanoines de Noyon, pendant qu'ils présidaient à la reconstruction de leur église, portaient, on s'en souvient, un œil de regret et d'envie sur cette crosse de Tournay qui venait de leur échapper : le souvenir de la grande et belle basilique qu'ils avaient perdue était si récent, que l'idée d'en reproduire en partie l'image devait, presque nécessairement, se présenter à leur esprit. Peut-être aussi l'ancienne église de Noyon avait-elle déjà ce trait de ressemblance avec celle de Tournay, et les nouveaux constructeurs ne faisaient-ils, en la réédifiant, que reproduire l'ancien plan modifié par le caractère nouveau de l'architecture à ogive. Quelle que soit celle de ces deux explications qu'on adopte, il n'en existe pas moins, entre ces deux églises, une connexité évidente, et nous ne pouvions manquer, comme complément de notre travail, de mettre le plan de la cathédrale de Tournay en regard de celui de Notre-Dame de Noyon.

Pour compléter ce parallèle, nous indiquerons toutes les églises, à nous connues, dont les transsepts, au lieu de se terminer carrément, affectent à leurs extrémités une forme arrondie.

Ne voulant parler que des monuments que nous avons vus, ou dont nous nous sommes procuré des plans d'une exactitude rigoureuse, nous ne pouvons dresser qu'une liste incomplète. Nous en signalerons nous-même les lacunes, car nous savons qu'il existe plusieurs églises de ce genre, notamment en Grèce[1], que nous ne pouvons citer que pour mémoire, faute de renseignements assez complets. Quoi qu'il

[1] Je citerai, d'après le témoignage de M. Didron, qui a récemment parcouru la Grèce;

en soit, nous indiquerons un assez grand nombre d'édifices pour qu'on puisse suivre, de siècle en siècle et de pays en pays, les principaux exemples d'églises à transsepts arrondis. C'est un document qui sera facilement complété par ceux qui voudront étudier spécialement l'histoire de cette forme exceptionnelle, et qui pourront porter plus particulièrement leurs investigations sur les contrées d'Orient.

Voici les noms des églises à transsepts arrondis que nous avons visitées ou sur lesquelles nous avons des données suffisamment exactes :

La basilique de Constantin, à Rome;
L'église de Saint-Pierre-aux-Liens, à Rome;
Sainte-Marie-de-la-Conception, à Bethléem;
Sainte-Marie-du-Capitole, à Cologne;
Saint-Martin-le-Grand, à Cologne :
Les Saints-Apôtres, à Cologne;
Saint-Cassius et Saint-Florent, à Bonn;
Saint-Quirin, à Neuss;

1° La Métamorphose ou Transfiguration, église principale du Météore, le plus important des couvents de Thessalie ;
2° L'Église-de-Tous-les-Saints, principale église du couvent de Saint-Barlaam, également en Thessalie;
3° La Κοίμησις Παναγίας (mort de la Vierge) principale église ou *catholicon* du couvent de Sainte-Laure, au mont Athos ;
4° L'église d'Arachova, en Laconie ;
5° L'église du Dochiarion, couvent du mont Athos.

Ce sont là les principales églises à transsepts arrondis que M. Didron a eu occasion de voir pendant son voyage ; mais il en a vu beaucoup d'autres moins importantes qu'il a rencontrées soit au mont Athos, soit en Morée, soit dans d'autres parties de la Grèce. Selon M. Didron, ces églises sont encore nombreuses en Grèce et dans tout l'Orient.

Saint-Élisabeth, à Marbourg;
La cathédrale de Pise;
Saint-Cyriaque d'Ancône;
Saint-François d'Assise;
La cathédrale de Tournay;
La cathédrale de Soissons;
Saint-Liphard, à Meung-sur-Loire;
Saint-Sauveur, à Saint-Macaire;
Sainte-Croix, à Quimperlé;
Saint-Jean-Baptiste, à Riotord;
Sainte-Trinité, à Germigny-les-Prés;
Saint-Germain, à Querqueville;
Saint-Saturnin, à Saint-Wandrille;

Tous ces monuments, quelle que soit la diversité de leurs dimensions et de leurs formes, se ressemblent en ce point que leurs transsepts sont terminés en hémicycles; mais chez les uns ces hémicycles sont très-fortement accentués, chez les autres ils sont à peine visibles; enfin la manière dont les transsepts se marient au reste du plan présente également les combinaisons les plus diverses.

Nous allons passer rapidement en revue chaque édifice, soit pour en déterminer la date et le caractère, soit pour montrer comment dans les uns le type primitif, l'idée pure de cette sorte de plan, se trouve réalisé, comment chez les autres on n'en aperçoit qu'une trace presque imperceptible. Nous citons d'abord, par ordre de date, cette grande construction en ruine longtemps connue à Rome sous le nom de *temple de la Paix*, mais que Nibby et tous les autres antiquaires modernes s'accordent à regarder comme les restes de la *basilique de Constantin*. Le temple de la Paix, bâti par Vespasien, fut incendié du temps de Commode, vers l'an 191 de notre ère, et ne fut pas réédifié : les ruines dont nous parlons sont d'une époque évidemment plus récente, ainsi que le constate le caractère de la construction. Une médaille de Maxence, trouvée en novembre 1828, dans un massif de maçonnerie détaché de la voûte, aurait au besoin dissipé tous les doutes. Ces trois grandes salles voûtées, qui ne portent aucun des caractères propres aux temples antiques, formaient une des trois subdivisions d'une vaste fabrique bâtie par Maxence pour l'usage de magasins, puis convertie, après sa mort, en église à trois nefs, et consacrée au service divin par Constantin vainqueur et chrétien. Des fouilles exécutées en 1812 ont mis à découvert les fondations de tout l'édifice et ont permis d'en reconnaître les dispositions générales. Au fond de la nef du milieu, vis-à-vis de la porte d'entrée, il y avait une abside, comme dans les basiliques ordinaires ; mais ce qui donne à ce monument quelque analogie avec ceux qui nous occupent, c'est qu'au milieu de la nef latérale, qui seule a survécu aux deux autres, on voyait un enfoncement semi-circulaire qui semblait faire l'office de transsept. Toutefois, rien ne prouve que de l'autre côté de l'édifice, dans la nef correspondante, il y eût un semblable hémicycle. Nous ne pouvons, à ce sujet, faire que des conjectures, parce que cette partie du monument n'existe plus, et que les fouilles de 1812 n'ont donné de ce côté que des renseignements incomplets. On prétend même qu'il n'est pas possible de croire à l'existence de cette seconde abside latérale, parce qu'elle aurait empiété sur la voie Sacrée qui bordait le flanc du monument. On ajoute que l'abside latérale qui subsiste n'a été construite qu'après coup, et probablement à une époque où, voulant changer l'entrée de la basilique et lui ouvrir une façade sur la voie Sacrée, on aurait été amené à pratiquer vis-à-vis de la nouvelle porte un nouveau sanctuaire.

Si ces explications sont exactes, la basilique de Constantin ne devrait pas figurer sur notre liste des églises à transsepts semi-circulaires. Fût-il même prouvé que cette basilique était flanquée de deux hémicycles latéraux, nous n'y verrions qu'une ébauche bien imparfaite d'une église à transsepts arrondis. Les trois hémicycles placés, à si grande distance les uns des autres, et séparés par des lignes rectangulaires si prolongées, ne jouent qu'un rôle tout à fait secondaire; ils sont à peine aperçus, et semblent troubler la régularité et l'harmonie du plan au lieu de lui imprimer un caractère de symétrie et d'originalité.

Ainsi la basilique de Constantin, lors même que son hémicycle latéral ne serait pas une construction parasite et étrangère au plan primitif, ne saurait être considérée comme une véritable église à transsepts semi-circulaires. Quant aux autres basiliques de l'ancienne Rome chrétienne, nous les visiterions toutes sans pouvoir trouver un seul exemple de transsepts arrondis; car nous n'admettons pas qu'on puisse donner le nom de transsepts à ces deux imperceptibles absides qui font à peine saillie sur les deux flancs du chœur de Saint-Pierre-aux-Liens. Ces deux petites protubérances resremblent plutôt à des niches de statues qu'à de véritables transsepts. Évidemment, si le type des églises à transsepts arrondis a jamais essayé de pénétrer à Rome, il s'y est montré si timide, qu'il ne pouvait manquer d'y périr aussitôt.

Au contraire, si vous jetez les yeux sur le plan de Sainte-Marie-de-la-Conception à Bethléem, vous y trouverez sur-le-champ les caractères essentiels d'une église à transsepts semi-circulaires; c'est-à-dire trois hémicycles d'une importance à peu près égale groupés triangulairement ou, pour mieux dire, en forme de trèfle. Ne croyez pas, toutefois, que cette église soit un modèle du genre; loin de là, les angles saillants et rentrants au milieu desquels les trois hémicycles se trouvent en quelque sorte noyés, dénaturent et abâtardissent l'aspect extérieur du monument. Ce mélange de lignes courbes et de lignes rectangulaires est certainement une altération des conditions primitives et essentielles de ces sortes d'églises. Nous n'hésitons pas à croire que les trois hémicycles, se liant les uns aux autres comme un trèfle parfait et sans interposition de parties à angle droit, constituent le véritable type, le type primitif, le type oriental d'une église à transsepts semi-circulaires. Nous verrons tout à l'heure, à Cologne et sur les bords du Rhin, des reproductions de ce type plus parfaites, selon nous, que cette église de Bethléem. Il paraît que la principale église du couvent de Sainte-Laure, le plus ancien et le plus considérable de tous les couvents du mont Athos, n'est pas construite d'après le même plan que celle de Bethléem et que l'hémicycle qui forme le chœur n'est séparé des deux hémicycles latéraux par aucune construction rectangulaire. Il n'en est pas de même, à la vérité, de Saint-Jacques et Saint-Jean, à Jérusalem : ici, comme à Bethléem, entre les transsepts semi-circulaires et l'abside, on trouve des lignes droites interrompant des lignes courbes ; seulement, au lieu des deux angles saillants que nous voyons à Bethléem, il n'en existe qu'un seul dans l'église Saint-Jacques et Saint-Jean. Reste même à savoir quelle est l'importance de cet angle ; car, s'il n'a pas plus de saillie que celui que nous allons remarquer tout à l'heure dans le plan de Sainte-Marie du Capitole, à Cologne, ce n'est vraiment pas la peine d'en tenir compte. Pourvu que la jonction des trois hémicycles ne soit pas interrompue d'une manière sensible ; pourvu que l'œil puisse suivre les courbes de ces hémicycles juxtaposés sans être heurté par des angles presque aussi prédominants que ces courbes elles-mêmes, il n'y a vraiment pas altération du type primitif et original des églises à transsepts arrondis.

Les renseignements que nous possédons sur Saint-Jacques et Saint-Jean de Jérusalem ne sont ni assez détaillés ni assez rigoureusement exacts pour que nous puissions dire si cette église se rapproche par son plan plutôt de Sainte-Marie du Capitole que de la Conception de Bethléem. Mais nous avons la conviction que, si nous possédions les plans régulièrement levés de toutes les églises à transsepts arrondis qui subsistent encore en Grèce et en Asie Mineure, et surtout de toutes celles qui y ont existé, nous verrions que les plus anciennes, les plus belles, les plus nobles, celles qui nous reproduiraient le plus fidèlement l'idée mère qui dut présider à la conception de ces sortes d'églises, sont celles où les trois hémicycles se marient et se lient l'un à l'autre à l'extérieur aussi bien qu'à l'intérieur, sans que l'interposition d'aucune forme disparate vienne troubler leur harmonieuse union.

Aussi regardons-nous les églises de Cologne, devant lesquelles nous voici maintenant parvenu, comme de vrais modèles de cette pureté de formes qui nous semble caractériser le type de cette famille d'églises. Ces trois beaux monuments sont d'une importance à peu près égale, quoique de dimensions diverses. Comme exemple de ce genre d'architecture, l'église Saint-Martin-le-Grand, malgré ses proportions modestes, n'est pas d'un moins grand prix que la majestueuse Sainte-Marie du Capitole et que les Saints-Apôtres, dont le plan est à la fois si grandiose et si élégant.

Nous ne voulons pas indiquer ici les différences de détail qui distinguent ces trois églises. Nous ne chercherons pas non plus à approfondir la question de savoir si, comme on le croit généralement, Sainte-Marie du Capitole est d'une date beaucoup plus ancienne que les deux autres; que sa construction remonte au huitième ou au neuvième siècle, ou seulement au siècle des Othon, il importe assez peu; à l'une comme à l'autre de ces deux époques, il existait entre Cologne et l'Orient des relations qui suffisent pour expliquer la présence dans ces régions septentrionales d'une architecture si évidemment méridionale par ses formes et par son esprit : on peut donc s'abstenir d'un débat qui, ne reposant que sur des questions de détail, nous jetterait dans les interminables minuties d'une polémique archéologique. Le seul point sur lequel il faille insister, le seul qui soit essentiel pour le sujet qui nous occupe, est celui-ci : dans ces trois églises l'hémicycle central et les deux hémicycles latéraux ont exactement la même profondeur, la même largeur, la même courbe : il y a entre eux une sorte d'identité ; et, en second lieu, loin d'être séparés par des lignes rectangulaires, ils se touchent et s'unissent immédiatement, et si de petites tours rondes, octogones ou même carrées, s'élèvent aux points de jonction, ce sont de simples accessoires qui, loin d'interrompre l'union des trois hémicycles, la rendent encore plus apparente et donnent à l'ensemble du monument un aspect plus harmonieux.

Telles sont à nos yeux, nous le répétons, les conditions fondamentales d'une église à transsepts arrondis.

Allons-nous retrouver ces conditions exactement observées dans tous les monuments que nous avons inscrits sur notre liste? Nullement, puisque tous, au contraire, nous offrent des altérations plus ou moins notables des principes que nous venons de poser. Les seuls qui lui soient complétement fidèles sont :

1º Sainte-Élisabeth de Marbourg ;
2º Saint-Sauveur de Saint-Macaire ;
3º Saint-Germain de Querqueville ;
4º Saint-Saturnin de Saint-Wandrille.

Ces deux dernières églises, véritables miniatures, réalisent, chacune dans son genre, les deux conditions que nous avons posées, savoir : identité de formes et de dimensions dans les trois hémicycles et absence de toute ligne rectangulaire aux points où ils se rencontrent. L'une de ces églises, Saint-Saturnin, est d'un type encore plus pur que l'autre, parce que les hémicycles ont un rayon égal en largeur et en profondeur, ce qui est la loi du plein cintre; tandis que dans l'église de Querqueville les absides, beaucoup plus profondes que larges, se rapprochent déjà des données propres aux plans des églises à ogives. Et cependant ces deux petites églises sont à peu près aussi anciennes l'une que l'autre, s'il faut en juger par certains détails de leur construction, et particulièrement par les pierres à peine taillées et rangées en arêtes de poisson, dont se compose en grande partie leur maçonnerie. La tradition veut que ces deux petites églises soient antérieures au onzième siècle, et probablement elle a raison. Mais si, abstraction faite du caractère de la construction, il fallait juger de leur ancienneté relative par la forme du plan, nous n'hésiterions pas à supposer que le droit d'aînesse appartient à l'oratoire de Saint-Wandrille.

Quant à Saint-Sauveur de Saint-Macaire, quoique remontant à l'époque romane et construit entièrement à plein cintre, ce monument est de date beaucoup plus récente que les deux autres. L'église Saint-Sauveur doit avoir été construite vers la fin du onzième siècle et peut-être même au commencement du douzième. Le plan en est admirablement pur. Il est impossible de mieux réaliser l'idée d'une église à transsepts semi-circulaires. Les trois hémicycles ne sont pas seulement parfaitement semblables, mais leur largeur est à peu près égale à leur profondeur ; et, si leurs points de jonction laissent apercevoir quelques petites lignes rectangulaires, ces accessoires n'ont pas plus d'importance que dans les églises de Cologne, et n'altèrent en rien la pureté du plan. Mais nous devons faire remarquer un détail de construction que nous n'avons encore rencontré dans aucun des plans que nous venons d'examiner : les hémicycles ne sont semi-circulaires qu'à l'intérieur ; extérieurement leur forme est polygonale. Cette altération du type primitif suffirait pour indiquer que l'église n'est pas d'une construction très-ancienne : ces absides polygonales sont déjà un acheminement vers le style à ogive. Il paraît qu'en Grèce, où l'on voit aussi quelques églises, entre autres celles d'Arachova et du Dochiarion, dont les transsepts sont ainsi arrondis en dedans et à pans en dehors, il est admis par la tradition que la construction en est postérieure à celle des églises dont les transsepts sont arrondis en dehors comme en dedans.

Passons à Sainte-Élisabeth de Marbourg : ici la forme polygonale règne non-seulement à l'extérieur, mais à l'intérieur des trois hémicycles : à la vérité le monument est entièrement construit dans le système à ogive. Les fenêtres sont divisées par des meneaux, leur largeur est égale à celle des trumeaux qui les séparent, les contre-forts sont saillants ; en un mot, tout dans ce plan porte le caractère de l'architecture à ogive, et cependant le signe distinctif et essentiel des églises à transsepts semi-circulaires, c'est-à-dire l'identité de l'hémicycle central et des deux hémicycles latéraux, se rencontre dans cette église sans la moindre altération. Cette identité existe aussi bien à l'extérieur qu'à l'intérieur : point de groupes de chapelles autour de l'hémicycle central, point de nef collatérale l'enveloppant et lui servant de ceinture ; rien de plus, rien de moins dans aucun des trois : la ressemblance ou plutôt l'identité est complète. C'est peut-être là un exemple unique : du moins nous ne connaissons pas une autre église d'un style aigu aussi prononcé, où se trouve observées avec une exactitude aussi rigoureuse les lois propres aux églises à transsepts semi-circulaires. Ces lois ne sont violées que par la forme polygonale des hémicycles; mais c'est là une conséquence du mode de construction. Il est vrai que les transsepts de Noyon et celui de Soissons, quoique bâtis dans le style à ogive, sont arrondis en dedans et en dehors, mais dans l'église de Noyon et dans les transsepts de Soissons le style à ogive est à peine formé, tandis qu'à Marbourg il est presque complétement dégagé de tout mélange de transition.

En résumé, Sainte-Élisabeth de Marbourg au treizième siècle, Saint-Sauveur de Saint-Macaire au douzième, Saint-Martin-le-Grand et les Saints-Apôtres de Cologne au onzième, Sainte-Marie du Capitole, Saint-Germain de Querqueville, et Saint-Saturnin de Saint-Wandrille à une époque probablement antérieure à l'an 1000, tels sont, parmi tous les monuments dont nous avons cité les noms, ceux qui reproduisent de la manière la moins imparfaite le type d'une église à transsepts semi-circulaires. Nous devons ajouter à cette liste Saint-Quirin de Neuss, car, si dans cette église la jonction des trois hémicycles se trouve interrompue à l'extérieur par une succession de petits angles rentrants et saillants, il faut reconnaître qu'à l'intérieur les trois hémicycles sont à peu près identiques, et que sous le rapport de la symétrie et de l'harmonie, ils laissent peu de chose à désirer.

Mais tous les autres monuments que nous allons maintenant passer en revue présentent des altérations plus ou moins notables des deux principes fondamentaux posés ci-dessus.

Toutefois, ces altérations ne sont pas toutes de même nature : elles ne proviennent pas toutes du fait du premier architecte; souvent, au contraire, au lieu d'être nées avec le monument, elles ne résultent que de la réédification de que-

ques-unes de ses parties. Dans cette catégorie il faut placer en première ligne la cathédrale de Tournay. Si nous ne savions, par le témoignage de l'historien de cette église, Jean Cousin[1], que le chœur a été reconstruit au douzième siècle, et que l'ancien chœur était beaucoup moins profond que le nouveau, il nous suffirait, pour en avoir la preuve, soit de jeter les yeux sur l'architecture de ce chœur, postérieure

---

[1] « L'année auparavant, à sçavoir 1110, furent mis les fondements du chœur neuf de l'église cathédrale de Nostre-Dame de Tournay, lequel n'a esté achevé et voûté que quatre-vingts ans après ou davantage, soit à cause de la grandeur et profondeur que requeroit un corps de bastiment si grand, si haut, que celui qu'on encommençoit, soit à faute de diligence ou de moyens. Tant y a que j'ay remarqué que l'an 1145, quand Henry, chanoine de Tournay, receut la révélation de la vie de sainct Éleuthère, et vit une flamme allumée venir sur lui, et entendit des voix avec une impétuosité comme d'une grande multitude de gens arrivants effroiablement, l'édifice n'estoit pas encore fermé, car cela luy advint passant au soir par la fabrique nœufve du chœur. Longtemps après, sçavoir, et environ l'an 1198, l'évesque Estienne donna une bonne somme de deniers, *in opus maioris ecclesiæ, ad formandam decenter testudinem, sive celaturam ipsius ecclesiæ*, pour l'œuvre de la grande église, pour former proprement la voûte ou estofferie de la mesme église. On lit en la vie de saint Bernard, livre premier, chapitre quatrième, au tome quatrième de Surius : *Tota occupata memoria, videns* (sanctus Bernardus) *non videbat : quippe annum integrum exegerat in cella novitiorum, cum exiens inde ignoraret utrum adhuc desuper celata esset domus ipsa.* Et à la marge est annoté que *celata* se prend pour *testudineata*, comme en ce texte tiré des registres de cette église de Tournay, où *testudo chori* et *celatura* sont mis pour une mesme chose.

« Au demeurant, aucuns ont opinion que le chœur antique n'alloit pas plus avant qu'environ jusques où est de présent le Moïse de cuivre auquel on chante l'épistre ès jours fériaux, d'autant que de nostre temps, quand on a cuidé enterrer quelqu'un, l'on a trouvé un peu plus outre à costé une sorte de puits profond avec de l'eau. »

évidemment à celle du reste de l'église, soit d'examiner sur le plan les deux hémicycles latéraux qui se marient si bien avec la nef, si mal avec le chœur, et qui semblent attendre qu'un troisième hémicycle de même forme et de même profondeur vienne les relier et rendre à l'ensemble du plan son harmonie et ses proportions. Si la cathédrale de Tournay n'avait pas été en partie reconstruite, si elle était aujourd'hui telle qu'elle était au onzième siècle, ce ne sont pas seulement quatre tours qui s'élèveraient au centre de l'église, nous en verrions six, car il y en avait nécessairement une de chaque côté de l'hémicycle central. Ces six tours, vues en perspective, devaient certainement produire un grand effet, car déjà les quatre qui existent donnent au monument une physionomie singulièrement imposante ; mais cet effet de perspective était obtenu aux dépens de la pureté et de l'harmonie du plan. Les trois hémicycles se trouvaient placés à si grande distance et séparés par des angles saillants et rentrants tellement prononcés, qu'on pouvait à peine saisir à l'extérieur la relation symétrique qui les unissait ; et, d'un autre côté, à l'intérieur, le chœur et les deux transsepts étant beaucoup plus profonds que larges, l'église avait l'aspect non d'un trèfle, mais d'une croix allongée, forme qui n'est pas sans élégance, mais qui ne constitue pas, comme nous l'avons vu plus haut, le type, le véritable type d'une église à transsepts semi-circulaires. Il y avait donc entre l'église de Tournay et une église à trois hémiclyces vraiment pure, telle que l'église des Saints-Apôtres, par exemple, la même différence qu'entre le petit oratoire de Querqueville et celui de Saint-Wandrille, ou, pour prendre des termes de comparaison plus élevés, qu'entre l'église de la Conception de Bethléem et Sainte-Marie du Capitole.

Il n'en était pas de même de la cathédrale de Soissons. A juger de son ancien état par le seul fragment qui en reste, c'est-à-dire par le transsepts méridional ; on voit que les trois hémicycles devaient avoir une largeur égale à leur profondeur, que leur jonction n'était interompue par aucune ligne rectangulaire, et que l'église présentait la forme d'un trèfle composé de trois demi-cercles égaux. Reste à savoir à quelle époque la cathédrale de Soissons a dû exister telle que nous la décrivons. Cet hémicycle latéral qui subsiste a été construit vers le milieu du douzième siècle : il est conçu dans le style à ogive, mais avec des signes évidents de l'époque de transition. Le reste de l'église appartient au treizième siècle [1]. Or, comment expliquer qu'à cinquante ans de distance on ait bâti un transsept rectangulaire en face d'un transsepts arrondi? Celui-ci n'est pas assez ancien pour avoir fait partie d'une église démolie aux trois quarts et remplacée par l'église actuelle. La seule explication qui se présente, c'est qu'il aura existé une ancienne église, une église à trois hémicycles égaux ; que cette église aura été complétement démolie vers le commencement du douzième siècle ; que pour la reconstruire on se sera d'abord attaché à reproduire exactement l'ancien plan, et que le transsept arrondi que nous voyons aura été édifié sur les fondations mêmes du transsepts précédent. Mais, pendant que les travaux s'exécutaient, l'idée de

---

[1] « Hoc ultimo (anno 1212) perfecta est ecclesia cathedralis. » (*Gallia christiana*, t. IX, col. 566.)

changer le plan et de construire d'après un nouveau mode aura prévalu, le transsepts arrondi déjà construit aura été conservé provisoirement, et sera ainsi parvenu jusqu'à nous. Quelle que que soit la valeur de cette explication, il est un point incontestable, c'est qu'il a existé à Soissons, soit au douzième siècle, soit antérieurement, une église à transsepts semi-circulaires du type le plus pur, et que, si la cathédrale actuelle ne nous montre qu'un vestige incomplet de l'ancien état des choses, la faute en est aux reconstructions qui l'ont partiellement altérée.

Arrêtons-nous devant une petite église extrêmement intéressante, qui doit aussi être rangée dans la catégorie des églises dont le plan a été modifié par des constructions d'une époque plus récente que le monument lui-même. Cette église est celle de Germigny-les-Prés. Nous ne voulons parler ni de la haute antiquité de ce petit édifice, ni de la mosaïque à fond d'or qui tapisse la voûte de son abside centrale, genre de décoration dont il ne subsiste peut-être pas un autre exemple en France; nous remarquerons seulement que, si l'hémicycle méridional n'est pas de même forme que celui du côté opposé, c'est qu'il a dû être construit après coup. C'est donc encore là un de ces plans dont l'irrégularité n'est qu'apparente et ne provient que d'un accident.

Rien de semblable dans notre cathédrale de Noyon : le chœur et les transsepts ont été construits à peu près en même temps; si donc il n'y a pas la moindre analogie, du moins à l'extérieur, entre ce chœur et ces transsepts, le hasard n'y est pour rien : ce défaut de symétrie est intentionnel, et c'est par un oubli volontaire que l'identité des trois hémicycles a été mise de côté. Ceux qui ont construit cette église ont obéi à deux principes contradictoires ; ils ont voulu arrondir les transsepts par respect pour les traditions et les souvenirs du chapitre, et en même temps ils ont voulu faire un chœur à la nouvelle mode, c'est-à-dire entouré de chapelles rayonnantes et d'une nef collatérale. Ainsi, la cathédrale de Noyon doit être placée dans une classe à part : si nous la considérons extérieurement, les transsepts ont beau être arrondis, elle n'est pas pour cela une église à transsepts semi-circulaires, car la condition première n'existe pas, il n'y a pas identité de forme et de dimension entre les transsepts et l'abside ; intérieurement, au contraire, cette identité est manifeste : mesurez de l'œil le chœur et les deux transsepts, c'est la même largeur, la même profondeur [1]. La seule différence qu'on y remarque consiste dans la nature des supports : les transsepts reposent sur des supports engagés dans les parois des murailles ; le chœur, au contraire, sur des supports dégagés soutenant des arcades à jour. Mais, si vous mettez de côté ce détail, vous trouvez dans les trois vaisseaux la même coupe, les mêmes proportions, le même aspect d'ensemble. Ils ne présentent pas la forme de trèfle, mais, comme à Tournay, celle de la croix allongée. Cette similitude ajoute encore un degré de plus de vraisemblance à la conjecture que nous avons indiquée plus haut : ce n'est pas seulement l'intérieur d'une église à transsepts semi-circulaires qu'on a voulu reproduire,

---

[1] La largeur est la même, à quelques centimètres près. Quant à la profondeur, elle n'est pas absolument semblable, car le chœur est plus long que les transsepts d'environ 1 mètre 40 centimètres, mais cette différence n'est pas sensible à l'œil.

c'est celui de la cathédrale de Tournay qu'on s'est proposé pour modèle.

Ainsi, à Tournay, à Soissons, à Germigny, l'altération du type primitif, c'est-à-dire le défaut de symétrie entre les trois hemicycles, n'est qu'apparente; elle n'a pas toujours existé et ne résulte que de constructions additionnelles, tandis qu'à Noyon elle existe, mais seulement à l'extérieur; intérieurement les trois hémicycles sont conçus d'après le même plan et forment trois parties égales d'un ensemble régulier.

Maintenant nous n'avons plus à examiner que deux catégories de monuments : chez les uns nous trouverons des transsepts semi-circulaires très-apparents et même d'une forme très-pure, mais disposés d'après des lois dont il est difficile de se rendre compte, et constituant ainsi parmi les églises de ce genre des variétés plus ou moins capricieuses; chez les autres, les hémicycles latéraux sont si peu saillants, si peu prononcés, qu'on ne doit les considérer que comme de simples accessoires, et non comme formant par eux-mêmes de véritables transsepts. Dans ce nombre nous avons déjà placé la basilique de Saint-Pierre-aux-Liens ; nous pensons qu'on peut y ajouter et la cathédrale de Pise et Saint-Cyriaque d'Ancône. Évidemment, ces petits cul-de-four placés à l'extrémité de ces grands transsepts rectangulaires, sont conçus dans un tout autre esprit et jouent un tout autre rôle que les transsepts complètement semi-circulaires que nous avons vus jusqu'ici. Si le souvenir du type primitif, du véritable type des églises à trois hémicycles égaux, a exercé quelque influence sur la construction de ces monuments, c'était un souvenir bien affaibli et comme étouffé par les habitudes héréditaires propres au sol de l'Italie.

Encore quelques mots sur les églises dont les transsepts semi-circulaires ne pèchent pas par défaut d'importance, mais par la position irrégulière qu'ils occupent, et nous aurons achevé de parcourir tous les monuments qui figurent sur notre liste. Les églises de cette dernière catégorie diffèrent toutes les unes des autres : ainsi, dans la cathédrale de Bonn (Saint-Cassius et Saint-Florent), l'hémicycle central est d'une longueur tout à fait disproportionnée eu égard à celle des hémicycles latéraux, et notez bien que ce n'est pas à une reconstruction ni à un travail fait après coup qu'on peut attribuer ce défaut de proportion : les deux transsepts et l'abside paraissent appartenir à la même époque; il n'existe entre les trois hémicycles qu'une différence assez légère dans la décoration architectonique et dans le nombre des fenêtres. S'ils avaient tous les trois la même profondeur, ils formeraient un ensemble à peu près régulier ; mais la longueur démesurée de l'un d'eux détruit toute harmonie, donne au plan un aspect insolite et fait de cette église une exception.

Dans l'église de Saint-Liphard, à Meung-sur-Loire, les hémicycles latéraux ou transsepts sont non-seulement moins profonds que l'hémicycle central, mais en même temps beaucoup moins larges : les rapports symétriques qui devaient exister entre eux sont donc doublement troublés; et pour compléter la disparate qui résulte de ces différences de largeur et de longueur, deux petites absides dirigées dans le même sens que l'abside centrale servent de transition entre le chœur et les transsepts. Cet ensemble de cinq hémicycles ne manque pas de majesté, mais ce n'en est pas moins une disposition capricieuse et contraire aux véritables règles qui constituent une église à transsepts semi-circulaires. Nous ne parlons pas d'un sixième hémicycle, celui qui a été pratiqué dans le collatéral de la nef, à côté du transsept septentrional. Cet hémicycle avait-il son pendant du côté du midi? Est-ce seulement une construction isolée, jetée là pour les besoins du service? Nous ne pouvons trancher la question; mais, dans l'un comme dans l'autre cas, nous regarderions cette partie semi-circulaire comme étrangère au plan primitif de l'église, et nous n'avons pas besoin de cette irrégularité de plus pour placer l'église de Meung-sur-Loire parmi les monuments exceptionnels compris dans ce tableau.

La petite église de Saint-Jean-Baptiste de Riotord, en Auvergne, se termine aussi par trois absides dirigées vers le levant; mais celle du milieu n'est pas, comme à Meung-sur-Loire, beaucoup plus large et plus profonde que les deux autres. Le transsept septentrional, le seul qui subsiste encore, se marie d'une manière un peu gauche avec l'abside latérale. Le plan de cette église a quelque chose de lourd et d'écrasé : c'est la même donnée qu'à Meung-sur-Loire, mais moins heureusement exécutée. Si nous ne connaissions pas d'autre église à transsepts semi-circulaires que celle de Riotord, nous nous étonnerions moins que ce mode de construire n'ait pas été plus généralement adopté.

Quant à l'église de Sainte-Croix de Quimperlé, sa forme ronde suffirait pour la mettre dans une classe à part ; lors même que ses deux bras arrondis seraient égaux entre eux, lors même qu'ils seraient identiques à l'hémicycle central, la distance qui sépare ces trois hémicycles nous forcerait à ranger l'église Sainte-Croix parmi les exceptions. A vrai dire, ces hémicycles latéraux ne sont pas des transsepts, mais des chapelles : dans presque toutes les églises circulaires des chapelles sont ainsi pratiquées en dehors du cercle formé par la paroi extérieure du monument. Il est vrai qu'en général elles sont placées sans ordre ni symétrie, tandis qu'ici elles forment une croix régulière. Mais, si nous admettons l'église Sainte-Croix au nombre des monuments à transsepts semi-circulaires, on conviendra qu'elle doit prendre place parmi ceux qui n'en reproduisent le type que très-imparfaitement.

Il en est de même de Saint-François d'Assise. Une abside très-courte et très-ramassée, des transsepts très-allongés, sans même parler de la forme polygonale de ces transsepts et de ces deux autres hémicycles placés comme au hasard à l'autre extrémité du monument, c'en est assez pour ne chercher ni sous les voûtes de cette église souterraine, ni dans le brillant vaisseau qui la surmonte, ce principe d'exacte symétrie et d'harmonieuse régularité qui constitue les véritables églises à transsepts semi-circulaires. Saint-François d'Assise est un admirable musée, le génie de la peinture dans l'ardeur de la foi et de la jeunesse a décoré ses murailles, mais l'architecture les a construites d'une main distraite et les yeux à demi fermés. Il n'en est pas moins curieux de trouver dans ce couvent italien, aux douzième et treizième siècles, un exemple, quelque altéré qu'il soit, de ces églises à transsepts semi-circulaires presque inconnus au delà des monts, et dont la France et l'Allemagne elle-mêmes nous offrent de si rares vestiges.

Nous terminons ici cette série d'observations sur les églises à transsepts arrondis. Tous les rapprochements, toutes les comparaisons, tous les détails dans lesquels nous venons d'entrer sont de simples notes à l'usage de ceux qui voudront approfondir le sujet ; c'est surtout en Grèce et en Asie Mineure qu'on pourrait avec profit chercher des lumières sur cette question. Si nous connaissions toutes les églises à transsepts arrondis qui subsistent encore dans ces contrées, si des dessins exacts en reproduisaient les formes et les dimensions, si l'époque présumée de leur construction pouvait être indiquée, nous posséderions les éléments d'un travail sérieux, et l'étude de notre tableau comparatif pourrait conduire à des résultats vraiment instructifs ; mais à défaut de ces moyens d'investigations, nous croyons pouvoir sans témérité persister dans la conjecture que nous avons hasardée en commençant : c'est en Orient, nous le répétons, que doit avoir pris naissance le type des églises à transsepts semi-circulaires, ou, pour mieux dire, à trois hémicycles égaux. Nous n'en voudrions pas d'autre preuve que l'impossibilité de trouver en Italie, c'est-à-dire dans le voisinage et sous la domination de Rome, une seule église de ce genre bien caractérisée. Les essais avortés que nous voyons à Rome, à Pise, à Ancône, à Assise, nous confirmeraient au besoin dans notre conjecture : évidemment cette manière de construire n'est pas née sur le sol d'Italie, puisque, lorsqu'elle a voulu par hasard s'y produire, elle s'est montrée si timide et si pauvre. En un mot, s'il fallait donner le résumé de tous les éléments dont se compose le tableau comparatif que nous venons de tracer, ce résumé serait celui-ci : en Italie point d'églises à transsepts semi-circulaires proprement dites; des essais informes qui prouvent que le type de ces églises était ou repoussé ou inconnu : hors d'Italie, dans les lieux où l'influence orientale n'a dû s'exercer qu'indirectement, quelques églises à transsepts semi-circulaires, mais des essais plus ou moins imparfaits : dans les lieux, au contraire, où cette influence a été directe, comme à Cologne par exemple, des essais admirables, ou plutôt de véritables chefs-d'œuvre du genre. Si ce n'est pas là une démonstration n'est-ce pas au moins une raison de supposer que cette manière de construire les églises est originaire d'Orient ?

LISTE CHRONOLOGIQUE

DES

ÉVÊQUES DE NOYON[1]

Nous ne pensons pas qu'on puisse attacher grande importance à connaître les noms des évêques de Vermand ; ces prédécesseurs de saint Médard appartiennent à une époque fort ténébreuse, où la critique historique pénètre difficilement. Voici cependant les noms de ces évêques ; on en compte quatorze, savoir :

Hilaire Ier,	Domitien,
Martin,	Remedie ou Remy,
Germain,	Marcuninus ou Mereo,
Maximin,	Piomatus,
Fossonius,	Soffronius,
Æternus ou Acternus,	Alomer,
Hilaire II,	Saint Médard.

Saint Médard est à la fois le dernier évêque de Vermand et le premier évêque de Noyon et de Tournay. C'est en 531 qu'il paraît avoir

---

[1] Ce complément à l'histoire de l'église Notre-Dame de Noyon se rattache trop directement à l'ensemble de notre travail, pour que nous ayons cru pouvoir l'en séparer. Peut-être eût-il mieux valu le reléguer à la fin du volume, à titre de document, et nous sommes tentés d'en dire autant de l'appendice tout entier. Ces descriptions architectoniques n'ont d'intérêt et ne sont même intelligibles qu'en face du monument lui-même ou les yeux fixés sur des dessins d'une parfaite exactitude.

Tels étaient ceux qu'avaient exécutés M. Ramée et qui accompagnaient

transporté son siége de Vermand à Noyon. Quelques années plus tard il fut élu évêque de Tournay, et dans l'ardeur de son zèle il accepta ce double fardeau. Saint Médard joue un grand rôle dans l'histoire du christianisme au sixième siècle. Il passa sa vie à défendre son troupeau contre les Barbares et à semer la parole de l'Évangile dans les provinces qui s'étendaient entre ses deux siéges épiscopaux. Ses vertus et ses miracles ont été chantés par Fortunat dans un de ses poëmes commençant par ces vers :

> Inter christicolas quos actio vexit ad astra
> Pars tibi pro meritis magna, Medarde, patet, etc.
> (Fortunati Carminum, lib. II, sect. 17.)

C'est à Noyon, et dans les bras de saint Médard, que la reine Radegonde, fuyant la demeure de Clotaire Ier, son époux, vint chercher un refuge. Ce fut de sa main qu'elle reçut le voile. Puis, devenue abbesse du monastère de Sainte-Croix, fondé par elle dans la ville de Poitiers, elle mérita d'être, après sa mort, comptée parmi les saintes, bien que de son vivant la calomnie ne l'eût pas épargnée et eût malignement interprété l'hospitalité généreuse qu'elle accordait au poëte Fortunat.

Saint Médard, né à Salency, village près de Noyon, fut le fondateur d'une touchante institution, qui a le mérite d'avoir subsisté pendant quatorze cents ans, la Rosière de Salency. Grâce aux opéras-comiques et aux faiseurs de petits vers, tout le monde sait ce que c'est que la Rosière de Salency, mais bien peu de gens se doutent que cette antique coutume remonte jusqu'à saint Médard. C'est à l'institution de la Rosière que Fortunat fait alusion dans ces deux vers :

> Te inter mundanos vepres gradiente, tatemur,
> Calcanis spinis, promeruisse rosas.

Saint Médard meurt vers 545, et au bout d'un siècle environ, en 648, le siége de Noyon est occupé par un autre saint personnage, dont la célébrité est plus grande encore ; nous voulons parler de saint Éloi. Mettons de côté le refrain populaire, et cherchons la vraie physiono-

---

notre étude lorsqu'elle parut pour la première fois, il y a vingt ans, sous les auspices du comité historique siégeant au ministère de l'instruction publique.

Nous prions donc le lecteur qui n'aura pas l'atlas de M. Ramée à sa disposition de s'en tenir prudemment à la première partie de cette étude.

mie de l'ami et du trésorier de Dagobert. C'était à la fois le plus saint homme, le plus intègre ministre et le plus habile artiste de son temps. Pour connaître la vie et les travaux de l'évêque de Noyon, il faut lire le récit que nous en a laissé saint Ouen. Là nous le voyons tour à tour édifier ou restaurer des églises, ciseler avec une dextérité merveilleuse des pièces d'orfèvrerie, enseigner les secrets de son art à toute une communauté de jeunes néophytes, racheter à prix d'or de pauvres esclaves, briser les fers des captifs, les sanctifier par le baptême, les consoler par une infatigable charité. Admirable vie! belle et noble figure, qui luit d'un éclat consolant au milieu de ces tristes ténèbres de la barbarie.

Depuis le septième siècle jusqu'au dix-huitième, la chaire épiscopale de Noyon n'est plus occupée par d'aussi éminents prélats que saint Médard et saint Éloi, mais on y voit encore monter de loin en loin quelques hommes remarquables, soit par de grands talents et de nobles vertus, soit seulement par la naissance.

Nous allons en donner la liste. Il y en aura plusieurs, surtout dans les premiers siècles, dont nous ne pourrons citer que le nom, parce que l'histoire est muette sur leurs actions, et nous laisse même ignorer la date de leur naissance et de leur mort. Quant à ceux dont elle a conservé le souvenir, nous indiquerons très-sommairement les faits principaux qui les concernent.

ÉVÊQUES DE NOYON ET DE TOURNAY

531. Saint Médard.
545. Faustin.
564. Gondulphe.
    Ebrulfe.
    Crasmaire.
    Bertond.
629. Saint Achaire
648. Saint Éloi.
666. Saint Mommolin.
    Gondouin.
721. Guarulfe.
723. Framenzère.

750. Numian.
   Guy Ier.
   Saint Eunuce.
740. Élisée.
757. Adelfride.
   Dodon.
769. Gislebert.
798. Pléon.
814. Wandelmare.
820. Ragenaire.
830. Richard ou Tikard.
840. Immon, massacré par les Normands, pendant le sac de Noyon, en 859. « Episc. Noviom. occiditur à Normannis in urbis direptione. » (Meier, ann. 839.)
860. Rainelme.
880. Hedilon.
901. Lambert.
913. Amaro.
932. Valbert, moine du monastère de Saint-Pierre de Corbie, renommé par son savoir, élu par le peuple.
937. Transmare, moine du monastère de Saint-Waast d'Arras, élu par le clergé et par le peuple.
950. Raoul, archidiacre de Noyon, élu par le clergé et par le peuple.
954. Fulchère, prêtre débauché et criminel. Levasseur le classe parmi les damnés. « Pediculari morbo interiit. »
955. Radulfe, chanoine de Laon.
977. Lindulfe, fils d'Albert Ier, comte de Vermandois. C'est sous son épiscopat et à Noyon qu'Hugues Capet fut proclamé roi.
990. Radbode, de la famille des ducs de Frise.
997. Hardoin, fils de Robert de Croy. C'est pendant l'épiscopat d'Hardoin, et grâce à un singulier subterfuge, que fut rasée l'ancienne tour du château de Noyon qui portait ombrage au pouvoir temporel des évêques[1].

---

[1] « Le roi Robert avoit une tour à Noyon, assise dans l'enclos de l'église Notre-Dame, joignant la cour épiscopale. De laquelle tour le peuple de Noyon recevoit un grand déplaisir. Car celui qui la gardoit pour le roy estoit si insupportable et arrogant qu'il entreprenoit sur les droits et revenus de

1030. Hugues.
1044. Beaudoin I*r, de la famille des comtes de Flandre.
1068. Ratbode II, « Vir doctissimus, scientia, piis moribus ornatus. »
1098. Balderic ou Baudry, chapelain de l'évêché de Cambray, homme de bien et de science. C'est lui qui donna, en 1108, aux habitants de Noyon leur charte de commune [1]. On a conservé l'épi-

l'église, s'ingéroit des causes spirituelles, en sorte que l'évesque ne pouvoit juger ni définir sans luy; bref, tenoit un chacun sous la rigueur de son tyrannique esclavage, continuant tousiours de pis faire, non obstant toutes les remonstrances des plus gens de bien. Enfin fut advisé par l'evesque, le clergé et le peuple qui gémissoient sous le joug, de résister au tyran : pour à quoy parvenir fut trouvé bon de s'emparer de la tour et de la démolir. Un jour donc que le tyran s'estoit absenté de sa forteresse, n'y ayant laissé que sa femme avec ses servantes, l'évesque, voyant l'opportunité favorable, et ayant donné le mot aux citoyens avecques commandement de s'armer, fit dire à la dame qu'il l'alloit veoir pour la prier de luy vouloir tailler une chasuble de drap de soye, que personne ne pouvoit mieux qu'elle. La dame, toute ravie de bonheur d'une telle visite et glorieuse de recevoir son évesque, personnage de qualité et de maison, luy va au-devant et le reçoit au dedans, ne sachant rien du dessein. Après quelques discours de civilité, voicy arriver ceux qui devoient faire crouler la forteresse avec engains et instruments à ce convenables. Ce fut lors que Mgr l'évesque fit entendre à madame la gouvernante que, pour les injures que son mary faisoit souffrir à l'Église, à luy, aux chanoines et au peuple, il falloit que la tour sautast et que tous les boulevars fussent rasez, et partant, dit-il, sortons vistes avant que l'on commence, crainte de périr sous les ruines. A ces mots elle tomba en foiblesse d'appréhension qu'elle eut. L'évesque, la relevant et la rassurant par douces paroles, la prit par la main et la mena au dehors en lieu de seureté. A l'instant et sans marchander dauantage, les gens de l'évesque mirent le feu aux quatre coins du bâtiment, sapèrent et minèrent tous les édifices. » (Levasseur, Extrait de Cousin, de Meyer et d'Hériman, p. 745.)

[1] Baudry jura d'abord pour lui et ses successeurs de toujours maintenir cette charte, et les habitants de tout État jurèrent après lui. Non content de s'être ainsi engagé par serment, l'évêque confirma par une nouvelle charte les promesses qu'il venait de faire. Cette seconde charte est ainsi conçue :

« Baldricus, Dei gratiâ Noviomensis episcopus, omnibus in fide perseverantibus, de die in diem promoveri in melius :

« Sanctorum patrum, fratres charissimi, dictis docemur et exemplis omnia bona litterarum apicibus debere commendari : ne in posterum tradantur oblivioni. Sciaut igitur omnes christiani presentes et futuri communionem in Noviomo constitutam concilio clericorum et militum, nec non et Burgensium me fecisse, et sacramento, pontificali auctoritate, atque anathematis vinculo confirmasse, et a domno L. Rege, ut ipsam concederet et

taphe de Baudry, la voici : « P. Baldricus, hujus ecclesiæ cantor et episcopus Noviomensis, anno Verbi incarnati 1112, prælectionis suæ 15, pridie calendas junii obiit meritis plenus et chronico cameracensi illustris [1].

1113. Lambert, archidiacre de Tournay. Il dut son élection à une manœuvre assez habile des chanoines de Noyon. Le chapitre de Tournay, voyant Baudry malade, avait envoyé secrètement à

regali signo corroboraret impetrasse. Quam per me factam et à multis juratam, et, ut prædictum, à rege concessam, ne aliquis destruere vel corrumpere præsumet, ex dei et meâ parte commoneo : et pontificali auctoritate prohibeo. Quicumque transgressor legis eam violaverit, excommunicationi subjaceat ; qui autem bone servaverit cum habitantibus in domo Domini sine fine maneat. » (Levass., p. 805.)

[1] Cette épitaphe contient plusieurs erreurs, si nous nous en rapportons à M. Leglay, éditeur de la Chronique de Balderic (in-8°, 1834). Selon ce savant archiviste, Baudry (ou Balderic), auteur de la Chronique de Cambray, et Baudry, évêque de Noyon, sont deux personnages distincts. C'est à tort qu'ils ont été confondus par les auteurs du *Gallia christiana*, par Levasseur, par une foule d'autres anciens écrivains, et enfin par M. Augustin Thierry. M. Leglay s'appuie sur l'autorité des Bollandistes, qui, les premiers, ont démontré que la prétendue identité entre le chroniqueur de Cambray et l'évêque de Noyon était impossible ; que l'un avait été chantre de Térouane, tandis que l'autre ne l'avait jamais été ; que l'un était mort en 1097 et l'autre seulement en 1112. D. Rivet, dans l'*Histoire littéraire de la France*, adopte l'opinion des Bollandistes (t. VIII, p. 400). Les auteurs du *Recueil des historiens de France* avaient, dans leur tome VIII, confondu les deux Baudry, mais les continuateurs de ce recueil ont rectifié, dans le tome XI, p. 122, l'erreur de leurs devanciers.

L'opinion soutenue par M. Leglais paraît très-vraisemblable, mais elle a pour conséquence de déclarer apocryphe l'épitaphe que nous venons de citer. Cette épitaphe, rapportée par le *Gallia christiana*, était gravée sur une tombe placée dans le chœur de la grande église de Térouane. Or, il n'y a pas de milieu, ou c'est l'auteur de la Chronique qui était enterré sous cette tombe, et alors l'épitaphe ne devait pas dire qu'il avait été évêque de Noyon et qu'il était mort en 1112 ; ou c'est l'évêque de Noyon dont l'épitaphe voulait parler, et dans ce cas elle ne devait pas contenir ces mots : *Hujus ecclesiæ cantor et chronica camaracensi illustris*.

Comment concilier ce témoignage lapidaire avec l'opinion des Bollandistes, de D. Rivet et de M. Leglay ? Le seul moyen c'est d'admettre que la tombe aura été refaite à une époque où le souvenir des deux Baudry n'était plus très-présent, et que, pour faire honneur au chantre chroniqueur, l'auteur de l'épitaphe l'aura identifié avec son homonyme l'évêque de Noyon.

Rome pour obtenir le droit de se choisir un évêque propre. Le pape avait accueilli cette demande, et Raoul, archevêque de Reims, avait été commis pour sacrer le prélat flamand ; mais, prévenus du danger, les chanoines de Noyon se hâtèrent de le conjurer en faisant tomber leur choix sur l'archidiacre du chapitre de Tournay. Lambert, une fois nommé, travailla lui-même à maintenir la réunion des deux siéges, et le pape révoqua sa bulle.

1121. Simon, prince du sang royal. Son père, Hugues le Grand, comte de Vermandois, était fils du roi Henri Ier, et par conséquent frère de Philippe Ier. Il fonda la grande abbaye d'Ourscamps en 1129. C'est sous son épiscopat, en 1131, que la cathédrale de Noyon fut incendiée et que le siége de Tournay fut définitivement détaché de celui de Noyon. Il mourut à la croisade où il avait accompagné le roi Louis VII.

ÉVÊQUES DE NOYON

1148. Beaudoin II. Il appartenait, comme Beaudoin Ier, à la famille des comtes de Flandre ; mais il fut élu bien moins pour sa naissance que pour ses vertus. C'est sous son épiscopat que les travaux de reconstruction de la cathédrale nous semblent avoir dû être entrepris avec activité. Nous avons déjà parlé de l'étroite amitié qui existait entre lui et saint Bernard[1]. Levasseur pense qu'il avait été moine et abbé de l'ordre de

---

[1] Parmi les lettres de saint Bernard, il en est une adressée à l'évêque de Noyon, lettre *facétieuse*, comme dit Levasseur, mais qui prouve par sa familiarité même combien étaient étroits les liens qui unissaient le saint et le prélat. Voici cette lettre :

« Domino Balduino, noviomensi episcopo, frater Bernardus, Claræ Vallis vocatus abbas, melius quàm meruit.

« Mitto vobis puerum istum præsentium latorem comedere panem vestrum, ut probem de avaritiâ vestrâ, utrum cum tristitiâ id feceritis. Nolite lugere, nolite flere, parvum ventrem habet, paucis contentus erit. Gratiam tamen vobis habemus si doctior à vobis quàm pinguior recesserit. Materies locutionis pro sigillo sit, quia ad manum non erat, nam neque Gaufridus vester. »

Cîteaux, en l'abbaye de Chastillon, diocèse de Verdun. Si ce fait est exact, il devient pour nous une explication de plus du caractère imprimé à l'architecture de Notre-Dame de Noyon. Les souvenirs du moine se sont unis aux idées de domination et de puissance temporelle de l'évêque pour faire admettre les vieilles traditions dans la nouvelle église.

1167. Beaudoin III, doyen du chapitre. Sa mémoire était en grande vénération parmi les chanoines ; il avait confirmé et notablement amplifié leurs droits et priviléges.

1174. Reinold ou Renaud. Son origine est inconnue. Il assista au concile de Rome, tenu en la basilique de Saint-Jean de Latran, l'an 1180.

1188. Étienne Ier, fils de Gauthier de Villebron, chambellan de France. Ce prélat fut en grand crédit auprès du roi Philippe-Auguste. C'est lui qui se rendit en Danemark à la tête d'une députation solennelle pour demander au roi Kanud VI la main de sa sœur Ingerburge ; et, lorsque le monarque français voulut répudier sa nouvelle épouse, ce fut encore Étienne, évêque de Noyon, qu'il chargea de défendre sa cause devant le saint-père. Plus tard il se servit de lui pour faire déclarer légitimes les deux enfants qu'il avait eus d'Agnès de Méranie.

Étienne, comblé de faveurs, répandit à son tour de nombreux bienfaits sur son chapitre et sur son église. C'est lui certainement qui a mis la dernière main à l'église Notre-Dame. Il dota largement deux de ses chapelles, celle de Saint-Maurice et celle de Notre-Dame de la Gésine. Son épiscopat est un des plus brillants dont les annales de Noyon gardent le souvenir.

Nous avons déjà vu qu'il avait obtenu du roi Philippe-Auguste la concession ou plutôt la confirmation du droit de battre monnaie, droit dont ses devanciers avaient usé, mais sans autorisation aussi régulière.

1221. Gérard de Basoches, fils de Nicolas, seigneur de Basoches et d'Agnès de Chevisy. Les Basoches appartenaient à la maison de Chastillon, et en retenaient les armes. Sous ce prélat, la bonne harmonie entre les bourgeois et le chapitre fut sérieusement troublée à propos d'un serviteur de l'église, que le maire et les échevins avaient fait appréhender pour quelques méfaits par lui commis. Grande fut la colère du chapitre : il fulmina l'excommunication contre la ville. L'évêque s'interposa comme arbitre, fit mettre le prisonnier en liberté, leva l'excommunication : et, profitant de la circonstance pour fortifier encore les droits de son église, il rendit une sentence portant que le maire et dix des jurés noyonnais jureraient sur les saints Évangiles de ne jamais porter la main sur un chanoine, clerc ou serviteur de l'église de Noyon, et que chaque année ce serment serait solennellement renouvelé [1].

Vainqueur dans ses démêlés avec la bourgeoisie de Noyon, Gérard de Basoches triompha également des prétentions d'un puissant seigneur du voisinage, Enguerrand, sire de Coucy, au sujet de la mouvance du château de Quiercy, ancienne résidence royale de Charles le Chauve. Il fut reconnu que l'évêque tenait le château en fief aux droits du roi Philippe Ier, qui l'avait donné à Radbord II, un des prédécesseurs de Gérard, et que foi et hommage lui étaient dus par Enguerrand.

Gérard de Basoches figure au nombre des prélats et sei-

Juramentum magis et juratorum.

« Item major et jurati, et communia, singulis annis, jurabunt episcopo quod non mittere manum in canonicos aut clericos de choro noviomensis ecclesiæ, aut servientes eorum qui sunt de manipastu ipsorum, nisi forte ipsi servientes sint de communia noviomensi, » etc., etc.

On voit par ce serment, que les bourgeois acceptèrent, quelle était la dépendance et la soumission de la commune vis-à-vis du pouvoir épiscopal. Cette subordination avait toujours existé : grâce à l'habileté de Baudry, elle se perpétua dans le treizième et le quatorzième siècle. On peut s'en convaincre en ouvrant un registre conservé dans les archives de la mairie de Noyon, registre dont nous avons déjà parlé plus haut : on y trouvera, parmi les serments que les maires, échevins et jurés étaient tenus de faire chaque fois qu'ils étaient renouvelés, les mots suivants :

« *Défense que le maire fait à la fenêtre de l'hôtel de ville lorsqu'il revient de prêter serment au chapitre.*

« Je vous enjoins, sur peine de corps et de castel, que pour discorde, même contre aucun chanoine de Noïon ou leurs clercs de chœur, ou à leurs serviteurs, il ne soit aucun qui crie *commune*, et s'il advenoit que aucun le feist, il encourroit peine de corps et de castel. »

gneurs à qui Louis VIII, à son lit de mort, fit jurer d'être fidèles à son fils (novembre 1226).

On le voit assister aux obsèques de Louis VIII et au sacre de saint Louis.

1228. Nicolas de Roye, descendant de la noble et ancienne maison de Roye. Destiné d'abord au métier des armes, il entra dans les ordres, et fut sacré évêque. Sous ce prélat, nouveaux conflits entre le chapitre et la commune. L'évêque intervient, et, tout en donnant quelque satisfaction aux bourgeois, confirme les droits du chapitre.

1240. Pierre Ier, dit Pierre Charlot. Fils naturel de Philippe-Auguste, élu évêque à l'âge de quinze ans. Son précepteur, Guillaume le Breton, lui a dédié sa *Philippéide*. Dans sa dédicace le poëte exalte les qualités et les talents de son élève :

PETRO KARLOTO PHILIPPI REGIS FRANCORUM, S.

Tu quoque fautor ades, Karlotte, simillima regis
Magnanimi proles, cui te natura creatrix
Ac regale genus, signis ut probet indubitatis
Corporis esse dedit similem, mentisque vigore, etc.

Ces louanges et bien d'autres que nous supprimons étaient-elles méritées ? Il est permis d'en douter.

1250. Vermond de la Boissière. Ce prélat ne jette pas plus d'éclat que son prédécesseur. Il fut enterré dans le chœur de la cathédrale, au côté droit. Sa tombe était couverte d'une lame de cuivre sur laquelle étaient gravés ces vers :

Vermundus jacet hic, antistes noviomensis,
Hic pius, hic mundus, ac dictus Boisseriensis,
Deseruit mundum, cum Christo scandit ad astra,
Nunc trahe Vermundum post te, Deus, ad tua castra.
Anno millesimo bis centum septuageno
Ac annis binis sanctissimus est tibi finis.

On voit par cette épitaphe qu'il n'y avait pas grand'chose à dire de Vermond de la Boissière.

1272. Guy des Prez. Il était de la même maison que son prédécesseur. Nous avons déjà vu que ce prélat fit de nombreuses améliorations dans son église ; entreprit diverses constructions, et, entre autres, les chapelles de Sainte-Luce et de Sainte-Marguerite. C'est pendant son épiscopat qu'éclata le fameux incendie de 1293.

1297. Simon de Nesle fonda une chapelle en l'église de Noyon, en mai 1300 (Levasseur, p. 967). C'est aussi pendant son épiscopat que furent fondées quatre chapelles par Raoul de Clermont, sire de Nesle.

1301. Pierre de Ferrières ne tint le siége que pendant deux ans environ, et n'est connu que de nom.

1304. André de Crécy, dit le Moine, fondateur de la Chartreuse du mont Saint-Louis, ou mont Regnaud, à la porte de Noyon. C'est le seul acte de son épiscopat dont on garde la mémoire. Il renonça à l'évêché, pour disposer plus tranquillement de sa vie, et s'en alla mourir à Avignon.

1315. Florent de la Boissière, troisième évêque de la maison de la Boissière. Il était fort âgé lors de son élection, ayant été cinquante-six ans chanoine avant de devenir évêque. Il mourut au bout de deux ans.

1317. Foucaud. Il était d'une haute naissance. Son père était vicomte de Rochechouart. Il n'y a pas autre chose à en dire.

1331. Guillaume Ier. Son père se nommait Matthieu Bertrand. Malgré ce nom roturier, il était de bonne noblesse. Matthieu Bertrand portait d'argent à trois roses de gueules, au cœur d'azur, chargé de trois fleurs de lis d'or à la bordure de gueules. Son fils gouverna bien son diocèse, sans avoir rien fait dont le souvenir se soit conservé.

1338. Étienne Aubert, depuis Innocent VI. Avocat célèbre à Limoges, puis juge de la sénéchaussée de Toulouse, Étienne Aubert entra dans les ordres et fut élu, par le seul ascendant de ses vertus, évêque de Noyon. Quatorze ans plus tard, en 1352, le pape Clément VI vint à mourir, et Étienne Aubert, alors évêque de Clermont, se vit, à son grand étonnement, appelé à le remplacer. Il fit preuve, comme souverain pontife, de la plus rare sagacité et d'un zèle aussi actif que clairvoyant. Il travailla à réunir les Églises grecque et latine, et peu s'en fallut qu'il n'y parvînt. Il protégea Pétrarque contre d'absurdes ennemis qui l'accusaient de magie. Étienne

Aubert doit prendre place parmi les esprits les plus distingués et les plus cultivés du quatorzième siècle.

1342. Pierre d'André.
1348. Bernard Lebrun.
1349. Guy II de Combern.
1350. Fremin de Cocquerel.
1351. Philippe Ier d'Arbois.
1351. Jean de Meulan.

On ne connaît de ces six évêques que leurs noms : et encore varie-t-on sur la manière de les écrire. On n'est pas d'accord non plus sur les dates de leur avénement et de leur mort.

1352. Gilles de Lorris. Ce prélat ne s'est pas beaucoup plus illustré que ses prédécesseurs ; mais son épiscopat a au moins cela de remarquable qu'il a duré plus d'un tiers de siècle, environ trente-six ans.

1388. Philippe II de Moulins passe pour avoir fait beaucoup de bien à l'Église de Noyon, en instituant de nombreuses et utiles fondations. Il fut créé par le roi Charles VI président de la cour des aides. « Pour régler les finances en France (dit Estienne Pasquier), on y establit des généraux des finances et de justice ; et, pour les authoriser davantage, on les prit du corps de l'Eglise, comme archevêques et évêques, afin que le peuple y eust plus de créance. » Par lettre du 28 février 1388 Charles VI y commit pour chef l'évêque de Noyon.

1409. Pierre IV Fresnel. Il était d'abord évêque de Lisieux; appelé à l'évêché de Noyon, il l'occupa pendant six ans, puis, en 1415, il le résigna pour retourner à Lisieux. Il était du parti du duc d'Orléans, et, après l'assassinat de ce prince, il fut emprisonné et subit une assez longue captivité.

1415. Raoul de Coucy. Évêque de Metz dès son jeune âge, il fut élu, vingt-huit ans après, évêque de Noyon.

Dans cette même année (1415), le 24 octobre, fut livrée la malheureuse bataille d'Azincourt, la journée des éperons.

C'est sous l'épiscopat de Raoul, en 1422, que nous voyons le chapitre, après avoir accepté les livres dont l'évêque lui avait fait présent, décider qu'il serait construit une bibliothèque. (Voyez plus haut, page 154).

1426. Jean de Mailly. Après le décès de Raoul de Coucy le chapitre fut dans un grand embarras. Le duc de Bedfort et le duc de Bourgogne avaient chacun leur candidat pour l'évêché de Noyon. Les chanoines, ne voulant encourir la colère ni de l'un ni de l'autre, prirent le parti d'élire les deux candidats et de prier le pape de vouloir bien décider entre eux. Le pape choisit Jean de Mailly, parent du roi d'Angleterre. Le nouvel évêque se rendit à Paris le 17 septembre 1426 pour rendre hommage au monarque anglais en qualité de pair de France et de comte de Noyon. Il fut ensuite nommé garde des sceaux de Henri V. Il prit part au procès de Jeanne d'Arc et assista dans la cathédrale de Paris au sacre de Henri VI. Mais, lorsque le Dauphin eut reconquis son royaume, Jean de Mailly se rangea de son parti, vint à Tours lui prêter serment et contribua à la révision du procès de la Pucelle. Plus tard, en 1443, il reçut processionnellement son nouveau roi dans sa ville de Noyon « *avec apparat de musique, de sonnerie et carillon de cloches, le grand autel paré comme aux octaves des reliques.* » Il tenait à racheter ses vieux péchés.

Jean de Mailly soutint contre son chapitre un procès au sujet de la propriété des reliques de saint Éloi. Ce procès dura plus de soixante ans. Les chanoines finirent par gagner leur cause.

1473. Guillaume II Marafin. L'épiscopat de Jean de Mailly avait duré quarante-sept ans. Celui de son successeur en dura près de trente. Ils occupèrent à eux deux le quinzième siècle presque tout entier. « *Sous Guillaume Marafin fut renouvellé l'arrêt touchant le serment solennel des maires et eschevins de la ville, qui se fait par chacun an sur les reliques de M. Saint-Eloy au palais Épiscopal.* (Levasseur, p. 1070.) » Pendant cet épiscopat le Noyonnais fut ravagé par les guerres entre Louis XI et le duc de Bourgogne. Depuis plus d'un siècle cette malheureuse province n'avait cessé d'être le théâtre de la guerre.

La paix ne régnait nulle part, car Marafin et son chapitre furent constamment en querelle. Il est vrai qu'il était parvenu à l'épiscopat d'une manière peu régulière. Le roi Louis XI avait fait signifier aux chanoines qu'il voulait pour évêque

Guillaume Marafin, et non point d'autres. Les chanoines cédèrent, mais gardèrent rancune au prélat et lui firent rude guerrre.

1502. **Charles Ier de Hangest.** Marafin étant mort, les chanoines firent supplier le roi de les laisser libres cette fois d'élire leur évêque. Le roi, ce n'était plus Louis XI, leur répondit qu'ils étaient libres; mais il leur *recommanda* Charles de Hangest, neveu de son ministre favori, le cardinal d'Amboise. Le chapitre prit au sérieux la liberté qu'on lui rendait, et se livra pendant plusieurs séances à l'exercice de son droit. Enfin, après de nombreux scrutins, Charles de Hangest fut élu [1].

C'est sous son épiscopat que la bibliothèque *votée* par le chapitre sous Raoul de Coucy, en 1422, fut définitivement construite. (Voyez Levasseur II, p. 1111, et ci-dessus, p. 155).

En 1516, le feu prend à la cathédrale la nuit, sur les dix heures du soir : il est éteint quelques heures après.

Le 1er novembre 1525 Charles de Hangest résigne son évêché à Jean de Hangest, son neveu, et se réserve seulement le titre et les fonctions de vicaire général. C'est en cette qualité qu'il posa la première pierre de la chapelle neuve ou chapelle de l'Assomption de la Vierge, en 1528.

Il mourut le 29 juin de cette même année. Sa mémoire fut bénie et vénérée de tous ses chanoines, qui l'appelaient le BON ÉVÊQUE.

1532. **Jean de Hangest.** Bien qu'il fût en possession du titre depuis 1525, Jean de Hangest ne devint réellement évêque que sept ans après, lorsqu'il eut atteint vingt-sept ans et qu'il put être sacré.

Il ne marcha pas sur les traces de son oncle, et, dès son entrée, il montra les dents au chapitre. Bientôt les procès recommencèrent comme au temps de Jean de Mailly et de Marafin.

---

[1] Les chanoines étaient si heureux de rentrer en possession de leur antique droit d'élection, qu'ils ressuscitèrent dans cette circonstance tous eurs anciens usages. Ils portèrent eux-mêmes dans leurs bras le nouvel élu sur son siége, le placèrent sur le grand autel, et le rapportèrent devant son trône.

C'est sous son épiscopat qu'éclatent les incendies de 1552 et de 1557.

En 1577 Charles d'Hangest mourut à Paris, au grand contentement de son chapitre, qu'il tenait en échec depuis quarante-cinq ans. Levasseur avoue pourtant qu'il était homme de science et très-orthodoxe [1]; mais il avait la fureur des procès, ne résidait presque jamais à Noyon et *portait la barbe longue* contre l'usage et les canons. Les chanoines furent si scandalisés de cette barbe longue, qu'ils lui refusèrent l'entrée du chœur jusqu'à ce qu'il se fût mis en état décent. Cette barbe devint l'origine d'un long procès sur lequel vingt autres vinrent se enter.

1578. Claude d'Angennes, de la famille de Rambouillet. Il fut, comme Jean de Hangest, pourvu et non élu. Les procès continuèrent; mais cette fois le chapitre était l'agresseur. L'évêque n'avait pas l'humeur belliqueuse : il abandonna la partie. Se voyant obligé de plaider au lieu de prêcher, de solliciter ses juges au lieu de visiter ses ouailles, la place ne lui sembla plus tenable, et, au bout de dix ans, il résigna son évêché pour passer à celui du Mans.

1588. Gabriel de Bleigny. Il était évêque depuis quelques jours seulement lorsque la nouvelle de la mort de MM. de Guise parvint à Noyon. La ville et le chapitre se déclarèrent aussitôt pour la Ligue. Le nouvel évêque eût voulu ne point prendre de parti. C'était un homme d'Église, rompu aux affaires ecclésiastiques, mais sans opinions politiques. Il résida peu à Noyon et mourut à Péronne en 1592.

1593. Jean Munier. Issu de pauvres parents, homme de bien et de science, il fut nommé évêque de Noyon, mais non promu, la mort l'ayant surpris avant qu'il fût en possession de son siége. « Cette nomination, dit Levasseur, ne pleut à tous, à cause de sa vile extraction, qui sembloit y contredire, pour estre icelle par trop éloignée de la qualité d'un pair de France et comte de Noyon. »

1595. Charles de Balsac. Noyon, ville ligueuse et antiroyaliste, fut

---

[1] Colliette, au contraire, le soupçonne d'avoir eu du penchant pour l'hérésie. Son frère François de Hangest était un zélé protestant.

prise par le roi en 1591, reprise par les ligueurs en 1593, et enfin définitivement soumise en février 1595. Le roi, usant du droit du vainqueur, *donna* l'évêché de Noyon à Antoine d'Estrées, père de la célèbre Gabrielle, lequel en disposa incontinent en faveur de messire Charles de Balsac, premier archidiacre de Rouen. Il n'était plus question d'élection, et néanmoins le chapitre crut devoir faire bon et magnifique accueil à son nouveau prélat.

Charles de Balsac résida peu à Noyon. Il occupait de grandes charges et assistait souvent au parlement en sa qualité de pair. Il fut de mœurs très-pacifiques, et mourut regretté de ses ouailles et de son chapitre.

1626. Henry de Baradat, gentilhomme de la chambre du roi, seigneur de Damery, baron de Thou. Nommé évêque par le roi, sacré à Paris par M. de Gondy. Levasseur, qui écrivait sous son épiscopat, le loue avec hyperbole. C'était un homme ordinaire, mais bon et charitable. Il fit une nouvelle édition du bréviaire et du missel de Noyon, et réforma quelques monastères de son diocèse. Une maladie de poitrine l'enleva en 1660.

1661. François de Clermont-Tonnerre. Cet évêque de Noyon s'est acquis une véritable célébrité par son excessive vanité aristocratique. La Bruyère a fait son portrait. On ne terminerait pas s'il fallait rapporter tous les traits de sot orgueil dont se compose sa vie. C'est à lui qu'il arriva de dire à ses auditeurs : *canaille chrétienne*, ne pouvant se décider à les appeler mes frères. Dans son discours de réception à l'Académie française, il ne disait pas un seul mot de son prédécesseur Barbier de Haucourt : l'Académie lui ayant demandé de se conformer à l'usage, il répondit *qu'il s'était fait une loi de ne jamais louer de roturier*. C'est lui qui, dans sa dernière maladie, disait à Dieu : *Seigneur, ayez pitié de ma grandeur*. Et c'est encore à lui qu'on prête le mot fameux que Dangeau met dans une autre bouche : « Dieu y regardera à deux fois avant de damner un homme de ma qualité. »

Madame de Coulanges écrivait à madame de Sévigné (le 10 décembre 1694) : « M. de Noyon fait toujours à la cour une figure principale; il est le seul présentement qui y soit, et la cour a toujours besoin d'un pareil amusement. »

Ce personnage de comédie mourut le 5 février 1701, après un épiscopat de quarante ans.

Pendant le dix-huitième siècle, le siége de Noyon a été occupé par six évêques sur le compte desquels on ne possède aucun renseignement. Nous nous bornerons à citer leurs noms.

1701. Claude-Maur, fils d'Urbain d'Aubigné.
1707. Charles-François de Château-Neuf.
1731. Claude II de Rouvroi-Saint-Simon.
1753. Jean-François, fils de François-Isaac de la Cropte de Bourzac.
1766. Charles de Broglie.
1777. Louis-André Grimaldi, dernier évêque.

La plupart des évêques qui figurent sur cette longue liste chronologique ont été ensevelis dans l'église Notre-Dame de Noyon, mais il n'existe aujourd'hui aucun vestige de leurs tombeaux. Il faut qu'à l'époque révolutionnaire on se soit appliqué, avec un soin particulier, à détruire les tombes épiscopales, ou au moins à faire disparaître les pierres qui les recouvraient. Ce qui semble indiquer que cette destruction dut être systématique, c'est qu'on a laissé subsister dans l'église un très-grand nombre de pierres tumulaires de toutes les époques, mais consacrées à des mémoires plus modestes. Ainsi, nous trouvons beaucoup d'inscriptions qui nous parlent de chanoines, de chantres, de sous-chantres, de chapelains, d'écolâtres, de trésoriers, ou même de simples laïques, tels qu'avocats, médecins, conseillers, etc., etc., mais pas un seul fragment de marbre ou de pierre sur lequel soit écrit le nom d'un évêque, comte de Noyon et pair de France.

Quoique les pierres tumulaires de cette ancienne cathédrale ne couvrent que des cendres obscures, elles n'en sont pas moins dignes d'intérêt. Ce ne sont pas seulement les inscriptions, la forme des lettres et leur disposition qui méritent d'être étudiées : l'artiste, de même que l'antiquaire, y peut trouver son profit. Quelques-unes de ces pierres sont aussi remarquables comme objets d'art, comme œuvres de sculpture ou plutôt de gravure en creux, que comme monuments paléographiques.

Nous aurions pu donner des *fac-simile* de ces pierres tumulaires ou tout au moins les décrire et en discuter la valeur ; mais c'eût été sortir des bornes de notre travail. Il y aurait là matière à un ouvrage spécial. Déjà M. l'abbé Magne en a jeté les bases dans un mémoire plein d'observations utiles [1]. Les inscriptions les plus importantes qui existent encore dans l'ancienne cathédrale de Noyon ont été fidèlement recueillies par lui.

Nous ne ferons qu'une seule remarque, la seule qui se rapporte directement à notre sujet. Parmi ces pierres tumulaires si nombreuses, il n'en est pas une seule qui soit antérieure au treizième siècle. Nouvelle preuve, s'il en était besoin, qu'avant l'an 1200 les travaux de reconstruction de l'église Notre-Dame de Noyon ne devaient pas être complétement terminés.

[1] Ce mémoire a été publié dans le *Bulletin monumental* de M. de Caumont, t. X, Caen, 1844.

II

L'ARCHITECTURE CHRÉTIENNE
EN JUDÉE

I

Quels monuments le christianisme a-t-il construits et quel style a-t-il adopté dans les lieux mêmes qui l'ont vu naître, en Judée, à Jérusalem ? Cette question ne peut pas être sans importance pour ceux qui font de l'architecture chrétienne une sérieuse étude. Jérusalem et Rome, le berceau de la foi, le berceau de l'Église, voilà deux villes dont il faudrait, pour ainsi dire, connaître chaque pierre avant de dire un mot d'architecture chrétienne.

Il n'en est pourtant pas ainsi. Rome elle-même est à peine connue ; je ne dis pas la Rome antique ni la Rome de la renaissance : l'une et l'autre sont, depuis trois cents ans, dessinées, décrites, commentées chaque jour par une armée permanente d'antiquaires et d'artistes ; je parle de la Rome du moyen âge. Ciampini et ses successeurs nous ont savamment parlé des premiers édifices du christianisme à Rome ; ils ont éclairci les usages, les symboles de l'ancienne église, sans définir suffisamment les caractères de son architecture. C'est à l'histoire ecclésiastique bien plutôt qu'à l'histoire de l'art qu'ils ont prétendu travailler. Tout reste donc à faire, ou à peu près, sur l'art chrétien à Rome avant le quinzième siècle; mais à Jérusalem, c'est bien autre chose encore. Là pas un document ; je dirais presque pas un dessin qui puisse inspirer confiance. L'obscurité augmente en proportion de la distance. A Rome, ce qui reste obscur, ce sont quelques détails linéaires ou chronologiques : telle basilique est vieillie sans raison, telle autre, au contraire rajeunie; pour étudier tel monument on n'a que des vues pittoresques au lieu d'un bon dessin géométral, on manque de jalons, d'échelle, de mesure, mais on connaît du moins l'aspect des édifices, on en sait la physionomie, tandis qu'à Jérusalem on ne sait rien, ou ce, qui est pis encore, on hésite entre les versions les plus contradictoires. Les voyageurs en ce pays sont tous plus ou moins poëtes ; ils nous ont peint leurs impressions, et, à force de sentir, ont oublié de voir. Aussi nous confessons qu'après avoir vingt fois tenté de nous représenter les monuments chrétiens de la cité sainte, pour en faire seulement un classement approximatif, nous y avions toujours complétement renoncé.

Ce n'est donc pas sans reconnaissance que nous avons lu le modeste et consciencieux travail publié par un jeune voyageur parti de France il y a dix ans. Après avoir visité la Grèce et la Thessalie, Constantinople et Smyrne, Palmire et la Syrie, traversé la Judée et remonté le Nil jusqu'à la troisième cataracte, il voulut ne pas rentrer dans son pays sans avoir clos cette longue pérégrination par un travail scientifiquement utile. Alors lui vint l'idée de retourner en Palestine, et d'y faire un assez long séjour pour dresser l'inventaire exact et méthodique de ces monuments chrétiens si mal connus, dont la vue, à son premier passage, l'avait vivement frappé ; en un mot, de faire tout justement ce qu'attendent depuis longtemps ceux de nos archéologues qui ont passé l'âge des voyages lointains.

Pour ce genre de travail, le voyageur dont nous parlons était dans des conditions excellentes. Point de prétentions littéraires ou poétiques ; un crayon sûr et précis, un crayon d'architecte ; un esprit net et observateur ; point de parti pris sur les questions archéologiques, et cependant une certaine habitude de voir et de comprendre les monuments ; une mémoire enfin où sont déjà gravés les formes, les proportions, les détails principaux de notre architecture française du moyen âge. Voilà bien des raisons pour ouvrir avec confiance ce gros volume in-4° parsemé de nombreuses planches [1]. Ce qu'il y a de plus rare, c'est qu'il tient ses promesses, et qu'après l'avoir lu on en garde une idée claire et satisfaisante.

Nous passerons l'introduction, non sans regrets ; car ce trajet du Caire à Jérusalem, à travers le petit désert, est un charmant récit, simple, animé, attachant. J'en dis autant de ces pages où les solennités religieuses de la semaine sainte à Jérusalem sont racontées avec autant de naturel que d'émotion. Ce n'est pas là ce qui doit nous arrêter. Nous ne voulons

---

[1] Publié à Paris, 1860, sous ce titre : *les Églises de la terre sainte*, par M. le comte de Vogüé.

que résumer les résultats principaux acquis par notre archéologue, faire avec lui le dépouillement de ses notes et l'étude de ses dessins.

En Judée, comme en Italie, comme dans tout l'empire, les premiers édifices chrétiens bâtis à ciel ouvert ne peuvent être évidemment antérieurs à Constantin; mais pendant les trois siècles qui ont précédé son triomphe, le christianisme, dans ces contrées, n'avait-il rien fondé? Sous le sol même de Jérusalem ou dans le flanc des vallées qui l'entourent, n'avait-il pas creusé ses catacombes, bâti quelques tombeaux, quelques sanctuaires secrets et souterrains, comme on en trouve en si grand nombre autour de Rome, à Naples et dans d'autres lieux d'Italie? Nul doute qu'il n'en fût ainsi, des monuments écrits l'attestent [1]; seulement jusqu'ici aucune découverte n'a confirmé ce témoignage. Ce n'est donc qu'avec Constantin que peuvent commencer nos recherches.

On sait quel incroyable nombre d'édifices religieux ce prince a fait construire. Depuis son édit de Milan et surtout depuis la chute de Licinius, de tous côtés dans son vaste empire on vit sortir de terre les monastères et les églises; mais ce fut surtout en Judée que se porta son ardeur de bâtir. Sa mère, l'impératrice Hélène, était venue de sa personne visiter, reconnaître, étudier les rochers, les grottes, les chemins, témoins soit des grandes scènes de la Passion,

---

[1] Voyez deux lettres du pape saint Clément à l'évêque de Sion, citées par Mansi (*Histoire des Conciles*, t. I, p. 126-157). Ces lettres sont relatives aux rites ecclésiastiques et à la tenue intérieure des sanctuaires, ce qui suppose l'existence de constructions ou de locaux affectés au service divin.

soit de l'enfance et de la vie du Sauveur. A l'aide de traditions mal éteintes, de souvenirs encore vivants, elle avait rétabli l'itinéraire complet de l'Évangile, et chaque station reconnue authentique, elle l'avait signalée à son fils comme un emplacement destiné par Dieu même à une chapelle ou à une église.

C'est ainsi qu'en quelques années s'élevèrent presque à la fois de vastes constructions, splendidement ornées, à Béthléem, à Nazareth, à Béthanie, au mont Thabor, et avant tout à Jérusalem, où deux grandes basiliques furent construites : l'une, sur le mont des Oliviers, l'autre, la première de toutes, sur le Calvaire, et sur le Saint-Sépulcre, en l'honneur de la résurrection.

Deux siècles après Constantin, un autre empereur, grand constructeur aussi, Justinien, n'oubliait pas plus que lui la terre sainte dans la distribution de ses largesses. Vingt édifices de premier ordre sont cités par Procope comme bâtis en Judée de son temps. C'était, sur d'autres plans et dans un autre style, l'œuvre de Constantin que Justinien continuait ; il voulait que dans la Palestine il n'y eût pas un seul lieu témoin d'un fait évangélique sans que la place en fût marquée et la mémoire honorée par quelque monument, grand ou petit. Aussi Jérusalem, au dire des contemporains, devint alors comme encombrée d'édifices religieux de tout genre.

Qu'en restait-il, moins de cinquante ans après la mort de Justinien, au commencement du septième siècle, après l'année 614 ? Des monceaux de ruines. L'invasion de la Palestine et la prise de Jérusalem par Chosroès II, roi des Perses, fut autrement fatale aux églises que ne l'avait été le sac de Rome par Alaric. Ce ne fut pas un pillage seulement, mais une dévastation. Le vainqueur, il est vrai, devint tout à coup tolérant, et laissa les chrétiens réparer en partie le mal qu'il avait fait. Mais Omar et ses mahométans eurent bientôt, à leur tour, envahi ce malheureux pays; Jérusalem, qui seule résista, obtint par capitulation le respect de ses monuments; dans le reste de la contrée, rien ne fut épargné. Voilà donc, avant même que le septième siècle eût atteint la moitié de son cours, deux destructions presque complètes des monuments chrétiens de la Judée. Ce n'était pas la dernière ni même la plus terrible. Après quatre siècles d'oppression à peine interrompue par un peu de repos sous certains califes modérés, comme Haroun-al-Raschid, quatre siècles de continus efforts pour réparer tant bien que mal et en cachette ce qui restait de leurs sanctuaires désolés, les chrétiens de la terre sainte allaient subir une nouvelle catastrophe. L'an 1010, le calife Hackem-Biamr-Illah, un insensé, un monstre, fit, de sang-froid, détruire par le marteau et par la flamme toutes les églises de Jérusalem. Un cri de désespoir parti de ces ruines fumantes retentit jusqu'en Occident. L'Europe s'en émut et fut bientôt comme entraînée à la conquête des lieux saints.

On voit donc que lorsque les croisés s'emparèrent de Jérusalem, en 1099, ils durent ne trouver debout aucune des églises bâties avant le septième siècle par les empereurs chrétiens. Ne prenons cependant pas à la lettre ces mots de *destruction complète*, *d'édifices rasés*, que les historiens prodiguent volontiers. Rien n'est plus long, plus difficile et plus coûteux que de raser un monument, et plus les destructeurs sont barbares, moins il y a de chance de complète destruction. On fait crouler les voûtes, on décapite les murailles, puis vient l'instant où les décombres atteignent en hauteur les pierres restées en place; alors les destructeurs s'arrêtent faute de pouvoir déblayer. Sauf dans ce cas très-rare où l'édifice est voué à une sorte d'anathème, où la charrue doit passer sur son sol, on le laisse à moitié détruit.

Rien n'empêcherait donc qu'en 1099, Jérusalem n'eût conservé quelques parties des églises de Constantin et de Justinien, sans compter que parmi ces églises il y en avait qui, converties dès l'abord en mosquées, durent ne souffrir que de légers dommages. Personne ne peut dire aujourd'hui en quoi consistaient alors ces constructions plus ou moins mutilées; ce qu'on sait seulement, par d'innombrables témoignages, c'est que les croisés, pendant les quatre-vingt-huit ans qu'ils possédèrent la Palestine, furent à leur tour d'intrépides constructeurs, qu'ils couvrirent le pays non-seulement de châteaux forts, de ponts, de routes, de travaux civils et militaires de tout genre, mais d'églises et de couvents; qu'ils aspiraient à tout remettre à neuf et s'attachaient de préférence, comme leurs prédécesseurs, à bâtir sur les lieux dont la tradition locale leur attestait la sainteté. D'où nous pouvons conclure que si les musulmans, sans le vouloir, n'avaient pas entièrement détruit les constructions romaines et byzantines antérieures au septième siècle, le zèle des croisés dut leur venir en aide et qu'il en restait peu de chose, lorsque ceux-ci perdirent la Palestine en 1187. Et comme depuis leur expulsion jusqu'au jour où nous sommes, Jérusalem et la terre sainte sont constamment restées aux mains des infidèles [1], comme dans ce long intervalle la seule concession que les puissances européennes aient arrachée aux musulmans en faveur des chrétiens de la terre sainte s'est bornée à ne pas interdire toute réparation de leurs églises, sans que jamais, dans cette situation précaire, ils aient eu ni la sécurité, ni la richesse qui permet de bâtir à nouveau, il s'ensuit que, dans ces contrées, tout monument d'origine chrétienne, quel qu'en soit l'état de ruine ou de conservation, est nécessairement antérieur à 1187. Il n'y a rien au delà que de purs replâtrages, sans caractère et sans valeur.

Dès lors l'archéologue ne peut pas faire de grands écarts; sa tâche est nettement tracée : tout se réduit à distinguer quelle est, dans ces monuments chrétiens de la Judée, tels qu'ils existent aujourd'hui, la part, si faible qu'elle soit, des quatrième, cinquième et sixième siècles, et quelle est, au contraire, celle du douzième, c'est-à-dire des croisés; en second lieu, dans l'œuvre des croisés, ce qui vient d'Occident par importation directe et sans mélange, ce qui est né au contraire, des influences de l'Orient. A ces deux questions s'en joint une troisième, celle de savoir si, dans ce même douzième siècle, pendant l'occupation des croisés et à l'ombre de leur puis-

[1] Excepté pendant quelques années du treizième siècle. Frédéric II rentra dans Jérusalem à prix d'or, en 1229, et conserva pendant quinze ans la possession de la ville ; mais cette possession contestée ne permit d'entreprendre aucune construction. Il en fut de même dans le petit nombre de villes du littoral, que les croisés conservèrent encore pendant quelque temps après leur expulsion de Jérusalem en 1187; constamment assiégés ils ne songèrent qu'à se défendre et nullement à construire.

sance, on ne vit pas s'élever en Palestine, par les mains de chrétiens dissidents, des édifices religieux qui ne portent aucune trace des souvenirs de l'Occident, et dont tous les éléments au contraire, plan, structure et détails, proviennent seulement des influences indigènes.

M. de Vogué reconnaît l'importance de cette dernière question. Les historiens des croisades disent, en effet, que le nombre était grand de ces constructions schismatiques. L'un deux [1] s'exprime ainsi : « Je ne vous ai mie nommé les abéies et les moustiers des Suriens, ne des Gréjois, ne des Jacobins, ne des Boanins, ne des Nestoriens, ne des hermites, ne des autres manières de gens qui n'estoient mie obéissant à Rome, dont il y avoit moustiers et abéies en la cité. » Beaucoup d'églises provenant de ces monastères existent encore aujourd'hui, en tout ou en partie; M. de Vogué nous le confirme et indique même les deux sortes de plans que ces églises affectent presque toutes, l'un carré ou formé de carrés, c'est-à-dire en croix grecque; l'autre allongé à la latine, mais, l'un comme l'autre, tout byzantins d'aspect, grâce aux coupoles qui les couronnent. Malgré l'intérêt qui s'attache à ce groupe de monuments, M. de Vogué n'a point tenté d'en approfondir l'étude. Il le recommande aux voyageurs futurs, n'ayant eu ni le temps de tout faire, ni l'envie de s'aventurer

---

[1] L'auteur du récit anonyme intitulé la *Citez de Jhérusalem*. Publié pour la première fois par M. le comte Beugnot à la suite des *Assises de Jérusalem*, d'après un manuscrit de la bibliothèque impériale, réimprimé souvent depuis cette époque d'après d'autres manuscrits, ce récit est reproduit par M. de Vogué dans l'appendice de son ouvrage avec une addition importante intitulée *des Pèlerinages de la terre-sainte*.

dans les obscurités de l'architecture byzantine. Toute son attention s'est portée sur les deux premières questions, et même plus particulièrement, à vrai dire, sur la seconde, tout à la fois plus attrayante et moins hypothétique.

Il n'a cependant rien négligé de ce qui concerne les constructions d'origine impériale, c'est-à-dire antérieures au septième siècle. Une seule église appartient, selon lui, à l'époque de Constantin, sinon dans toutes ses parties, du moins dans son ensemble, c'est la grande basilique de la Nativité, à Bethléem.

On se demande d'abord par quel miraculeux hasard cette église a seule échappé aux causes de destruction que nous avons énumérées, et que toutes les autres églises ont subies. Il n'en est pas moins vrai qu'elle existe, et, dès lors, quel âge lui donner? Les moins crédules ne peuvent la rajeunir que de deux siècles tout au plus, c'est-à-dire supposer que c'est Justinien et non Constantin qui l'a bâtie. Or, sans compter que dès le premier coup d'œil ce monument présente des caractères architectoniques complétement abandonnés au temps de Justinien, tels que l'emploi des architraves en plate-bande, et l'absence de toute espèce de coupole, une autre considération nous fait pencher à ne pas rejeter la tradition généralement admise, et à voir, comme M. de Vogué, dans cette basilique dont personne ne conteste la haute antiquité, le monument bâti par sainte Hélène et par Constantin sur la grotte de Bethléem. Cette considération, c'est que, dans le cas dont il s'agit, la différence de deux siècles n'est qu'une bagatelle qui ne vaut pas la discussion. Si on nous parlait de descendre jusqu'au douzième siècle, à là bonne heure! La conservation du monument cesserait d'être extraordinaire; mais puisque cette hypothèse serait matériellement impossible, puisqu'il n'y a de choix qu'entre Justinien et Constantin, et que les causes de destruction qu'on suppose infaillibles ne se sont pas produites entre ces deux empereurs, mais postérieurement à tous deux, il n'en coûte pas plus, prodige pour prodige, de croire à Constantin qu'à Justinien. Ajoutons que cette concession est d'autant plus facile qu'à en juger par les dessins de notre voyageur, il y a dans la basilique de Bethléem de notables analogies avec Sainte-Marie-Majeure de Rome. Or Sainte-Marie-Majeure, quoique restaurée et presque reconstruite à diverses reprises, n'en est pas moins restée, dans le cœur de ses murailles, dans ses colonnes et jusque dans une partie de ses mosaïques, l'œuvre authentique de Libérius et de Sixte III, lesquels vivaient au quatrième et au cinquième siècle.

Nous invitons le lecteur à consulter l'ouvrage de M. de Vogué pour étudier les détails de cette basilique de Bethléem et les documents qui la concernent.

Il y verra chaque partie du monument mise en regard des récits qu'en ont donnés les pèlerins et les chroniqueurs des onzième et douzième siècles. La concordance est complète; c'est bien le même édifice, sauf la riche ornementation en mosaïque qui en couvre les parois intérieures. Rien qu'au style de ce revêtement on voit, et les récits contemporains le diraient au besoin, qu'il est l'œuvre des croisés, et qu'il remplace l'ancienne décoration de Constantin, tombée probablement sous le marteau de Chosroès ou d'Omar.

Après la basilique de Bethléem, seul *spécimen* encore

debout de l'architecture de Constantin, voici, dans cette même famille des constructions antérieures au septième siècle, un autre monument qui seul aussi représente en Palestine un autre genre d'architecture : c'est l'église de *la Présentation de la sainte Vierge au Temple*, bâtie à Jérusalem par ordre de Justinien sur l'emplacement et sur les ruines du temple de Salomon. Ici, rien de miraculeux dans la conservation du monument. L'église de *la Présentation*, édifiée depuis à peine un siècle, fut convertie en mosquée par Omar, le jour même de son entrée dans la ville, et depuis ce temps, à l'exception seulement du douzième siècle, où elle fut rendue au culte chrétien, elle a toujours formé la partie centrale, le noyau de la mosquée, *El-Aksa*. D'immenses constructions musulmanes l'entourent et l'étouffent ; néanmoins on parvient à l'extraire par la pensée et à la restituer dans son premier état. Bâtie sur un tout autre plan que *Sainte-Sophie* de Constantinople, puisqu'elle a forme de basilique, elle n'en est pas moins conçue dans le même style, ornée dans le même goût, et la coupole y joue aussi un rôle nécessaire, quoique moins important.

Ces deux témoins des premiers siècles du christianisme en Judée méritent seuls qu'on s'arrête devant eux. De tous les autres monuments de cette même époque il ne reste que d'informes débris, des fragments presque méconnaissables, qui peuvent donner lieu à d'utiles observations, à des études de détail, mais sur lesquels ici nous n'avons pas à nous appesantir. Passons donc à une autre époque, plus riche, moins maltraitée par le temps et par la barbarie, époque qui tient la plus grande place dans le livre de M. de Vogué, et qui lui donne son principal attrait et sa physionomie.

II

On ne connaît qu'à moitié les croisades; on ne sait pas tout ce qu'il y a de merveilleux et d'étrange dans ce pèlerinage armé des peuples d'Occident, lorsqu'on n'en voit que le côté épique, c'est-à-dire religieux, chevaleresque et militaire. Il faut, après la conquête, assister à l'installation des vainqueurs, aux transformations qu'ils imposent à cette terre d'Asie. Ce ne sont pas des colonisateurs qui étudient les intérêts du pays qu'ils occupent et qui peu à peu transigent avec lui; ce sont des inspirés; la foi les a fait vaincre, ils croient tout possible. Leurs lois et leurs coutumes, le mécanisme compliqué de leur société féodale, leurs titres, leurs hiérarchies militaires et ecclésiastiques, leur patrie tout entière en un mot, il l'apportent avec eux et la transplantent en Palestine. Aucun obstacle ne les arrête, pas même le climat. Est-il donc étonnant qu'ils aient transplanté aussi tout d'une pièce leurs églises et leurs monastères? Les deux faits sont de même évidence. Le premier se lit en toutes lettres dans les *Assises de Jérusalem* et dans cent autres monuments écrits; la preuve du second est dans des édifices, encore en très-grand nombre, dont le système de voûte, les procédés de construction, les plans, les formes et certains détails décoratifs n'avaient, jusque-là, jamais paru dans ces contrées, jamais n'y ont reparu depuis, et qui rappellent trait pour trait les églises construites en Europe, et spécialement en France, de 1140 à 1180.

C'était la seconde fois, à quarante ans d'intervalle, qu'une conquête à main armée produisait un tel changement. Guillaume et ses Normands venaient d'envahir l'Angleterre, et là aussi les lois, les coutumes, la langue et l'architecture des vainqueurs s'étaient transplantés de vive force. Mais l'entreprise était moins téméraire. Un simple bras de mer séparait les deux peuples; la transplantation s'opérait sous la même latitude, sous le même ciel, presque sur la même terre; tandis que nos croisés, c'était à huit cents lieues de la mère patrie et dans des sables brûlants qu'ils prétendaient porter la France. Aussi Guillaume a réussi et les croisés n'ont possédé la Palestine que quatre-vingt-huit ans. Le tour de force est déjà grand d'avoir ainsi, pendant près d'un siècle, fait violence à la nature.

M. de Vogué raconte de quelle surprise il fut saisi la première fois qu'à Jérusalem ses regards rencontrèrent un de ces monuments contemporains des croisades. Il y avait déjà quelque temps qu'il était hors de France. Il venait de visiter les églises byzantines de la Grèce, du mont Athos et de Constantinople, les mosquées de Damas et du Caire; ses yeux n'étaient plus faits qu'aux formes orientales; le contraste fut subit et complet. Il avait devant lui des proportions, des lignes dont il avait perdu l'habitude, mais que sa pensée retrouvait au delà des mers, dans le pays qu'il avait quitté. C'étaient bien les piliers de notre époques *de transition*, ces

L'ARCHITECTURE CHRÉTIENNE EN JUDÉE. 247

piliers flanqués de colonnettes déjà légères et élancées, c'étaient ces arcs doubleaux, ces tores, ces nervures dont les modèles lui apparaissaient au loin sur les bords de la Loire, de la Seine ou du Rhin.

L'étonnement du jeune archéologue nous surprend d'autant moins que nous-même, il y a trois ans, sans sortir de Paris, nous avons éprouvé quelque chose de semblable la première fois que M. Salzmann soumit à l'Académie des inscriptions ses admirables photographies des monuments de Jérusalem. Au milieu de ces images de l'antique sculpture hébraïque, des tombeaux des rois de Juda, des gigantesques assises de l'enceinte du Temple, nous crûmes que, par erreur, s'étaient glissées quelques églises photographiées soit en Saintonge, soit en Poitou, soit dans d'autres provinces du centre ou du midi de la France; et pas du tout, c'étaient les chapiteaux, les tympans, les archivoltes du Saint-Sépulcre et de Sainte-Anne de Jérusalem que nous avions devant les yeux. Ce qui nous étonnait le plus, ce n'était pas de rencontrer la preuve que notre douzième siècle n'avait pas emprunté son architecture à l'Asie, mais l'y avait, au contraire, transportée; car cette preuve n'était que la confirmation de nos propres idées, de conjectures exprimées par nous maintes fois depuis trente ans; mais autre chose est voir, autre chose conjecturer. Aussi ce plaisir fugitif que nous avait causé M. Salzmann nous l'avons goûté plus à l'aise, plus vif et plus complet dans les dessins et les écrits de M. de Vogüé. Ce n'est pas moins de vingt églises de même style et de même origine qu'il nous fait passer en revue. Toutes n'ont pas, à coup sûr, même importance, même intérêt; il y en a de second, même de troisième ordre ; mais ce qui fait nombre ne nuit pas en semblable matière : des observations secondaires, des exemples qui seraient presque nuls, s'ils étaient isolés, se fortifient en se multipliant.

Ajoutons que cette série d'études a pour but non-seulement d'indiquer les analogies de ces églises de Palestine avec nos églises françaises, mais d'y signaler aussi quelques légères différences, résultat nécessaire de circonstances locales, et même d'anciens usages du pays reprenant peu à peu leurs droits. Ainsi, entre autres exemples, toutes ces églises, à l'intérieur, sont telles qu'elles seraient en France, tandis qu'extérieurement elles ont un caractère à part, provenant de la façon dont sont couvertes les nefs latérales. Le bois est rare en Palestine comme dans tout l'Orient ; et ce n'est pas seulement par caprice et par fantaisie qu'en ces contrées, toutes les habitations, palais, temples ou cabanes sont couverts de terrasses, soit plates, soit hémisphériques, c'est pour se passer de charpente, et suppléer par un blocage aux toits posés sur pannes et sur chevrons. Or, si à l'intérieur des nefs rien ne défendait aux croisés de faire comme chez nous des voûtes à nervure, en dehors le défaut de charpente les forçait de couvrir ces voûtes à l'orientale, c'est-à-dire en terrasses. D'où résultait, même au dedans de la nef principale, une certaine innovation dans la longueur et la disposition des fenêtres.

Ici nous devons faire observer que cette façon de couvrir les bas côtés d'une église à trois nefs n'était peut-être pas, au douzième siècle, aussi étrangère aux habitudes de la France méridionale, et même de toutes nos provinces, que M. de Vogué paraît le supposer. La différence qu'il signale, très-réelle aujourd'hui, ne l'était pas à beaucoup près autant il y a cinq ou six siècles. En effet, lorsqu'en 1831 on dut refaire à neuf les toitures des chapelles qui entourent le chevet de l'église abbatiale de Saint-Denis, chapelles construites par Suger précisément à l'époque où les croisés régnaient en Palestine, on s'aperçut que ces toitures ne faisaient pas partie de la construction primitive, que c'était une addition postiche, et qu'au temps de Suger les chapelles n'avaient pour couvertures qu'un dallage légèrement incliné, une vraie terrasse à l'orientale, ou, pour mieux dire, à la méridionnale. Ce qui fut trouvé là à Saint-Denis, nous l'avons depuis observé dans vingt autres églises de France, bâties soit au douzième, soit au onzième siècles. L'architecture romane, méridionale par essence, s'est d'abord conformé dans ses types aux usages méridionaux, et les a conservés en se propageant dans le Nord. C'est seulement lorsqu'en France la victoire du Nord sur le Midi fut devenue définitive, et qu'en architecture le type pyramidal, le style du treizième siècle, fut parvenu à son complet épanouissement, à son triomphe incontesté, c'est seulement alors que l'usage devint universel de couvrir les bas-côtés des églises par des toits en charpente plus ou moins inclinés, et comme au moyen âge, dès qu'un procédé de ce genre se trouvait adopté, l'application en devenait générale, aussi bien pour la restauration des anciens édifices que pour la construction des nouveaux ; chaque fois que depuis le treizième siècle les terrasses d'une église ou romane ou de transition ont eu besoin d'une réparation importante, on n'a pas pris la peine de refaire les dallages et, sans façon, on a changé l'aspect du monument à l'extérieur, en substituant aux anciennes terrasses un toit en appentis, lequel, la plupart du temps, obstrue et rend *aveugle* soit le *triforium* s'il en existe, soit au moins la partie inférieure des fenêtres de la nef principale. D'où il suit qu'en réalité et sauf des cas exceptionnels, les églises de la Palestine, bâties par les croisés, pouvaient bien être au douzième siècle, même extérieurement, la fidèle image des nôtres.

III

Nous renvoyons à l'ouvrage de M. Vogué ceux qui voudraient connaître avec détail tout ce qui reste encore des débris des croisades, soit à Jérusalem, soit sur le littoral, soit dans les villes de l'intérieur; nous ne nous arrêterons ni à Djebeil, ni à Ramleh, ni à Lydda, pas davantage à Sébaste, à Napplouse, à Sepphoris, pas même au mont Sion, ou sur le mont des Oliviers, ni devant les églises de la Magdeleine et de Sainte-Anne, cette dernière surtout, si curieuse et si bien conservée; mais nous ne pouvons nous dispenser de dire au moins quelques mots de l'église du Saint-Sépulcre, d'abord parce que le Saint-Sépulcre c'est tout Jérusalem, et parce que la dissertation relative à cette église, aussi étrange que vénérable, est aussi, à vrai dire, tout le livre de M. de Vogué.

On ne peut trop le féliciter de s'être si bien tiré de ce dédale inextricable. Tout l'honneur, il est vrai, ne lui en appartient pas. Les recherches récentes de deux antiquaires anglais,

M. William et M. le professeur Willis [1] lui ont servi de guide ; il se hâte d'en avertir. Mais quand on a tenu compte des emprunts qu'il leur fait et des points qu'il rectifie, surtout de l'ordre et de la clarté qui règnent dans sa dissertation, c'est principalement à lui qu'on est tenté de rendre grâces.

Quel service, en effet, que de nous conduire d'un pas sûr dans cet amas de constructions en apparence incohérentes ! Lorsqu'au début de cette étude nous parlions de l'épaisse nuit qui enveloppe Jérusalem, c'était surtout le Saint-Sépulcre que nous avions dans la pensée. Est-il au monde un monument dont on ait plus parlé, et qui soit moins connu, moins expliqué, nous aurions dit moins explicable, sans les guides nouveaux qui nous sont arrivés. Tous ceux qui jusqu'ici en ont donné la description n'ont vu, pour ainsi dire, que son vêtement religieux, la pompe de ses cérémonies, l'éclat de ses autels, les pieux objets qui le décorent et jusqu'aux lampes qui l'éclairent ; ils n'ont oublié qu'une chose, le monument lui-même et son histoire. Nous comprenons qu'en un tel lieu la première pensée ne soit pas à l'archéologie ; avant de songer à l'art et à l'histoire, on adore et on prie ; mais l'histoire de ces murailles n'a-t-elle pas aussi son côté religieux ? N'est-ce pas un enchaînement de circonstances providentielles qui, depuis bientôt dix-neuf cents ans, malgré le paganisme, malgré la barbarie, malgré la guerre et l'incen-

---

[1] *The Holy city*, 2ᵉ édition, Londres, Parker, 1849. C'est à la suite de cette 2ᵉ édition de l'ouvrage de M. William que se trouve un mémoire du professeur Willis sur l'histoire architecturale de l'église du Saint-Sépulcre.

die, a constamment gardé ces divins sanctuaires à l'adoration des fidèles? Pour nous c'est plus qu'une satisfaction d'esprit de pouvoir suivre enfin, autrement qu'à tâtons, les transformations successives de cette église, la première du monde.

Deux choses sont surtout remarquables dans ce travail de M. de Vogüé ; d'abord sa restauration idéale de l'œuvre de Constantin, puis son étude de l'œuvre des croisés.

Le point de départ de toutes les erreurs, le piége où tombaient jusqu'ici ceux qui tentaient de comprendre l'agencement de ces constructions bigarrées dont l'ensemble compose l'église du Saint-Sépulcre, c'était, grâce à deux mots d'Eusèbe mal compris, cette croyance généralement admise et profondément enracinée que l'édifice primitif, l'église de Constantin, était bâti sur un plan circulaire. Il est aujourd'hui démontré, par l'examen combiné des textes et du terrain, que cette église était en forme de croix latine, immense basilique, réunissant en un seul édifice et recouvrant sous un seul toit tous les souvenirs du crucifiement et de la résurrection de Jésus-Christ.

C'est le chevet, l'abside de cette basilique, sa partie semi-circulaire, qui, après la destruction de l'édifice en 614, s'est trouvée transformée en rotonde byzantine, et destinée spécialement à couvrir la grotte du Saint-Sépulcre. Les soubassements de l'ancienne abside servirent en partie à édifier la nouvelle rotonde, laquelle devint alors une église séparée sous le nom d'église *de la Résurrection*. A ce même moment, sur l'emplacement de la nef en ruines, s'élevèrent trois autres églises distinctes, de dimensions plus petites, savoir : l'église

L'ARCHITECTURE CHRÉTIENNE EN JUDÉE. 255

du *Golgotha* [1] ou du *Crucifiement*, l'église de *l'Invention de la vraie croix*, et l'église de la *Sainte-Vierge* ou de la *Pierre d'onction*. Hors d'état, après leur désastre, de relever dans son entier l'édifice de Constantin, les fidèles avaient fractionné son œuvre, afin de conserver au culte et de mettre à l'abri les anciens lieux de dévotion.

Ces constructions provisoires, détruites violemment sous le califat d'Hackem en 1010, furent presque aussitôt réédifiées, toujours dans les mêmes conditions de fractionnement et d'isolement, si bien que le Saint-Sépulcre, pendant près de cinq siècles, demeura séparé du Calvaire. Mais, lorsque les chrétiens furent maîtres de Jérusalem, ils reprirent à nouveau l'œuvre de Constantin, ajoutant, comme nous l'apprend Guillaume de Tyr, à l'église principale, c'est-à-dire à la rotonde byzantine du Saint-Sépulcre, une vaste construction solide et très-élevée qui enserrait sous ses voûtes tous les sanctuaires jusque-là séparés. Cette addition, cela va sans dire, était de même style que toutes les églises alors bâties par les croisés. Il paraît même que, dans celle-ci, le caractère occidental se trahit à des signes encore plus saisissants que dans les autres. Et cependant, telle était, jusqu'à ces derniers temps, l'ignorance des plus simples notions chronologiques en matière d'art du moyen âge que, malgré la physionomie romane du monument, malgré le témoignage de Guillaume de Tyr, l'idée ne venait à personne d'admettre que ce fût là une œuvre des croisés ; on aimait mieux se perdre en chimé-

---

[1] Le rocher de Golgotha n'est séparé de la grotte du Saint-Sépulcre que par un intervalle d'environ quatre-vingts pas.

riques conjectures. Il est vrai que, depuis les croisades, la construction du douzième siècle, tout en restant debout, est devenue presque méconnaissable, grâce aux rivalités des diverses communions chrétiennes qui se disputent ce saint lieu.

Chacun s'est cantonné dans un coin de l'édifice ; on a bâti des murs et autres additions parasites, bouché des arcades, noyé des piliers et des colonnes dans des massifs de maçonnerie, d'où résulte une confusion, un chaos qui déroute les plus habiles et où M. de Vogüé nous avoue qu'il eut d'abord grand'peine à se reconnaître. Mais avec l'habitude de ces sortes d'explorations, avec l'instinct de l'archéologue, on perce du regard les murailles, on voit clair dans l'obscurité. C'est ce qu'a fait notre voyageur, et de ses recherches assidues est résulté un plan exact et lumineux sur lequel se peut lire couramment l'âge et le caractère de chaque partie de ces constructions depuis les soubassements de Constantin et la rotonde byzantine, jusqu'à la nouvelle abside [1] et aux transsepts des croisés.

Ainsi l'église du Saint-Sépulcre cesse d'être une énigme. Avec un peu d'attention, chacun peut aujourd'hui s'en rendre compte, même de loin. Sans le fatal incendie de 1808, qui a surtout endommagé la rotonde byzantine, sans les déplorables restaurations que les Grecs ont fait subir à cette partie de l'édifice, l'église dans son ensemble, abstraction faite des

---

[1] Cette nouvelle abside est tournée vers l'Orient, selon l'usage général en France au temps des croisades. La basilique de Constantin, au contraire, regardait l'occident, de sorte que l'abside, l'extrémité de l'église des croisés, s'élève au lieu où était l'entrée, le portail de l'église de Constantin.

cloisons et des murs postiches qui en déshonorent une partie, serait aujourd'hui telle à peu près que la laissèrent les croisés à leur départ de Palestine. Ce qui peut consoler ceux dont le goût s'offense de l'aspect plat et banal de la rotonde restaurée, c'est de penser que le mal n'est peut-être pas sans remède. M. de Vogüé nous donne l'assurance que l'ancienne décoration byzantine, ou tout au moins les colonnes, les chapitaux, et les arcs superposés, bien qu'invisibles aujourd'hui, n'ont pas été détruits totalement par le feu, qu'ils sont seulement emprisonnés dans ces piliers modernes si épais et si lourds, de telle sorte qu'en appliquant un jour à l'église du Saint-Sépulcre le système de restauration qu'on pratique aujourd'hui dans le chœur de Notre-Dame de Paris, nous pourrions assister à la résurrection de la véritable église où s'est agenouillé Godefroy de Bouillon, et que ses architectes n'osèrent abattre ni même modifier en y greffant leurs propres constructions.

Pour résumer en deux mots les résultats acquis par M. de Vogüé, nous trouvons dans son livre, non-seulement une excellente étude sur la basilique de la Nativité à Bethléem, un travail encore plus complet sur l'église du Saint-Sépulcre, et de nombreux aperçus sur une foule d'édifices d'une moindre importance, mais une démonstration générale et définitive de cette vérité jusque-là seulement entrevue, que l'architecture des croisades en Palestine n'est presque entièrement qu'une importation d'occident.

Nous voudrions citer textuellement tout le dernier chapitre de l'ouvrage intitulé *Conclusion*. L'auteur y combat avec une modération parfaite, bien méritoire à notre avis, cette opinion jadis admise et maintenant sans crédit, qui fait de l'Orient, et notamment de la terre sainte, le berceau de notre architecture à ogives. Il paraîtrait que depuis quelque temps cette opinion irréfléchie essayerait de reprendre faveur; il est donc bon d'en faire justice, même pour la centième fois. Ce qui nous plaît dans la réfutation de M. de Vogüé, c'est qu'elle est à la fois ferme et accommodante. Sans rien céder des droits de l'Occident, il fait à l'Orient sa juste part. Peut-être serions-nous moins généreux que lui en ce qui concerne l'époque postérieure aux croisades. Les faits les plus incontestables nous semblent démontrer que l'Orient n'a ni encouragé ni même accéléré par ses exemples les progrès du système architectonique porté par nous, dans notre treizième siècle, à son complet développement. Ce système, sans les croisades, aurait eu, selon nous, fortune à peu près égale. Mais si nous remontons en arrière, bien au delà de ces mêmes croisades, en peut-on dire autant?

Là se trouvent au contraire des preuves manifestes d'une influence orientale, influence indirecte, insensible, intermittente, très-difficile à définir et à déterminer, se trahissant surtout dans la partie décorative, dans l'ornementation de notre architecture romane; de telle sorte que s'il est parfaitement avéré que nos croisés portèrent en Orient une architecture déjà complétement française, il ne l'est pas moins que, dans cette architecture, l'Orient pouvait revendiquer une certaine part. C'est cette part, c'est-à-dire, la juste proportion, la mesure de son contingent, ce sont les véritables voies qu'ont suivies ses exemples et ses émanations, que nous serions curieux de bien connaître. Est-ce possible? Nous le savons, ce problème est plein d'obscurités. M. de Vogüé, dans son livre, en reconnaît l'importance et en dit quelques mots en passant. Nous oserions lui demander d'en faire une sérieuse étude. Avoir vu l'Orient c'est déjà presque un titre à se charger d'un tel fardeau ; il en possède beaucoup d'autres. Hier encore simple amateur, fuyant l'oisiveté, cherchant un digne emploi de son indépendance, il s'est du premier coup placé aux meilleurs rangs de nos explorateurs archéologues ; ce n'est pas pour rester en chemin ; le succès est un genre de noblesse qui oblige aussi bien que l'autre. Nous sommes donc assurés que ce premier travail, aura bientôt son utile complément.

P. S. Notre souhait s'est accompli, M. Vogué a de nouveau visité l'Orient et a découvert sur les questions que nous recommandions à sa sagacité les plus abondantes lumières. Déjà dans ces *Études* (T. Ier p. 295), nous avons saisi l'occasion de signaler son heureuse trouvaille, et nous hâtons de tous nos vœux la publication de l'ouvrage qui nous en donnera le complet exposé.

III

L'ARCHITECTURE DU MOYEN AGE

EN ANGLETERRE

Il y a bientôt trente ans, on publiait à Londres un élégant ouvrage qui donnait une complète idée des principaux édifices religieux de l'Angleterre [1]. Les planches avaient cet aspect séduisant, ce fini précieux, qui font la fortune des *Keepsakes*, et jamais cependant elles ne cessaient d'être fidèles. C'était une heureuse alliance de l'exactitude et du pittoresque. La vérité ne s'y montrait pas toute nue, mais sa parure était assez transparente pour ne rien déguiser. A côté de ces charmantes gravures, vous trouviez des plans où les moindres dimensions des monuments étaient cotées avec précision et rigueur; enfin, les notices étaient pleines de

---

[1] *Wincles's architectural and picturesque illustrations of the cathedral churches of great Britain*; 3 vol. in-8°. — London, 1836.

faits, de recherches, d'une sage critique, et achevaient de donner à l'ouvrage une valeur réelle en le rendant profitable même aux érudits.

L'auteur a depuis entrepris sur nos cathédrales de France un travail complétement semblable, mais sans réussir aussi bien sur le continent que dans sa patrie. Ce n'est pas qu'il ait changé de méthode : le texte de son nouvel ouvrage est écrit avec la même sagesse consciencieuse; les planches paraissent gravées par les mêmes procédés et presque par les mêmes mains, mais il leur manque un certain degré de vérité et de ressemblance. Ces élégantes miniatures sont impuissantes à reproduire le caractère mâle, les formes accentuées et hardies, la vétusté sévère et négligée de la plupart de nos cathédrales. Les églises anglaises s'accommodent bien mieux de ces portraits suaves, harmonieux et un peu brillantés; car, elles-mêmes, elles sont, pour ainsi dire, polies, vernies, luisantes de propreté et de conservation.

C'est là leur caractère dominant, c'est là ce qui les distingue avant tout des autres édifices du moyen âge répandus en Europe. Leurs beautés, leurs défauts, ce qu'il y a de particulier dans leur forme, dans leurs dimensions, dans leur style, vous n'en jugez qu'après un regard attentif; tandis qu'au premier coup d'œil vous êtes frappé d'un certain aspect de netteté, d'ordre, d'entretien, qui brille non-seulement sur ces monuments eux-mêmes, mais sur tout ce qui les environne.

Ce n'est pas que les églises anglaises ne portent comme les nôtres des traces de mutilations et de barbarie : elles ont eu aussi leurs mauvais jours. Mais on voit que depuis longues années elles sont l'objet de soins pieux et continuels, que ceux qui les possèdent en connaissent le prix, les montrent avec orgueil et les conservent avec respect comme des bijoux de famille.

Il n'y a qu'en Angleterre où l'on rencontre des édifices religieux qui, dépouillés depuis trois cents ans d'une partie de leur destination première, ne subsistent qu'à titre d'objets d'art et de curiosité. C'est là ce qui explique leur étonnante conservation; car il en est des monuments comme de toute chose en ce monde, rien ne les use comme de s'en servir. L'usage est un genre de vandalisme lent, insensible, inaperçu, qui ruine et détériore presque autant qu'une brutale dévastation.

Figurons-nous deux abbayes également riches et bien bâties, deux abbayes de bénédictins, l'une en France, l'autre en Angleterre; suivons leur histoire jour par jour, depuis cette année 1538, où Henri VIII prononça l'abolition des ordres monastiques, jusqu'en 1789 seulement, et voyons laquelle des deux, durant cette période, aura le mieux conservé sa physionomie primitive. Sera-ce celle qui n'aura perdu ni ses moines ni ses revenus? on serait tenté de le croire, et certainement on se tromperait. Sans doute l'abbaye anglaise se sera trouvée tout à coup déserte, abandonnée; sa grande église, ses cloîtres, ses corridors, ses cellules, seront restés, pendant plus d'un siècle peut-être, sans entretien, sans ressources; mais les murailles étaient si solides, les plombs qui les recouvraient si épais! elles auront résisté et bravé les injures du temps jusqu'à ce que les générations nouvelles, frappées d'admiration et de respect, soient venues les sauver de la ruine. En France, au contraire, que se sera-t-il passé dans notre abbaye encore riche et peuplée? Chaque jour de nouveaux besoins, de nouveaux caprices, auront fait modifier quelques parties du monument : les frères n'auront plus trouvé leurs stalles assez profondes, assez commodes, ils auront fait scier d'admirables piliers pour s'installer plus à leur aise; les dentelles de pierre qui entouraient le chœur laissaient venir le vent à leurs oreilles, ils les auront remplacées par un lourd écran de bois; observateurs de la mode, ils auront, à son signal, recouvert les ogives de l'apside par des draperies de marbre et des guirlandes dorées, ou par un de ces grands soleils rayonnants au milieu d'un vaste nuage de plâtre parsemé de chérubins ailés et bouffis; puis enfin, sur le mot d'ordre du général, mot d'ordre parti de Rome vers le milieu du dernier siècle, les cloîtres, les salles de chapitres, les réfectoires, tous les bâtiments conventuels, en un mot, auront été impitoyablement jetés par terre pour faire place à ces grandes et plates casernes qui sont alors sorties de terre dans toutes les abbayes où régnait la règle bénédictine.

Ainsi, même en s'arrêtant à 1789, les couvents abandonnés de l'Angleterre étaient probablement déjà moins défigurés que nos couvents encore florissants. Que sera-ce donc si nous poussons cette comparaison jusqu'à nos jours, si nous traversons nos premières années révolutionnaires, années de démolition ardente et passionnée, suivies de cette longue période d'indifférence qui se termine à peine aujourd'hui et qui a laissé tomber en poussière tant de chefs-d'œuvre irréparables.

Les monuments anglais ont eu le privilége d'être mis hors de service non par le triomphe de passions dévastatrices, mais par les ordres souverains d'un monarque systématique. Les révolutions qui partent d'en haut modifient, mais détruisent peu. Aussi Henri VIII laissa-t-il bien rarement les lords, ses favoris, dérober aux églises et aux abbayes des pierres pour orner leurs châteaux : il voulut, en général, que les biens enlevés aux églises fussent respectés, et, comme il s'en était approprié la plus grande partie, il donna lui-même l'exemple de ce respect. Plus tard, il est vrai, les puritains firent la guerre aux saints de pierre et aux vitraux peints; mais ce fut un ouragan passager et local qui n'étendit pas trop loin ses ravages.

Ainsi, la première cause de cette belle conservation des édifices religieux en Angleterre, ce sont les circonstances historiques; il en est une autre non moins puissante, le caractère national du peuple anglais et ses habitudes domestiques si profondément différentes de celles des peuples plus méridionaux.

Le goût de la propreté chez les Anglais est une disposition innée, une passion naturelle. Ce n'est pas seulement dans les habitations somptueuses du gentilhomme que vous trouvez une argenterie toujours aussi étincelante que dans la boutique de l'orfèvre, des équipages qui ont toujours l'air de servir pour la première fois; parcourez les campagnes, et, dans les humbles *cottages*, sous le toit des pauvres gens, les ustensiles de ménage, les serrures, le bouton de cuivre de la porte, vous serviront de miroir. Les vitres de nos plus beaux hôtels de France ne sont pas aussi constamment propres et d'une transparence toujours aussi parfaite que celles des cabanes du plus pauvre comté. Il faut voir tous les samedis, dès le point du jour, les servantes des plus petits ménages savonner les marches de l'escalier et frotter sans relâche, jusqu'à ce que chaque pierre soit devenue blanche comme du lait. Elles frottent pour le plaisir de frotter; c'est pour elles un instinct, une vocation.

Ces habitudes, poussées parfois jusqu'à la manie, devaient nécessairement influer sur le sort des anciens monuments. Quand on se fait un culte de la conservation de sa maisonnette, comment laisserait-on s'altérer et se perdre ces vastes et imposantes constructions, ouvrages de tant de siècles? Il n'est donc pas étonnant d'une part que les monuments religieux, et particulièrement les constructions abbatiales, présentent en Angleterre un ensemble moins incomplet que parmi nous, et d'autre part que les moindres détails en soient plus intacts, mieux soignés, mieux entretenus.

Mais ce qui est étonnant, ce qui tient du miracle, ce qu'on renonce à comprendre quand on a vu les monuments que construisent aujourd'hui les Anglais, c'est qu'à une époque quelconque de leur histoire, ils aient été capables de construire ces belles et grandes églises qui rivalisent, comme nous le verrons tout à l'heure, avec les plus nobles créations de l'art chrétien en Europe.

Assurément nous ne faisons des chefs-d'œuvre ni à Paris ni dans les départements : nos architectes manquent d'originalité, d'invention, d'à-propos; mais, dans leurs œuvres les plus imparfaites, on trouve encore je ne sais quel respect des règles de l'art. Ceux même qui passent leur vie à chercher, dans un terrain de dix toises carrées, un appartement complet; ceux qui ne construisent que ces amas d'étages qu'on appelle maisons de location, se permettent encore çà et là quelques moulures adroitement profilées. Depuis quinze ou vingt ans surtout, la décoration extérieure de nos maisons devient plus riche et plus soignée : les corniches, les couronnements des fenêtres sont sculptés avec finesse. Il y a sans doute matière à critique dans la plupart de ces ornements, mais ils n'en témoignent pas moins d'un certain sentiment du beau. A voir avec quelle intelligence, avec quelle souplesse nos ouvriers commencent à fouiller la pierre et en font sortir ces fleurs, ces fruits, ces rinceaux, on reconnaît en eux les héritiers de grandes générations d'artistes, on comprend que leurs pères aient pu faire la Sainte-Chapelle et sculpter les brillantes fantaisies de notre renaissance.

Mais à Londres, mais dans toute l'Angleterre, voyez comment on construit. Est-il possible de mettre plus étrangement en oubli ce que l'expérience et le bon sens des siècles ont appelé l'art de bâtir? Nous ne parlons pas seulement de ces maisons du vieux Londres et de presque toutes les villes d'Angleterre, maisons sans corniches, sans entablements, sans une saillie quelconque, grandes murailles percées de trous ou de soi-disant fenêtres. Quelque disgracieuses, quelque froides que soient de telles constructions, elles ont au moins le mérite de n'être pas prétentieuses; mais, ce qui est impardonnable, ce sont les monuments publics, ce sont les églises modernes et ces immenses façades de *Regent-Street*, *de Regent's Park*, de *Portland-Place;* là c'est de l'architecture qu'on a voulu faire : le styles de tous les siècles et de tous les pays sont mis à contribution, on vous donne de l'égyptien, de l'indien, du dorique grec, du dorique romain, de l'ionien, du corinthien, du gothique, du Vignole et du Palladio; il y en a pour tous les goûts, excepté pour celui des gens qui ont le moindre sentiment de l'art.

Ce qui rend ces caricatures encore plus inexplicables, c'est que les architectes anglais ne manquent pas d'un certain genre de talent. Ils dessinent un jardin avec adresse, ils font de petites constructions rustiques, pleines de grâce, bien que souvent un peu maniérées. En général ils sont instruits : ils voyagent, ils vont à Rome, à Athènes; mais, une fois de retour sous le ciel natal, ils sont comme étouffés par une atmosphère prosaïque qui éteint toute inspiration et paralyse tout sentiment des proportions et des convenances.

Il est vrai que, pour eux, tout est difficulté : leurs matériaux sont de petite dimension; c'est de la brique, du caillou, rarement de la pierre. Or, on le sait, sans pierre de taille point de sculpture et, par conséquent, point de beaux et grands monuments. Ce n'est pas qu'avec de la brique on ne puisse bâtir des palais et des temples, mais alors il faut adopter le caractère et les formes auxquels cette espèce de matériaux peut se prêter; il faut que ce soit un parti pris et que la brique soit franchement accusée. Tandis qu'à Londres on ne se sert de brique dans les monuments que pour la dissimuler; on la métamorphose en pierre au moyen d'une couche de mortier et à force de mastics et d'enduits. De là cet aspect de carton, de là ces arêtes empâtées, ces profils mous et cotonneux.

Si les matériaux sont un obstacle, que dirons-nous du climat? Déjà c'est un contre-sens que des monuments grecs et italiens à Paris; mais à Londres, qu'y viennent-ils faire? Quand ils seraient aussi parfaits de forme et d'exécution qu'ils sont lourds et défectueux, ne serait-ce pas pitié de les exposer à ces brouillards chargés de fumée de charbon de terre, qui les barbouillent en quelques jours comme le plus noir des ramoneurs? Les constructions dans le style gothique seraient peut-être moins en désaccord avec cette couleur sévère, mais voyez celles qu'on élève aujourd'hui en Angleterre, c'est quelque chose d'encore plus bâtard que les imitations de l'antiquité et de l'Italie. Quand il ne s'agit que de restauration et que la tâche de l'ouvrier se borne à reproduire trait pour trait certains détails d'un édifice du moyen âge, ces copies sont en général bien exécutées; elles sont même parfois de véritables trompe-l'œil; mais, dès qu'il est question de construire à neuf, de faire une église, un manoir, un château, l'imagination des architectes se complaît dans un amalgame incohérent des styles les plus disparates; il en résulte des créations fantasques: leurs clochers sont de vrais pains de sucre, leurs créneaux des joujoux, leurs ponts-levis des colifichets; c'est ce qu'on appelle, en termes d'école, du gothique de carton-pierre.

En un mot, il n'existe peut-être pas un pays où l'architecture monumentale soit tombée, depuis un siècle ou deux, en si profonde léthargie. Quand nous lisons dans nos légendes que Charlemagne, entre autres réformes, dut faire perdre à ses architectes l'habitude qu'ils avaient peu à peu contractée de placer les colonnes la tête en bas, nous sommes tentés d'être incrédules; mais, pour quiconque a vu l'architecture moderne de l'Angleterre, un tel récit n'est plus une fable, il n'est pas même une hyperbole.

Eh bien, c'est pourtant sur ce sol rebelle, sur cette terre disgrâciée que se sont élevées, il y a quelques siècles, tant de nobles édifices : les voûtes d'York, de Durham, de Lincoln, de Winchester sont là pour attester que l'art, dans toute sa gloire, a pu fleurir sous le ciel britannique.

Certes, s'il était besoin d'une preuve nouvelle pour démontrer la toute-puissance de la foi, le magique ascendant, la suprématie souveraine du catholicisme pendant le moyen âge, on la trouverait dans un tel fait. C'est bien là faire entendre les sourds et marcher les paralytiques! Les Romains y avaient échoué ; eux qui fondaient partout des monuments, ils n'en ont pas laissé un seul de quelque importance en Angleterre. Mais pour le catholicisme rien ne devait être impossible. Non content de soumettre les intelligences et de dompter les cœurs, il était dans sa mission d'exalter, d'agrandir les imaginations ; d'élever par la foi au sentiment du beau les peuples les plus engourdis ; de s'en servir comme d'instruments pour ériger en tous lieux des témoins de sa puissance, et pour apprendre à l'avenir que partout où s'était plantée la foi chrétienne, l'art chrétien avait fleuri.

C'est du haut de ce point de vue que l'histoire de l'architecture est une riche et belle étude. Vous avez devant les yeux une grande famille de monuments, tous issus de la même pensée, environnés de la même auréole, et témoignant, par leur ressemblance, de leur communauté d'origine. Puis, sous cette grande unité, que de causes de diversité vous apparaissent ! que de variétés, que de nuances produites par des circonstances plus ou moins visibles, plus ou moins faciles à distinguer! C'est dans la double appréciation de ces circonstances toutes locales, et des lois générales qui les dominent, que consiste la véritable histoire de l'art au moyen âge.

Nous ne pouvons ici qu'effleurer ces grandes questions. Nous chercherons cependant, en portant nos regards sur les principales églises de l'Angleterre, quels sont les caractères généraux qui les rattachent aux monuments religieux du reste de l'Europe, et quelles sont, au contraire, les particularités qui les en distinguent. Nous verrons comment, après s'être d'abord presque entièrement conformées au type universel, au type suprême et canonique, elles lui deviennent peu à peu moins fidèles et s'en écartent successivement pour tomber dans une complète indépendance, puis enfin dans ces ténèbres où l'art sommeille aujourd'hui. Il y aurait là matière à toute une longue et curieuse histoire; essayons seulement d'en indiquer les traits les plus saillants.

Notre point de départ ne sera pas difficile à fixer. Les études archéologiques en Angleterre ont le bonheur d'être dégagées d'un genre de problèmes qui fait perdre sur le continent bien du temps et bien des paroles. On n'y connaît pas cette manière de vieillir de deux ou trois cents ans les monuments des onzième et douzième siècles. Chez nous, dès qu'une arcade est à plein cintre, l'annuaire du département ou l'almanach de la ville ne manquent pas d'en attribuer l'honneur à Dagobert ou tout au moins à Charlemagne. En Angleterre, la conquête est là pour faire justice de ces vétustés imaginaires. Ce n'est qu'à partir du règne du roi Guillaume, c'est-à-dire depuis 1060, qu'ont été bâties les plus anciennes églises encore debout sur le sol anglais. C'est là un fait qu'on ne conteste plus aujourd'hui. Personne, pas même les *guides* et les *sextons*, ne vous parle maintenant du style saxon. Il en est des Saxons comme des Lombards, comme de tous les peuples barbares de cette époque : ils n'ont point eu d'architecture qui leur fût propre ; ils n'ont bâti que d'après les traditions laissées dans l'île par les Romains, traditions obscures et dégénérées ; leurs constructions étaient grossières, imparfaites, et ne seraient jamais parvenues entières jusqu'à nous, lors même que les vainqueurs les auraient laissées subsister.

Mais les compagnons de Guillaume, en se partageant le sol, semblaient s'être donné le mot pour faire partout table rase : églises et châteaux s'écroulèrent de tous côtés pour faire place à des châteaux et à des églises bâtis à la normande. La fièvre de reconstruction, qui s'était déclarée vers l'an 1000 en Italie, en France, en Allemagne, ne pénétra en Angleterre qu'avec la conquête ; mais elle y devint d'autant plus ardente qu'au plaisir de bâtir dans un style nouveau se mêlait, chez la nation conquérante, le désir tout politique de consacrer et de légitimer, en quelque sorte, sa prise de possession. En moins d'un siècle, la face du pays fut entièrement mise à neuf et il ne subsista plus que des vestiges de l'ancien état de choses. Aussi M. Rickman, dans son savant ouvrage, ne peut citer que vingt fragments de monuments tant religieux que militaires, qu'il suppose pouvoir remonter à une époque antérieure à la conquête, et encore parmi ces fragments en est-il plus d'un qu'il est permis de croire moins ancien.

Ainsi, point d'embarras pour déterminer la date des plus anciennes églises de l'Angleterre, et quant au nom qu'il faut donner à cette première architecture, il n'y a pas lieu, comme sur le continent, d'hésiter entre les mots *style roman*, *style bysantin*, et autres termes de convention qui présentent tous une idée plus ou moins incomplète. En Angleterre, la seule dénomination convenable, c'est celle qui rappelle comment les choses se sont passées : les Normands ont importé ce genre d'architecture, il est donc tout naturel qu'on lui donne le nom d'architecture normande.

Ce n'est pas qu'en supposant Guillaume moins heureux ou moins hardi, en supposant que les Normands n'eussent jamais donné des lois à l'Angleterre, le nouveau mode d'architecture n'eût fini par pénétrer sur le sol britannique; il eût fait son chemin plus lentement, avec plus d'efforts, au moyen de la seule propagande monacale; il s'y fût développé peu à peu et sans qu'on s'expliquât sa naissance et ses progrès, comme à Pise, à Lucques, à Venise; comme en Allemagne, sous les Othon; comme en France et particulièrement en Normandie, où depuis plus d'un demi-siècle il avait tenté ses premiers essais. Mais, grâce à la conquête, il s'introduisit en Angleterre d'une manière plus subite, du soir au matin pour ainsi dire. En quelques années, le temps perdu était réparé et le nouveau royaume comptait autant d'églises dans le nouveau style que les autres États du continent. Il est vrai que l'importation avait été complète : non-seulement on avait transporté les architectes, les ouvriers, mais les pierres elles-mêmes, les pierres de Caen, toutes taillées, toutes façonnées, avaient été expédiées à grands renforts de barques et de navires. Ici c'est Thomas, chanoine de Bayeux, qui reconstruit de fond en comble le minster d'York; là c'est Remigius, moine de Fécamp, qui élève, en quelques années, une vaste basilique sur l'emplacement de l'église de Lincoln, et qui meurt la veille de la dédicace, le 1er mai 1092. Lanfranc, abbé de Caen, n'est pas plutôt nommé archevêque de Canterbury et primat d'Angleterre, qu'il renverse l'ancienne église et en érige une nouvelle. Gondulf, moine de l'abbaye du Bec, près Bernay, est consacré évêque de Rochester en 1087, et aussitôt il rebâtit son église. Il en est de même à Durham, à Wells, à Norwich, à Bristol, partout des abbés ou des moines normands qui, à peine devenus évêques, se hâtent d'exercer ces talents d'architectes que quelques-uns d'entre eux possédaient à un haut degré, et qui étaient encore à cette époque un privilége exclusivement ecclésiastique.

Ainsi, ce ne fut point par une imitation lente et successive que la grande architecture chrétienne du onzième siècle prit naissance en Angleterre; ce fut par une véritable transplantation. Les Normands y portèrent leurs cathédrales, pour ainsi dire toutes bâties, comme Le Nôtre plantait sur la terrasse de Marly les grands arbres de la forêt.

Une reconstruction si générale, faite avec tant de soins et avec un si grand luxe de solidité, a dû nécessairement laisser des traces durables et nombreuses : aussi les édifices dans le style normand ne sont-ils pas rares aujourd'hui en Angleterre. On y compte 22 cathédrales, et, sur ce nombre, il y en a 15 qui conservent encore des parties considérables de leur construction normande. Aucune d'elles cependant n'appartient totalement à cette époque. Ce serait presque un miracle qu'une telle unité de caractère, sans mélanges, sans additions postérieures, et les exemples n'en sont guère moins rares sur le continent qu'au delà du détroit.

Parmi les cathédrales anglaises qui ont conservé le plus complétement leur physionomie normande, nous citerons en premier lieu celles de Durham, de Peterborough, de Norwich. A Durham le plein cintre règne dans toute l'église, sauf dans son extrémité orientale, espèce de second transsept soutenu par de longues voûtes à ogives. A Peterborough et à Norwich, vous retrouvez le plan normand dans tout son ensemble; il n'y a d'altération que dans quelques détails. Les fenêtres ont été agrandies et ornées de meneaux du quatorzième et du quinzième siècles, et la chapelle de la Vierge, toute à ogives, prolonge carrément le chœur en hémicycle de l'église à plein cintre; mais, malgré ces légères additions, le caractère primitif de cette noble architecture subsiste dans toute sa majesté.

A Ely, à Rochester, à Chichester, la nef est entièrement normande, tandis que le chœur s'élève sur des ogives sveltes et élancées. A Canterbury, c'est le contraire : la nef seule est à ogives et la plus grande partie du chœur est décorée à la normande. Enfin à Winchester le plein cintre a disparu aussi bien du chœur que de la nef; mais il est resté maître des deux transsepts, des deux bras de la croix, et sa présence dans ces deux parties symétriques de l'édifice a quelque chose de solennel et produit un merveilleux contraste avec la légèreté aérienne de tout le reste de la construction.

Nous voudrions pouvoir décrire en détail chacune de ces belles cathédrales. Malgré leur ressemblance, elles ont toutes une physionomie à part ; elles vous laissent toutes un souvenir distinct, une image individuelle, moins à cause des particularités architectoniques qui s'y rencontrent que par leur situation plus ou moins pittoresque, au milieu du paysage, et par la disposition des bâtiments claustraux qui les entourent. Comparées à leurs sœurs de Normandie, elles présentent, comme on doit s'y attendre, de frappantes analogies, surtout dans leurs parties les plus anciennes. Tout ce qui appartient au onzième siècle se retrouve trait pour trait dans les deux pays : ce sont les mêmes profils, les mêmes moulures, les mêmes zigzags, les mêmes ornements. Dans le douzième siècle, quelques différences commencent à se faire remarquer ; ainsi, par exemple, on trouve alors une plus grande sobriété de sculptures en Angleterre qu'en Normandie. Et cependant les conquérants avaient pris en prédilection leurs nouveaux domaines, ils devaient consacrer aux monuments qu'ils y élevaient plus d'argent et plus de soins que dans la mère patrie ; mais soit qu'ils cherchassent avant tout à frapper les populations indigènes par la grandeur et l'énergie de leurs créations, soit que la sculpture, qui est essentiellement méridionale, s'appauvrisse et s'éteigne à mesure qu'on la fait monter vers le nord, toujours est-il qu'en Angleterre les églises à plein cintre, de la date la plus récente, ont un aspect moins orné, moins fleuri que celles de Normandie qui remontent à cette même époque, et à plus forte raison que celle de nos provinces d'outre-Loire. Déjà en Normandie les chapiteaux et toutes les parties décorées sont incomparablement moins riches qu'en Poitou, en Saintonge, en Languedoc ; mais, en Angleterre, la différence devient encore plus tranchée. Les chapiteaux y sont en général purement cubiques comme à Cologne et sur les bords du Rhin ; il est très-rare de les trouver revêtus de ces beaux rinceaux, de ces feuilles si variées et si élégantes et surtout de ces nombreuses figures d'hommes et d'animaux qui abondent dans nos églises à plein cintre de France. Les seuls ornements fréquemment employés dans celles d'Angleterre sont des ornements inanimés, des bâtons rompus, des perles, des têtes de clous et de diamants. Ils sont en général disposés d'une manière heureuse et forment souvent une décoration assez brillante, mais qui porte un cachet tout particulier.

D'un autre côté, on remarque quelques différences qui ne sont qu'apparentes et qui proviennent seulement, selon toute probabilité, de la conservation plus parfaite des églises anglaises. Ainsi ces plafonds de bois à grands caissons et couverts de peintures, qui font un effet si imposant dans les nefs d'Ely et de Peterborough et dans les transsepts de Winchester, ne sont certainement pas une particularité locale. Nul doute qu'il n'en existât de semblables dans nos églises du même temps ; mais chez nous on se sera cru deshonoré de conserver des plafonds de bois, et on les aura ensevelis sous une belle couche de moellons et de mortier.

Ce style normand qui, malgré sa tardive importation sur le sol anglais, avait, en moins d'un siècle, produit tant de chefs-d'œuvre, commence à être abandonné à la fin du règne de Henri II, et disparaît à peu près avec ce monarque, c'est-à-dire en 1189. Il avait duré environ 150 ans. Le style qui lui succède et qu'on désigne en Angleterre sous le nom de *style anglais primitif* (early english), correspond, sauf de rares exceptions, à notre premier style gothique, celui qui a pour signe distinctif l'ogive dans toute sa pureté, l'ogive à lancette, et ce grandiose de proportions, cette chasteté d'ornements, qui caractérise dans toutes les architectures le plus haut degré de perfection.

Entre ce style nouveau et le style normand, la transition semble avoir été singulièrement brusque en Angleterre. On n'y voit presque pas d'exemples de ces monuments où l'ogive encore naissante s'essaie timidement, et vient se poser, comme par hasard, sur deux piliers qui semblent plutôt destinés à porter un arc semi-circulaire : monuments mi-partis qui matériellement sont à ogives, mais dont l'esprit est encore tout à plein cintre. Telle est en partie Notre-Dame de Noyon, l'abbaye de la Trinité à Fécamp, la belle église à coupoles de Souillac, et tant d'autres qu'on rencontre dans toutes nos provinces, et qui offrent des modèles aussi variés qu'intéressants de cette architecture de transition. Je n'ai guère vu en Angleterre que la rotonde de Canterbury, dite *Becket's crown*, et deux ou trois chapelles souterraines, où quelque chose d'analogue puisse être remarqué. Il semble que l'Angleterre n'ait pas assisté comme la France à cette lutte persévérante des idées anciennes contre les idées nouvelles ; à cette longue résistance des traditions sacerdotales contre les innovations laïques et bourgeoises, et qu'elle n'ait pas vu comme nous le vieux type architectonique lutter pied à pied contre son jeune rival et lui disputer le terrain, en quelque sorte, pierre par pierre. En Angleterre le combat, s'il a existé, n'a pas laissé de traces ; le style à ogives semble s'y être introduit de la même manière que le style normand 130 ans auparavant, c'est-à-dire après sa première enfance, lorsqu'il était déjà sorti des essais et des tâtonnements, lorsqu'il avait acquis assez de force et de maturité pour régner souverainement et sans partage.

Quoi qu'il en soit nous trouvons en Angleterre d'admirables productions de ce style à ogives primitif, qu'on a tort toutefois d'appeler style *anglais*, car les noms de style français ou de style allemand peuvent lui être donnés à tout aussi juste titre. Il est le même dans les trois pays; ce sont les mêmes profils, les mêmes moulures, la même disposition d'arcades et de piliers, et en général le même genre de chapiteaux. Quiconque peut juger au premier coup d'œil la date approximative des églises françaises et allemandes de cette époque pourra tout aussi bien déterminer l'âge de celles d'Angleterre. Toutefois, à côté de cette analogie dans les détails, il existe une différence notable dans le plan. Nos églises et celles d'Allemagne se terminent en hémicycle aussi bien sous la période à ogives que sous la période précédente : l'abside se prolonge davantage, mais elle finit toujours par aboutir à une partie semi-circulaire, et toutes les chapelles qui se groupent autour affectent cette même forme. En Angleterre, au contraire, dès que le style normand est abandonné, vous ne trouvez plus d'absides en hémicycle ; toutes les églises se terminent carrément. C'est là une règle générale. Peut-être existe-t-il quelques exceptions, comme chez nous on cite trois ou quatre églises dont l'extrémité du chœur est carrée, la cathédrale de Laon, par exemple, celle de Poitiers, celle de Dol en Bretagne, l'église de Sainte-Serge d'Angers. Mais ces exceptions n'empêchent pas qu'il faille constater, sur ce point, entre les églises des deux pays, une différence radicale. On se demande vainement par quelle cause les architectes anglais ont été conduits à cette espèce de schisme. Aucune différence de rite, aucune prescription canonique n'a dû la leur imposer ; il est donc probable qu'ils ont suivi leur goût ; ils ont cru par ce moyen obtenir de plus heureux effets.

Ont-ils réussi ? nous ne le pensons pas. A l'intérieur d'une église rien ne peut remplacer l'effet de perspective produit par un chœur en hémicycle, soit qu'on se place au centre de la grande nef et qu'on puisse ainsi saisir l'ensemble de toutes les lignes du vaisseau convergeant vers un même point, soit que, pénétrant dans les nefs latérales, on les voit fuir devant soi et s'enfoncer par une courbe majestueuse vers un point qu'on n'aperçoit pas, sorte de mystère qui est si bien en harmonie avec la sainteté du lieu. En Angleterre, au contraire, vous apercevez le bout des nefs latérales, dès votre entrée dans l'église, et quant à la nef principale, la grande muraille plate qui la termine produit un effet sec et sans poésie : heureusement elle est presque toujours dissimulée par un jubé surmonté d'un vaste jeu d'orgues.

A l'extérieur, il est également impossible de ne pas regretter dans les églises anglaises ces chevets arrondis dont les étages s'élèvent les uns en retraite des autres comme d'immenses gradins, et qui se groupent d'une manière si harmonieuse et si pittoresque. Dans nos églises, la façade, les transsepts et le chœur ont chacun leur physionomie distincte : en Angleterre, l'édifice vous présente un pignon presque semblable sur ses quatre faces : aucun signe extérieur ne vous signale le sanctuaire et la nef ; vous pouvez vous méprendre et faire le tour du monument avant d'en avoir reconnu l'entrée.

Toutefois, quand vous êtes en présence de ces cathédrales anglaises du treizième siècle, vous oubliez en faveur de tant d'autres beautés ce qu il y a de froid et de disgracieux dans leurs absides. L'abbaye de Westminster, et particulièrement sa façade nord, le minster de Weverley, le transsept méridional d'York, la façade de Lincoln, offrent d'admirables modèles du style à lancette. Il est impossible de donner à ce genre d'architecture une expression plus noble, un caractère plus hardi, plus sublime. Quant à la cathédrale de Salisbury, que les Anglais regardent comme le type du genre, comme la perfection des perfections, c'est assurément un magnifique édifice; les proportions en sont grandioses, le plan d'une ordonnance simple, d'une symétrie parfaite, on le saisit d'un coup d'œil; la façade est brillante et délicatement ornée, sauf les portes qui sont pauvres et sentent le village; elle est surmontée d'une flèche en pierre d'une grande élévation, d'une extrême richesse, et qui, de plus, a le mérite de la rareté, car c'est à peu près le seul clocher de quelque importance qu'on puisse citer en Angleterre : enfin à l'intérieur l'édifice est d'une merveilleuse régularité, mais il est en même temps d'une froideur inexprimable; cette froideur provient de l'absence complète de toute espèce de sculpture; il n'y a pas dans l'église entière la trace d'un seul coup de ciseau; rien qui sente la main de l'homme, rien de vivant, rien d'animé : les chapiteaux sont tous pareils et se composent de deux ou trois petites moulures qui semblent faites mécaniquement ou par un tourneur de chaises. Autant vaudrait du carton-pierre, ce fléau de l'art, cette invention soi-disant artiste qui est à la sculpture ce que sont à la musique les orgues de Barbarie.

Néanmoins, on comprend l'immense réputation de cette abbaye de Salisbury, d'abord parce que, malgré ses imperfections de détail, c'est un des édifices les plus grands et les plus complets qu'on puisse voir, ensuite parce qu'indépendamment des mérites du tableau le cadre a des attraits merveilleux. C'est un privilége de la plupart des églises anglaises que de se marier à la verdure, mais il n'en est peut-être pas qui soient ombragées par des arbres aussi imposants, aussi gigantesques que ceux de l'abbaye de Salisbury. Il faut voir d'un côté ces ormes séculaires et ce tapis d'un gazon fin et brillant sur lequel l'église semble mollement assise; de l'autre ce vaste cloître, silencieux, désert, mais si bien tenu, si respecté, que les moines semblent l'avoir quitté la veille et devoir après l'office venir encore s'y promener. Un tel ensemble ne peut pas se décrire, mais on comprend quel relief, quel éclat il prête aux beautés de cette cathédrale.

Si vous entrez dans le cloître, si vous suivez ces longues voûtes, bientôt vous arriverez devant un porche élégamment orné qui vous introduira dans une grande rotonde octogone, toute à jour, éblouissante de clarté et dont nous chercherions vainement un modèle sur le continent. C'est la salle du chapitre, *chapter house*. Au centre s'élève une longue colonne de pierre, ou plutôt, ce n'est pas une colonne, c'est le tronc d'un vaste palmier dont la tête se recourbe comme un parasol immense et abrite de ses rameaux symétriques tout le centre de la rotonde en se rattachant à huit fragments d'autres palmiers qui s'élancent de chacun des angles de l'octogone.

Il est impossible de rien imaginer d'aussi gracieux, d'aussi léger et en même temps d'aussi majestueux que cette disposition de voûtes. Les féeries de l'Alhambra n'ont rien qui surpasse en élégance fantastique ces berceaux de palmiers, et le goût le plus pur, le plus sévère n'a pas un reproche à faire à ces arêtes si bien suivies, à ces courbes si bien calculées, à ce plan si simple et si riche à la fois. Nous n'avons rien en France qui puisse donner une idée de cette délicieuse décoration. Pour l'art de disposer et d'orner les voûtes, les Anglais sont évidemment nos maîtres : ils s'y sont livrés avec une aptitude toute particulière; c'est de ce côté qu'ils semblent avoir dirigé presque exclusivement et leur imagination et leurs études : aussi sont-ils parvenus à produire dans ce genre des effets d'une variété et d'une richesse extraordinaires : mais, de toutes les dispositions qu'ils ont inventées je ne crois pas qu'il y en ait une plus originale et plus heureuse que ces berceaux de palmiers. Les salles capitulaires de Lincoln, de Wells, d'York en offrent des exemples non moins remarquables que celle de Salisbury. On retrouve aussi ces sortes de voûtes dans l'octogone d'Ely et dans deux monuments charmants où elles ont été employées avec un rare bonheur, la chapelle royale de Windsor et la chapelle de la Vierge, *Lady chapel*, de Peterborough.

L'usage d'orner si richement les voûtes apparaît en Angleterre vers la fin du règne de Henri III, mais c'est sous Édouard Ier et Édouard II qu'il s'étend et se perfectionne. Ici nous entrons dans une nouvelle période de l'art. Au style à lancette qui dure, comme en France et en Allemagne, à peu près cent ans, c'est-à-dire pendant tout le treizième siècle, on voit succéder un nouveau style que les Anglais appellent *decorated english*. Ce n'est pas, à proprement parler, une nouvelle architecture ; tous les caractères généraux du style précédent sont conservés, l'ogive est toujours l'élément principal et dominant ; mais presque tous les détails se trouvent modifiées : on donne à ces détails un dessin plus fin, plus délicat, plus recherché.

Pendant que ce changement s'opère en Angleterre, la France et l'Allemagne assistent à une transformation semblable. C'est à peu près de 1290 à 1310 qu'on voit dans les trois pays abandonner les proportions austères et grandioses de la lancette pour des formes plus élégantes et plus raffinées. Mais cette similitude dans les dates et cette tendance commune vers une décoration progressive n'empêchent pas que le nouveau style ne présente en Angleterre de notables particularités. Comparez le chef-d'œuvre de notre architecture du quatorzième siècle, Saint-Ouen, de Rouen, et un des types les plus exquis du style *decorated english*, la nef et le chœur d'York, c'est bien la même élégance, la même légèreté, le même caractère général, mais que de différence de détail, et que nous sommes déjà loin de cette identité qui résultait au onzième siècle de l'influence toute récente de la conquête, et de la force d'unité que possédait encore le catholicisme !

Ainsi, les dissemblances commencent à apparaître au douzième siècle d'une manière plus distincte qu'au treizième, mais c'est surtout dans le siècle suivant qu'elles deviennent plus marquées et plus profondes ; à mesure qu'on avance, elles se prononcent de plus en plus, si bien que cent ans plus tard, sous Louis XII et sous les Tudor, vous ne voyez plus en présence deux variétés d'un même style, mais bien deux architectures complétement différentes. Après avoir marché si longtemps comme sœurs, elles deviennent étrangères et presque antipathiques l'une à l'autre. En effet, d'un côté le système gothique est abandonné, et son domaine envahi par la renaissance, c'est-a-dire par les souvenirs de l'antiquité mélangés de goût italien; de l'autre, on persévère dans le style gothique, mais en lui donnant des lois nouvelles et une physionomie toute particulière, toute nationale. Les liens de parenté sont complétement rompus entre les deux nations, chacune a sa civilisation, sa poésie, et, comme symbole de sa poésie et de sa civilisation, chacune devait avoir son architecture.

Ce style du quinzième et du seizième siècle est désigné en Angleterre sous le nom de *perpendicular english*. Pour cette fois la dénomination lui convient, car il est bien réellement et exclusivement anglais : aussi jouit-il en Angleterre d'une prédilection assez générale.

Comme presque tous les styles raffinés, il a des côtés éblouissants; il en a d'autres que l'art et le bon goût réprouvent. Sa principale beauté, c'est le luxe des voûtes, porté parfois jusqu'au délire. Chez nous le style si justement nommé *flamboyant* et qui, quant aux dates, correspond au *perpendicular english* du quinzième siècle, a bien aussi coutume d'orner de nervures saillantes les arêtes des voûtes et plafonds, mais ce n'est rien à côté de la multiplicité de broderies dont sont chargés à l'intérieur les édifices anglais de cette époque. Peut-être nos pendentifs ont-ils quelquefois plus de saillie, plus de hardiesse, mais en Angleterre ils sont revêtus d'une dentelle plus fine et plus compliquée.

La chapelle de Henri VII, à Westminster, qui passe avec raison pour le type du genre, produit assurément une profonde impression. Les vieilles bannières, les armoiries, les tombeaux, les stalles d'antique bois de chêne, l'obscurité du vestibule, y sont bien pour quelque chose ; mais le monument par lui-même n'en est pas moins d'un effet extraordinaire. On est comme étourdi par ces milliers de nervures qui s'élancent et se croisent sur votre tête comme les fusées d'un bouquet d'artifice. Il en est de même dans la grande chapelle de Cambridge (*king's college chapel*) ; le luxe de la décoration des voûtes ne peut pas être poussé plus loin.

Mais, au milieu de cette pompe, de cet éclat fantastique, si vous portez les yeux sur les fenêtres, vous êtes saisi d'un sentiment de froideur et de tristesse. L'absence de vitraux peints en est la première cause ; sauf dans la chapelle de Cambridge, il est rare de trouver en Angleterre plus de deux ou trois verrières coloriées dans une église : le verre nu, le verre d'un blanc verdâtre y laisse pénétrer une lumière terne et blafarde. Ce ne serait rien encore si les meneaux ou divisions de pierres destinées à contenir et à séparer les vitraux n'étaient généralement disposées de la manière la moins gracieuse et la plus monotone. Ils s'élèvent perpendiculairement depuis le bas jusqu'au haut de la fenêtre, exactement comme les barreaux de fer d'une prison. C'est là une règle sans exception, et qui est observée ponctuellement dans tous les monuments de style anglais proprement dit ; c'est même cette forme perpendiculaire des meneaux qui a donné lieu à la dénomination sous laquelle ce genre d'architecture est désigné.

Rien de semblable n'existe en France. Pendant le treizième et le quatorzième siècle, on y voit, comme en Angleterre, les meneaux prendre constamment la forme de petites ogives inscrites dans une grande, puis au quinzième ils se diversifient de la manière la plus irrégulière, la plus soudaine, comme des festons ou des feuillages entrelacés, ou plus souvent en forme de flamme, d'où est venu le nom de *flamboyant* : tandis qu'en Angleterre c'est toujours le même motif, toujours des bâtons droits venant heurter perpendiculairement l'archivolte de l'ogive. Ce qui achève de donner à ces fenêtres ainsi grillées l'aspect d'ouvertures de prison, c'est qu'une ou deux divisions transversales viennent presque toujours couper horizontalement les meneaux perpendiculaires. C'est peut-être là ce qui produit le plus mauvais effet, car il est de l'essence de l'architecture gothique d'être exclusivement pyramidale, même dans ses moindres parties, depuis la base jusqu'au sommet de l'édifice; par conséquent toute introduction de ligne horizontale est un contresens et un oubli de la véritable tendance du système. Cette règle, qui est observée religieusement en tous pays pendant le treizième et le quatorzième siècle, que la France et l'Allemagne respectent encore jusqu'au seizième, les Anglais, dans leur style favori, paraissent l'avoir complétement méconnue : non-seulement ils défigurent la décoration de leurs fenêtres par l'introduction de lignes transversales, mais ils coupent souvent de la même façon les grandes arcades centrales de leurs églises, et à l'extérieur ils font sans cesse dominer certaines parties horizontales qui, en interrompant les lignes ascendantes, donnent à la construction un caractère mixte, indécis, bâtard et lourd.

C'est par suite de ce système qu'ils tiennent presque toujours leurs toits aplatis et qu'ils les cachent même complétement toutes les fois que cela est possible. Singulière méprise! amalgame malentendu des idées italiennes et des idées du Nord, comme si les lois de l'architecture horizontale pouvaient s'appliquer impunément aux constructions gothiques, comme si un toit saillant, élevé, aigu, n'était pas le couronnement naturel, le complément nécessaire d'un édifice à ogives!

C'est à cette même méprise qu'il faut attribuer l'extrême rareté des flèches et clochers en Angleterre et l'éternelle répétition de ces grosses tours carrées qui se détachent horizontalement sur le ciel. On rencontre bien quelquefois de ces sortes de tours en France, mais c'est seulement dans certaines provinces, ou parce que le temps et l'argent ont manqué pour construire une flèche, tandis qu'en Angleterre c'est à dessein et systématiquement qu'on s'est arrêté à la plateforme carrée.

Enfin, nous trouvons encore une dérogation au véritable esprit de l'architecture à ogives dans ces longues lignes de petits créneaux qui festonnent horizontalement la crête de presque toutes les églises élevées dans le style anglais. Autant il est curieux et pittoresque de découvrir de temps en temps une église sérieusement crénelée, c'est-à-dire garnie de véritables créneaux derrière lesquels on sent qu'un homme d'armes a pu s'abriter et combattre, comme à la façade de Saint-Denis, par exemple, comme à la cathédrale de Narbonne et dans quelques-unes de nos églises des Pyrénées; autant cet incident historique ajoute d'intérêt et de charme au monument, autant l'effet devient mesquin et monotone lorsqu'il se répète à chaque instant, et lorsque les soi-disant créneaux ne sont qu'un ornement banal et obligé qu'on applique à toute espèce de construction.

Ainsi, en somme, l'architecture anglaise proprement dite repose sur un contre-sens presque perpétuel; ces lignes horizontales, ces absides carrées, ces tours carrées sont autant de reflets du goût méridional, tandis que l'aspect du Nord est empreint dans la coupe de chaque pierre et dans l'ajustement des moindres détails. Ce contraste ne serait peut-être qu'une beauté de plus s'il résultait d'une pensée homogène et créatrice, mais il semble au contraire ne provenir que de tâtonnements, d'idées confuses et disparates. Encore une fois, sans le catholicisme, sans la chevalerie, sans l'immense mouvement d'idées, sans les grandes associations du moyen âge, jamais l'architecture ne serait née dans cette île; elle n'y a vécu d'abord que d'emprunts et d'importations, et si elle a fini par s'y acclimater et par y produire un style tout spécial, c'est bien moins grâce aux inspirations de l'art que pour obéir aux fantaisies, aux exigences, au goût plus ou moins bizarre d'une aristocratie riche et fière et d'une civilisation encore à demi barbare.

Nous ne pousserons pas plus loin cette revue abrégée des principales phases de l'architecture monumentale en Angleterre. Après avoir parcouru les églises, nous n'entreprendrons pas aujourd'hui la visite des châteaux, elle nous mènerait trop loin; les châteaux anglais renferment tant de trésors de peinture, tant d'objets d'art amassés à prix d'or dans tous les pays du monde, qu'on s'oublierait volontiers dans ces petits musées féodaux. Comme architecture, ils sont en général dans un merveilleux état de conservation, mais les proportions en sont moins grandioses, moins colossales que celles de quelques-uns de nos châteaux démantelés. Nous ne pensons pas que le donjon de Coucy, par exemple, ait dans toute l'Angleterre un rival digne de lui.

Du reste, l'histoire architectonique des châteaux anglais est exactement la même que celle des églises : ce sont les mêmes périodes, les mêmes divisions de siècle en siècle : seulement le dernier style, le style anglais, qui n'est plus guère employé à la construction des églises à partir de Henri VIII, attendu qu'on cesse à peu près d'en bâtir à cette époque, se perpétue encore assez longtemps pour la construction des châteaux ; on peut même dire que jusqu'à la fin du règne de Jacques Ier, on n'a pas discontinué de bâtir en Angleterre dans le style perpendiculaire plus ou moins dégénéré. Quant à la Renaissance, il n'en est pas question, ainsi que nous l'avons déjà dit ; on saute à pieds joints par-dessus. S'il en apparaît quelques fragments, quelques échantillons çà et là sur des meubles ou des boiseries, c'est en quelque sorte de la marchandise de contrebande.

Ce fut seulement avec les derniers Stuarts que le goût franco-italien fit invasion en Angleterre et acheva de mettre en fuite les derniers débris du style perpendiculaire, déjà mort depuis un demi-siècle. C'est vers cette époque que s'éleva Saint-Paul, cette œuvre massive et sans vie que les Anglais contemplent avec un enthousiasme si docile et croient sérieusement un chef-d'œuvre ; puis enfin, après Saint-Paul, on se traîna dans la même voie pendant plus d'un siècle, jusqu'au jour où naquit cette anarchie encyclopédique, ce pêle-mêle de tous les styles qui constitue actuellement l'architecture monumentale en Angleterre.

Chez nous, grâce à Louis XIV, grâce au sang un peu moins béotien qui coule dans nos veines, la chaîne des bonnes traditions n'a jamais été si complétement rompue ; même dans nos plus grands écarts nous avons conservé, sinon le sentiment de l'art et du beau, du moins une certaine fleur de bon goût. Mais, en revanche, les Anglais ont sur nous un grand avantage ; si leurs productions sont maladroites et désordonnées, ils possèdent à un haut degré ce qui vaut peut-être mieux, à l'âge où nous sommes, que le don de produire, le respect et l'intelligence des œuvres du passé. On ne verrait pas chez eux, comme nous voyons depuis huit ans à Paris[1], une église métropolitaine, un admirable monument, la gloire de la Cité, le titre de sa noblesse, le témoin de son histoire, souillée, déshonorée, couverte d'immondices, abandonnée à la destruction sans qu'on ait encore daigné, je ne dis pas dépenser un sou, mais donner un ordre pour la pro-

---

[1] Ces lignes étaient écrites en 1838. Quatre ans plus tard, on commençait une restauration de Notre-Dame de Paris qui a duré plus de vingt ans, et qui n'est pas encore tout à fait terminée, mais qui, nous le reconnaissons, a fait droit à nos justes plaintes. En revanche, on ne parle pas encore de remonter la flèche de Saint-Denis : cette admirable église reste déshonorée ; mais c'est là maintenant un fait exceptionnel. Grâce à l'impulsion donnée en 1840, une ère nouvelle a commencé pour nos monuments historiques. Sur toute la surface de la France on en a restauré et consolidé beaucoup : bien des ravages ont été réparés, bien des désastres prévenus.

téger. Si Notre-Dame de Paris était en Angleterre, il y aurait huit ans que le terrain qui l'entoure serait nivelé et couvert de gazon, une grille défendrait contre les insultes des enfants ces délicieux bas-reliefs de la porte méridionale, et les figures mutilées seraient déjà rétablies avec une fidélité d'imitation capable de tromper l'œil des plus habiles.

C'est vraiment une merveille que la perfection et la promptitude de ce genre de restauration chez nos voisins. Un insensé, nommé Martin, mit le feu en 1829 à la cathédrale d'York : l'incendie fut affreux, il dévora tout le chœur, les voûtes s'écroulèrent sur une longueur de 220 pieds ; six ans après ce désastre, il était impossible d'en retrouver la trace, tant la réparation avait été rapide, tant elle avait reproduit exactement tous les détails de l'ancienne construction.

Chaque année le gouvernement envoie à Rome les élèves lauréats de son école d'architecture, pourquoi ne leur ferait-il pas aussi parcourir l'Angleterre? Au retour de Rome tous ces jeunes gens veulent créer des monuments : or, nous ne manquons pas d'architectes producteurs ou soi-disant tels, tandis que nous avons disette d'architectes réparateurs. Si l'on veut en former, il faut élever une école, et certes il n'en est pas de meilleure que l'exemple de ceux qui font bien. La vue des restaurations d'York, de Lincoln, d'Oxford est un genre d'enseignement dont les résultats seraient certains et qui vivifierait bientôt parmi nous un art dont chaque jour on doit sentir plus vivement le besoin. Nos monuments sont dans un tel abandon, le jour de leur ruine l'approche d'un pas tellement rapide si le secours n'arrive pas! Et ils sont si beaux, si précieux, si peu connus! La célébrité des cathédrales anglaises est assurément plus grande, grâce à leur merveilleuse conservation, et pourtant, tout patriotisme à part, quelle différence entre nos richesses monumentales et celles de l'Angleterre! Parcourez tous les comtés, vous ne trouverez toujours qu'un même type pour chaque période de l'art. Les églises normandes se ressemblent toutes; elles sont admirables, mais toutes de la même façon : le style à ogive primitif, le style intermédiaire, le style anglais proprement dit, produisent des chefs-d'œuvre, mais qui, tous, semblent jetés dans un même moule. En France, au contraire, non-seulement nous avons des monuments de tous les âges, mais à chaque période ils se diversifient en presque autant de variétés qu'il y a de provinces. L'Alsace, la Saintonge, l'Auvergne, le Poitou, le Languedoc, le Roussillon, ont chacun leur architecture, source intarissable de contrastes, d'effets piquants et inattendus. Puis enfin, sur les premiers plans du tableau, nous voyons ces trésors d'imagination et de grâce que nous verse la Renaissance, tandis que dans le lointain l'antiquité apparaît représentée par des merveilles que nous envie l'Italie, le théâtre d'Orange, les arènes d'Arles et de Nîmes, le pont du Gard et la Maison-Carrée.

IV

DE L'ARCHITECTURE LOMBARDE

Parcourez les ouvrages qui parlent de l'histoire des arts en Italie, lisez les itinéraires, les guides, des descriptions de villes, vous y trouverez presqu'à toutes les pages ces mots : *Architecture lombarde, style lombard, monuments lombards.* Voulez-vous en savoir le sens ? Vous chercherez vainement. Pas la moindre définition, pas le moindre commentaire. On s'en fie à votre intelligence, comme si la chose était connue de tous, comme si ces mots devaient porter à votre esprit une idée aussi nette, aussi claire que ceux-ci : *Architecture égytienne, style grec, monuments romains.* Un moyen s'offre pourtant de sortir d'embarras, c'est de voir et de comparer par vous-même les édifices qui vous sont désignés sous ce nom de lombards. Mettez-vous donc en quête sous les auspices de l'antiquaire du lieu, du marguillier ou du sonneur de cloches. Mais non, gardez-vous en bien ! car votre perplexité redoublerait à chaque pas. On va vous montrer des monuments de tous les genres, de tous les styles, de tous les âges. Ici l'architecture antique, les lourdes colonnes, les murailles simples et robustes des Romains; là les arcades, les colonnettes, le luxe, la légèreté, la fantaisie, la grâce de l'Orient. Votre œil, si peu exercé qu'il soit, aura reconnu sur-le-champ qu'entre ces diverses sortes d'architectures il y a place pour cinq ou six cents ans. Mais n'allez pas en faire la remarque! Ne vous avisez pas de refuser à tous ces monuments bigarrés et étrangers les uns aux autres une seule et même origine; et gardez-vous surtout de révoquer en doute la vétusté de quelques-uns. Les suisses et les bedeaux sont gens impitoyables. En Italie comme chez nous, comme en tous lieux où il y a des églises, ils n'entendent pas raillerie en fait de généalogie : ils sont plus chatouilleux que les plus fiers barons. Pour ma part, je ne suis jamais descendu dans une crypte, sans que les premiers chrétiens n'y eussent, au temps des martyrs, célébré les saints mystères; je n'ai jamais vu une église, même à ogives, mais d'une maçonnerie un peu rude, un peu grossière, sans que le sacristain m'assurât que Charlemagne en était le fondateur; et, pour peu que les fenêtres fussent à plein cintre, il fallait se résigner à apprendre que le roi Dagobert y avait mis la main.

Mais enfin que devenir dans ce labyrinthe? Que faire de tous ces monuments? Qu'est-ce, après tout, que le style lombard? et, d'abord, il y a-t-il vraiment un style lombard? Les barbares qui débordèrent en Italie sous la conduite d'Alboin apportaient-ils de leurs forêts un genre d'architecture qui leur fût propre? ou du moins, une fois sur le sol italique, sont-ils devenus architectes, et ont-ils inventé un style inconnu jusque-là ! En d'autres termes, peut-on déterminer d'une manière précise quel était l'état de l'architecture en Italie avant l'invasion des Lombards, pendant leur règne et après leur destruction ?

Quelques savants italiens, membres de l'Athénée de Brescia, voulant avoir le cœur net sur cette question, conçurent l'idée de la rédiger en programme et d'en faire l'objet d'un concours.

Deux mémoires furent remarqués par les membres de l'Athénée : l'un, qui a obtenu le prix, est de M. le comte Cordero de San-Quintino, conservateur du Musée égyptien de Turin ; l'autre, auquel on a accordé la mention honorable, est l'ouvrage de deux jeunes gens, de deux frères, MM. Sacchi.

Comme on le devine peut-être, les deux mémoires arrivent à cette conclusion qu'il n'y a pas d'architecture lombarde ; mais les raisonnements et les faits sur lesquels les auteurs s'appuient sont de nature si diverse, disons-le même, si contradictoire, qu'on a peine à concevoir qu'ils ne soient pas parvenus à deux résultats différents. Sans contester à MM. Sacchi le mérite de recherches laborieuses et d'une disposition nette et claire de nombreux matériaux, nous ne saurions cacher que c'est dans leur mémoire que, par une disparate étrange, les conclusions semblent inconciliables avec les principes. Ce qui ne prouve pas que les conclusions soient fausses, mais que le chemin par lequel on y est fortuitement parvenu devait nécessairement fourvoyer quiconque l'eût suivi avec persévérance. Le jugement de l'Athénée nous semble donc parfaitement juste. Non-seulement l'essai de M. de San-Quintino est supérieur à celui de ses concurrents, mais c'est un ouvrage fort distingué, plein d'aperçus ingénieux, et presque un modèle de critique archéologique. Il est seulement à regretter que des plans, des vues géométrales ne viennent pas de temps en temps faciliter l'intelligence du texte ; le secours de la gravure serait d'autant plus nécessaire, que l'auteur, se servant d'une langue très-élégante, rejette parfois les mots techniques, et les remplace par des circonlocutions dont l'expression métaphorique offre un sens incertain et arbitraire. Néanmoins, avec un peu d'attention et de la patience, on saisit la pensée et l'on ne regrette plus les gravures que comme un luxe et un amusement.

Nous allons essayer de donner une idée des opinions de M. San-Quintino sur l'architecture des sixième, septième et huitième siècles en Italie. Mais d'abord remontons aux premiers monuments chrétiens : sans ce préambule nous ne saurions faire apprécier toute la justesse des conclusions de l'auteur. Ce que nous voulons donner ici, c'est moins un exposé de son livre qu'un commentaire de ses idées. Le mémoire étant consacré presqu'en entier à une discussion approfondie sur l'âge d'une église très-importante pour la question (Saint-Michel de Pavie), nous risquerions en le suivant pas à pas d'être abandonnés en route de quelques-uns de nos lecteurs. Mieux vaut faire ressortir les vues générales : l'analyse la plus exacte n'est pas toujours la plus fidèle.

Au temps où le christianisme, après trois siècles de silence et de misère, sortant enfin des catacombes et des chapelles souterraines d'Italie, s'en vint s'asseoir sur le trône impérial, deux genres d'architecture étaient en présence dans cette autre partie de l'ancien monde où allait se fonder l'empire grec. Sans parler des chefs-d'œuvre d'Athènes et de Corinthe, dont on n'imitait plus, dont on admirait à peine l'adorable pureté, on voyait dans ces contrées s'élever des monuments romains, constructions régulières, qui affectaient de se soumettre aux principes du style grec antique, mais qui, tout en copiant ses proportions, les altéraient avec maladresse et ne rachetaient tant de lourdeur que par un peu de solidité. Malgré les vœux des empereurs, cette architecture massive ne pouvait s'acclimater sur cette terre de grâce et d'élégance. Une fois les Ictinus éteints, ce n'était pas aux légions romaines à devenir les architectes de la Grèce et de l'Ionie. Une fois la pureté primitive oubliée, il ne pouvait fleurir sous ce beau ciel qu'un style tout nouveau qui, semblable à cette philosophie nouvelle qu'on voyait alors, subtilisant sur Platon, abandonner les traditions de la science antique pour s'élever à un monde et a des rêves inconnus, osât s'affranchir de toutes les lois consacrées à Memphis, à Athènes et à Rome, briser l'architrave, élever arcade sur arcade, coupole sur coupole, et, rêveur et subtil à son tour, retracer avec la pierre, avec le marbre toutes les chimères de l'imagination, et par des milliers de colonnes légères et élancées, par des multitudes de chapiteaux, de moulures, d'ornements fantastiques, éblouir les yeux et ravir la pensée.

D'où vint et comment naquit cette architecture nouvelle? peut-être pourrait-on l'apprendre en étudiant l'histoire et l'esprit des peuples de la Syrie, de la Perse et surtout de l'Ionie, cette terre si féconde en inventions, et, dès les anciens temps, plus d'une fois rebelle aux règles du goût sévère et symétrique. Mais ne nous arrêtons pas à cette recherche.

Constatons seulement qu'à Byzance et dans l'Asie Mineure, peu après Constantin, on voyait, à côté du style venu de Rome, cet autre style que nous venons de décrire. Le génie oriental commençait à secouer ses ailes. Déjà vers le deuxième siècle il s'était joué, comme un enfant timide, dans ces colonnades incorrectes mais brillantes de Balbek et de Palmyre. Puis, grandissant chaque jour, il avait peu à peu conquis son indépendance : libre, hardi, original, il s'émancipe enfin sous Justinien, et inspire à Isidore de Milet ce temple de Sainte-Sophie que Constantinople voit construire. De ce jour, le goût oriental reçut sa sanction dans l'empire byzantin. L'architecture romaine, délaissée depuis longtemps, fut désormais proscrite, et le style néo-grec régna sans rival dans toutes les contrées d'Orient. Sous cette nouvelle forme, qui à la vérité fait gémir les admirateurs exclusifs de la pureté antique, mais qui a droit aux hommages plus indulgents des vrais amis du beau, le génie des vieux architectes de la Grèce se réveilla, moins correct, moins sévère, mais brillant de jeunesse et de vie, plus téméraire, plus merveilleux. Pour la seconde fois, les Grecs prirent le sceptre de ce grand et bel art de bâtir : ce fut d'eux que les Arabes en reçurent le secret ; ce fut par eux que les premières leçons en parvinrent à l'Europe entière, lorsqu'au onzième siècle, après cinq ou six cents ans de ténèbres et d'égoïsme, l'Occident voulut enfin retrouver la lumière et vint la chercher en Orient.

Mais détournons nos regards de la Grèce et revenons en Italie à l'époque où le culte chrétien fut affranchi. Là, point de lutte, point de rivalité entre deux architectures : le style romain seul dominait dans tout l'Occident. Dioclétien, il est vrai, au retour de ses guerres d'Asie, rapporta le goût de cette indécision, de cette licence qui caractérisaient les premiers essais du genre oriental. On le retrouve dans son palais de Spalatro, imitation grossière de quelques parties du temple de Balbek. Mais ces germes informes qui, sur le sol grec, se développaient et s'embellissaient chaque jour, devaient, en Italie, rester stériles. Ils servirent à rendre le goût romain encore plus lourd, ils dénaturèrent sa simplicité mais ne produisirent rien de nouveau. Toute étincelle d'imagination était éteinte dans cette Italie épuisée par huit siècles de grandeur. Si, de temps en temps, il apparaissait dans une de ses cités un édifice inspiré à quelque architecte voyageur par la révolution qui s'opérait en Orient, le génie national, soit dédain, soit torpeur, n'en devenait pas plus enclin à innover, et dans la ville même, témoin de l'innovation, on se mettait à construire d'après le type ancien, sans autre raffinement qu'un peu plus de lourdeur et de grossièreté. Bientôt les communications devinrent moins fréquentes entre les deux empires; la diversité du génie des deux peuples, la différence des deux christianismes, tout contribua à rendre l'Italie et l'Occident étrangers pour longtemps au mouvement architectonique de l'Orient. Puis les barbares entamèrent les frontières, et il fallut songer à se défendre bien plutôt qu'à régénérer l'architecture. Enfin, après toutes ces circonstances, il en est une autre plus puissante peut-être qui devait assurer en Italie le maintien des traditions romaines. Au lieu de se créer, comme son frère, des temples d'un type nouveau, le christianisme adopta, pour la célébration de son culte, certains édifices de la Rome païenne : tandis que les chrétiens d'Orient se bâtissaient des *églises*, ceux d'Occident s'accommodaient des *basiliques*. Ce trait, pour le dire en passant, peut servir à caractériser les deux religions.

Les basiliques, comme on sait, étaient dans les villes romaines de vastes édifices où l'on rendait la justice. Après l'audience du juge, on y parlait d'affaires et de négoce. C'étaient à la fois des tribunaux et des bourses de commerce. A l'extérieur, ces monuments civils se distinguent des temples par une sévère simplicité. Point de ceintures de colonnes; point d'entablements sculptés, point de frontons au tympan riche et majestueux. De simples murailles percées de quelques fenêtres arrondies par le haut, à peine un cordon en relief, à peine quelques moulures pour soutenir le toit, telle était la décoration extérieure des basiliques. A l'intérieur, deux rangs de colonnes parallèles formaient, dans toute la longueur de l'édifice, trois galeries de largeur inégale, dont chacune avait sa destination. Celle du milieu, la plus large et la plus haute, car elle s'élevait jusqu'aux combles du bâtiment, tandis que les deux autres étaient coupées dans leur hauteur par un second étage; la galerie du milieu, disons-nous, était occupée en partie par le peuple, en partie par les avocats, les greffiers, les témoins et les entremetteurs d'affaires ou *agents de change* et *courtiers*. Sous les galeries latérales, venaient se ranger les plaideurs; les hommes d'un côté, les femmes de l'autre. Enfin, dans les galeries supérieures, on plaçait les patriciens, les patriciennes, et, en général, toutes les personnes de marque. A l'extrémité de trois galeries se trouvait un espace vide, et au delà, vis-à-vis de la galerie du milieu, un enfoncement semi-circulaire, au fond duquel siégeait le juge. A ses côtés un banc, placé contre la muraille et courbe comme elle, était réservé aux assesseurs. Cette espèce de sanctuaire de la justice avait le nom de tribunal.

Voilà les basiliques telles qu'elles étaient par tout l'empire. Dans chaque ville il y en avait une et quelquefois plusieurs. Mais chaque ville avait aussi des temples, et certes le christianisme, après avoir converti un empereur, pouvait impunément presqu'en tout lieu s'emparer de ces temples et les approprier à son usage. Mais ils étaient en général peu spacieux, divisés en petits compartiments, et destinés seulement aux prêtres et à quelques élus : ce n'était pas là ce qu'il fallait à une religion qui voulait faire participer à ses mystères le genre humain tout entier. Les temples d'ailleurs étaient souillés, les fidèles en avaient horreur ; et les peuples auraient conçu moins de vénération pour les nouveaux prêtres, s'ils les avaient vus occuper la même place que les anciens sous ces voûtes témoins des idolâtries qu'on leur ordonnait de fuir et d'abhorrer. Les temples devaient donc être fermés, et il ne restait aux chrétiens que deux partis à prendre, ou bien créer des édifices d'un modèle tout nouveau, ou bien s'approprier des monuments tout faits, mais mieux disposés que les temples aux besoins du culte naissant. De ces deux partis, l'un était plus noble, plus religieux, mais il demandait de la patience et surtout de l'imagination ; l'autre était à la fois expéditif et politique, on l'adopta, et du soir au matin les basiliques devinrent temples chrétiens. Leur ancienne destination civile n'était pas une souillure ; au contraire, aux yeux des évêques c'était peut-être une vertu de plus. Car ce christianisme de Rome, par une sorte d'instinct de sa future vocation, songeait dès lors, non-seulement à faire triompher sa foi, mais à substituer son organisation jeune et pleine de vie à l'organisation décrépite de la société civile. S'asseoir, au fond de la basilique, sur le siége judiciaire, c'était, pour l'évêque, hériter en quelque sorte et du grand prêtre et du magistrat.

Rien ne fut plus facile que d'adapter les basiliques à leur nouvelle destination ; on chargea la peinture et la mosaïque de revêtir les murailles latérales de tableaux religieux ; on incrusta dans l'enfoncement semi-circulaire des légendes, des chiffres, des monogrammes et autres emblèmes mystiques. Quant à la disposition du plan de l'édifice, il n'y fut presque rien changé. L'évêque prit le siége du juge, et les diacres s'assirent à la place des assesseurs ; toute cette partie de la basilique, jusque-là nommée tribunal, reçut le nom de *presbytère* ; on l'appela aussi *tribune* par souvenir de son ancien nom : dans la suite, le mot d'*abside* a prévalu, parce que les Grecs nommèrent ainsi la partie de leurs églises qui correspondait à cet arrière-corps de la basilique.

Entre la tribune et les galeries, l'espace vide fut divisé en trois parties. Dans celle du milieu on plaça l'autel ; les deux autres furent réservées aux sénateurs d'un côté, et aux matrones de l'autre. La partie de la grande galerie du milieu qui se rapprochait le plus de l'autel et qui naguère était destinée aux avocats et aux greffiers, devint une enceinte dont les chantres prirent possession ; on l'appela *chorus*, chœur. De chaque côté de ce chœur, il fallut construire deux petites chaires, qui furent nommées *ambons*, et auxquelles on montait par des degrés; dans l'une on lisait l'épître, dans l'autre l'évangile. Quant aux galeries latérales, elles conservèrent à peu près leur ancienne destination : ce ne furent plus les plaideurs et les plaideuses, mais les fidèles des deux sexes qui vinrent y prendre place, les hommes à droite, les femmes à gauche. Seulement les deux étages supérieurs ne furent plus réservés qu'aux veuves et aux filles qui se consacraient pour toujours au Seigneur. C'était, à cette époque, les personnes auxquelles la vénération publique accordait le plus de respect : le voile sur la tête, elles venaient dans ces travées d'honneur assister au saint sacrifice. Plus bas, sur le sol de la grande galerie du milieu, dans la partie la plus voisine de la porte, et qui n'était pas occupée par le chœur, on admit la foule des catéchumènes. Leur présence dans le temple n'était tolérée que pendant qu'on prêchait, pendant qu'on faisait des instructions communes à tous. Du moment que la célébration des mystères commençait, les fidèles seuls restaient dans les galeries latérales et les catéchumènes sortaient de la basilique. Toutefois, pour ne point les laisser exposés aux injures des saisons, on construisit devant la façade d'entrée un *atrium* ou vestibule, grande cour entourée de portiques à colonnes. Au milieu de cette cour s'élevait un petit bâtiment de forme octogone soutenu comme les portiques par des colonnes ou des pilastres : c'était le baptistère. Grande et belle conception ! ce vase d'ablution et de purification, placé ainsi en dehors et devant la porte du sanctuaire, était comme un avertissement pour les fidèles et pour les gentils; il rappelait aux uns, il enseignait aux autres par quel chemin on entrait dans le temple.

Une autre idée non moins belle et plus touchante encore, ce fut de creuser sous la tribune ce caveau souterrain auquel on donna le nom de *confession*. Là furent déposées les saintes reliques en mémoire des temps de misère, où les fidèles descendaient en tremblant dans la nuit des catacombes pour célébrer les divins mystères sur les tombeaux des martyrs.

Une fois la basilique ainsi transformée en temple chrétien, sa disposition architectonique devint, en quelque sorte, un article de foi. L'Église la consacra, la convertit en dogme, comme si le hasard n'en eût pas été l'auteur, comme si elle l'eût inventée elle-même ; et lorsque la piété de Constantin et d'autres empereurs voulut offrir au Dieu des chrétiens de nouveaux temples construits en son honneur, c'est sur le modèle des basiliques que ces temples furent élevés. On y prodigua les ornements ; l'or, les pierreries, la peinture les couvrirent de décorations nouvelles ; on alla même, pour les rendre plus magnifiques, jusqu'à doubler les rangs de colonnes et à faire cinq galeries au lieu de trois, comme, par exemple, à Saint-Paul hors les murs ; mais ces innovations de détail n'altéraient aucune des dispositions principales de l'édifice, et n'en changeaient en rien le caractère général. Le style romain prévalait toujours ; le style romain se trouvait perpétué, grâce à cette adoption de la basilique par l'église, espèce de transaction entre les goûts et les usages de l'ancienne et de la nouvelle société.

Telle était l'architecture en Italie, lorsque, un siècle environ après Constantin, les barbares, franchissant les monts, se glissèrent le long des côtes de l'Adriatique. Bientôt tout s'écroula devant leur puissance, et les Goths furent maîtres de l'Italie. Est-il besoin de dire que ces hommes de guerre et de rapine n'arrivaient pas avec un système nouveau d'architecture. Si, par hasard, ils avaient affectionné un genre de construction différent de celui des Romains, ce n'eût été qu'avec un instinct de barbares ; ils étaient trop grossiers, trop inhabiles pour le développer, pour le mettre en pratique, et la guerre d'ailleurs ne leur en laissait pas le loisir. Le peu de monuments qu'ils ont construits ou plutôt fait construire attestent qu'ils ne se sont pas mis en peine d'innover. Muratori et tous les érudits d'Italie sont d'accord sur ce point. Comme il arrive toujours quand les vainqueurs sont moins civilisés que les vaincus, les Goths se soumirent aux coutumes et aux procédés des Romains. Voyez la rotonde de Ravenne, bâtie par Théodoric pour lui servir de tombeau, tout y est romain; à peine, dans les parties les plus accessoires, trouvez-vous quelques traces du genre oriental, et pourtant Théodoric avait été élevé à Byzance; mais, obligé d'employer des ouvriers italiens, il dut se conformer au goût de l'Italie. Cette rotonde est une imitation des mausolées d'Auguste et d'Adrien, imitation plus heureuse qu'on n'aurait dû l'attendre dans ces temps de langueur et d'ignorance. Mais le génie de Théodoric avait rallumé quelques esprits d'artistes : il répandait les encouragements et vouait un culte religieux aux anciens édifices. C'est lui qui écrivait à Daniel et à Simmaque, ses architectes : « Vous réparerez les monuments qui ont souffert de la guerre, mais de telle sorte qu'ils ne paraissent pas avoir été réparés et que leur ancienne construction soit seulement rétablie dans l'état primitif. » Nous serions heureux aujourd'hui si bien des gens qui, à coup sûr, croient leur goût beaucoup plus délicat que celui d'un roi barbare, daignaient tenir aux architectes de l'État le même langage que Théodoric adressait aux siens.

Plusieurs autres monuments de Spolette, de Rome, de Terracine, attribués pareillement au roi des Goths, présentent tous les caractères du style romain, et d'un style moins bâtard, moins dégradé peut-être que celui de Dioclétien. Ces chefs barbares, quand ils avaient du génie, le consacraient à imiter de leur mieux les beaux jours de Rome, à se faire Césars, à ressusciter le vieil empire. Tel fut plus tard Charlemagne. Dans ces temps de décadence, l'idéal, l'utopie des penseurs n'était pas encore dans l'avenir : on ne savait rêver qu'au passé. L'imagination des peuples d'Occident, frappée par ce grand colosse romain, ne cherchait, ne pressentait rien au delà. Ou la barbarie, ou Rome antique; il n'y avait pas de milieu.

Les Goths commençaient à peine à se civiliser, lorsque tout à coup leur puissance s'ébranla. Bélisaire et Narsès les vainquirent, les chassèrent et rendirent aux empereurs l'Italie, ce vieux siége de l'empire. Un exarque grec s'en vint, de Constantinople à Ravenne, s'installer dans le palais des rois goths. Si ce règne des Grecs se fût prolongé plus longtemps, si de nouveaux barbares, qu'ils avaient imprudemment appelés à leur secours, n'étaient pas venus se jeter sur leur conquête, il est probable qu'ils auraient, dès le sixième siècle, introduit sur le sol italien le goût et le style qui florissaient à Byzance. Deux monuments élevés à Ravenne vers cette époque, auraient certainement suffi, dans d'autres circonstances.

pour y produire cette révolution : l'un est le baptistère de Saint-Jean, construit par l'archevêque Néon ; et l'autre, la grande et belle église octogone de Saint-Vital. Dans ces deux monuments, dans Saint-Vital surtout, on voit briller le style byzantin, pur, franc, dégagé de tout mélange et de tout alliage romain. Mais, pour que cet exemple fît fortune, il eût fallu non-seulement que l'Italie fût à l'abri de nouvelles incursions, de nouveaux désastres, mais que l'imagination des Italiens eût le temps de s'accoutumer à ce nouveau style, d'en apprécier la grâce et la légèreté et de passer de l'enthousiasme à l'imitation ; loin de là, le style exotique fut d'abord peu goûté, mal compris ; et la preuve, c'est que, peu de temps après la construction de Saint-Vital, sous la domination des Grecs, l'évêque Ursicinus fit élever la grande et magnifique église de Saint-Apollinaire en se conformant exactement à l'ancien type et au style romain.

Ainsi, les essais d'architecture orientale, tentés à Ravenne par les Grecs, furent sans conséquence et sans imitation. Les choses en étaient là, lorsque les Lombards s'élancèrent sur l'Italie. Nous voici donc arrivés au problème qu'il faut résoudre. Mais, après tout ce qu'on vient de voir, la solution peut-elle être douteuse ? Croira-t-on que les Lombards, plus barbares, plus féroces encore que les Goths, les aient surpassés dans le sentiment et dans la pratique des arts ? Voudra-t-on voir en eux les possesseurs d'un secret, d'un nouveau procédé architectonique ? Non. Lorsque, après quarante années de pillage, de massacres, d'incendies, les Lombards, fatigués enfin de marcher sur des ruines et adoucis peu à peu par la tiédeur du climat et par les mœurs civilisées des vaincus, voulurent relever quelques édifices, ils firent comme les Goths : ils empruntèrent les bras italiens et suivirent les vieux errements de l'architecture romaine.

Il n'y avait encore dans le monde que deux styles, le néogrec et le romain bâtard. Il fallait donc que les Lombards, du moment qu'ils se mettaient à construire, adoptassent l'un ou l'autre de ces deux styles ; et, en effet, les monuments qu'on leur attribue aujourd'hui, dans la haute Italie, sont les uns de construction semi-romaine, les autres de construction orientale. Reste à savoir quels sont ceux qui leur appartiennent réellement ; la question est là tout entière.

Or, quand même, après un seul coup d'œil jeté sur ces monuments de style oriental, attribués aux Lombards, il ne serait pas clair comme le jour qu'ils sont de date plus récente, il y aurait encore raison sur raison pour démontrer qu'entre le style grec et le style romain les Lombards devaient nécessairement choisir ce dernier. D'abord, ils étaient, par nature et par position, étrangers aux usages de l'Orient, ils étaient les ennemis des Grecs ; ils les avaient dépouillés, ils les combattaient tous les jours sur les frontières de l'exarchat de Ravenne. Pendant les deux siècles qu'ils occupèrent l'Italie, il ne leur advint peut-être pas de se trouver deux semaines de suite en paix avec les Grecs. Comment donc auraient-ils reçu d'eux des architectes? Comment auraient-ils pris goût à leur architecture? Ils n'avaient jamais vu Saint-Vital de Ravenne, à peine avaient-ils vu briller au loin le sommet de sa coupole; tandis que, dans toutes leurs villes, ils avaient sous les yeux des basiliques, des théâtres, des temples, des palais, des monuments de toute espèce construits par les Romains. Ils parlaient à la romaine, ils s'habillaient à la romaine ; en un mot, ils s'étaient naturalisés Romains, ou, pour mieux dire, Romano-Italiens : comment donc, nous le répétons, auraient-ils pris fantaisie d'adopter l'architecture des Grecs, lorsque les Grecs eux-mêmes, dans Ravenne, leur propre ville, au temps de leur puissance, avaient essayé avec si peu de faveur d'introduire en Italie le style byzantin ?

Si vous n'êtes pas encore convaincus, laissez là les Lombards et observez l'Italie après leur chute, à la fin du huitième siècle, et même encore pendant le neuvième. Quelle est l'architecture que vous y voyez en vigueur? La même, à quelques légères modifications près, qu'aux temps des empereurs et des Goths. Voyez la basilique de Saint-Clément, *in monte Cœlio*, à Rome; elle est du neuvième siècle, et son plan reproduit presque exactement la disposition des basiliques primitives; aussi presque tous ceux qui l'ont décrite ont placé sa fondation au cinquième siècle. Mais ils n'ont pas fait attention qu'il y avait eu à Rome deux basiliques de Saint-Clément ; l'une fondée en l'an 308, et qui, menaçant ruine, vers la fin du huitième siècle, fut démolie par ordre du pape Adrien Ier; l'autre, dont il n'est fait mention que sous le pontificat de Grégoire VI, vers l'an 827, et qui fut bâtie au pied du mont Célio. C'est là évidemment celle qui subsiste aujourd'hui ; or, elle ressemble d'une manière frappante aux basiliques des premiers siècles. Il y a bien pourtant quelques différences de détail : ainsi, les fenêtres sont beaucoup plus étroites que par le passé, le sol du chœur est élevé au-dessus du sol des nefs latérales, les sculptures de la balustrade du chœur et de quelques autres parties des décorations intérieures laissent déjà voir comme un avant-goût du style oriental : mais ces innovations, qui constatent encore mieux l'âge du monument, ne lui ôtent rien de son caractère général ; et il n'en reste pas moins prouvé, non-seulement par l'existence de cette basilique de Saint-Clément, mais par le témoignage d'autres monuments d'une date non moins certaine, que, même au neuvième siècle, on conservait, en Occident, et particulièrement en Italie, la plupart des traditions et des pratiques dont les Romains faisaient usage dans leurs constructions.

Toutefois, vers cette époque, une tendance sourde et insensible vers le genre oriental commença à se manifester. Charlemagne, tout en imitant les Romains, dans son palais d'Ingelheim et dans d'autres édifices élevés sur les bords de la Garonne et du Rhin, s'était pris d'admiration pour ces merveilleuses contrées d'Orient. Ses pressentiments lui annonçaient que c'était là qu'il fallait rallumer le flambeau des arts et des sciences ; il tournait les yeux vers l'Asie et lui demandait des savants et des artistes. Le temple de Saint-Vital de Ravenne l'avait frappé d'étonnement ; et bientôt on en vit une brillante copie à Aix-la-Chapelle. Si, après sa mort, un autre homme de génie eût gouverné l'Europe, il est possible que le grand mouvement du onzième siècle eût été devancé et que l'Occident eût joui plus tôt des lumières dont l'Orient devait l'inonder. Mais on sait quelles sombres ténèbres succédèrent, dans toute l'Europe, à ce règne lumineux de Charlemagne ; on sait comment la fin du neuvième siècle et le dixième tout entier virent s'éteindre une à une toutes les dernières lueurs de la civilisation ancienne, comme s'il eût fallu que la nuit la plus épaisse pesât sur nos contrées avant que les premiers rayons d'un jour nouveau commençassent à les éclairer. Une superstition bizarre, la croyance à la fin du monde, contribua, dans le dixième siècle, à augmenter encore l'engourdissement des esprits. L'architecture surtout devait en souffrir : la foi, qui seule élève les beaux temples, allait chaque jour s'éteignant ; les peuples, découragés, et prêtant, pour ainsi dire, l'oreille à leur dernière heure, n'étaient guère tentés de consacrer leurs sueurs et leurs trésors à bâtir des murailles pour la gloire de Dieu. Aussi, l'âge le plus misérable, le siècle de honte pour l'architecture, c'est ce malheureux dixième siècle.

Avec l'aurore du onzième, une ère nouvelle vint éclairer le monde d'Occident et surtout l'Italie. Déjà le règne d'Othon le Grand avait préparé cette résurrection. Émancipées par lui et délivrées des tyrannies subalternes qui les étouffaient, les villes d'Italie commençaient à respirer : bientôt elles ouvrirent leurs ports, et l'Orient leur apporta ses parfums, ses tissus, ses secrets, ses trésors de science et de goût. Avec le commerce et la richesse, on vit renaître les écoles, on vit les villes réparer leurs ruines, étendre leurs enceintes, rivaliser entre elles de grandeur et de beauté.

C'est alors que l'architecture orientale se présenta de nouveau aux portes de l'Italie, non plus comme au sixième siècle, c'est-à-dire au milieu des désastres de la guerre et devant des peuples barbares et ennemis de Byzance ; non plus comme au temps de Charlemagne, protégée seulement par un caprice et une prévision du génie, mais devant des peuples riches, devant des esprits rajeunis, ardents pour la nouveauté, et qui l'accueillirent avec transport. Elle pénétra d'abord par l'Adriatique, puis ensuite par l'Arno. Les Vénitiens, d'un côté, et les Pisans, de l'autre, furent les premiers à lui donner asile, et de là l'église Saint-Marc, de là cette grandiose et splendide cathédrale de Pise. Bientôt les communes d'Ancône, de Modène, de Lucques, de Ferrare, de Vérone, de Bergame, de Parme, de Milan, toutes les grandes villes de la haute Italie, en un mot, suivirent l'exemple des Vénitiens et des Pisans. Bientôt le sol italien fut couvert de monuments plus ou moins orientaux. D'abord simple et sévère dans sa magnificence, puis élégant et léger, et à la fin plus orné, plus fleuri chaque jour, ce style nouveau régna sans rival pendant deux siècles, jusqu'à ce que l'Europe, par une de ces circonstances qui font de l'histoire de l'art un si beau drame, se prit d'enthousiasme, au treizième siècle, pour une autre architecture toute nouvelle que la seule Italie reçut avec froideur, cette architecture à ogives, qui créa la cathédrale de Reims, le dôme de Cologne, et la flèche de Fribourg en Brisgau !

Revenons, il en est temps, aux Lombards et à l'Athénée de Brescia. Peut-être est-on surpris que le problème en question offrît tant de difficultés. Comment, dira-t-on, puisque toutes les églises d'Italie, bâties dans le style oriental, sont du onzième ou du douzième siècle, comment la tradition populaire et l'érudition elle-même ont-elles pu jusqu'ici en faire honneur aux Lombards, surtout lorsqu'on attribuait en même temps à ces Lombards des monuments qui portent tous les caractères du style romain ? Cette confusion est, à coup sûr, étrange, et il n'est pas sans intérêt d'en étudier la cause.

Voici, selon nous, d'où est venue la méprise. Il est, dans

tous les pays, en fait de chronologie monumentale, un piége auquel le peuple et les savants sont également sujets à se laisser prendre? C'est qu'une église a beau être restaurée ou reconstruite de fond en comble, elle conserve presque toujours son nom. Or il y avait, à Pavie, à Spolette et dans d'autres villes florissantes au temps des Lombards, plusieurs églises bâties ou consacrées par eux, dont les noms nous ont été conservés par les historiens; et aujourd'hui, dans ces mêmes villes, on trouve encore debout des églises du même nom : bien vite on se persuade que ce sont les mêmes églises; leur existence nominale fait croire à leur existence réelle. Mais qu'il vienne un artiste historien, il jettera sur ces monuments un regard de doute, et, passant du soupçon aux recherches chronologiques, il finira par découvrir comment l'église moderne s'est greffée, pour ainsi dire, sur l'ancienne; il dévoilera la supercherie involontaire de ceux qui la vieillissaient de quatre ou cinq cents ans.

M. de San-Quintino a senti que telle était sa mission. Éclairé par le caractère architectural de ces monuments prétendus lombards, persuadé de l'impossibilité d'admettre la date qu'on leur assigne, il résolut de démontrer, à l'aide de l'érudition, la fausseté de leur acte de baptême. C'était là la meilleure réponse au programme de l'Athénée. Et d'abord, pour aborder l'ennemi de front, M. de San-Quintino s'est attaqué au monument que citent le premier tous ceux qui jusqu'ici ont si bien embrouillé la question, à une des églises de l'ancienne capitale des Lombards, à Saint-Michel de Pavie.

Sans doute les Lombards, qui vouaient à saint Michel un culte superstitieux, firent construire à Pavie, vers la fin du sixième siècle, une église consacrée à ce saint archange; mais, ce qui a échappé à notre compatriote, plus laborieux que pénétrant, M. d'Agincourt, et à M. Malaspina, auteur du *Guide de Pavie*, et à M. de Rosmini, dans son *Histoire de Milan*; c'est que, en 924, les Hongrois réduisirent la ville en cendres, et que, dans cet affreux incendie, quarante-trois églises furent brûlées; c'est que, en 1004, un nouvel incendie consuma ce qui restait de l'ancienne Pavie, et, entre autres monuments, détruisit le palais qui était contigu à l'ancienne église Saint-Michel.

Après avoir démontré, par d'autres preuves non moins convaincantes, que l'église lombarde de Saint-Michel n'avait pas pu survivre au dixième siècle, M. de San-Quintino appuie, par des faits et des raisonnements sans réplique, l'opinion qui place la construction de l'église actuelle vers la fin du onzième, de 1050 à 1100; il fait remarquer qu'on l'appelle Saint-Michel-*Majeur*, sans doute pour la distinguer de l'ancienne, qui était moins grande et moins belle. Enfin il démolit pièce à pièce les assertions de M. d'Agincourt, qui s'est fait à la légère l'écho des traditions répandues à ce sujet en Italie, par une érudition incomplète. Toute cette partie du mémoire est un véritable modèle de discussion et de critique archéologique.

Ce n'est point à Pavie, ce n'est ni à Spolette, ni à Bergame, ni à Vérone que M. de San-Quintino est parvenu à découvrir des monuments construits sous la domination des Lombards et conservés à peu près dans leur état primitif, c'est seulement à Lucques et à Turin. Les archives de Lucques, par une sorte de miracle, n'ont jamais été ni brûlées ni pillées; elles sont complètes et remontent, presque jour par jour, jusqu'au sixième ou cinquième siècle de notre ère. Or, il est deux églises dont on peut suivre l'histoire dans ces archives, et qui, d'après leur témoignage, sont encore aujourd'hui, sauf quelques modifications de détails, telles qu'elles étaient quand les Lombards les élevèrent. Ces deux églises sont Saint-Michel et Saint-Fridien. Toutes deux portent les caractères du style romain bâtard : ce sont deux basiliques à peu près dans le genre de Saint-Clément. Enfin le palais *delle Torre*, à Turin, doit, selon M. de San-Quintino, appartenir à l'époque lombarde, et les preuves qu'il en donne, quoique moins satisfaisantes que celles qu'il a tirées des archives de Lucques, relativement aux deux églises de cette ville, doivent cependant laisser peu de doute.

En somme, ce mémoire répand un jour tout nouveau sur une des époques les plus obscures de l'histoire de l'art, et nous pensons qu'il doit mettre fin à toute contestation sur cette matière. On reconnaîtra donc désormais que les Lombards n'apportèrent point en Italie et ne découvrirent point, après leur conquête, un système particulier d'architecture ; qu'ils n'ont jamais employé d'autre mode de construction que celui qu'ils avaient trouvé en usage en Italie ; que ce mode de construction n'était autre que celui des anciens Romains, altéré toutefois et corrompu comme il l'était déjà dans les siècles précédents ; enfin il demeure établi, pour l'instruction de tous les guides et *ciceroni*, que ce n'est point au temps des Lombards, mais aux onzième et douzième siècles que doivent être attribués la plupart des beaux édifices religieux qu'on admire dans la haute Italie.

Avant de terminer, nous voudrions dire quelques mots du mémoire de MM. Sacchi. Les conclusions, ainsi qu'on l'a déjà vu, sont les mêmes que celles de M. de San-Quintino : comme ce dernier, MM. Sacchi pensent que les Lombards n'ont connu d'autre architecture que celle qu'on employait en Italie à l'époque de leur conquête, et néanmoins MM. Sacchi ne font pas la moindre difficulté d'attribuer aux Lombards, non-seulement Saint-Michel de Pavie, mais d'autres édifices encore postérieurs et dont le style trahirait, aux yeux les moins experts, une origine orientale et assez récente. D'un autre côté, ils mettent au rang des églises lombardes les deux basiliques de Saint-Michel et de Saint-Fridien de Lucques, que M. de San-Quintino reconnaît, à des signes certains, pour des constructions des septième et huitième siècles et qui rappellent complétement le style romain. Nous ne comprenons rien à une telle confusion : on serait tenté de croire que les auteurs n'ont pas regardé les monuments dont ils parlent, ou que du moins ils ne sont pas doués de ce tact, de ce discernement, de ce coup d'œil d'artiste, sans lequel, en dépit de la plus riche érudition, on tâtonne à l'aveugle dans l'histoire des arts.

Au reste, l'appréciation des monuments n'est pas la partie principale de l'essai de MM. Sacchi. Ils sont plus historiens qu'artistes ; et s'ils ne semblent pas très-bons juges des églises, nous aimons à les croire beaucoup plus versés dans la connaissance des mœurs, des croyances, des usages de l'Italie au temps des Lombards. C'est incidemment, pour ainsi dire, qu'ils se sont rattachés à la question de l'architecture ; leur ouvrage était probablement déjà composé lorsque l'Athénée proposa son programme, et ils n'ont fait qu'ajouter quelques chapitres pour se présenter au concours. C'est là ce qui explique comment certaines parties du mémoire sont traitées avec tant de légèreté et si peu de critique. Ce dont il faut savoir gré à MM. Sacchi, ce qui est, à vrai dire, tout leur ouvrage, ce sont leurs recherches sur la *Condition économique, morale et politique* des Lombards ; c'est enfin l'essai de *Symbolique chrétienne,* qui tient dans leur volume une place considérable. Nous aurons occasion de revenir plus tard sur cette partie de l'ouvrage de MM. Sacchi, et nous montrerons combien il y a de vérité dans cette manière de lire, d'interpréter, de traduire les créations de la sculpture et de l'architecture chrétiennes. D'un autre côté, nous verrons si ce système, en devenant exclusif, ne perd pas un peu de vérité et s'il n'y a pas quelque danger à vouloir absolument trouver des hiéroglyphes là où très-souvent il n'y a que des caprices d'imagination. Quant à présent, nous ne donnerons que des éloges à ces ingénieuses explications des deux jeunes savants italiens : toutefois, quoique à regret, pour finir par une critique, nous devons les engager à ne pas faire désormais un si fréquent abus du néologisme ; ces mots bizarres offrent peut-être quelques facilités à l'écrivain, mais ils désolent le lecteur. Le véritable art d'écrire, c'est d'exprimer des pensées neuves en n'employant que de vieux mots.

V

L'ÉGLISE SAINT-CUNIBERT

A COLOGNE

Après le rigoureux hiver de 1830, une sorte d'épidémie sembla frapper les monuments historiques. De tous côtés on apprenait la ruine de quelques vieux édifices, pauvres malades qui avaient encore un peu de vie à la chute des feuilles, mais qui, après l'épreuve de ces froids extrêmes, n'avaient pu résister au retour du printemps. C'est ainsi que, dans les belles abbayes de Jumiége et de Saint-Wandrille, on avait vu tomber quelques-unes de ces arcades si hardies qui se soutenaient encore en l'air comme par enchantement. En Italie, plusieurs constructions antiques s'étaient également écroulées ; et l'Allemagne, enfin, regrettait plus d'un monument précieux, entre autres le château de Gerolden en Oostfrize, deux vieilles forteresses des bords du Rhin, et, avant tout, la grande église de Saint-Cunibert à Cologne. La tour et toute la partie occidentale de ce vaste édifice s'étaient écroulées la

28 avril, vers onze heures du soir, avec un tel fracas et une secousse si violente, que, dans tous les environs, on avait cru ressentir un tremblement de terre. Heureusement à cette heure avancée l'église était déserte, et, comme elle était située dans un quartier très-lointain et peu peuplé, les passants aussi bien que les fidèles n'avaient eu rien à souffrir.

C'est à cette occasion que fut écrite la note qu'on va lire. L'impression que Cologne et ses monuments à plein cintre nous produisaient alors s'est à maintes reprises renouvelée depuis, et nous persistons à croire que cette architecture a bien les caractères qui lui sont attribués ici.

« Déjà l'année dernière on avait conçu quelques craintes pour la solidité du monument; il nous souvient que sur les parois de la tour et sur cette façade occidentale qui n'existe plus, on remarquait d'assez nombreuses lézardes. Le Rhin d'ailleurs coulait à quelques pas, et presque de niveau avec l'église : un tel voisinage n'avait rien de rassurant. Selon de vieilles traditions, le fleuve aurait jadis couvert de ses eaux toute cette partie de la ville. Mais n'eût-il jamais coulé que sur son lit actuel, il n'en devait pas moins, surtout dans les inondations, pénétrer jusqu'aux fondations de l'église, et contribuer à l'ébranlement qu'elle semblait avoir éprouvé. Toutefois des précautions avaient été prises : de nombreuses étaies soutenaient les voûtes des bas-côtés à l'entrée de la nef, et la nature des matériaux qui formaient ces voûtes augmentait encore la sécurité des gens de l'art; en effet, Saint-Cunibert, comme tous les vieilles églises de Cologne, ses contemporaines, était bâti en tuf ou pierre de strass, espèce de matière volcanique que l'on extrait du fond d'anciens cratères au milieu des montagnes qui bordent le Rhin, entre Bonn et Coblentz. Cette pierre est employée de deux façons : pour bâtir les murailles, on se contente de la tailler carrément comme des moellons de petit échantillon : pour la construction des voûtes, on la réduit en poudre sous la meule, et ensuite on la convertit en grandes briques jaunâtres très-poreuses, d'une légèreté et d'une dureté singulières. Une fois réunies par le ciment, ces briques adhèrent si fortement les unes aux autres, qu'elles ne forment plus qu'une masse compacte, ou plutôt une espèce de tissu de maçonnerie que la pioche essaye quelquefois en vain de déchirer. Malheureusement le monument s'était gercé de lui-même, comme nous l'avons dit, et ces petites crevasses, resserrées d'abord par l'action du grand froid, se sont tellement ouvertes et dilatées aux premières chaleurs, que les murailles perdant l'aplomb, il a fallu que la masse tout entière s'écroulât.

La partie orientale de l'église est cependant restée debout, et ne paraît pas avoir beaucoup souffert. Elle se compose de l'extrémité de la nef, d'un chœur ou abside circulaire, et de deux tours carrées qui flanquent cette abside au sud et au nord. Cette partie est la plus ancienne ; sa construction remonte aux premières années du douzième siècle, sauf les deux étages supérieurs des tours, qui doivent avoir été bâtis environ un demi-siècle plus tard. Les fenêtres de l'abside sont garnies de magnifiques vitraux, sur lesquels la vie du saint est représentée. Ces vitraux, les plus anciens de Cologne, peuvent être du treizième siècle. Le rouge et surtout le vert et le jaune y dominent; au soleil levant, cette abside semble étinceler d'émeraudes. Une galerie à deux étages règne intérieurement autour : elle se compose de cinq arcades disposées circulairement, et dont chacune s'appuie sur un faisceau de trois colonnes accouplées, couronnées par des chapiteaux à feuilles de chêne fouillés avec élégance et entièrement dorés. C'est encore dans cette partie de l'église qu'à l'intérieur le travail est le plus délicat. La partie écroulée, au contraire, non-seulement ne renfermait intérieurement ni vitraux précieux, ni détails d'architecture remarquables, mais avait en dehors une apparence massive, et je ne sais quoi de lourd et de négligé.

Le style en était bâtard, indécis; on y voyait l'empreinte évidente de l'hésitation et du tâtonnement. Il semble donc que, s'il fallait qu'une des deux moitiés de l'édifice fût sacrifiée, le hasard ne pouvait mieux faire que de choisir le côté occidental. L'artiste, à coup sûr, sera de cet avis; mais l'archéologue pensera autrement peut-être. C'était précisément l'indécision du style qui donnait un grand prix à cette partie de l'église qui n'existe plus. Construite dans les premières années du treizième siècle, en 1205, elle portait déjà quelques-uns des caractères du goût qui commençait alors à naître, mêlés à tous les procédés de construction du goût qui s'éteignait. C'était, en un mot, un monument de transition, et ces monuments, en général assez rares, le sont particulièrement à Cologne. Il y a bien quelques traces du mélange des deux styles dans le second étage de la grande rotonde octogone de Saint-Géréon et dans quelques parties de Saint-Séverin; mais ce ne sont, dans ces édifices, que des accidents partiels, tandis que toute la partie occidentale de Saint-Cunibert était, depuis le haut jusqu'en bas, un monument de transition.

Pour peu qu'on ait jeté les yeux sur l'histoire du moyen âge, on connaît cette grande et merveilleuse révolution de l'architecture dont la dernière moitié du douzième siècle et le commencement du treizième ont été témoins. L'époque varie selon les lieux; mais, dans quelque coin de l'Europe que ce soit, surtout de l'Europe septentrionale, il fut un jour où quiconque dut construire une porte ou une fenêtre, au lieu de l'arrondir en arcade semi-circulaire comme avaient fait ses pères, s'avisa de la terminer en pointe. Deux quarts de cercle convergents par un bout et divergents par l'autre, l'ogive, en un mot, fut tout à coup et partout substituée à l'antique plein cintre. Depuis les jours de la splendeur de Rome, le plein cintre avait régné dans tout l'Occident sans rivalité, sans contradiction, mais non pourtant sans variété. L'arcade des anciennes basiliques d'Italie n'est pas la même aux différents siècles; elle se distingue essentiellement, soit par ses ornements et ses proportions, soit par son aspect général, de celles des Arabes de Cordoue; enfin il existe des nuances sensibles même entre les diverses architectures à plein cintre de nos diverses provinces : ainsi, non-seulement il est aisé de distinguer le caractère normand, par exemple, du caractère saxon; mais il est une différence entre le plein cintre d'Auvergne et celui du Poitou. Or, quel était au treizième siècle et aux époques antérieures le caractère du plein cintre à Cologne? Il était tout oriental, tout grec, tout byzantin. Cologne, qui, dès son origine, fut une colonie, ainsi que l'indique son nom, et dont les habitants conservent encore aujourd'hui un dialecte et des visages qui leur donnent en Allemagne un air d'étrangers, Cologne, maîtresse du commerce du Rhin, succursale de Venise, grand bazar du Nord, n'avait pas attendu les croisades pour entrer en relation avec l'Orient. Les hommes et les mœurs du Levant y avaient pris demeure; il n'est pas besoin, pour s'en convaincre, de lire au coin de quelques murailles ces mots : Griechen-Platz, Griechen-Marckt, Griechen-Strasse. Entrez à Cologne un jour de soleil, et voyez, dès l'approche des remparts, briller sur cette immense cité les toits plats de ces élégants minarets, et ces belles rotondes octogones qui s'élèvent au centre de toutes les églises. Eh quoi! pas un clocher! pas un toit pointu! Où donc est le Nord? où donc est la Germanie? Passez au pied de Saint-Géréon, n'est-ce pas Sainte-Sophie que vous croyez voir? Et cette église des Saints-Apôtres, et cette Sainte-Marie du Capitole, n'est-ce pas Mahomet qu'on doit y adorer? N'attendez-vous pas que le muezzin s'en vienne du haut de ces petites tours vous crier l'heure de la prière? D'après la forme de ces toits, il ne doit jamais neiger dans ce pays. Et ces maisons crénelées et terminées en terrasse, d'où viennent-elles? que font-elles là, si nous ne sommes à Malte ou à Jérusalem? Enfin, pour compléter l'illusion, il n'y a pas jusqu'à cette pierre de strass, dont tous ces monuments sont construits, qui, par sa teinte douce et blonde, ne reproduise exactement l'aspect des murailles d'Orient.

Mais si, pour mieux jouir du spectacle de cette colonie byzantine, de ces rotondes, de ces minarets, vous franchissez cet immense pont de bateaux qui tremble sous vos pas, et que du petit port de Deutz vous tourniez vos regards vers la ville, qu'apercevez-vous à votre droite, non loin du bord du fleuve? quelle est cette masse immense qui s'élève au-dessus de toutes les maisons, sombre, noirâtre, hérissée d'une forêt de petites tours pointues et couvertes de dentelle? La main des fées semble avoir découpé ces broderies et taillé ces fuseaux de pierre; c'est une merveille, c'est le Dôme, c'est la fameuse cathédrale. A la bonne heure, voilà le Nord, voilà la Germanie : la neige et les frimas peuvent tomber sur ces aiguilles; la couleur de ces grandes pierres de taille ne fait pas rêver un soleil éternel; elle est sombre et sévère comme le climat. Eh bien, n'est-il pas étrange que lorsque vous êtes à Cologne, sur le sol d'Allemagne, vous n'aperceviez qu'un seul modèle de cette architecture toute allemande ou au moins toute septentrionale? A grand'peine trouvez-vous çà et là par la ville quelques petits clochetons pointus, quelques fenêtres à ogives : ce sont des essais timides et la plupart inachevés. Entouré de ces douze églises orientales, ce Dôme a l'air d'un étranger, et pourtant il est chez lui, sur sa terre natale. Ses piliers, pour la plupart tronqués, attendent en vain des arceaux et des voûtes; ses tours sont à peine sorties de terre, tandis que les autres monuments, ses rivaux, sont complets et achevés. En un mot, le style oriental semble s'être établi et avoir régné à Cologne sans contradiction et sans effort; au lieu que le style allemand, quoiqu'il y ait ébauché une merveille, paraît ne s'y être introduit qu'à force de combats, et n'avoir jamais régné paisiblement.

L'histoire de l'architecture religieuse au treizième siècle explique cette bizarrerie, mais ce n'est pas ici le lieu d'entrer dans ces détails. Peu nous importe même que le Dôme soit inachevé, il n'en est pas moins un des chefs-d'œuvre de l'architecture à ogives, un des chefs-d'œuvre du treizième siècle, qui fut l'âge d'or de cette architecture. Or, comme il se trouve placé en face d'églises qui, de leur côté, sont des modèles très-purs de l'architecture des onzième et douzième siècles, il en résulte le spectacle le plus frappant, le plus instructif et en même temps le plus commode qu'on puisse désirer quand on étudie les révolutions de l'art; car d'un seul coup d'œil, pour ainsi dire, les deux âges, les deux systèmes vous sont révélés.

Mais pour compléter ce spectacle on sent de quel secours serait un monument qui, n'appartenant précisément ni au douzième ni au treizième siècle, et n'étant décidément ni oriental ni germain, viendrait servir de lien aux deux antipodes, et représenter l'époque de la transition. Or, telle était cette partie occidentale de Saint-Cunibert qui vient de s'écrouler si malheureusement. L'ogive s'y montrait partout, et pourtant le monument n'avait rien de svelte, rien d'élancé, rien en un mot qui nécessitât l'emploi de l'ogive. On sentait qu'elle y avait été admise par concession en quelque sorte, et par des gens qui ne soupçonnaient pas encore tous les moyens d'effet, toutes les ressources qu'on pouvait tirer de cette découverte. Tandis que l'architecte du Dôme, pour réaliser son système de construction aérienne et de découpures délicates, se vit obligé de chercher dans les montagnes voisines une carrière de pierres de taille, l'architecte de Saint-Cunibert s'était contenté tout bonnement de la vieille et classique pierre de strass. Aussi ses ogives n'avaient-elles d'autres ornements, d'autres cadres, qu'un ou deux bourrelets bien lourds qui se traînaient péniblement sur la muraille comme de gros serpents. La tour avait aussi cela de particulier qu'elle était unique, et qu'elle s'élevait perpendiculairement au-dessus du milieu de la façade, disposition qu'on ne trouve dans aucune église byzantine de Cologne, et qui est devenue par la suite celle d'un grand nombre d'églises pendant les quatorzième et quinzième siècles, surtout en Flandre. Enfin un porche, faisant saillie au dehors, et soutenu par des colonnettes coupées au milieu par un gros anneau ou bourrelet, offrait un autre essai, qui plus tard fut reproduit souvent et avec bonheur. Ces rudiments informes, ces grossières tentatives d'un goût qui s'ignore, et qui doit un jour s'élever à la pureté, à la perfection, et enfanter des merveilles inexplicables, sont assurément d'un grand intérêt pour la science et pour l'art. Aussi ne saurions-nous trop regretter la perte d'un tel monument, unique en son genre dans une ville qui est le musée de l'architecture du moyen âge.

Au reste, Cologne a dû, depuis trente ans, s'accoutumer à être ainsi dépouillée de ses richesses architecturales. Ce n'est pas toujours l'hiver, ni même la vétusté de ses monuments qui les lui enlève ; ses magistrats se chargent volontiers de ce soin. On ne fait guère un pas dans Cologne sans qu'on ne vous montre la place où fut une église, et l'on ne manque pas de vous faire remarquer quelle jolie promenade plantée d'arbres la ville a gagnée par cette démolition. Il en est de même à Liége et en général dans les villes qui furent longtemps soumises au gouvernement temporel d'un évêque. Les églises y avaient poussé partout, et les officiers municipaux, héritiers de l'évêque, se font maintenant un devoir de les mettre en coupes réglées. Avant 1802, il y avait à Cologne douze ou quinze églises de plus qu'aujourd'hui, toutes d'une grande beauté et quelques-unes d'un type fort rare. En remontant de quelques siècles dans le passé, c'est 365 églises que l'on comptait dans la ville, du moins au dire de la chronique de Cologne.

Les remparts sont assez vastes pour que ce nombre, à la rigueur, ne soit pas exagéré. Les habitants pouvaient donc, s'ils aimaient la variété, se procurer le plaisir d'entendre chaque jour la messe dans une nouvelle église. Depuis Hélène, la mère de Constantin, jusqu'à Plectrude, la femme de Pepin, depuis sainte Ursule et ses onze mille vierges jusqu'à Marie de Médicis, tout le monde en vérité voulut bâtir à Cologne des églises ou des chapelles. Et de toute cette forêt de temples il n'en subsiste plus aujourd'hui que vingt ou plutôt dix-neuf, puisque le pauvre Saint-Cunibert ne doit plus compter désormais ou ne compter du moins que pour une moitié.

Ce n'est pas seulement l'archéologie qui souffre de sa chute : l'aspect pittoresque de la ville y perdra quelque chose. On voyait cette grande tour s'élever à l'extrémité du port, comme un phare, pour signaler l'approche de la ville aux voyageurs ; et, quand le soleil s'était couché derrière la cité, et qu'il ne colorait plus ni les aiguilles du Dôme, ni les minarets de Saint-Martin, on aimait à voir la tour de

Saint-Cunibert briller encore à son sommet de l'éclat d'un dernier rayon, et projeter longtemps sa grande ombre sur les eaux bruyantes du fleuve.

Depuis plus de trente ans que ces lignes sont écrites il s'est manifesté en Allemagne comme en France une grande ardeur pour la conservation et la restauration des monuments historiques. Nous avons revu l'église Saint-Cunibert presque entièrement relevée de ses ruines et prête à reparaître dans son état primitif. Les travaux de décoration demandaient encore quelques années, mais les grandes constructions étaient entièrement achevées. La manière dont cette restauration a été conçue et conduite nous a semblé en tous points digne d'éloges.

VI

LES MONUMENTS HISTORIQUES

DU NORD-OUEST DE LA FRANCE

EXTRAIT D'UN RAPPORT ADRESSÉ AU MINISTRE DE L'INTÉRIEUR EN 1831,
SUR LES MONUMENTS DES DÉPARTEMENTS
DE L'OISE, DE L'AISNE, DE LA MARNE, DU NORD ET DU PAS-DE-CALAIS.)

Cette partie de notre territoire est à coup sûr la plus anciennement française. C'est dans les plaines de Cambrai que les Francs commencèrent leur conquête ; c'est aux portes de Soissons que les Romains livrèrent leur dernier combat. Ce coin de terre fut la demeure de plusieurs rois de la première race ; il servit de refuge aux derniers rois de la seconde. C'est là que s'est assise pour la première fois la nation franque ; c'est là que s'est formé plus tard le noyau de la nation française.

Sur ce terrain tout mérovingien, pour ainsi dire, subsiste-t-il encore quelques constructions contemporaines des premiers siècles de la conquête, ou tout au moins antérieures à l'an 1000 ? Je n'en ai point trouvé.

Et cependant une époque encore plus éloignée, celle de la domination romaine, a laissé dans ces contrées d'assez nombreux vestiges. Sans parler d'un arc de triomphe qu'on voit à Reims, enclavé dans le rempart près de la Porte-Mars, monument mutilé, mais remarquable encore par les débris de son ancienne richesse et par des fragments de sculpture assez bien conservés [1], sans parler, dis-je, de cet arc de triomphe, on trouve, dans le département voisin, à Vermand, près de Saint-Quentin, et à Saint-Thomas, près de Laon, des camps romains encore très-apparents [1]; on en compte au moins quatre dans le département de la Somme [2]. A Soissons, en creusant les nouveaux fossés qui entourent la ville, on rencontre à chaque pas des constructions romaines [3]; à Famars il

---

[1] Voyez, dans le grand ouvrage de M. le comte de Laborde, sur les monuments de la France, plusieurs dessins de cet arc de triomphe, en n'oubliant pas toutefois que la gravure le rajeunit un peu trop. Quoique la pierre ait encore une teinte très-blonde, on sent sa vétusté par je ne sais quoi d'inégal et de raboteux à l'œil. Néanmoins les deux morceaux de sculpture les plus remarquables sont d'une belle conservation : ce sont deux bas-reliefs encadrés dans d'élégants caissons, et placés en voussoirs sous les petites portes latérales; l'un représente Léda et Jupiter; l'autre, Romulus et Rémus.

[1] Voyez, sur ces deux camps romains, les dissertations de M. de Vismes, et l'extrait d'une notice sur les monuments du département de l'Aisne, inséré dans l'Annuaire du département, année 1822. Cette notice contient en outre des données intéressantes sur les *mottes* ou *tombelles*, sur les *voies* et *chaussées*, et enfin sur les *monnaies* et *médailles* antiques qui se trouvent en abondance dans le département.

[2] Ces camps sont placés dans la vallée de la Somme, à Liercourt, à Létoile, à Tirancourt et à Roye. Voyez la dissertation de M. le comte d'Allouville, sur les camps romains de la Somme, in-4°, 1828.

[3] Depuis mon passage à Soissons, on a découvert, en creusant les fossés, un groupe en marbre blanc, composé de deux figures plus

a suffi de remuer un peu la terre pour découvrir des sculptures et même des peintures fort intéressantes ; on en trouverait également à Bavay, sur toute la rive de l'Écaillon, et en général dans presque tout le département du Nord, ancien pays des Nerviens, cette peuplade qui résista si vaillamment

grandes que nature. « Le personnage principal est couvert d'une tunique à manches longues, arrêtée par une ceinture ou cordon très-simple, et d'un manteau qui est retenu sur l'épaule droite par une agrafe ; les jambes sont nues, les pieds chaussés d'un brodequin ou bottine terminée par une sorte de retroussis et fendue sur le cou-de-pied. La tête et le bras gauche manquent ; il ne paraît pas qu'ils fissent partie de la masse comme le reste du groupe ; ils étaient fixés par des goujons en fer. Le second personnage est un enfant de douze à treize ans, couvert d'un manteau agrafé sur l'épaule droite ; les bras, les jambes et le torse sont nus, les pieds chaussés de sandales : la tête et le bras droit manquent. »

M. Gencourt, architecte de la ville de Soissons, qui me transmet ces détails, ajoute que ce groupe porte des traces de colorage. Une sorte de galon ou bracelet, peint d'un bleu d'azur éclatant, entoure le haut du bras de la figure principale. Ce fait confirme ce que de récentes expériences ont déjà prouvé relativement à l'emploi fréquent que les anciens faisaient de la couleur sur leurs monuments de pierre et de marbre.

N. B. Ce groupe est aujourd'hui au musée du Louvre. Il représente, à n'en pas douter, un des fils de Niobé et cet autre personnage connu sous le nom du pédagogue, qui fait partie des fameuses statues conservées à Florence sous le nom de *Niobides*. Avant la découverte du groupe de Soissons on se rendait difficilement compte de la pose et du mouvement de ce personnage, parce qu'à Florence il est isolé, tandis que, pour réaliser la pensée première de l'artiste, il faut évidemment le grouper avec un des jeunes gens, ce qui donne alors un pendant à la Niobé serrant une de ses filles entre ses bras.

Ainsi ces deux statues trouvées à Soissons, bien qu'elles ne soient que des copies et qu'elles n'appartiennent pas à une très-bonne époque, sont d'un grand intérêt par les révélations qu'elles nous fournissent sur une des œuvres les plus estimées de la statuaire antique.

à César. Ainsi les premiers conquérants ont laissé des traces qui subsistent encore ; les seconds, au contraire, n'ont rien construit qui ait survécu ; et cependant, s'il est un lieu de France où l'on puisse s'attendre à trouver des antiquités mérovingiennes, c'est assurément celui-là. Or, non-seulement je suis certain de n'avoir rien rencontré de mérovingien, mais j'ai également la conviction de n'avoir vu aucune construction carlovingienne d'une date certaine et de quelque importance, quoique la tradition décore de ce nom plusieurs monuments qui, à n'en pas douter, ont été élevés sous la troisième race.

Ainsi, la cathédrale de Noyon, quelque vétusté qu'on lui attribue, ne contient pas, du moins hors de terre, un seul pan de mur qui soit antérieur au douzième siècle. Les parties les plus anciennes de l'église, telles que les grandes arcades du chœur, les transsepts, et quelques fenêtres extérieures, appartiennent peut-être au commencement de ce siècle : le reste est de la fin, ou même en grande partie du treizième.

A Soissons, Saint-Pierre-à-l'Assaut, qu'on veut faire passer, je crois, pour un temple antique, est tout simplement l'apside d'une chapelle ou petite église dont la nef a été détruite. On peut dire à coup sûr qu'elle a été élevée vers le milieu du douzième siècle ; elle porte les caractères de cette époque les plus incontestables. Sa couverture primitive en pierres, conservée en partie, contribue peut-être à lui donner un certain air de monument antique, d'où sera provenue la tradition qui la fait si vieille.

Saint-Remi de Reims conserve encore quelques fragments à peine apparents de sa première reconstruction de 1041, mais il est impossible d'y rien trouver qui remonte au delà.

Il en est de même de Saint-Martin de Laon [1] : ses parties les plus anciennes, soit à l'extérieur, soit à l'intérieur, sont évidemment du douzième siècle.

Les deux seuls monuments sur lesquels la controverse serait peut-être jusqu'à un certain point admissible, sont : la tour dite de *Louis d'Outremer*, à Laon, et la crypte de l'ancienne église de l'abbaye de Saint-Médard, à Soissons. Cette tour de Laon a tant de rapport avec celles qu'on élevait aux onzième et douzième siècles, qu'on est d'abord tenté de la supposer de l'une de ces deux époques; mais, d'un autre côté, on n'a pas de bien fortes raisons pour nier qu'elle soit du temps de Louis d'Outremer, c'est-à-dire, de l'an 936 environ. Complétement découronnée, et privée de tout accessoire de sculpture, il est fort difficile de deviner son âge : quoi qu'il en soit, elle produit un effet très-pittoresque dans la ville, et il est à regretter que le conseil municipal médite sa démolition [2].

Quant au souterrain de Saint-Médard, la tradition veut non-seulement qu'il ait appartenu à l'église qui fut témoin de la captivité de Louis le Débonnaire, mais que Chilpéric, et, à ce que je crois, son fils Clothaire, y aient été enterrés. On vous montre deux niches sous lesquelles reposaient les deux rois avant la Révolution. Or ces deux niches ont été sculptées, bien certainement, au plus tôt vers le douzième siècle. Mais,

---

[1] Je dois citer aussi un fragment d'une autre église de Saint-Martin, à Laon, sur la place de la Cathédrale, à gauche. Ce petit bâtiment, qui sert aujourd'hui d'écurie, est remarquable par une corniche composée d'un rang de grosses têtes de clous, soutenues par des modillons ou masques sculptés avec une extrême grossièreté. Je ne serais pas éloigné de croire que ce fût un ouvrage du neuvième ou dixième siècle.

[2] Le fait est accompli : la tour n'existe plus.

une fois mise de côté la fable du tombeau de Chilpéric, faut-il en conclure que le reste de la crypte ne soit pas antérieur au douzième siècle? C'est ce dont il est permis de douter. Ce grand caveau est si simple, si régulier, ses murs sont tellement à angle droit, sans un filet, sans une moulure, qu'on y trouve beaucoup d'analogie, sinon avec les constructions des Romains, du moins avec celles qu'on peut supposer avoir été en usage dans les premiers siècles de la conquête. D'un autre côté pourtant, cette crypte se termine par cinq absides, et communique à l'église supérieure par deux escaliers qui n'existent plus, mais dont on voit la place, et qui correspondaient aux collatéraux de l'église. Cette disposition n'est pas très-primitive, et pourrait même faire penser que la crypte, quoique fort ancienne, est postérieure à l'an 1000. Au reste, les mêmes incertitudes ne sauraient s'élever à l'égard d'un autre souterrain qu'on vous montre à Saint-Médard, et qu'on prétend avoir servi de cachot à Louis le Débonnaire : on va même jusqu'à vous faire lire sur la muraille des vers écrits de la main du prisonnier. Par malheur les voûtes du cachot sont à ogive, et les vers en langue d'oïl. A moins d'avoir vécu deux à trois cents ans après sa mort, le pauvre Louis le Débonnaire n'a certes pas plus habité le cachot qu'il n'a écrit les vers.

Ainsi, en résumé, cette partie du sol de la vieille France conserve bien encore quelques fragments de l'époque romaine ; mais les monuments des deux premières races en ont complétement disparu ; soit que les constructions de cette époque, en général mal conçues, peu solides, et assez souvent en bois, n'aient pu résister aux attaques du temps et des hommes, soient qu'elles aient été trop peu multipliées, surtout vers la fin du neuvième et durant le dixième siècle, pour qu'il en soit parvenu quelque chose jusqu'à nous.

Ce qui m'étonne, c'est de n'avoir pas trouvé à me dédommager sur le siècle suivant. Je ne vois guère que Saint-Remi de Reims et quelques églises de village qui m'aient offert des fragments de constructions du onzième siècle ; et pourtant, à partir de l'an 1000, le besoin de bâtir se répandit dans la chrétienté comme une fièvre généreuse : il fallut tout reconstruire, tout remettre à neuf. D'un autre côté, les constructions commencèrent à devenir moins informes et plus durables. Le pays dont nous parlons échappa-t-il donc à la passion commune, ou bien des causes accidentelles ont-elles fait disparaître les édifices de cette époque? Je ne sais; mais, quoi qu'il en soit, le onzième siècle est presque muet aujourd'hui dans ces contrées.

Ce n'est guère que le douzième qui commence à donner signe de vie. J'ai trouvé à Soissons, derrière une échoppe, dans la rue du Saint-Esprit, deux arcades à plein-cintre merveilleusement sculptées, unique débris de l'ancienne église de l'abbaye Notre-Dame, et l'un des plus beaux modèles que j'aie encore rencontrés de ce goût oriental, de ce style byzantin ou, si l'on veut roman [1], qui, dès avant la première

---

[1] L'histoire de l'architecture en Occident, depuis le sixième siècle jusqu'à la fin du douzième, est, en grande partie, l'histoire des importations successives du goût qui régnait durant cette période en Grèce et surtout le littoral de la Méditerranée, depuis Constantinople jusqu'à Alexandrie. Ces importations, plus ou moins heureuses, plus ou moins bien accueillies, selon les temps et les lieux, offrent un spectacle plein de

croisade, vint se naturaliser avec plus ou moins de bonheur dans l'Occident. Les Grecs d'Ionie n'ont peut-être rien sculpté d'un goût plus spirituel, plus capricieux et à la fois plus régulier, que ces deux arcades. La petite église de Saint-Pierre, située vis-à-vis, quoique moins finement déco-

variété, et d'un attrait tout dramatique. Partout où il y a un fleuve à remonter, partout où vous voyez richesse chez les peuples ou génie chez le souverain, vous pouvez être sûrs que le goût exotique fait de rapides progrès; partout, au contraire, où les communications sont difficiles, et où, en guise de commerce et de prospérité, il y a ténèbres et misère, l'art de bâtir reste soumis aux vieilles habitudes romaines, modifiées par les dispositions grossières des Barbares. De là vient que, dans une même contrée, le goût oriental paraît et disparaît tour à tour, selon que les circonstances le chassent ou l'appellent; et, par exemple en France, il est à peu près ignoré au sixième siècle, tandis que, vers la même époque, il commence à poindre en Italie, sous les auspices des exarques de Ravenne. Plus tard, au contraire, banni d'Italie par la barbarie des Lombards, il est accueilli en France par Charlemagne; il s'y éteint peu à peu après la mort de ce grand homme, et fait place, vers le dixième siècle, à un système bâtard et grossier; tandis que, sur la fin du même siècle, on le voit fleurir avec éclat en Allemagne, sous l'empire des Othons. Mais un événement immense vient mettre un terme à ces oscillations : l'Europe tout entière, riche ou pauvre, éclairée ou barbare, se précipite vers l'Orient; entre les moindres villes, entre les moindres villages et Constantinople, il s'établit tout à coup un chemin incessamment couvert de voyageurs. De ce moment, c'est-à-dire à partir du onzième siècle, le règne du goût oriental n'est plus local et accidentel, il devient universel. Toutefois, dans chaque contrée, chez chaque peuple où il est accueilli, il se modifie plus ou moins : ainsi, les Normands n'en prennent que certains caractères, et rejettent les autres; il en est de même dans nos provinces du midi, dans celles du centre, dans les pays arrosés par le Rhin; partout quelques modifications de détail, et comme un cachet particulier pour chaque localité.

Quant à un autre style d'architecture qu'on est peut-être plus accoutumé à entendre appeler *oriental*, le style à *ogive* (improprement dit *gothique*), j'essaierai aussi à démontrer qu'il n'est rien moins qu'oriental,

rée, est encore un exemple agréable de cette architecture du douzième siècle : il n'en reste debout que le portail et une petite partie de la nef; ajoutez à ces deux fragments la chapelle de Saint-Pierre-à-l'Assaut, également à Soissons, puis à Laon une assez grande partie de l'église Saint-Martin [1],

et qu'au contraire il est essentiellement indigène, et n'a eu d'autre patrie que les contrées d'Occident qui l'ont vu fleurir. C'est encore un admirable chapitre dans nos annales, que l'histoire de cette nouvelle architecture! Son origine, sa formation, ses progrès, c'est l'origine, la formation, les progrès de presque toute l'Europe moderne, du douzième au seizième siècle, depuis Louis VII jusqu'à Louis XII. Elle est née des mêmes circonstances, elle s'est développée d'après les mêmes lois que tout ce qui est né, que tout ce qui s'est développé alors en Occident, langues, peuples, états, institutions; elle préside au réveil du moyen âge, comme l'architecture à plein-cintre assiste à son sommeil. Son principe est dans l'émancipation, dans la liberté, dans l'esprit d'association et de *commune*, dans des sentiments tout indigènes et tout nationaux; elle est bourgeoise, et, de plus, elle est française, anglaise, teutonique, etc.: l'autre, au contraire, est exotique et sacerdotale; elle naît du dogme et non du sol, de la foi et non des mœurs; elle règne par droit de conquête ecclésiastique; elle n'a d'autre principe, d'autres racines que l'Église et les canons. Aussi les architectes, qui sont-ils? ici des moines, rien que des moines ou des gens d'église; là des laïques, des *francs*-maçons.

Je sens tout ce qu'il y a de vague et d'incomplet dans de telles explications. Il faudrait de longs développements, aussi bien pour tracer l'histoire du style à ogives que pour suivre les migrations du style qui l'a précédé. Mais, je le répète, c'est sur notre sol même qu'il faut chercher les causes sociales et physiques qui ont donné naissance à ce grand et beau système de l'ogive. Ce n'est pas que plusieurs éléments de ce système, et peut-être l'ogive elle-même, ne soient des exportations d'Orient; mais il n'en faut rien conclure pour la véritable origine du système, car autre chose est un système, autre chose les matériaux souvent épars et incohérents dont il est construit.

[1] Sauf le portail et la première fenêtre de la nef attenante au portail, l'église Saint-Martin est, *à l'extérieur*, complétement à plein-cintre. Les fenêtres ont cela de particulier, qu'elles sont extrêmement allon-

le petit portail de l'église Saint-Maurice à Reims [1], celui

gées ; elles ont au moins trois fois et demi plus de hauteur que de largeur. Tout le long de la nef, règne sous le toit une corniche fort remarquable par la simplicité, par la netteté et le nerf de l'exécution : elle se compose, en partant du haut, de deux filets creux très-minces surmontant un cordon à damiers creux et pleins, lequel court entre deux filets saillants ; puis vient une plate-bande unie qui sert de repos, puis un filet creux très-mince, puis enfin des modillons dont la grosseur est d'environ moitié du reste de la corniche. Ces modillons sont tous variés et représentent des fleurs, des nœuds, des rosaces, et quelques têtes d'animaux, mais en petit nombre ; ils sont sculptés avec une fermeté et une précision singulières.

Quant aux fenêtres, elles sont tout simplement entourées d'un tore ou boudin de moyenne grosseur, surmonté de deux filets creux. Ce cordon est continu d'une fenêtre à l'autre.

Le transsept sud porte des traces du style de transition : c'est un mélange de pleins-cintres et d'ogives presque insensibles. On y voit aussi une rosace à jour, composée de petits arcs plein-cintre rayonnant vers le centre.

Enfin l'abside se termine carrément et par un fronton ; on y retrouve la même corniche et les mêmes fenêtres que sur les murs de la nef. On l'a percée, et l'on y a pratiqué une grande fenêtre ogive dans des temps plus modernes.

L'intérieur est d'une extrême simplicité ; il n'y a ni galerie ni colonnettes. Les arcades qui séparent la nef des collatéraux sont à ogive, et les fenêtres supérieures à plein cintre (ce sont celles qu'on aperçoit extérieurement). Une grande colonne engagée, tout unie et sans anneaux, flanquée de deux petites colonnes annelées, file le long des piliers carrés jusqu'aux combles. Cette disposition est simple et belle. Malheureusement l'église est entièrement revêtue d'un épais badigeon blanc et jaune, qui alourdit et altère toutes ses proportions.

[1] Il y a, dans cette petite église, des parties d'une construction fort grossière et probablement beaucoup plus ancienne que le portail ; ce sont les deux arcades de la nef les plus proches du chœur. En examinant les murs extérieurs qui correspondent à ces arcades, on reconnaît un choix et un arrangement de matériaux tout autre et beaucoup plus incorrect que dans le reste de l'église. Quant au portail, il est assez

de l'église de Coucy-le-Château [1], et enfin plusieurs églises de village à l'entour de Soissons [2], et vous aurez à peu près tout ce qui reste, dans ce pays, du commencement et du milieu du douzième siècle. Sa dernière moitié et les premières années du treizième ont laissé des traces bien plus nombreuses, et c'est même en monuments de cette période, époque de la transition du plein-cintre à l'ogive, que consiste presque toute la richesse architecturale du pays. Je ne parle ici que du département de l'Aisne et de la partie de l'Oise et de la Marne que j'ai visitée; car, quant au Pas-de-Calais et au Nord, non-seulement il n'y est pas question de monuments de transition, mais ceux du treizième

insignifiant, et d'un travail fort ordinaire : peut-être appartient-il plutôt au onzième siècle qu'au douzième.

[1] Ce petit portail est autrement intéressant que celui de Saint-Maurice : il est à coup sûr du douzième siècle; le caractère des colonnettes, des petites arcades, et d'autres détails en donnent la preuve certaine. Le motif en est simple et l'exécution assez soignée. D'abord une large porte appuyée sur des colonnes en retraite, et surmontée de deux larges tores, l'un sculpté, l'autre uni; au-dessus, une fenêtre beaucoup moins large et beaucoup plus haute que la porte; le plein-cintre repose sur deux longues colonnes annelées; les chapiteaux et les filets sont de bon goût. Au-dessus de cette grande fenêtre, une jolie petite galerie aveugle, composée de colonnettes supportant six arcades en trèfle déployé; enfin, pour remplir le fronton aigu qui s'élève au-dessus de la petite galerie, une rosace très-simple ou plutôt un trèfle à trois lobes, encadré circulairement d'abord par un zigzag normand, ensuite par un large tore revêtu d'une tresse à jour.

[2] Celles de Courcelles, de Vaux-Rezis, etc. Dans cette dernière, les chapiteaux qui supportent la retombée des voûtes d'arête du chœur sont extrêmement remarquables; le dessin en est à la fois sévère et capricieux. Il serait difficile d'assigner une date exacte à ces chapiteaux, mais ils peuvent être antérieurs au douzième siècle.

siècle y sont tout à fait inconnus [1] : à peine çà et là quelques ruines du quatorzième, et pas un seul édifice entier dont la construction remonte au delà de 1500 ou tout au plus de 1450. Généralement parlant, un édifice de cent cinquante ans est, dans ce pays, une sorte de rareté. Les hommes y sont trop nombreux, trop riches, trop industrieux, pour que le sol ne change pas de face sous leurs mains toutes les deux ou trois générations : la fièvre de reconstruire règne là en permanence.

Mais, pour en revenir aux départements de l'Aisne, de l'Oise et de la Marne, on y trouve, comme je viens de le dire, un assez grand nombre de monuments de transition. Les uns appartiennent à la fin du douzième siècle, et offrent un mélange intéressant de pleins-cintres et d'ogives ; les autres, construits dans les premières années du treizième, sont totalement à ogives, mais doivent encore être rangés parmi les monuments de transition, soit parce que les ogives conservent, dans leurs proportions et dans leurs moulures, un certain sentiment robuste et massif, soit parce qu'il règne encore, dans tous les accessoires sculptés, je ne sais quel reflet du style précédent. Au nombre des derniers, j'ai surtout remarqué la partie inférieure de Saint-Jean-des-Vignes, à

---

[1] Il existe cependant à Saint-Venant, près d'Hazebrouck et de Béthune, une église qui est, dit-on fort ancienne. On y voit un baptistère sur lequel est sculptée, de la manière la plus barbare, une histoire complète de la passion. Ce monument, que je n'ai pu voir et dont je ne juge que d'après un dessein qu'on m'a montré à Douai, est très-probablement du dixième ou du neuvième siècle ; il est d'un type trop grossier pour appartenir soit au onzième siècle, soit à l'époque de Charlemagne.

Soissons [1], la cathédrale de Senlis, le chœur de Saint-Jacques, à Compiègne, et l'église Saint-Ived, à Braisne; parmi les autres, il faut placer Saint-Remi de Reims, la cathédrale de Noyon, Saint-Martin de Laon, et une charmante église de village à Tracy, près de Noyon.

Ce petit monument mérite une attention toute particulière. Il est à peu près inconnu, et c'est presque à titre de découverte que j'en parle. On ne peut s'imaginer un travail plus suave et plus hardi, des proportions plus parfaites. L'ogive s'y montre, mais à peine sensible et entourée de ce cortége d'ornements et de zigzag qui n'accompagnent d'ordinaire que le plein-cintre fleuri. Il y a d'ailleurs, dans l'église, des parties purement à plein-cintre.

Ces parties sont l'abside, le portail et la muraille qui soutient le comble de la nef du côté du nord. C'est là ce qu'il y a de plus ancien dans l'église. On doit en faire remonter la construction au onzième siècle ou aux premiers temps du douzième. La tour qui flanque l'abside au nord, et qui probablement avait jadis son pendant au midi, aura été bâtie plus tard, vers la dernière moitié du douzième siècle. Quant à tout le reste de l'église, c'est au moins 250 ans après la

---

[1] A partir de la plate-forme qui les sépare, les deux clochers ont été construits au quinzième siècle. L'œil le moins exercé reconnaît la différence des deux styles. Rien de si lourd, de si plat que la sommité de ces clochers; on n'a pas même eu l'attention de les faire semblables; vous diriez des visages et des bustes presque difformes entés sur des corps élégants, gracieux et admirablement proportionnés. En effet, jusqu'à cette plate-forme, la disposition, le dessin et les ornements de cette façade sont du goût le plus parfait, de l'exécution la plus délicate.

tour (de 1400 à 1500) que la construction en a été faite [1].

Il faut signaler cette petite église comme œuvre d'art, et comme preuve que cette élégante architecture qui, au douzième siècle, florissait sur les bords du Rhin, avait aussi pénétré en Picardie, et y était cultivée avec plus de finesse peut-être, sinon avec autant de grandiose et de majesté, qu'en Normandie. On peut dire que l'église de Tracy a plus

---

[1] A l'intérieur, il ne subsiste de la primitive église que trois piliers carrés surmontés de petites corniches profilées en équerre et ornées de larges têtes de clou évidées. Ces piliers donnent naissance à trois arcs plein-cintre d'un motif très-pur, qui soutiennent la muraille sur laquelle repose, du côté du nord, le toit principal de la nef. Quant au collatéral qui cache en partie cette muraille extérieurement, il est du quinzième siècle.

Au-dessous de ce toit règne une corniche composée de modillons très-bien sculptés, représentant des têtes d'hommes et d'animaux, liés les uns aux autres par de gros boudins brisés à angle droit, et formant cet ornement connu sous le nom de *grecque*. Ce même boudin grec et ces mêmes modillons sculptés règnent également sous le toit de l'abside, moins élevé de plusieurs pieds que celui de la nef.

L'abside est éclairée par trois fenêtres à plein-cintre, liées entre elles par un ruban de têtes de clou. Ce cordon file à mi-hauteur de chaque fenêtre, et va rejoindre en ligne droite la fenêtre suivante, qu'il enveloppe aussi jusqu'à mi-hauteur, et ainsi de suite.

Quant à la tour, qui est la perle de l'église, il est impossible de la décrire : il faut la voir pour en sentir le charme et l'extrême élégance. C'est une justesse de proportions et de sentiments qui enchante; un vrai bijou dans le genre fleuri. La disposition en est des plus heureuses : 1° un soubassement tout uni, carré, et plus élevé que l'abside qui lui est contiguë; 2° un rang de modillons sculptés et liés, comme ceux de la nef et de l'abside, par un boudin, mais demi-circulaire et non plus à angle droit; 3° au-dessus de la rangée de modillons, deux grandes fenêtres accouplées sur chaque face; l'ogive à peine sentie, mais l'arcade étroite; le tore robuste et pourtant léger; les colonnettes d'une heureuse proportion, et terminées par des figures de monstres et de

d'analogie avec le style de la Normandie qu'avec celui des bords du Rhin; mais elle en diffère pourtant en plusieurs points, notamment par la forme octogone de la tour et la pente peu inclinée du toit : or, il n'est pas sans intérêt de remarquer que, sur ce terrain intermédiaire entre Caen et Cologne, un goût pour ainsi dire intermédiaire se fût introduit. Plusieurs autres observations m'ont confirmé ce fait [1].

chimères en guise de chapiteaux. Dans l'enfoncement des arcades, un gros boudin en zigzag terminé par un chapiteau. Cette espèce de colonne à bâtons rompus, terminant la série des profils dont se compose chaque arcade, est de l'effet le plus piquant. Mais ce n'est pas tout : la tour, jusque-là carrée, devient tout à coup octogone; aux quatre grandes doubles arcades en succèdent huit, moins hautes, mais plus légères, plus ornées et plus brillantes encore. Un nouveau cordon de modillons sculptés les sépare des premières; de plus, elles sont légèrement en retraite, de sorte que la tour va en s'amincissant à mesure qu'elle grandit ; et comme il y a un ressaut entre le premier et le second étage, on a voulu l'épargner à l'œil et lui ménager une transition, en plaçant sur les angles de la plate-forme carrée qui termine le premier étage, des figures d'anges aux ailes déployées ; de ces quatre figures il en reste encore deux qui produisent à peu près le même effet que les acrotères sur les frontons des temples grecs.

Enfin les huit arcades sont couronnées par un troisième cordon de modillons sculptés qui supportent un toit de pierre, cône octogone très-peu incliné.

Dans l'intérieur de l'église, on remarque une grande cuvette en pierre, de forme octogone, reposant sur quatre courtes colonnettes à longues griffes; c'est un baptistère qui date du treizième siècle, ou peut-être de la fin du douzième. Les huit faces portent chacune un écusson effacé. A côté de la cuvette principale, en est une autre plus petite sur un socle octogone, et servant de déversoir à la première. De tels morceaux, assez commun en Angleterre, sont en France d'une extrême rareté. (Voyez plus haut, page 338, ce qui est dit en note du baptistère de Saint-Venant).

[1] Ainsi, par exemple, les modillons ou corbeaux, si communs en

J'ai rapporté quelques dessins de l'église de Tracy, exécutés rapidement, mais avec esprit, par M. Ramée, jeune architecte qui voyageait avec moi. J'ai pris en outre un assez grand nombre de notes sur les détails de la construction : mais ce n'est pas assez ; il y aurait un ouvrage spécial à composer sur ce petit chef-d'œuvre.

Si nous sortons maintenant des monuments de transition, si nous passons à l'architecture du treizième siècle, c'est-à-dire, à la perfection du style à ogive, l'intérieur de la grande et belle cathédrale de Reims m'en a offert le modèle le plus achevé. Les avis peuvent différer sur la beauté du portail et des tours. Les uns peuvent désirer plus de simplicité, les autres peuvent trouver dans cette éclatante richesse le type du genre : mais quant à l'intérieur, il n'y a pas de controverse possible : rien ne peut être préféré au vaisseau de Reims. En entrant sous ces voûtes si pures, si merveilleusement proportionnées, on reconnaît un grand système parvenu à son point de maturité, à son idéal : c'est le Parthénon de notre architecture nationale.

J'ai trouvé peu d'édifices du quatorzième siècle. L'église de Saint-Bertin, à Saint-Omer, était peut-être une des créations les plus remarquables de ce style élégant, mais déjà moins sévère, moins imposant que celui du siècle précédent : par malheur l'église de Saint-Bertin est à moitié dé-

---

Normandie, sont tout à fait inconnus sur les bords du Rhin ; en Picardie, vous en rencontrez quelques exemples. Mais en revanche la disposition générale et l'exécution des ornements sculptés que vous trouvez en Picardie rappellent beaucoup plus ceux des bords du Rhin que ceux de la Normandie.

molie. Le cloître de Saint-Jean-des-Vignes, à Soissons, que je crois aussi en partie du quatorzième siècle, est également en ruine, et, comme je le dirai tout à l'heure, menacé d'une démolition prochaine.

Le quinzième siècle, au contraire, se montre pour ainsi dire à chaque pas. Ce ne sont point, en général, des monuments entiers, mais des fragments de monument, des restaurations, des raccommodages. Sur ce théâtre de nos longues guerres avec les Anglais, les édifices publics ont dû pendant près d'un siècle cruellement souffrir : aussi, dès que le pays fut libre, se mit-on de toute part à les réparer : de là ces reprises du quinzième siècle que j'ai rencontrées dans presque toutes les églises.

Le petit nombre d'anciens hôtels de ville qui subsistent encore dans ces divers départements, sont aussi tous de cette époque. J'en ai compté six, savoir : ceux de Compiègne, de Noyon, de Saint-Quentin, de Douai, d'Arras et de Saint-Omer. Ce dernier doit être en grande partie du quatorzième siècle; mais tous les autres appartiennent au quinzième ou aux premières années du seizième. Dans cette portion de la France, comme dans tout le reste de l'Europe septentrionale, le caractère de cette architecture du quinzième siècle est une profusion presque folle de festons et de découpures; profusion de détail, d'où résulte la lourdeur de l'ensemble. En somme, de brillantes qualités, mais plus de défauts que de qualités. Je dois pourtant signaler quelques échantillons de ce style qui m'ont paru d'une rare élégance et d'une exécution éblouissante; entre autres le portail latéral (sud) de Saint-Remi, construit par Charles VIII, et une partie intérieure d'un des transsepts (sud) de la cathédrale de Saint-Quentin, exécuté par ordre de Louis XI.

Quant au seizième siècle proprement dit, je l'ai cherché vainement. Il y a pourtant, à ce que je crois, dans le département de l'Aisne, plusieurs châteaux de cette époque, tels que Cœuvres, et quelques autres, que la mauvaise saison ne m'a pas permis de voir. Les seuls fragments du style de la renaissance que j'ai trouvés sur mon passage, sont quelques décorations de chapelles, quelques balustrades ou jubés d'église; je dois noter aussi le petit portail assez gracieux de Saint-Remi, à Laon, et une charmante petite galerie en ruine attenante à ce cloître de Saint-Jean-des-Vignes de Soissons, dont je parlais tout à l'heure.

Telles sont les observations générales qu'on peut faire sur le nombre et sur le caractère des monuments d'architecture que j'ai visités. La sculpture et la peinture méritent à leur tour un examen particulier.

Je sais qu'aux yeux de bien des gens qui font autorité, c'est un singulier paradoxe que de parler sérieusement de la sculpture du moyen âge. A les en croire, depuis les Antonins jusqu'à François Ier, il n'a pas été question de sculpture en Europe, et les statuaires n'ont été que des maçons incultes et grossiers. Il suffit pourtant d'avoir des yeux et un peu de bonne foi pour faire justice de ce préjugé, et pour reconnaître qu'au sortir des siècles de pure barbarie, il s'est élevé, dans le moyen âge, une grande et belle école de sculpture, héritière des procédés et même du style de l'art antique, quoique toute moderne dans son esprit et dans ses effets, et qui, comme toutes les écoles, a eu ses phases et ses révolutions, c'est-à-dire son enfance, sa maturité et sa décadence.

Par malheur les monuments de la sculpture sont encore plus fragiles que ceux de l'architecture. Les guerres de religion et nos tourmentes révolutionnaires ont laissé debout quelques édifices, elles n'ont presque point épargné de statues; et, d'ailleurs, ces statues n'eussent-elles pas représenté des personnages religieux et des sujets sacrés, de combien d'autres chances de destruction n'étaient-elles point entourées! Non-seulement elles étaient sculptées en pierre, souvent en pierre friable ou poreuse, mais on les plaçait plutôt en dehors qu'au dedans de l'église, du côté du portail; et, par conséquent, le vent d'ouest, la pluie, la grêle, et, dans l'été, la mousse et les lichens, tout devait contribuer à les altérer, à les ronger peu à peu. Aussi faut-il s'estimer heureux quand le hasard vous fait découvrir dans un coin bien abrité, et où les coups de marteau n'ont pu atteindre, quelques fragments de cette noble et belle sculpture.

Ce plaisir, cette bonne fortune, j'en ai joui à Reims. Une partie du portail de la cathédrale exigeant quelques réparations, un échafaudage a été dressé jusqu'à mi-hauteur de la façade : je suis monté sur cet échafaudage, et, dans les enfoncements des ogives, des festons et autres ornements architectoniques, j'ai trouvé une profusion de bas-reliefs et de statues dont le style, le caractère et l'expression m'ont causé l'admiration la plus vive. Le costume, aussi bien que le genre du travail, annonce que ces figures sont du treizième siècle, l'âge d'or de notre sculpture nationale; et, grâce à la manière dont elles ont été abritées, elles sont presque toutes dans un état parfait de conservation.

A moins d'être monté sur cet échafaudage, il est impossible de se douter de l'existence de ces chefs-d'œuvre ; ils sont à une si grande hauteur que, du bas de l'édifice, c'est à peine s'ils sont visibles. Dans la partie inférieure de la façade, il y a bien aussi des statues, mais elles ne sont guère propres à faire soupçonner celles que la vue ne peut atteindre. A très-peu d'exceptions près, elles ont été restaurées ou refaites par des ouvriers médiocres, au quinzième siècle et à d'autres époques. Il en est même beaucoup qui datent du sacre de Louis XVI.

Ce serait donc à la fois réhabiliter les auteurs de ce beau monument et la grande époque qui le vit élever, que de faire connaître au public, au moins par échantillon, quelles étaient les véritables sculptures de la cathédrale de Reims et du treizième siècle. Dans cette intention, j'ai prié M. Sérurier, l'architecte chargé de la restauration de la façade, de ne point faire enlever l'échafaudage avant le printemps, quoique les travaux soient terminés, et j'ai demandé la permission de faire mouler un certain nombre de ces bas-reliefs et statues. Je ne sache pas d'autre manière d'en donner une image vraiment fidèle. Le dessin le plus exact pourrait être accusé de supercherie ; on sera forcé de se rendre à la vue d'une empreinte, d'une contre-épreuve, d'un simple *fac-simile*.

Ce que je propose, ne serait ni bien difficile, ni bien coûteux : il suffirait d'envoyer à Reims deux ouvriers mouleurs, intelligents et actifs ; en quelques semaines ils auraient pris des creux des morceaux les plus remarquables. Les exemplaires qu'on en tirerait serait déposés au

Musée, à l'école des Beaux-Arts et dans les écoles de dessin des départements. Cette innovation aurait, je crois, les meilleurs effets : car l'ignorance de ce style national et l'étude exclusive de l'antique, quelque beau, quelque pur qu'il soit, sont assurément cause, au moins en partie, de ce caractère abstrait et monotone qui, parmi nous, a déparé souvent les productions de la statuaire.

C'est un vrai service à rendre à l'art que de tirer de l'oubli ces morceaux de sculpture, qui, une fois l'échafaudage enlevé, ne pourront plus être étudiés de longtemps. Je ne sais même par quel miracle ils ont été conservés, car cette façade a subi, voilà bientôt quarante ans, une mutilation plus barbare que toutes celles que le protestantisme ou l'irréligion lui avaient déjà fait souffrir. MM. les architectes et décorateurs chargés de faire les apprêts du sacre de Charles X, firent suspendre aux deux tours des cordes à nœuds, et cinq ou six maçons, attachés à ces cordes, furent chargés d'abattre à grands coups de masses toutes les têtes de saints qu'ils pourraient atteindre[1]. On craignait que, le canon et les cris de fête ébranlant l'atmosphère, ces têtes ne vinssent à tomber sur celle du monarque au moment où il entrerait dans l'église. Grâce à ce raffinement de précautions, de nombreux fragments de sculpture vinrent se briser sur le pavé. Les habitants ramassèrent celles qui n'étaient pas trop défigu-

---

[1] Ce fait, qui paraît incroyable, m'a été attesté par des témoins oculaires à la véracité desquels je ne puis refuser confiance. Je dois dire cependant qu'un des architectes, M. Hittorf, nie que rien de semblable ait eu lieu. Ce sera probablement contre son gré, et peut-être en son absence, que cette étrange exécution se sera accomplie

rées. M. le sous-préfet de Reims m'a promis de faire quelques démarches pour en obtenir la restitution.

Indépendamment des statues de Reims, j'ai encore trouvé plusieurs fragments de sculpture d'un véritable intérêt. Je citerai notamment des dalles de pierre de différentes grandeurs qu'on rencontre sous ses pieds dans l'église cathédrale de Saint-Omer, pêle-mêle avec les pavés. On y voit représentés des chimères, des sirènes, des oiseaux fabuleux, des arabesques de toute sorte et variées à l'infini ; des éléphants armés en guerre, la tour sur le dos et les archers dans la tour ; des fragments de zodiaque ; puis des sujets bibliques, Dieu créant le monde, le soleil dans une main et la lune dans l'autre ; enfin, des chevaliers, la lance au poing, montés sur leurs coursiers ; des pèlerins pieds nus, etc. Rien ne peut donner une plus fidèle image de ce mélange, de cette bigarrure de traditions, d'usages, de costumes mi-partis orientaux et européens qui s'emparèrent de l'Occident vers l'époque des croisades. Ces sculptures sont de la fin du douzième siècle : les lettres dont se composent quelques fragments d'inscriptions ont une forme qui ne laisse pas de doute à cet égard. On vous dit pourtant dans le pays qu'elles ont appartenu à un temple païen, et qu'elles proviennent de Térouanne, ancienne ville du voisinage, entièrement rasée par Charles-Quint. De ces deux traditions, la seconde n'a rien d'impossible ; mais, pour la première, elle est tout à fait ridicule. Il suffit, je crois, de lire autour de quelques-unes de ces pierres cette inscription : « *Dedit istum lapidem ad honorem Sancti Audomari episcopi Villelmus Wœssel*, » ou bien celle-ci : « *Ad honorem Sancti Audomari episcopi, Nicolaus filius Villelmi Wœs-*

sel; » pour n'être pas tenté d'en faire honneur au paganisme.

Ces sculptures ont très-peu de saillie, et les parties creuses portent de nombreuses traces d'un colorage ou enduit noirâtre, ce qui fait ressortir vivement les parties en relief. Les figures sont d'un dessin énergique, pures comme l'antique, et pleines de mouvement; les arabesques, d'une variété et d'une finesse merveilleuse. Je ne sais quelle était la destination de ces pierres : faisaient-elles parties du pavé de l'église? étaient-elles incrustées dans la muraille? On ne saurait décider.

M. Wallez, professeur de dessin à Douai, a copié avec exactitude tous ces bas-reliefs, et compte les publier. Mais les originaux se détériorent chaque jour; le frottement des pieds finira par tout effacer. Si l'on offrait aux membres de la fabrique de faire remplacer ces pierres, d'un si grand prix pour l'histoire de l'art, par de simples pavés, je pense qu'ils ne s'y opposeraient pas; on les transporterait alors, soit à la bibliothèque, soit dans tout autre lieu, où elles trouveraient un abri contre la dégradation.

Comme modèle de ce genre de sculpture franc et hardi, il faut citer encore un débris du bas-relief qui remplissait le tympan à ogive de la porte du donjon de Coucy. Ce bas-relief représentait le trait héroïque de la famille des seigneurs de Coucy, c'est-à-dire Enguerrand Ier luttant contre un lion furieux, la terreur de la contrée. Il y a soixante ans, lorsque Lami fit son voyage, ce bas-relief était encore entier : il en a donné un dessin; mais à en juger par ce qui subsiste, ce dessin est d'une inexactitude déplorable. Il ne reste aujourd'hui qu'un des côtés de l'encadrement et une bonne partie du lion.

Ce lion, debout sur ses pattes de derrière, est jeté avec une hardiesse et un bonheur remarquables. Il offre, par la fierté de sa pose, une ressemblance éloignée avec les deux lions qu'on voit en Grèce sur une des anciennes portes de Mycènes.

Derrière le grand triangle de pierre qui surmonte le portail principal de Saint-Jean-des-Vignes, à Soissons, j'ai trouvé une suite de petites figures servant de culs-de-lampe, et sculptées avec une finesse et une grâce délicieuses. A Laon, dans une rue parallèle à la cathédrale, j'ai vu un jolie petite statue de Vierge toute mutilée, et qu'on fait servir à accrocher le reverbère : la pose du corps et le jet des draperies sont du meilleur goût et indiquent le commencement du treizième siècle. J'ai encore remarqué à Laon un morceau de sculpture intéressant dans son genre; c'est un tombeau à l'entrée de la nef de l'église Saint-Martin, sur lequel Enguerrand Ier est sculpté couché dans son armure. Cette figure colossale a de la roideur et de la rudesse, mais je ne sais quoi de grandiose et d'imposant. On dirait que ce chevalier de pierre menace encore ces moines de Saint-Martin qu'il traitait si durement pendant sa vie.

L'histoire de ce tombeau est des plus singulières. Enguerrand, en mourant, avait ordonné que son corps fût enterré dans l'église de l'abbaye : les moines, lui gardant rancune, refusèrent de le recevoir, et le tombeau qu'on voit aujourd'hui fut construit hors de l'église, devant le portail. Mais les Enguerrand se fâchèrent, et il y eut querelle acharnée entre le château et l'abbaye. Cependant le tombeau restait toujours en plein air, et ce ne fut qu'après cent ans de procès et de persécutions que les religieux se résignèrent à céder. Mais la ruse vint au secours de leur amour-propre. Que firent-ils, ils jetèrent bas la façade de leur église, et la reconstruisirent deux toises plus loin : de cette façon, le tombeau ne fut plus à la porte, et les Enguerrand n'eurent rien à dire ; mais les moines ne consacrèrent pas le nouveau portail, de telle sorte que leur ennemi n'en resta pas moins privé de la terre sainte.

Cette anecdote est confirmée par l'architecture de l'église. La façade en question porte les caractères du quatorzième siècle, tandis que tout le reste de l'édifice est du douzième. Peut-être aussi est-ce au désir de rappeler en partie le portail qu'on détruisait pour un si étrange motif, qu'il faut attribuer ces deux petits minarets octogones qui flanquent le portail actuel. Ils sont bien évidemment du quatorzième siècle ; et pourtant, dans les monuments exécutés et conçus à cette époque, on ne trouve guère de tourelles de cette forme. Au contraire, l'ancien portail ne pouvait manquer d'avoir ses deux minarets ; c'est donc en son honneur, pour ainsi dire, qu'on en a donné au nouveau. Mais, tout en imitant, l'architecte du quatorzième siècle est resté fidèle en grande partie à ses propres habitudes. L'idée d'imiter à la lettre, de copier avec érudition, de faire un trompe-l'œil historique, est une idée toute moderne, et qui ne serait jamais entrée dans les têtes du moyen âge.

Pour achever ce qui concerne la sculpture, je ne dirai qu'un mot des statues qui décorent le portail de cette église Saint-Martin, et ce ne sera pas pour en faire l'éloge. Des draperies indécises et déjà un peu tourmentées, un travail mou, des contours incorrects, voilà ce qui commence à déparer nos statues du quatorzième siècle : au quinzième, c'est encore pis ; on tombe dans la mignardise et le contourné, non sans exceptions toutefois, car en tout temps il est des artistes qui ont le sentiment du beau et de la nature, et qui, en dépit des défauts de leur siècle, et tout en s'y laissant aller, savent empreindre leurs œuvres d'expression et d'originalité.

Si le seizième siècle n'a laissé dans ces contrées presque aucun monument d'architecture, on ne doit pas s'attendre à y trouver beaucoup de traces de son école de sculpture, si élégante et si gracieuse. Cependant je puis citer, à Soissons, dans les pendentifs des arcades attenantes au cloître de Saint-Jean-des-Vignes, de charmants médaillons renfermant des figures de femmes et de divinités ; je n'oublierai pas, non plus, une belle statue de Gabrielle d'Estrées, en marbre blanc, qu'on voit à Laon dans la bibliothèque. Gabrielle est représentée quelque temps avant sa mort ; son visage est souffrant, mais encore d'une grande beauté ; ses vêtements et tous les accessoires sont traités avec une délicatesse extrême.

Mais, pour étudier la sculpture du moyen âge, ce n'est pas assez de connaître ce qu'il nous a laissé de statues et de bas-reliefs, il est une autre sorte de monuments non moins utiles à consulter : ce sont les empreintes des cachets et des sceaux suspendus aux chartes et aux diplômes. Là, vous trouvez des témoignages authentiques de l'état de l'art aux différentes périodes. Les sceaux sont pour le moyen âge ce que les médailles et les pierres gravées sont pour l'antiquité, et ils ont de plus l'avantage de porter leur date. Or, en étudiant toute la série des sceaux des monarques et des seigneurs pendant le moyen âge, on reconnaît, dans le plus ou moins de beauté du dessin, les mêmes phases, les mêmes révolutions que nous venons de signaler, en passant, dans la sculpture. Là aussi, vous trouvez au douzième siècle, comme dans les premiers temps de l'art grec, de la roideur, des draperies à plis comptés et symétriques, des figures d'un type consacré soit par des rites religieux, soit par des préceptes d'école; puis, avec le treizième, apparaissent la liberté, la pureté du dessin, la souplesse des formes, la grâce, le mouvement et la vie; au quatorzième, la pureté s'altère, on exagère le mouvement, on brise les draperies; au quinzième enfin, le raffinement va croissant, on se passionne pour le maniéré et pour les formes bizarres et contournées. Ce n'est point là un système; il n'y a pas de doute possible sur la réalité de ces diverses gradations de l'art durant le moyen âge, et, dans les collections de sceaux et de cachets que je viens de visiter, je n'ai trouvé que de nouvelles preuves à l'appui des expériences que j'avais déjà faites. Les villes où j'ai vu ces collections sont Laon, Cambrai, Lille, Arras et Saint-Omer. J'en parlerai plus en détail tout à l'heure, lorsqu'il sera question des archives.

Je veux maintenant dire quelques mots de la peinture. Plus périssable encore que la sculpture, elle a dû, comme sans doute on le devine, ne nous laisser que des traces bien effacées et bien rares. Je parle ici de la grande peinture, de la peinture monumentale sur pierre ou sur enduit, car, quant à la peinture telle qu'on l'entend aujourd'hui, la peinture de tableaux, elle n'est pas contemporaine de l'architecture et de la sculpture au moyen âge; elle est née plus tard et a fait son chemin isolément.

Toutefois elle avait dès lors son précurseur, pour ainsi dire, dans un art aujourd'hui perdu, l'art de l'enluminure des manuscrits. C'est seulement sur le parchemin de ces missels et de ces psautiers coloriés au fond des cloîtres, qu'il faut chercher les tableaux des douzième, treizième et quatorzième siècles. L'imagination riche et hardie qui brille souvent dans les encadrements fantastiques de ces tableaux, un dessin naïf et quelquefois piquant, une représentation fidède des usages et des costumes du temps; enfin d'admirables couleurs, préparées, fondues et fixées merveilleusement, en voilà sans doute assez pour faire de cette branche de l'art un objet d'étude du plus grand intérêt : mais on se trompe si l'on croit que c'est là la peinture du moyen âge.

En effet, que peuvent avoir de commun ces chefs-d'œuvre de patience, ces ouvrages microscopiques, avec les gigantesques monuments qu'élevaient et qu'habitaient des hommes gigantesques eux-mêmes? N'oublions pas qu'alors la société était divisée en deux mondes isolés et complétement différents : l'un tout à l'étude et à la patience, l'autre tout à l'action et à l'audace. Dans les cloîtres on parlait la langue morte; dans les châteaux et les campagnes, un idiome jeune et plein de vie. Aussi, tandis que les peintres de cloître s'amusaient à fixer minutieusement un peu d'or et de couleur sur des feuilles de vélin, les peintres artistes, les véritables peintres de l'époque, les rivaux des architectes, des sculpteurs et des ciseleurs, procédaient plus hardiment et étalaient à grands trait l'or, les arabesques et les figures sur les murailles et sur les voûtes des châteaux et des églises.

On ne comprend pas l'art du moyen âge, on se fait l'idée la plus mesquine et la plus fausse de ses grandes créations d'architecture et de sculpture, si, dans sa pensée, on ne les rêve pas couvertes du haut en bas de couleurs et de dorures. De toutes les importations de l'Orient, il n'en est peut-être pas qui se soit répandue avec plus de faveur et plus universellement que le goût et le besoin des couleurs. On en vint à vouloir que tout fût coloré, tout, jusqu'à la lumière; et les rayons du soleil ne pénétrèrent plus dans les habitations qu'à travers du rouge, du jaune ou du bleu. L'usage des vitraux peints n'a pas eu d'autre origine; c'était la conséquence naturelle du nouveau système de décoration, et de cette passion toute orientale pour la couleur. Déjà, aux septième et huitième siècles, au commencement du neuvième, puis au onzième, cette passion avait fait quelques conquêtes, mais partielles et peu durables. Au retour de la croisade, la couleur triompha, et pendant trois siècles la France en fut amoureuse, comme la Grèce l'avait été de tout temps.

En effet, de récents voyages, des expériences incontestables, ne permettent plus de douter aujourd'hui que la Grèce antique poussa si loin le goût de la couleur, qu'elle couvrit de peintures jusqu'à l'extérieur de ses édifices [1]; et pourtant, sur la

---

[1] « Forts de toutes les expériences que nous possédons, et que nos prédécesseurs, l'ingénieux Winkelman lui-même, pouvaient à peine présumer, nous oserons soutenir, sans crainte de nous tromper, qu'il n'y avait pas, dans toute la Grèce, un seul temple construit avec soin et avec quelque luxe, qui ne fût plus ou moins *coloré*, c'est-à-dire peint de manière à contribuer à l'effet et au riche aspect du monument, par la couleur harmonieuse des parties symétriques, surtout des parties supérieures de la construction. Ceci s'applique spécialement aux temples construits avec des pierres grises, monotones et sans apparence, telles que les montagnes de la Grèce en fournissent le plus souvent. Cependant les temples bâtis du marbre le plus solide,

foi de quelques morceaux de marbre déteints, nos savants, depuis trois siècles, nous la faisaient rêver froide et décolorée. On en a fait autant à l'égard du moyen âge. Il s'est trouvé qu'à la fin du seizième siècle, grâce au protestantisme, au pédantisme, et à bien d'autres causes, notre imagination devenant chaque jour moins vive, moins naturelle, plus terne, pour ainsi dire, on se mit à blanchir ces belles églises peintes, on prit goût aux murailles et aux boiseries toutes nues; et si l'on peignit encore quelques décorations intérieures, ce ne fut plus, pour ainsi dire, qu'en miniature. De ce que la chose est ainsi depuis deux ou trois cents ans, on s'est habitué à conclure qu'il en avait toujours été de même, et que ces pauvres monuments s'étaient vus de tout temps pâles et dépouillés comme ils sont aujourd'hui : mais si vous les observez avec attention, vous découvrez bien vite quelques lambeaux de leur vieille robe; partout où le badigeon s'écaille, vous retrouvez la peinture primitive.

Est-il besoin de dire que les moindres vestiges de cette peinture sont aujourd'hui du plus grand intérêt pour qui

---

et offrant la surface la plus lisse, par exemple ceux d'Athènes, de Sunion, etc., étaient aussi fortement enduits de couleur, du moins dans les parties hautes, depuis l'architrave jusqu'au haut de l'entablement, comme chacun peut s'en convaincre en examinant attentivement le temple de Thésée, le Parthénon, etc.... » Bronsted *Voyages et Recherches dans la Grèce*, 2ᵉ livraison, 1830. page 145. — Voyez aussi, sur le même sujet, la description du temple d'Apollon à Bassæ, par M. de Stackelberg (*der Apollo tempel zu Bassae in Arcadien, und die daselbst ausgegrabenen Bildwerte; dargestellt und erlautert durch D M Baron von Stackelberg. Rom*, 1826); l'ouvrage de MM. Hittorf et Zanth : et enfin, les beaux dessins que M. Huyot exposait, pour faciliter ses démonstrations, dans la salle de l'Académie des beaux-arts où il faisait son cours.

veut reconstruire dans sa pensée l'ensemble des arts du moyen âge? J'en ai trouvé quelques fragments d'une rare beauté et un grand nombre de moindre importance, mais qui, pour la solution de cette question archéologique, n'en ont pas moins beaucoup de prix.

Voici la liste des monuments qui m'on offert quelques débris de peintures plus ou moins remarquables :

1° *Le portail de la cathédrale de Senlis.* On y voit extérieurement de nombreuses traces d'un colorage assez délicat, surtout dans les parties creuses qui séparent les filets et les tores.

2° *Le portail de l'ancienne église des Minimes, à Compiègne.* Le tympan à ogive et les chapiteaux de ce portail sont encore totalement peints ; les couleurs sont harmonieuses et d'un belle qualité.

3° *La cathédrale de Noyon.* Il suffit de gratter légèrement le badigeon, pour retrouver, sur les piliers de la nef et du chœur, les anciennes couleurs. On voit en outre, dans la salle du chapitre attenante à l'église, des clefs de voûtes colorées, et le fond d'une arcade ogive qu'on a oublié de badigeonner, et qui conserve, par conséquent son ancienne décoration dans toute sa pureté. J'ai surtout remarqué dans cette peinture un large et beau galon oriental qui fait la partie principale de l'ornement, et sur lequel sont figurées de grosses perles ; enfin, dans l'ancien cloître en ruine, tous les chapiteaux et culs-de-lampe portent la trace des peintures de diverses couleurs dont ils étaient couverts.

4° *Saint-Pierre-à-l'Assaut, à Soissons.* Les quatorze chapiteaux qui subsistent encore dans cette chapelle en ruine sont tous peints en blanc et rose, ce qui n'est probablement pas la peinture primitive, des couleurs aussi fades étant bien rarement employées pour orner les chapiteaux à l'époque de la construction de cette chapelle, savoir au douzième siècle.

5° *Le cloître Saint-Jean-des-Vignes, à Soissons.* Dans l'angle de ce cloître qui communiquait avec l'église, j'ai trouvé, derrière des décombres, une charmante porte sculptée au quatorzième siècle, complétement peinte, et dorée du haut en bas. Le mélange du feuillage, des pierreries et de la dorure produit le plus charmant effet. Dans les ruines de l'église Saint-Jean, on voit aussi de nombreuses traces de peinture.

6° *Le portail de l'église Saint-Ived, de Braisne.* Je connais peu d'anciennes peintures en meilleur état que celles de ce portail. Le vert et le rouge ont particulièrement conservé un éclat extraordinaire. Les vêtements du Christ et de la Vierge sont complétement dorés. Les anges et chérubins portent des tuniques garnies de galons dorés; leurs cheveux sont également rehaussés d'or. La plupart de ces figures sont en relief, et d'une exécution gracieuse et élégante.

7° *L'église Saint-Remi, à Reims.* Dans la nef de cette église, on voit six piliers qui portent, en guise de chapiteaux, de petites statues inclinées et assises. Ces statues représentent des personnages bibliques, Aaron, Moïse, David, etc. Elles sont revêtues de couleurs et de dorures extrêmement fines : en les lavant avec une éponge, j'ai fait revivre ces couleurs; la robe d'Aaron, les galons et les pierreries qui l'entourent, m'ont particulièrement frappé. Une boiserie a caché ces statues pendant plusieurs siècles; sans cet heureux hasard, on les eût sans doute grattées ou badigeonnées comme tant d'autres.

8° *Les ruines de Saint-Bertin, à Saint-Omer.* Le chœur de cette belle église conservait encore, il y a quelques années, les traces de sa décoration primitive : dépouillée de sa toiture et exposée à la pluie, le badigeon n'avait pas tardé à se détacher, et les anciennes peintures avaient reparu. J'en ai vu des fragments dans les parties de ce chœur qui subsistent encore. Ce sont des arabesques, des dessins d'ornement, des galons qui couvraient toutes les murailles, puis de grandes figures de saints, du genre de celles qu'on voit sur les anciens vitraux : ces personnages occupaient le fond de la petite galerie circulaire qui régnait autour de l'édifice. Sous chaque ogive on voyait apparaître une de ces grandes figures ; c'était comme autant de spectateurs muets assistant aux saints mystères.

9° *Le portail de Saint-Martin, à Laon.* Si les sculptures de ce portail sont molles et sans caractère, le même défaut dépare les traces de peinture qu'on y remarque encore. On voit que ces couleurs ont toujours été fausses et indécises. Ce n'est pas que la peinture monumentale ait suivi pas à pas la sculpture et l'architecture dans leur fortune et leur décadence : ainsi l'on trouve encore au quinzième siècle des décorations d'une grande hardiesse et d'un très-beau choix de couleurs ; mais néanmoins c'est plus particulièrement au douzième et au treizième siècle qu'on a excellé en et genre.

10° *Les ruines du château de Coucy.* Dans l'intérieur des quatre grosses tours qui flanquent cet admirable château, ce plus particulièrement dans le donjon ou grande tour qui s'élève au milieu, on aperçoit les traces les plus intéressantes de l'ancienne décoration intérieure. Non-seulement, à chaque étage et dans chaque pièce, vous retrouvez la preuve visible que les murailles étaient complétement peintes, mais rien ne serait si facile que de restaurer aujourd'hui ces peintures avec le seul secours des fragments qui se sont conservés. Ici se sont des rosaces, là des branchages d'or entrelacés de couronnes, puis, pour encadrement, des guirlandes, des galons, des festons ou bâtons croisés, des feuillages fantastiques. Ce qui donne à ces ornements un caractère tout particulier, c'est leur immense échelle : ils sont admirablement combinés pour produire de grands effets, même sous ces voûtes gigantesques.

Avant de terminer ce qui a rapport à la peinture du moyen âge, je devrais peut-être faire mention de l'art qui s'associait alors à elle et lui servait de complément, c'est-à-dire de la peinture sur verre. Mais on connaît trop bien la beauté, la richesse, l'étonnante conservation des vitraux de Reims, pour que j'en parle ici ; or, à l'exception des vitraux de Reims, je n'ai rien vu en ce genre qui fût d'un grand prix pour l'histoire de l'art. Toutefois, je dois citer, dans la cathédrale de Soissons, la brillante rosace du transsept nord, et neuf grandes fenêtres ogives qui éclairent les chapelles placées au fond de l'église derrière le chœur. Ces vitraux peuvent soutenir la comparaison avec ceux de Reims ; il y en a même trois (ceux du nord) qui sont exactement du même style. Ils sont certainement contemporains de l'église, c'est-à-dire du treizième siècle. Les autres, qui appartiennent peut-être aussi à la même époque, ont pourtant un caractère un peu moins sévère : mais la qualité des couleurs est aussi belle et aussi éclatante. Enfin, je ne dois pas oublier non plus deux fenêtres de la cathédrale de Noyon, ou plutôt d'une salle basse voisine de cette cathédrale. Ces vitraux sont moins beaux que ceux de Soissons, mais cependant remarquables; je les crois du quatorzième siècle. Quant à des verres peints au dix-septième siècle, et d'une qualité inférieure, j'en ai trouvé un assez bon nombre; mais il ne vaut pas la peine d'en parler.

Maintenant j'aborde la partie pratique de ce rapport, ce qui regarde la conservation des monuments. Je vais passer en revue ceux que j'ai trouvés menacés, soit de tomber en ruine, soit d'être démolis, et qui, n'étant d'ailleurs dépourvus ni d'intérêt historique ni d'une certaine beauté, doivent appeler la sollicitude de l'administration.

A Senlis, la flèche de la cathédrale causait, il y a deux ans, d'assez graves inquiétudes; il avait fallu, par prudence, interdire la circulation des voitures à l'entour de l'église, et l'alarme était telle, que, dans le conseil municipal, on parlait déjà de démolition. C'eût été grand dommage; car cette flèche, toute en pierres, est non-seulement très-belle, mais à peu près unique en son genre, dans tout le pays que je viens de visiter. Elle rappelle, mais avec plus d'élégance, certaines flèches de Normandie, entre autres celle qui s'élève au sud de la façade de l'abbaye aux Hommes, à Caen. Heureusement la fabrique eut recours à l'évêque de Beauvais, et l'évêque au conseil général. Des fonds furent votés, et le clocher réparé avec assez de soin et d'intelligence. Je crois cette restauration durable, surtout si on l'achève : il faudrait d'assez faibles sommes pour la terminer [1].

Devant la façade de cette cathédrale, on voit, au milieu de quelques masures, les ruines d'un ancien château où saint Louis, dit-on, fit quelquefois sa résidence. Rien ne s'oppose à ce que cette tradition soit vraie, car ces ruines sont à coup sûr antérieures à saint Louis, d'un siècle pour le moins ; mais il est assez difficile de se rendre compte de l'ensemble de la construction. Deux tours rondes crénelées lui donnent l'aspect d'une forteresse ; des piliers et des colonnettes surmontées d'arcs à plein cintre la font prendre intérieurement pour une église : c'est qu'en effet les palais alors étaient des forteresses, et, dans les palais, il y avait des églises. Ce que j'ai remarqué de plus intéressant, au milieu de ces ruines, ce sont de petites briques ou tuiles rouges, incrustées en zigzag et comme ornements, sur quelques-unes des arcades, et d'autres de même espèce servant d'assises *à la romaine*, pour séparer, de dix pieds en dix pieds environ, les pierres taillées carrément dont

---

[1] On doit remarquer particulièrement dans cette église les petites chapelles groupées autour de l'abside : les fenêtres sont sculptées à l'extérieur avec une finesse rare ; et les petits chapiteaux des colonnettes sur lesquelles elles reposent, ressemblent, pour la netteté du travail et la variété du dessin, aux chapiteaux les plus élégants des arcades à plein cintre du douzième siècle. Il y a aussi dans le portail, et notamment dans les tympans des deux petites portes latérales, des détails fort curieux à examiner. Enfin, cette église, comme celle de Noyon, possède des collatéraux surmontés de galeries aussi larges, aussi spacieuses que l'étage inférieur : disposition ordinaire à l'époque du plein cintre, mais d'une extrême rareté dans les édifices à ogive.

N. B. Depuis que ces lignes sont écrites, des fonds ont été accordés par le gouvernement à l'église de Senlis, et elle est aujourd'hui dans un bon état d'entretien.

sont construites les deux tours. Ces sortes d'incrustations de couleur, quoique fort en usage dans l'architecture orientale et même en Italie, ne paraissent pas s'être naturalisées généralement dans nos climats : sauf en Auvergne cependant. Les exemples en sont plus que rares dans le nord-ouest de la France.

En somme, les ruines en question ne sont pas sans valeur archéologique : malheureusement elles appartiennent par moitié à deux propriétaires qui n'en sentent guère le prix, et qui probablement ne les laissent debout que parce qu'ils n'ont pas besoin de pierres. J'ai recommandé à M. le sous-préfet de Senlis de les encourager à respecter le plus longtemps possible leur propriété. Après tout, l'importance de ce monument n'est pas telle qu'il fallût faire des sacrifices à l'avance pour empêcher une démolition qui d'ailleurs ne paraît pas prochaine.

Il n'y a d'autres anciens édifices à Senlis que les églises des abbayes de Saint-Pierre et de Saint-Vincent : elles sont en ruine, de date assez récente, et n'offrent pas beaucoup d'intérêt.

Quant aux monuments de Compiègne, ils sont tous en bon état de conservation. Il ne reste malheureusement aucun fragment de l'abbaye de Saint-Corneille. Un hôtel de ville assez médiocre et très-mutilé, mais encore solide; deux églises, l'une (Saint-Antoine), construction insignifiante de la même époque que l'hôtel de ville, c'est-à-dire, des dernières années du quinzième siècle ou des premières du seizième; l'autre (Saint-Jacques), monument curieux, en partie du treizième siècle, en partie du quatorzième et du quinzième [1] : telle est à peu près toute la richesse de Compiègne. On y voit cependant encore un charmant petit portail de l'ancien Hôtel-Dieu, ogive d'une grâce et d'une pureté toutes primitives ; un grand magasin, jadis église des Minimes, et dont j'ai cité plus haut le portail, à propos des peintures qui le décorent [2] ; enfin, une énorme tour qui faisait partie des vieux

[1] Tout l'extérieur de l'église, savoir, les chapelles collatérales, les fenêtres, les combles, les balustrades qui entourent les combles, et enfin le portail et les tours non achevées, sont l'ouvrage du quinzième siècle, et portent l'empreinte de son goût indécis et abâtardi. Mais il y a dans l'intérieur le noyau de l'édifice, pour ainsi dire, savoir, la nef et le chœur, qui appartiennent au treizième siècle ; du moins les piliers qui supportent les arcades à ogive ont encore cet aspect robuste, cette variété de chapiteaux, qui se marient ordinairement au plein cintre. Les ogives elles-mêmes sont toutes massives et à gros boudins, comme dans la cathédrale de Senlis. Un autre point de ressemblance entre ces deux églises, c'est que leurs collatéraux se terminent, du côté des transsepts, par une arcade ogive qui semble recourbée vers sa base et presque en fer à cheval. La même ogive se retrouve *à la même place* dans la cathédrale de Noyon. Cette observation, quoique bien minutieuse, n'est pas sans intérêt, quand on étudie toutes les variétés de l'ogive et ses différents emplois.

Il y a cette différence entre l'église Saint-Jacques de Compiègne et la cathédrale de Senlis, que la nef de Saint-Jacques est longue et le chœur extrêmement court, tandis qu'à Senlis le chœur est assez profond, et la nef, au contraire, singulièrement courte. Le plan offre le dessin d'une croix grecque ; celui de Saint-Jacques est en forme de croix latine.

On remarque dans cette église un petit tableau sur fond d'or, dans la manière de l'ancienne école allemande, qui n'est pas sans mérite : c'est un Jésus faisant toucher sa plaie, non à saint Thomas, mais à sa mère et à saint Jean : un autre tableau très-grand, un peu rougeâtre, mais qui ne manque pas de style et de chaleur, représente Jésus-Christ chez Joseph d'Arimathie.

[2] Cette ancienne église est aujourd'hui la propriété de deux personnes qui l'ont séparée en deux, et qui en ont fait, l'une un magasin, l'autre

remparts, et qu'on appelle la *tour de la Pucelle*, parce que, dit-on, c'est en l'escaladant que Jeanne d'Arc se laissa prendre. De tous les monuments que je viens de citer, celui-ci est peut-être le plus en péril : ce n'est pas faute de solidité, il est assez massif pour durer encore mille ans ; ce n'est pas non plus que son propriétaire le néglige ; c'est au contraire parce qu'il en a trop de soin. Il s'occupait, lors de mon passage, à faire boucher en pans de bois une large et belle échancrure qui divisait cette tour du haut en bas ; puis il allait la faire recrépir, la couvrir d'un grand toit de pigeonnier, et établir dans cette vaste rotonde, divisée par étages, un salon de trois cents couverts, des billards, des salles de danse. Heureux, me disait-il, de pouvoir faire tout cela pour l'honneur de la ville de Compiègne et en mémoire de la Pucelle.

Entre Compiègne et Noyon, on aperçoit sur la droite un monument célèbre, l'antique abbaye d'Ourscamp, aujourd'hui magnifique filature. Les bâtiments claustraux, pour la plupart assez modernes, sont occupés par des métiers ; l'église est en ruine, mais sous la garde de personnes de goût, qui la respectent. On a aussi conservé, sans chercher à en tirer trop grossièrement partie, une grande et belle salle dite la salle des *Morts* ou des *Mores*, car on varie sur le sens du mot. Après avoir examiné les proportions et la disposition de cette salle, je ne crois pas que, comme on le raconte, elle

une espèce d'entrepôt ou de hangar. Il serait fâcheux qu'elle vînt à être détruite. La corniche de la nef est d'une grande élégance : ce sont de petites ogives à vive arête faisant office de modillons, et disposées en ressaut avec beaucoup de goût. La fenêtre qui surmonte le porche est aussi très-remarquable par le caractère et la qualité des moulures et des ornements sculptés.

fût destinée à exposer les religieux du couvent après leur mort : elle devait plus probablement servir de grande salle de chapitre, et, par exemple, pour les assemblées générales de l'ordre de Cîteaux, dont Ourscamp était une des principales succursales. Elle forme un très-vaste parallélogramme : un double rang de piliers la divise en trois longs et larges vaisseaux; ces piliers, très-espacés, très-élevés, à chapiteaux simples et uniformes, donnent naissance à des voûtes en ogive des plus sveltes et des plus hardies. La porte placée au milieu est une simple ogive à peine ornée de quelques filets unis et sévères.

L'ancienne église est beaucoup moins bien conservée : il ne reste vestige ni de la nef, ni des collatéraux ; le chœur seul subsiste encore, mais dépouillé de sa toiture, les voûtes à demi écroulées. Les ogives sont pures, et reposent sur de gros piliers à chapiteaux simples et uniformes. La salle des *Mores* doit être une construction du milieu du treizième siècle ; le chœur de l'église peut aussi appartenir à cette époque. Au reste, je le répète, ces ruines sont entre de bonnes mains ; elles n'ont à craindre que les hivers [1].

Les édifices de Noyon ne courent pas même ce danger : de bonnes couvertures, des fondations inébranlables, assurent à l'ancienne cathédrale une très-longue durée. Je ne m'arrêterai donc pas à décrire ce bel édifice, puisqu'il est inutile

---

[1] A la place des piliers de la nef qui n'existent plus, on a planté deux rangées de peupliers qui ont déjà atteint une grande élévation. Dans l'été, cette nef de verdure doit se marier admirablement avec les ruines du chœur, dont les colonnes et les arceaux à jour semblent suspendus en l'air.

d'intéresser en sa faveur [1]. Ailleurs je parlerai des grands caractères de transition qui le distinguent, de son portail et de ses tours noires et sévères, de sa nef dont les arcades, quoique à ogive, reposent alternativement sur un pilier et sur une colonne, comme au temps du plein cintre, des grandes galeries à chapiteaux variés qui règnent au-dessus de tous les collatéraux, et de tant d'autres singularités de détail qui font de ce monument un précieux objet d'étude.

À l'époque des guerres de la commune contre l'évêque, cette église avait été fortifiée et hérissée de tourelles. Il reste encore un long pan de mur crénelé, d'un grand style, et parfaitement exécuté. Toutefois il n'est pas contemporain des premières querelles de la commune, car il n'a guère été construit qu'à l'entrée du treizième siècle. Derrière le mur, il y avait un charmant petit cloître de la même époque, attenant à l'église : on l'a démoli il y a un an ou deux, sans nécessité, sans motif, par pure envie de mal faire; cependant on m'a promis de respecter deux ou trois arcades qui ont échappé à la destruction. Quant à l'hôtel de ville, presque semblable à celui de Compiègne par le style et par la date, il est à peu près aussi solide : le fût-il moins, il n'y aurait pas lieu de beaucoup s'en inquiéter [2].

Maintenant, nous allons arriver devant une série de

---

[1] Depuis 1839, la nécessité de faire des réparations assez importantes à l'église Notre-Dame de Noyon a commencé à se faire sentir. On a déjà repris une grande partie du transsept sud, dont la solidité paraissait compromise. Les chapelles de l'abside ont été déchargées des toitures informes qui les recouvraient, et leur forme primitive leur a été rendue.

[2] Il y a, dans l'escalier de cet hôtel de ville, un cul-de-lampe d'une obscénité incroyable. Comme bien l'on pense, le personnage obscène

monuments qui ont tout autrement besoin d'assistance; car, faute de secours, ils sont en danger de mort. Le premier de tous est le cloître de Saint-Jean des Vignes, à Soissons, dont j'ai déjà parlé plus d'une fois dans les pages précédentes. Le génie militaire se rendit propriétaire, il y a plusieurs années, de tout l'emplacement de l'ancienne abbaye de Saint-Jean des Vignes. Le chœur et la nef de l'église furent démolis, les matériaux enlevés, et le terrain nivelé est aujourd'hui prêt à recevoir un parc d'artillerie. Les officiers du génie prétendent que, pour loger à l'aise des canons, il leur faut abattre encore ce qui reste du cloître : je dis ce qui reste, car des quatre galeries ou promenoirs dont se composait ce cloître, il en est une qui a déjà disparu, et c'est précisément ce qui rend tout à fait inutile la démolition projetée; car la cour du cloître est maintenant ouverte, et se confond d'un seul gazon avec le terrain déblayé. Que gagnerait-on à la démolition des trois galeries subsistantes? trois bandes de terrain de huit à neuf pieds d'épaisseur au plus, ce qui est à peu près imperceptible dans un si vaste local. Je comprends que, si le besoin du service militaire l'exigeait impérieusement, il faudrait se résigner à voir abattre ces galeries, fussent-elles encore plus élégantes

---

est un moine : les bourgeois, dès qu'ils en avaient le pouvoir ou l'occasion, manquaient rarement de s'égayer aux dépens des habitants des cloîtres. Sous le portique de l'hôtel de ville de Saint-Quentin, on voit des singes en habits de moine, gesticulant dans des chaires à prêcher. Du reste, ce cul-de-lampe sculpté est tout ce que j'ai trouvé de remarquable dans l'hôtel de ville de Noyon : la façade est complétement mutilée et presque toute dépouillée de ses ornements; mais elle ne manque pas, dans ses proportions générales, d'une certaine élégance.

et mieux sculptées; mais ce n'est nullement par nécessité, c'est seulement par goût de propreté, par envie de faire place nette, et faute de savoir la valeur de ces ruines, que MM. les officiers du génie ont formé le projet de les abattre. Aussi ai-je lieu d'espérer qu'ils se rendront à mes prières, surtout si M. le ministre de l'intérieur veut bien y joindre une invitation de respecter ce vieux monument. Sa destruction ne serait pas moins inutile que barbare.

Quant au portail de l'église et aux deux grands clochers qui, plus heureux que la nef et le chœur, ont été laissés debout, on ne parle pas encore de les démolir; mais leur tour viendra, s'il n'y est mis bon ordre. Ce ne sont ni les moulures admirablement sculptées, ni le beau style des ornements qui décorent ce portail tout entier et les clochers jusqu'à mi-hauteur, qui leur feraient obtenir grâce; j'oserais, tout au plus, compter sur l'utilité dont peuvent être ces deux hautes aiguilles pour les ingénieurs du cadastre, et pour les reconnaissances en cas de siége.

Il est encore à Soissons plusieurs édifices menacés; mais, en intercédant pour eux, je me flatte de pouvoir les sauver. Je serai aidé dans cette bonne œuvre par M. Gencourt, architecte de la ville, plein d'amour et de zèle pour les monuments historiques. Il m'a promis de faire continuellement sentinelle, non-seulement dans la ville, mais dans les campagnes d'alentour, où se trouvent en assez bon nombre des églises d'une grande ancienneté.

En sortant de Soissons, à quatre lieues sur la route de Reims, on entre à Braisne, petite ville où, vers le milieu du douzième siècle, **un frère de Louis le Jeune, Robert de**

France, comte de Dreux, premier du nom, et son épouse, Agnès de Baudimont, comtesse de Braisne, posèrent les fondements d'une grande et belle église qu'ils consacrèrent à saint Ived[1]. Les reliques de ce bienheureux y furent transportées, et, après la mort des fondateurs, leur fils Robert II continua la construction à peine ébauchée, et y mit la dernière main. Haimard de Provins, évêque de Soissons, en fit la dédicace en 1216. Depuis ce temps jusqu'en 1282, cette église devint une sorte de succursale de Saint-Denis; du moins elle donna successivement la sépulture à dix membres de la lignée royale. Le dernier qui s'y fit enterrer fut Robert IV, en qui s'éteignit la postérité masculine des comtes de Dreux et de Braisne.

Indépendamment de cette illustration historique, l'église de Braisne a toujours été très-renommée comme œuvre d'architecture. Elle n'a pourtant pas encore l'élévation, la pureté, la simplicité grandiose des églises du treizième siècle proprement dit; je ne lui ai point trouvé non plus le charme qui me séduit dans certains monuments de transition, où le plein cintre et l'ogive s'entrelacent pour ainsi dire, et luttent

---

[1] Outre l'église de Saint-Ived, on voit à Braisne, ou du moins à un quart de lieue de la ville, sur la hauteur, les ruines d'un ancien château du douzième ou treizième siècle, qu'on appelait, je ne sais pourquoi, *la Folie de Braisne*. Le château est assez petit, les fossés sont profonds, les tours sont hautes, mais non pas cependant d'une élévation gigantesque. Il n'y a rien là-dedans qui ressemble à une *folie*. Au reste, le propriétaire actuel de la *Folie* la conserve et l'entretient fort sagement. L'ancienne cour intérieure ou place d'armes est convertie en un jardin coupé de petits massifs et de petites allées. Une porte défend l'entrée de la forteresse contre les vagabonds et les démolisseurs. De cette hauteur la vue est admirable.

de grâce et de noblesse : mais une belle distribution, une régularité parfaite, des détails délicats et ingénieux, quoiqu'un peu monotones ; enfin la date de la fondation (1152), qui, mise en regard de l'unité constante du plan, atteste chez le premier architecte un génie singulièrement précoce et hardi pour cette époque de tâtonnements et de transactions ; voilà certainement bien des motifs pour qu'on s'intéresse à l'église de Braisne, qui, à demi démolie pendant la Révolution, ne peut manquer de s'écrouler si on ne lui prête secours.

Le dernier gouvernement l'avait prise en affection, peut-être à cause de sa beauté, plus probablement à cause de ses dix tombes royales. Le 11 septembre 1827, la restauration de l'église fut mise en adjudication. Le devis convenu s'éleva à 72,319 fr. Depuis ce temps, on a exécuté des travaux pour 51,549 fr., et l'on reconnaît maintenant qu'il faudrait dépenser une somme encore plus forte, c'est-à-dire, environ 100,000 fr., pour achever complétement la restauration Ce résultat est décourageant ; et en ce moment surtout, il ne serait pas opportun de s'engager dans ces nouvelles dépenses : mais on ne peut, je crois, se dispenser de continuer les payements jusqu'à concurrence du montant de l'adjudication de 1827. Avec ce reste de secours, il y a moyen, selon moi, de mettre le monument dans un état de conservation au moins provisoire, ainsi que je tâcherai d'en donner la preuve, dans un rapport particulier à ce sujet[1].

Des constructions plus importantes encore avaient été entreprises dans la ville de Reims, non-seulement pour faire

---

[1] L'église de Braisne a reçu, pendant dix années, des allocations qui ont permis de la mettre en assez bon état d'entretien.

quelques réparations à la façade de la cathédrale, comme je l'ai dit plus haut, mais, d'une part, pour restaurer et consolider l'antique et belle église de Saint-Remi; d'autre part, pour décorer et mettre à neuf la petite chapelle de l'archevêché.

Saint-Remi est un monument d'une si haute importance historique, et son architecture est à la fois si noble, si originale, si variée et si instructive, qu'il y aurait sacrilége à l'abandonner. Je n'ai jamais vu de monument où l'on pût mieux distinguer et lire plus couramment les différentes dates de la construction. Relevée de fond en comble, par l'abbé Hérimart, de 1041 à 1049, cette église n'a conservé que ses grosses murailles, et en quelque sorte sa carcasse. En 1162, on recouvrit d'une épaisseur de pierres taillées à la moderne tout l'intérieur de la nef, et l'on construisit à neuf le rond-point, le chœur et le portail; enfin, l'archevêque Robert de Lénoncourt éleva, en 1481, le transsept sud tout entier. Toutes ces soudures, à dates certaines, sont d'un extrême intérêt pour l'histoire de l'art; sans compter que le style général de l'édifice suffirait pour faire souhaiter vivement sa conservation. 105,000 fr. ont déjà été dépensés; pour que les travaux soient mis à fin, il faut encore en dépenser 115,000. Mais les réparations, quoique toutes nécessaires, ne sont pas toutes également urgentes. Je proposerai les moyens de continuer cette restauration, de telle sorte que, sans exiger dès à présent de trop fortes sommes, la solidité de l'église ne puisse être compromise [1].

---

[1] La restauration de l'église Saint-Remi est terminée depuis bientôt vingt ans.

Quant à la *chapelle de l'archevêché*, on ne la restaure pas, on la décore ; et jusqu'à un certain point ces travaux peuvent sembler commandés plutôt par le luxe épiscopal que par l'intérêt de l'art. Mais cette décoration, commencée sous les auspices de Mazois et continuée par son élève M. Robelin, est tellement avancée, que ce serait vraiment dommage de ne point l'achever. Les fonds proviennent de trois sources, du ministère de l'intérieur, du ministère des affaires ecclésiastiques, de l'intendance de la maison du roi. Aussitôt qu'il se trouvera quelques sommes disponibles dans l'un de ces trois départements, il est à désirer qu'on les consacre à terminer cette décoration.

Au reste, ce sont là les seuls travaux qu'il convienne d'autoriser à Reims. M. le maire de la ville m'a parlé d'un plan suivant lequel l'arc de triomphe romain, qui se trouve aujourd'hui enclavé dans le rempart, serait rendu à sa première destination, et servirait d'entrée à la ville, au lieu de la Porte-Mars, qui est à côté. Un tel projet n'aurait que des inconvénients, et jamais dépense n'aurait été plus inutile. D'abord, cet arc de triomphe, tout mutilé, fait un assez bel effet comme bas-relief ; il n'aurait ni formes ni style comme monument isolé : en second lieu, il a été consolidé et peut subsister encore longtemps dans l'état actuel ; il s'écroulerait infailliblement si seulement une charrette passait sous sa voûte. Ainsi les choses doivent rester comme elles sont, et il ne faut plus songer au plan projeté.

De Reims je suis allé à Laon. J'ai trouvé la cathédrale assez bien entretenue, et l'église Saint-Martin, qui, quoique moins renommée que la cathédrale, a bien aussi son importance [1], en état de parfaite conservation. Mais le conseil municipal a décidé, je ne sais pourquoi, qu'on démolirait prochainement une grosse tour, dont j'ai déjà parlé, et qui faisait, dit-on, partie des anciennes fortifications du temps de Louis d'Outremer. Cette tour est au milieu de la ville, mais ne gêne pas la circulation ; et je ne vois pas de quoi on peut l'accuser, si ce n'est peut-être d'interrompre l'alignement. J'espère qu'on reviendra sur ce projet de démolition [2].

C'est encore par amour de l'alignement qu'à Saint-Quentin on a résolu d'abattre la façade de l'hôtel de ville. Cette façade, bâtie en 1500 environ, est d'un travail très-délicat ; les proportions sont élégantes, et de jolis détails de sculpture achèvent de lui donner beaucoup de prix. On veut la

---

[1] La cathédrale de Laon est un vaste monument qui renferme, à côté de quelques bizarreries, des beautés de premier ordre. Son plan est semblable à celui des grandes cathédrales anglaises, il se termine carrément du côté du levant. Il ne serait pas sans intérêt de chercher d'où peut provenir cette singularité si rare sur notre sol : on trouverait la trace de nombreuses relations entre le clergé de Laon et l'Angleterre. Ainsi, après l'incendie de la cathédrale, en 1112, un certain nombre de chanoines s'en vont faire la quête pour réparer ce désastre ; mais ils ne se bornent pas à parcourir la France, ils passent en Angleterre, et en rapportent beaucoup d'argent. L'église de Laon est encore intéressante à étudier comme une des plus importantes créations des derniers temps de l'époque de transition. Il en est parlé avec quelques détails au commencement de ce volume, dans l'essai sur Notre-Dame de Noyon.

[2] Il n'a malheureusement pas été possible de vaincre la résolution du conseil municipal, et, par des considérations de soi-disant utilité publique, la tour de Laon a été démolie. Elle n'était pas du temps de Louis d'Outre-mer, mais, quoique beaucoup plus moderne, elle était fort intéressante et d'un effet très-pittoresque.

démolir parce qu'elle fait saillie de quelques pieds sur les maisons voisines ; et notez que les maisons voisines, et toutes celles de la longue rue où se trouve placée cette façade, sont elles-mêmes en zigzag et sans la moindre régularité. On ne gagnerait, à priver la ville de ce joli monument, que le plaisir d'apercevoir de cent pas plus loin le portail de la cathédrale, chef-d'œuvre de mauvais goût et de lourdeur. Assurément si MM. les membres du conseil des bâtiments civils, qui ont approuvé le plan de démolition, avaient visité les lieux, jamais ils n'auraient donné leur assentiment à pareille barbarie. Il est vrai que la conservation de cette façade rendra un peu plus difficile la distribution intérieure de l'hôtel de ville, qui doit, pour les besoins du service, être agrandi et remis à neuf; mais je crois avoir prouvé à M. le maire qu'avec un peu d'adresse rien n'était plus aisé que de lui faire des bureaux et un cabinet commodes et bien éclairés, tout en conservant ces vieilles baies de fenêtres à ogive. J'ose donc espérer, monsieur le ministre, que le plan sera revisé, et qu'au lieu d'un hôtel de ville à pilastres, à fronton, d'un style bien plat et bien froid, la ville de Saint-Quentin conservera celui que lui a légué le moyen âge, avec cette façade spirituelle et pittoresque [1].

En entrant dans la carthédrale de Saint-Quentin, qui, par parenthèse, est aussi bonne à connaître en dedans que son portail est bon à ne pas voir, je n'ai pu me défendre d'un certain sentiment d'effroi ; il me semblait que les voûtes tombaient sur ma tête : et l'illusion n'était pas trop dérai-

---

[1] Cet espoir s'est réalisé, et la façade de l'hôtel de ville de Saint-Quentin ne court plus aucun danger.

sonnable, car les grands piliers du point d'intersection, ceux qui par conséquent supportent tout le fardeau de l'édifice, ne sont guère plus droits ni plus d'aplomb que le dos d'un dromadaire; il y a des points où l'enflure de ces piliers est de plus de deux pieds. Heureusement on me montra de forts tenons de fer qui enlacent les voûtes en tous sens comme un réseau; et ce qui ne contribua pas moins à m'ôter toute inquiétude pour le monument, ce fut d'apprendre que Henri IV, en le visitant, avait éprouvé la même sensation que moi; un *statu quo* de deux cent cinquante ans est, en architecture du moins, un assez bon brevet de longue vie [1].

J'arrive maintenant à la ville où le cœur m'a le plus saigné; car, si je suis parvenu à obtenir une espèce de trêve des démolisseurs, je n'en ai pas moins trouvé le terrain déjà couvert d'un monceau de décombres et les pierres tombant encore devant mes yeux. Cette ville, c'est Saint-Omer; et le monument qu'on respectait si bien, l'église de l'ancienne abbaye de Saint-Bertin, ce monastère où le dernier des Mérovingiens fut enfermé par Pepin, et où François Ier et tant d'autres rois vinrent plus d'une fois prendre logis. Vendus il y a environ cinquante ans à des spéculateurs, les bâtiments claustraux furent tous rasés, et il ne resta que l'église, dont on avait enlevé les plombs, la couverture, la charpente et les fenêtres.

---

[1] Au fond de cette cathédrale, derrière le chœur, il y a cinq chapelles ravissantes, d'un goût et d'un dessin tout à fait mauresques : il est assez rare de trouver ce caractère dans notre architecture à ogive, surtout dans le nord de la France. Du reste, il faudrait un dessin pour faire sentir ce qu'il y a de particulier dans la coupe et l'arrangement des ogives qui servent d'entrée à ces cinq petites chapelles.

Cette grande cage toute à jour était du plus bel effet, et causait aux voyageurs une vive admiration. Mais le conseil municipal, qui probablement ne partageait pas cette admiration, ordonna, il y a trois mois environ, que l'église serait démolie dans l'hiver ; et vite, à l'aide de la mine et de la pioche, on se mit en besogne. C'était, disait-on, une occupation comme une autre pour les pauvres gens sans ouvrage, et d'ailleurs on avait besoin de pierres et de moellons pour bâtir le nouvel hôtel de ville, dont le conseil municipal a décidé la construction. M. le maire m'a dit encore, pour motiver cette démolition, que les propriétaires voisins la demandaient à grands cris, parce que ces arcades, suspendues en l'air, menaçaient d'écraser leurs maisons, et que chaque jour il arrivait des accidents dans l'intérieur des ruines. Une telle raison serait très-valable, sans doute ; mais je n'ai aperçu de maisons qu'à une assez grande distance de l'église, et, pour prévenir les accidents dont on parle, il suffisait d'entourer les ruines d'un simple treillage en bois, et au besoin d'y poser une sentinelle.

Quoi qu'il en soit, lorsque j'arrivai en toute hâte à Saint-Omer, déjà la plus grande partie du chœur avait été renversée par la mine ; et ce qui restait devenait, faute de point d'appui, hors d'état de tenir debout : il a donc fallu se résigner à laisser achever la destruction des deux ou trois arcades que la mine n'avait pas encore atteintes. Heureusement M. le maire m'a promis qu'on n'irait pas plus loin et qu'on respecterait la tour, le portail et la nef. Cependant, je ne dois pas cacher que les habitants de Saint-Omer sont en général très-mal disposés pour ces ruines ; je n'ai guère trouvé, à mon grand dépit, que quelques familles anglaises qui sympathisassent avec elles et voulussent les sauver : quant aux habitants proprement dits, leur désir est que l'église fasse place à un *marché aux veaux*, qu'ils sollicitent, et qu'ils trouveraient très-bien situé dans cette grande enceinte. Il y a donc encore à trembler pour les ruines de Saint-Bertin, à moins qu'on ne découvre quelque autre local favorable pour un *marché aux veaux*.

On a si peu d'amour à Saint-Omer pour les vieux monuments, qu'on soupire après la démolition de l'hôtel de ville actuel, dont les parties les plus anciennes ont déjà été détruites, il y a peu d'années, et qui, tel qu'il est, offre encore d'assez jolis détails des quatorzième et quinzième siècles. On ne sera heureux que quand on verra s'élever sur ses débris un joli hôtel de ville, bien blanc et bien régulier. Déjà la ville avait amassé 40,000 fr. pour cette belle œuvre, et l'on devait commencer au printemps ; mais par bonheur les fonds publics ont baissé, et les magistrats ont sagement pensé qu'il valait mieux pour la ville acheter de bonnes rentes avec les 40,000 fr., que de renverser et de tailler des pierres. Ce sont quelques années de répit pour le pauvre hôtel de ville.

A Boulogne-sur-Mer, ville où l'on apprécie les arts presque autant qu'on les néglige à Saint-Omer, on respecte les monuments ; malheureusement il y en a peu ; le seul que j'y aie remarqué avec quelque intérêt n'a guère que trente ans d'existence : c'est cette fameuse colonne de marbre que l'armée du camp de Boulogne fit construire pour célébrer la création de l'ordre de la Légion d'honneur. Les habitants de Boulogne demandaient, il y a quelque temps, aux Chambres, qu'on fît achever ce monument : il faudrait une somme si légère, ce me semble, pour satisfaire à leur requête, qu'on ne saurait la leur refuser. Cette colonne, élevée sur la falaise, est d'un effet grandiose ; elle est bâtie en matériaux admirables, taillés et travaillés avec perfection [1] : qu'on la laisse inachevée, elle se dégradera ; qu'on termine le peu de travaux restés en suspens, elle durera des siècles.

En terminant ici ce qui concerne les monuments et leur conservation, je demande qu'on me permette de dire encore quelques mots à propos d'un monument plus étonnant et plus précieux peut-être que tous ceux dont je viens de parler, et dont je me propose de tenter la restauration. A la vérité, c'est une restauration pour laquelle il ne faudra ni pierres ni ciment, mais seulement quelques feuilles de papier.

Reconstruire ou plutôt restituer dans son ensemble et dans ses moindres détails une forteresse du moyen âge, reproduire sa décoration intérieure et jusqu'à son ameublement, en un mot lui rendre sa forme, sa couleur, et, si j'ose dire, sa vie primitive, tel est le projet qui m'est venu tout d'abord à la

---

[1] Le marbre dont est construite cette colonne, et qu'on a nommé *marbre Napoléon*, est susceptible d'un assez beau poli ; il est dur et compacte. En montant l'escalier qui tourne intérieurement autour de la colonne, on a plaisir à contempler ces grandes pierres si bien taillées et si merveilleusement jointes ; mais, d'un autre côté, on souffre de voir l'eau tomber en cascade sur les marches de l'escalier, faute d'une porte fermant assez bien pour arrêter la pluie sur la terrasse qui surmonte la colonne. Il ne reste à terminer que ces petits détails, si nécessaires à la conservation d'un monument, et quelques gradins qui entourent la base de la colonne.

N. B. La colonne de Boulogne est complétement achevée depuis quelques années.

pensée en entrant dans l'enceinte du château de Coucy. Ces tours immenses, ce donjon colossal, semblent, sous certains aspects, bâtis d'hier ; et dans les parties dégradées, que de vestiges de peinture, de sculpture, de distributions intérieures ! que de documents pour l'imagination ! que de jalons pour la guider avec certitude à la découverte du passé, sans compter les anciens plans de Ducerceau, qui, quoique incorrects, peuvent être aussi d'un grand secours !

Jusqu'ici ce genre de travail n'a été appliqué qu'aux monuments de l'antiquité. Je crois que, dans le domaine du moyen âge, il pourrait conduire à des résultats plus utiles encore ; car les inductions ayant pour base des faits plus récents et des monuments plus entiers, ce qui n'est souvent que des conjectures à l'égard de l'antiquité, deviendrait presque certitude quand il s'agirait du moyen âge ; et, par exemple, la restauration dont je parle, placée en regard du château tel qu'il est aujourd'hui, ne rencontrerait, j'ose le croire, que bien peu d'incrédules.

Quant au château lui-même, quoiqu'en ruines depuis deux cents ans, il est heureusement à l'abri de toutes dégradations nouvelles ; car il fait partie des domaines du roi, et Sa Majesté le fait conserver avec un respect religieux.

VII

LE MUSÉE DE L'HOTEL DE CLUNY

I

Le lendemain du jour où l'assemblée constituante décréta l'aliénation des biens du clergé, un jeune homme, élève du peintre Doyen, se présenta de bon matin chez son maître. « L'Assemblée pense-t-elle, lui dit-il, que dans les maisons religieuses il y a des tableaux, des statues, des manuscrits, des objets d'art et d'étude en tout genre? Va-t-on vendre tout cela aux démolisseurs? La nation ne peut-elle en faire réserve à son profit? Les bâtiments ne s'en vendraient pas un denier moins cher, et que de chefs-d'œuvre, que de richesses pour faire un musée national! — Tu as raison, Lenoir, » lui répondit son maître; et, sans en entendre davantage, le voilà qui court chez Bailly, avec lequel il était lié d'amitié.

Bailly prit feu dès les premières paroles de Doyen, et confessa que personne, dans l'Assemblée n'avait songé à cette sage précaution. « Mais il est encore temps, » ajouta-t-il. En effet, quelques jours après, il monta à la tribune pour supplier ses collègues de réparer une omission si grave, et l'Assemblée rendit un décret par lequel elle ordonnait qu'avant de procéder à la vente des maisons religieuses et autres domaines nationaux, il serait fait un choix de tous les objets d'art qu'il importerait de sauver de la destruction.

L'Assemblée chargea immédiatement son comité d'aliénation de désigner un certain nombre de savants et d'artistes, auxquels serait confié le soin de choisir les livres et les monuments qui méritaient d'être conservés. De son côté, la municipalité de Paris, sur l'invitation de Bailly, nomma pour cette même mission d'autres artistes et gens de lettres, lesquels, se réunissant à ceux qu'avait déjà choisis le comité d'aliénation, formèrent une commission qui prit le titre de *Commission des monuments*.

Mais ce n'était pas assez de donner une sauvegarde à ces trésors nationaux : il fallait leur ouvrir un asile, un lieu de refuge et de protection. On décida que les maisons des Grands-Jésuites, des Capucins et des Cordeliers seraient destinées à recevoir les livres et manuscrits.

Quant aux objets d'art, on hésita quelque temps entre plusieurs abbayes; mais M. de la Rochefoucauld, le président du comité d'aliénation, qui habitait la rue de Seine, et dont le jardin avait une sortie vis-à-vis du couvent des Petits-Augustins de la reine Marguerite, témoigna le désir que ce fût dans cette maison qu'on plaçât le dépôt des monuments, « afin, disait-il, qu'il pût, à son aise, y faire de fréquentes visites. »

Son désir ne fut pas contrarié : le choix de la commission se fixa sur le couvent des Petits-Augustins.

Enfin, quand il fut question de nommer un conservateur du dépôt, Doyen rappela à Bailly que c'était à son élève Lenoir qu'était venue la première idée de cet établissement, que nul ne l'administrerait avec plus de zèle, et que c'était toute justice de le charger de réaliser ce qu'il avait imaginé. Aussi, par un arrêté du 4 janvier 1791. M. Alexandre Lenoir fut nommé *garde du dépôt des monuments des arts.*

Telle a été l'origine du célèbre musée des Monuments français. On sait avec quel amour, avec quel soin, son respectable fondateur avait disposé les salles destinées à recevoir ces précieux débris; mais ce qu'on ignore, c'est tout ce qu'il lui avait fallu d'efforts, de soucis, de dégoûts, pour accomplir l'œuvre conservatrice à laquelle il avait voué sa vie. Pendant vingt ans M. Lenoir a lutté avec une persévérance admirable non-seulement contre la bande noire, contre les maires et les municipalités vandales, contre les ingénieurs des ponts et chaussées, en un mot, contre tout ce qui, en France, est ennemi-né des arts et des monuments, mais, le croira-t-on! contre les artistes eux-mêmes, qui, par fanatisme pour les Grecs et pour les Romains, auraient voulu voir anéantir jusqu'aux derniers vestiges de nos arts nationaux. Chaque fois que M. Lenoir transportait dans son sanctuaire quelque nouveau chef-d'œuvre arraché par lui à la hache ou au marteau, les Brutus d'atelier dénonçaient son goût barbare; son amour des saints et des rois, et demandaient la destruction de ces monuments de décadence, de superstition et de servitude.

Aujourd'hui M. Lenoir aurait au moins la consolation de trouver chez les artistes un concours éclairé, des vœux encourageants, une franche et cordiale coopération; mais aurait-il encore à sa disposition les ressources puissantes sans lesquelles jamais il n'aurait pu créer son bel établissement? Obtiendrait-il, par exemple, que le ministre de la guerre lui prêtât ses fourgons pour transporter des statues, des colonnes et jusqu'à des édifices entiers? Alors rien n'était si facile, et M. Lenoir n'a jamais employé d'autre roulage que le train de l'armée. Aujourd'hui les Chambres ne lui accorderaient pas le tiers du budget qui lui était alloué, et les seuls frais de transport absorberaient vingt fois le montant de son crédit. Il ne trouverait pas non plus à Metz et dans maintes autres villes des milliers de prisonniers de guerre, qui, moyennant quelques sous par jour, lui démoliraient, pierre par pierre, les monuments de sculpture les plus fins, les plus délicats, les plus dentelés.

Grâce à ces ressources extraordinaires et à son infatigable persévérance, M. Lenoir n'avait pas laissé abattre un seul monument en France sans en transporter quelques fragments dans son musée. Aussi non-seulement les salles ouvertes au public étaient garnies du haut en bas de débris de tous genres, mais il possédait dans ses magasins d'immenses matériaux destinés à des salles nouvelles. Les châteaux d'Anet, d'Ecouen de Gaillon avaient été voiturés pièce à pièce, et M. Lenoir se préparait à les réédifier, pour ainsi dire, comme décorations de trois principales cours de son musée. Déjà même il avait entrepris ce grand travail, lorsque l'Empire s'écroula. Pendant la première année de la Restauration, M. Lenoir et son établissement ne furent menacés qu'en paroles; mais après les Cent jours on en vint aux actions. Le parti royaliste ardent convoitait les maisons religieuses non vendues; à l'entendre, l'État était tenu de les lui restituer. Le couvent des Petits-Augustins étant du nombre des propriétés ecclésiastiques restées dans les mains de l'État, les coryphées du parti pensèrent que, s'ils pouvaient une fois en évincer M. Lenoir, rien ne leur serait plus facile que d'obtenir ensuite la restitution du monument. Une grande intrigue s'organisa, et à l'insu du roi Louis XVIII, qui depuis l'a déclaré à M. Lenoir lui-même, il fut décidé que le musée des Petits-Augustins étant un établissement révolutionnaire, devait être supprimé, et que tous les objets d'art qu'il renfermait seraient restitués aux églises, aux villes et aux familles dont ils avaient été la propriété. Sans doute il eût mieux valu que ces monuments n'eussent jamais été enlevés du sol qui les avaient vus naître; mais puisque le seul moyen de les sauver avait été de les transplanter dans cet asile, puisqu'ils y avaient en quelque sorte pris racine de nouveau, et qu'on ne pouvait les arracher une seconde fois sans les exposer à une ruine presque complète, fallait-il détruire en un jour vingt-cinq années de labeur, disperser ce qui avait été si péniblement recueilli, et ravir à la France une collection unique en son genre, dont tous les pays d'Europe étaient jaloux?

M. Lenoir eut beau prier, supplier, protester; l'œuvre de barbarie fut consommée. Mais comme il y a toujours quelque justice en ce monde, ceux qui avaient monté l'intrigue n'en eurent pas les profits; ils firent bien évacuer le musée, mais, quand il fut question d'obtenir la concession des bâtiments en faveur d'une des communautés qui renaissaient alors de toutes parts, ils rencontrèrent dans M. Lainé, ministre de l'intérieur, une résistance inattendue. Pour trancher la question, ou peut-être de peur d'échouer dans la lutte, le ministre se hâta de faire rendre une ordonnance qui affectait les Petits-Augustins à l'école des Beaux-Arts, pour laquelle on cherchait alors un emplacement convenable.

La joie de ceux qui avaient triomphé fut donc de courte durée, mais leur œuvre n'en était pas moins consommée. Si du moins la spoliation se fût accomplie avec ordre, avec précaution; si M. Lenoir eût reçu la triste mission de procéder à la destruction de son ouvrage, le mal eût été moins grand; chaque monument eût été respecté et existerait quelque part; il n'y aurait à déplorer que la perte de la collection. Mais loin de là, on s'est rué sur ces pauvres pierres; on les a arrachées, sciées, brisées. Malheur à celles qui étaient trop fortement scellées! Les Autrichiens et les Cosaques avaient traité moins brutalement nos tableaux et nos statues. Un homme à peine lettré, employé, je crois, dans les douanes ou dans quelque autre administration de finances, tel était le commissaire du gouvernement, le surveillant officiel chargé de démeubler le musée, de restituer les monuments, et de les expédier aux propriétaires!

Ce déménagement ne fut pas seulement un chef-d'œuvre de vandalisme, il fut un modèle d'irrégularité administrative. C'est à peine si l'on dressait inventaire des objets restitués[1].

[1] Je ne connais d'autres inventaires de ces restitutions que les notes détaillées que M. Lenoir, à qui ce travail n'avait pas été confié, a

Aussi trouve-t-on par le monde certains amateurs qui prétendent qu'à cette époque on rencontrait chez les brocanteurs des fragments de vitraux, de boiseries et même de bas-reliefs provenant des Petits-Augustins. Sans doute les pièces capitales ont toutes été livrées en mains sûres; mais pour celles d'une moindre importance, qu'en est-il arrivé? En général, on ne les a pas réclamées; soit parce que la trace de leur origine était perdue, les édifices d'où elles provenaient ayant été rasés ou vendus à des possesseurs indifférents; soit parce que les frais de transport eussent été si considérables, qu'on y regardait à deux fois avant de faire des réclamations. Ainsi l'idée qui avait servi de prétexte à la destruction du musée, l'idée de restauration, de restitution, n'était qu'une déception, une chimère.

Quelques grandes villes, quelques grandes familles ont réclamé et obtenu leur quote-part[1], mais ce n'était là peut-être que le dixième des objets à restituer; la masse est restée à la disposition du gouvernement, qui a fini par instituer héritiers *ab intestat* des propriétaires non réclamants le musée du Louvre et l'église de Saint-Denis.

On a transporté au Louvre, dans la galerie d'Angoulême, la plupart des sculptures de la renaissance, et à Saint-Denis les

---

insérées à la fin du huitième volume de son *Musée des monuments*, comme un dernier adieu à la collection qu'il avait eu tant de peine à former.

[1] Il y a tels de ces monuments restitués dont les propriétaires, après les avoir obtenus, n'ont fait aucun usage; ainsi M. le prince de Condé, auquel on rendit les beaux vitraux d'Écouen, représentant l'histoire de Psyché, les laissa pendant huit ou dix ans dans les greniers du palais Bourbon, où ils ont subi de fâcheuses dégradations.

vitraux des paroisses de Paris aujourd'hui démolies, les boiseries de Gaillon et une foule d'autres fragments tous également étrangers à cette église.

Enfin, quand on fut las de répartir ainsi à droite et à gauche les trésors de ce malheureux musée, on s'arrêta, je ne sais pourquoi, et il resta aux Petits-Augustins un certain nombre de statues et de bas-reliefs sans destination, plus tous les beaux fragments de Gaillon et d'Anet que M. Lenoir avait réunis pour décorer les cours de son établissement. Ces merveilles de sculpture furent traitées comme un vieux fonds de magasin, et n'obtinrent pas même les honneurs d'un abri. Statues, bas-reliefs, corniches, pilastres, chapiteaux, tout est resté pendant quinze ans gisant çà et là dans les cours et jardins, au milieu de l'herbe, des plâtras et des ronces, exposé à la pluie, à la neige, à toutes les intempéries de notre mauvais climat.

II

A l'époque où nous écrivions ces pages, en 1833, le mal n'était pas encore réparé, mais un jeune architecte de la plus grande espérance, M. Duban, se préparait à y porter remède. Chargé de l'achèvement de l'école des Beaux-Arts, alors en cours d'exécution, il avait cherché les moyens de rendre un peu moins lourde, un peu moins disgracieuse, cette épaisse caserne que lui avait léguée son devancier, et l'idée lui était venue d'établir en avant de l'école elle-même une sorte de cour d'honneur et de frontispice historique composés des principaux restes de l'ancien musée des Petits-Augustins, notamment des délicieux portiques provenant du château de Gaillon et des fragments classiques de la charmante architecture d'Anet. On sait avec quel goût, quel esprit et quel bonheur de lignes il a disposé ces placages, et quelle œuvre élégante est sortie de sa sollicitude pour ces pauvres débris dispersés et abandonnés.

Mais ce n'était pas tout que d'avoir sauvé ces ruines, il fallait retrouver ce qu'on avait perdu, un musée historique et français, un asile, un refuge ouvert aux monuments qui désormais échapperaient à de nouveaux naufrages, un lieu d'étude offert aux travailleurs qui, sans quitter Paris, voudraient s'initier aux secrets de notre ancien art national. Ce n'était pas seulement les raffinés, les érudits, les romantiques qui réclamaient cette restauration; le public semblait y sourire. Il avait fait de si grands pas depuis le temps où M. Lenoir et son musée naissant soulevaient des tempêtes! Les ateliers s'étaient calmés. On y comptait encore quelques retardataires : mais la passion du moyen âge gagnait du terrain tous les jours et dans le monde artiste on commençait à sentir le besoin de mieux connaître cette époque, d'en étudier les règles, la grammaire : on se sentait comme pris au dépourvu, on demandait à grands cris des modèles.

Aussi dès 1831 avions-nous fait tous nos efforts pour obtenir la cession d'un local qui aurait permis de rétablir le musée des monuments français. Un moment nous avions espéré que la Sainte-Chapelle recevrait cette destination. Elle était un peu délabrée, mais de dimension suffisante, grâce à ses deux étages, au moins pour un premier essai. Dans le vaisseau supérieur on aurait placé les meubles, les bijoux, les ouvrages d'un fini précieux, les ciselures délicates ; la crypte au contraire eût été consacrée aux tombeaux et aux sculptures de grande dimension. Mais le projet avait affaire à trop fortes parties, il était combattu par deux cours souveraines. La cour des comptes avait fait de la crypte un des dépôts de ses papiers et le premier étage servait à la cour royale de supplément à son dépôt d'archives. De part et d'autre on entendait garder son bien : il n'y avait pas moyen de faire vider la place. Deux autres grands vaisseaux de même date à peu près auraient pu se prêter à l'établissement d'un musée historique : c'étaient le réfectoire et l'église de l'ancienne abbaye de Saint-Martin-des-Champs. Le réfectoire, modèle d'élégance et de légèreté, l'église, vaste nef sans collatéraux, terminée par un chœur du plus riche travail, monument unique à Paris, mais pas plus que la Sainte-Chapelle disponible pour un musée. Ces deux grands édifices appartenaient au Conservatoire des Arts et Métiers qui en avait fait un dépôt de machines.

On devait donc croire à peu près impossible de trouver dans Paris un emplacement tout fait, une ancienne construction pouvant s'adapter à l'établissement projeté, lorsqu'au salon de peinture de 1833, dans la section d'architecture, apparut un projet, un plan de musée national, qui proposait un parti tout nouveau. L'auteur avait comme un droit de naissance à s'occuper de la question, il était fils d'Alexandre Lenoir.

Son idée consistait, pour fonder le nouveau musée, à réunir la grande salle romaine de la rue de la Harpe, dite les Thermes de Julien, et le charmant hôtel gothique, situé rue des Mathurins-Saint-Jacques, et connu sous le nom d'hôtel de Cluny. Par un bonheur singulier, ces deux monuments, tous deux uniques en leur genre à Paris, se touchaient par un point et pour passer de l'un dans l'autre, on n'avait qu'à ouvrir une arcade obstruée par un mauvais pan de mur. Que de ressources le simple voisinage et la réunion possible de ces deux édifices n'offrait-elle pas à l'auteur du projet ? Un tel local semblait prédestiné à former une série de salles chronologiques.

Dans la cour qui précédait les Thermes du côté de la rue de la Harpe, cour qui était jadis couverte d'une voûte depuis longtemps écroulée, M. Lenoir plaçait les monuments celtiques, présumés antérieurs à la conquête des Romains. C'était le frontispice, l'avant-scène de son musée. Puis dans la salle des Thermes elle-même, sous cette immense voûte de construction romaine, venaient se ranger les fragments romains ou Gallo-Romains qui ne pouvaient trouver place dans le musée du Louvre.

Au sortir de la salle romaine on passait dans une salle de transition dont les quatre faces représentaient les principales variétés du plein cintre, depuis le neuvième jusqu'au douzième siècle. Cette salle était comme un pont jeté entre les Thermes et l'hôtel de Cluny, entre l'époque romaine et les siècles du style à ogives.

En quittant la salle du plein cintre, on entrait dans un petit cloître composé de débris du temps de saint Louis; puis, après avoir traversé une galerie dans le genre du quatorzième siècle, on arrivait à l'hôtel de Cluny proprement dit, c'est-à-dire, aux derniers temps du style gothique et aux débuts de la renaissance. Là rien n'était à faire, rien du moins à inventer. Dans la plupart des salles on retrouvait des fragments de l'ancienne décoration et jusqu'aux peintures primitives. La chapelle surtout était dans un état de parfaite conservation.

Ainsi, suivant le plan de M. Lenoir, chaque époque était, en quelque sorte, logée chez elle, dans des murailles qui lui appartenaient et qui portaient clairement son empreinte. Trouver deux édifices, l'un antérieur au moyen âge, l'autre contemporain de son déclin, deux édifices à peu près contigus et se prêtant si bien à être réunis, c'était une rare fortune, un merveilleux à-propos qu'il fallait saisir à tout prix.

Le projet fut remarqué, mais seulement de quelques fidèles, des vrais amis de ces sortes d'études. Nous essayâmes, quant à nous, de le mettre en lumière, d'en faire ressortir les mérites, de le faire adopter, par le public d'abord, puis par l'autorité; nos paroles n'eurent pas grand crédit et près de dix années s'écoulèrent, sans qu'il fut question d'y faire droit.

Mais l'occasion s'offrit enfin. L'hôtel de Cluny avait un hôte M. Dusommerard, qui depuis le commencement du siècle travaillait à se former la collection la plus nombreuse et la plus riche d'objets d'art et de curiosités du moyen âge. Longtemps seul de son goût, sans concurrents et sans approbateurs, il avait, peu à peu, vu la mode changer et la foule frapper à sa porte, si bien que, lorsque la mort vint le surprendre, on peut dire que son petit musée était déjà devenu populaire.

L'opinion vint à notre secours : elle n'eût pas vu sans peine la collection dispersée et vendue à l'encan. Aussi quand il fut question de la faire acquérir par l'État, personne ne fit d'objection sérieuse, pas même les financiers du temps, qui se piquaient d'économie. Puis, comme un des grands charmes de cette collection était le cadre où son possesseur avait eu l'art de le placer, c'est-à-dire, les murailles de l'hôtel de Cluny, il ne fut pas difficile, pour maintenir cette harmonie, d'obtenir que le principal suivit le sort de l'accessoire, et l'hôtel fut acquis en même temps que la collection.

Une fois le manoir gothique dans les mains de l'État, comme déjà les Thermes faisaient partie de son domaine, la réunion allait de soi. L'idée de M. Albert Lenoir n'était plus simplement un vœu, elle devenait une réalité, et lui-même bientôt reçut la mission de mettre la main à l'œuvre, d'exécuter ses propres plans.

On sait combien depuis vingt ans, cette heureuse création a pris d'ampleur et de développements ; combien la primitive collection s'est épurée et enrichie, avec quel ordre elle a été classée ; que d'acquisitions bien conçues, que de dons nouveaux sont venus la grossir, de quelle faveur croissante elle n'a cessé de jouir dans tous les rangs de la population ; et combien l'établissement lui-même s'est encore récemment complété et embelli par son isolement de tout voisinage et par l'élargissement de ses abords. Sans doute une grande part de ces succès est due aux soins persévérants d'un habile conservateur, chez qui l'aptitude et le zèle sont encore stimulés par une sorte de devoir filial, mais il est juste aussi, et c'est à cette fin que nous rappelons ces souvenirs, il est juste de garder certaine gratitude, et à l'inventeur du projet, et même à une administration qui, sans se faire valoir, et sans se croire la science infuse, sans dédaigner de prendre, en toutes circonstances, l'avis des hommes compétents, a su doter Paris, ou, pour mieux dire, la France, de ce charmant joyau, de cet établissement à la fois scientifique et mondain, qui est appelé à rendre à l'art et à l'histoire autant de vrais services qu'il donne de jouissances, même au public le moins lettré.

VIII

DE L'ORFÉVRERIE RELIGIEUSE

AU MOYEN AGE

Rien aujourd'hui n'est aussi rare, en France, que les anciens trésors d'églises. Ces collections de pièces d'orfévrerie avaient, en 1793, le double tort d'avoir servi au culte catholique et d'être en or et en argent. Moitié cupidité et moitié fanatisme, elles furent confisquées et fondues en lingots, ou bien dérobées et vendues aux brocanteurs, ou bien encore cachées et confiées à des mains infidèles, à tel point que dans les églises il n'en est rien resté. Déjà, même avant la tourmente révolutionnaire, la plupart de ces collections avaient perdu, au point de vue archéologique, une partie de leur ancien prix. Les calvinistes de 1562 les avaient saccagées et en avaient soustrait ou détruit un grand nombre de pièces des plus beaux temps du moyen âge. Il est vrai que plus tard, pour les besoins du culte, on avait rétabli ces pièces, et souvent même avec plus de richesse et un plus grand poids de métal, mais dans un autre style, sans art et sans caractère, dans ce goût lourd et solennel qu'affecte l'orfévrerie d'église depuis le règne de Louis XIV.

C'est donc presque un miracle aujourd'hui, ou tout au moins un étrange hasard, que de trouver chez nous, dans une église, un de ces précieux dépôts, et d'y découvrir des pièces d'une haute antiquité. Telle est pourtant la surprise qui vous attend sur les confins du Rouergue et de l'Auvergne, dans la sévère et étroite vallée de Conques, où furent bâties, vers le commencement du onzième siècle, l'ancienne abbaye bénédictine de Sainte-Foy, aujourd'hui complétement ruinée, et l'église de cette abbaye, vaste édifice à plein cintre qui, par bonheur, est encore debout. C'est là, dans cette église, que se conserve, grâce à un genre de patriotisme malheureusement trop rare, la plus grande partie de l'ancien trésor de l'abbaye. Aux approches de la Terreur, lorsque le culte allait être interdit, certains habitants du village se chargèrent, non sans péril, de recevoir chez eux et de tenir cachés ces objets de leur vénération ; puis, après la tempête, pas un d'eux n'oublia son dépôt : tout fut exactement rendu.

Dès 1838, dans ses notes de voyage en Auvergne, M. Mérimée avait parlé de ce trésor ainsi que de la grande et remarquable église où il est conservé. Sur cet éveil les visiteurs arrivèrent. L'obscur vallon, le modeste village en virent passer un certain nombre tous les ans, et l'un d'entre eux, M. Darcel, ne se contenta pas d'un coup d'œil, il voulut étudier et prolongea bravement son séjour, sous l'abri pittoresque de ce vieux presbytère assis au flanc de la montagne, seule hospitalité possible en ces contrées sauvages. Là, pendant de longues journées, dessinant et décrivant, un à un, chacun de ces précieux bijoux, il recueillit les matériaux d'un livre qu'il a mis au jour.

C'est un intéressant travail. M. Darcel, quoique jeune encore, s'est déjà distingué dans ce genre de recherches ; il est bon observateur, dessine et décrit avec exactitude, et ne se borne pas à la science qui s'apprend dans les livres : il a vu et comparé beaucoup de monuments. Nous ne pensons pas qu'après lui il y ait grand chose à dire sur cet ancien trésor de Conques : son texte et ses dessins en donnent une complète idée.

Parmi ces œuvres d'orfévrerie sacrée, en est-il qui remontent aux temps carlovingiens, ainsi que la tradition l'affirme ; et, par exemple, ce reliquaire, en forme d'A majuscule, qui fut donné, dit-on, par Charlemagne lui-même à l'abbaye de Conques, présente-t-il quelques-uns des signes caractéristiques de l'ornementation des huitième et neuvième siècles ? Nous avons tout lieu d'en douter, et nous aurions voulu que M. Darcel, qui semble partager nos doutes, n'hésitât pas à rajeunir ce monument de deux siècles au moins. Nous n'y voyons, pour notre part, ni sur la face, ni même sur le revers, rien de carlovingien. Et, ce ne sont pas seulement ces filigranes, ce délicat travail, cette légèreté d'outil, qui nous transportent, malgré nous, au commencement du douzième siècle, c'est le dessin des entrelacs, et le caractère général de la décoration. L'habileté pratique, M. Darcel le dit avec raison, est à peu près égale au neuvième et au dou-

zième siècle : elle ne fait complétement défaut que dans l'é-
poque intermédiaire ; aussi pour ce qui concerne l'âge de
ce curieux reliquaire, le dixième et le onzième siècle sont tous
deux hors de cause : il n'y a lieu d'hésiter qu'entre le neuvième
et le douzième. Mais si, dans ces deux époques, le métier, à
proprement parler, n'offre pas de sensibles différences, bien
qu'on en pût, à la rigueur, découvrir quelques-unes, il n'en
est pas ainsi du style. Le style, ou si l'on veut, le caractère
du dessin, est, dans les deux époques, tout à fait différent et
se distingue à des traits qu'on ne saurait confondre.

Nous ne voyons donc dans l'A de Charlemagne, c'est ainsi
que ce reliquaire est désigné dans le trésor de Conques,
qu'une œuvre très-intéressante des premiers temps du
douzième siècle, contemporaine, par conséquent, et des deux
autels portatifs et du reliquaire de Bégon et de la plupart des
morceaux les plus anciens de cette précieuse collection. Nous
devons cependant reconnaître, avec M. Darcel, qu'un des petits phylactères reproduits sur sa neuvième planche peut
remonter au neuvième et même au huitième siècle. Ici le
caractère du dessin est tout à fait d'accord avec la tradition:
Ces méandres, ces feuilles, ces oiseaux qui semblent empruntés aux peintures des catacombes, ces lacis presque mérovingiens, et d'autres particularités non moins significatives, sont
d'infaillibles indices d'une haute antiquité. Aussi, quand nous
aurions là quelques vestiges d'orfévrerie vraiment carlovingienne, et, comme le dit M. Darcel, quelque don du roi Pépin
ou de son fils, il n'y aurait rien d'étonnant.

Ce précieux fragment et le petit autel portatif dont l'inscription et un des côtés sont figurés au bas de la seconde

planche se recommandent à notre attention par une particularité qu'il est bon de noter. Les ornements de ces deux pièces sont en partie niellés; or la niellure, comme on sait, devint, en Italie, vers 1450, la première origine de la gravure en taille douce. Il n'est donc pas sans intérêt de retrouver chez nous, au douzième siècle et voire même au huitième, ce procédé d'où devait naître pour les arts du dessin un si merveilleux secours, un moyen si puissant de propager leur influence et de braver l'action du temps.

Nous ne suivrons pas M. Darcel dans toute la série de ses descriptions. Il faudrait trop de temps pour passer en revue ces reliquaires de formes si diverses, ces monstrances et ces ostensoirs, si simples de dessin, et si mal remplacés aujourd'hui, dans nos églises, par de lourds soleils rayonnants; ces statuettes en argent repoussé, ces bassins émaillés, ces croix finement ciselées et tant d'autres ouvrages, presque tous rares et précieux. Le peu que nous en avons dit suffit, nous l'espérons, pour inspirer à ceux que ces études intéressent l'envie de lire le livre, et, qui sait même, d'aller à Conques en contrôler l'exactitude et la véracité.

Cette monographie d'un trésor d'église nous fait penser à un autre ouvrage de même date à peu près, qui traite de ces mêmes matières, mais avec plus d'étendue et d'un point de vue plus général. Il s'agit d'un manuel des œuvres de bronze et d'orfévrerie au moyen âge, par M. Didron aîné. Ce livre aura deux parties : l'une traitera de l'orfévrerie laïque ou, si l'on veut, profane; l'autre, de l'orfévrerie religieuse. La première n'a pas encore paru; la seconde est sous nos yeux. Comme la plupart des œuvres de l'auteur, ce manuel n'est pas archéologique seulement, il est en même temps pratique, ou, pour mieux dire, industriel dans la bonne acception du mot. Il a deux faces, en quelque sorte, et regarde aussi bien l'avenir que le passé, pareil à ce personnage à moitié jeune, à moitié vieux, sorte de Janus du douzième siècle, sculpté sur les parois de l'abbaye de Saint-Denis, et adopté par l'auteur comme l'emblème de ses travaux, comme son cachet, comme sa marque de fabrique. En effet, depuis trente ans et plus qu'il s'occupe du moyen âge, avec une persévérance qu'on ne peut avoir en trop d'estime, même en n'adoptant pas en tout point ses idées, M. Didron n'étudie pas seulement en érudit, par curiosité scientifique, il utilise ses recherches, il recueille des types, des modèles, des sujets d'imitation, des *projets* qu'il fait ensuite exécuter dans des ateliers qu'il surveille et qui obéissent à son inspiration. Pour lui, l'art de l'époque qui vit fleurir l'ogive, l'art de nos pères pendant trois siècles, est encore l'art par excellence, l'art qu'il voudrait ressusciter et qui, s'il était le maître, deviendrait l'art de l'avenir. Il a sur ce sujet de véritables convictions : on ne peut mettre au service d'idées plus exclusives plus de bonne foi et plus de dévouement. Si nous devions ici discuter ce système, comme nous l'avons fait ailleurs quelquefois, nous nous permettrions de le combattre encore, persuadés que nous sommes que toute imitation servile, quelle que soit l'époque et le style dont s'inspirent les imitateurs, ne peut être pour l'art qu'une cause de mort. Notre temps à coup sûr, n'est pas riche en inventions plastiques ; rien, depuis soixante ans, ni dans l'architecture, ni dans la sculpture d'ornements, ne semble vouloir prendre une physionomie vraiment neuve ; cette dose d'originalité, bonne ou mauvaise, qui n'a manqué à aucun des siècles précédents, fait au nôtre absolument défaut ; son ambition se borne à reproduire d'anciens patrons, tantôt l'un, tantôt l'autre, selon le goût instable de la mode, sans rien créer qui soit à lui ; s'ensuit-il qu'il nous faille ériger cette faiblesse en système ? Avant d'absoudre ainsi, avant de provoquer l'esprit d'imitation, n'y a-t-il rien à tenter ? Le siècle n'est pas fini, n'en désespérons pas. Il peut encore faire quelque chose qui porte son cachet.

Nous persistons donc à croire que plus on tient en haute estime aussi bien l'art du moyen âge que l'art grec et romain, moins on en doit encourager les copies et les contrefaçons. S'il fallait cependant faire sur un point violence à ce principe et montrer quelque tolérance pour des reproductions littérales, pour des fac-simile, ce serait en faveur de l'orfévrerie d'église, de l'orfévrerie liturgique et sacrée que nous ferions une exception. Il y a là, dirions-nous, des circonstances atténuantes. Un bon nombre d'églises antérieures au seizième siècle nous restent encore, Dieu merci ; or, il en est bien peu où la décoration des autels ne soit en disparate avec le style du monument. Pour peu qu'on ait la prétention d'atténuer ce contraste, de rétablir quelque harmonie entre le principal et l'accessoire, que peut-on faire ? Chercher des formes nouvelles ? s'adresser à l'imagination ? Ce serait aggraver le mal, tomber dans la fantaisie, s'égarer à coup sûr. Le parti le plus sage n'est-il donc pas de rétablir, autant qu'il est possible, l'harmonie primitive, en en reproduisant les anciens éléments. C'est de l'art traditionnel qu'il faut ici, pas autre chose. L'archéologie doit être souveraine. Il s'agit de fouiller les débris de nos anciens trésors, de choisir dans cette orfévrerie échappée au naufrage les types les plus beaux et de les faire surmouler. Or c'est justement là ce que M. Didron se propose, et ce qu'il a déjà fait plus d'une fois avec succès. Il en use avec le moyen âge comme M. Barbedienne avec l'antiquité. Ni l'un ni l'autre, assurément ne font de l'art à proprement parler : c'est de l'industrie; industrie, toutefois, d'un ordre supérieur; industrie esthétique, qui rend à l'art de vrais services, en façonnant aux saines habitudes nos yeux et nos esprits.

Mais écartons ce côté pratique, cette question d'application : bornons-nous à la partie archéologique du manuel de M. Didron : il va nous rester un ouvrage plein d'utiles recherches, d'informations curieuses, d'habiles rapprochements. Ses descriptions sont claires et exemptes, pour la plupart, de vues systématiques. De nombreuses gravures entremêlées au texte en rendent l'intelligence prompte et facile. Peut-être ces gravures, très-finement exécutées, sont-elles d'une échelle un peu microscopique, mais leur petite taille permet de les intercaler plus aisément, chacune à sa vraie place, dans le paragraphe qui lui est propre. Elles sont d'ailleurs d'un si délicat travail qu'on les peut étudier à la loupe.

Tout objet dont l'orfévrerie peut décorer l'intérieur d'une église, tout ce qu'elle peut exécuter en bronze, en argent, en or, en métal fondu ou battu, vous en trouvez dans ce manuel l'image et la description. Revêtements d'autels, retables, reliquaires, châsses, chandeliers, candélabres, lampes, vases, bénitiers, burettes, encensoirs, navettes, crosses, ciboires, calices, pixides, ostensoirs, crucifix : la liste est longue, et nous l'interrompons. Tant d'autres groupes d'objets divers pourraient grossir cette nomenclature ! Tous ces groupes forment chacun un chapitre, divisé lui-même en articles ; autant d'articles, autant d'exemples, et pour chaque exemple une planche. Vous embrassez ainsi d'un coup d'œil tout le trésor d'une sacristie au douzième et au treizième siècle. Quelle variété de formes ! quel bonheur de contours ! que d'art et que d'intelligence ! quelle appropriation de chaque chose à sa fin ! On reste confondu, devant cette richesse d'imagination mêlée dans la pratique à tant de justesse et d'à-propos.

Ce qui serait d'un extrême intérêt, ce serait d'étudier tous ces types en jetant un regard en arrière, en les suivant dans le passé, en en constatant l'origine et la filiation. Ces formes du douzième et du treizième siècle ne sont pas nées d'elles-mêmes par une génération spontanée : elles ont quelques parties entièrement originales, elles en ont d'autres seulement rajeunies, c'est-à-dire légèrement modifiées, d'autres qui appartiennent presque sans changement soit aux siècles chrétiens antérieurs, soit même à l'antiquité païenne. Quelle est la proportion des parties empruntées et des parties vraiment neuves ? On pourrait faire à ce sujet tout un travail d'anatomie esthétique non moins instructif que curieux. Il va sans dire que M. Didron n'aborde pas ces sortes de recherches. Elles n'ont d'attrait et d'importance que pour ceux qui, comme nous, désirent que notre siècle et les siècles futurs ne se laissent pas déshériter de toute initiative, de toute originalité, et ne se résignent pas au métier de copistes sans tenter au moins quelque effort. L'originalité dans les arts n'est jamais absolue; elle est, de toute nécessité, le produit d'un certain amalgame de tradition et d'invention. C'est au génie, nous le savons, qu'il appartient de découvrir les lois de ce mélange; mais on peut tout au moins préparer ses inspirations en indiquant la route que nos pères l'ont vu suivre. Si M. Didron ne nous rend pas lui-même ce service, son livre par l'abondance et le choix des exemples, la clarté des explications peut-être d'un grand secours à qui voudrait tenter cette sorte d'étude, et c'est à ce titre surtout que nous en recommandons la lecture.

IX

L'ART ET L'ARCHÉOLOGIE

La Société des antiquaires de Normandie ayant, en 1847, appelé l'auteur à l'honneur de la présider, il prononça devant elle, à Caen, les paroles suivantes :

Messieurs,

Si nos monuments historiques commencent à être entourés de quelque vénération, s'ils sont dotés avec moins de parcimonie, et si nous pouvons sans témérité concevoir l'espérance de transmettre à nos neveux ces nobles créations du génie de nos pères, c'est à vous, je n'hésite pas à le dire, que le premier honneur en appartient.

Lorsqu'il y a vingt-cinq ans vous jetiez les bases de votre société, qui songeait à arrêter le marteau des démolisseurs? Quelques plaintes éloquentes, quelques poétiques imprécations avaient tenté de se faire entendre, mais ces voix isolées s'étaient évanouies sans rencontrer d'échos. L'œuvre de destruction se continuait avec persévérance. Le public assistait sans émotion, sans regret, quelquefois même avec un secret plaisir à la chute de ces vieux édifices qu'on lui avait apppris à dédaigner au nom des règles de l'art et à railler au nom de la philosophie. Rien ne semblait pouvoir mettre un terme à cette barbare indifférence. Cependant, lorsqu'on apprit que dans une de nos provinces, dans ce pays justement nommé la terre classique du bon sens et de la raison, quelques hommes sérieux et cultivés s'étaient associés pour protéger, pour maintenir debout ce que partout on renversait, lorsqu'on sut qu'ils ne se bornaient pas à signaler dans ces monuments des beautés jusques-là méconnues mais qu'ils leur demandaient comme à des témoins sûrs et fidèles de nouveaux renseignements sur notre histoire, qu'ils découvraient dans les différents modes de leur construction le secret de leurs origines et préparaient ainsi les éléments d'une science nouvelle, ce fut un trait de lumière qui aussitôt frappa les esprits attentifs, et de ce jour, dans le public lui-même, commença sourdement un mouvement de réaction.

L'effet ne s'en fit pas immédiatement sentir: les idées neuves et fécondes ont-elles jamais triomphé sans combats? Vous eûtes à soutenir des luttes laborieuses, et pendant longtemps il vous fallut souffrir que votre zèle conservateur passât aux yeux du plus grand nombre pour une sorte de monomanie. Mais le germe que vous aviez déposé allait se développant : les esprits les plus rebelles s'ouvraient à la lumière : bientôt, dans la plupart de nos provinces, des sociétés semblables à la vôtre se formèrent spontanément et vinrent en aide aux efforts de vos adeptes isolés. Enfin, le gouvernement, auxiliaire plus puissant encore, en épousant votre cause, acheva de décider la victoire. Aujourd'hui cette victoire est complète; à quelques exceptions près, de jour en jour plus rares, personne à l'heure qu'il est ne se fait gloire d'être vandale ni même indifférent, et tout semblerait vous inviter à jouir en paisibles spectateurs d'un succès si bien établi.

Mais vous ne l'ignorez pas, messieurs, rien de si périlleux que le succès : ce n'est pas le moment, croyez-moi, d'abandonner votre œuvre et de rentrer dans le repos. Une tâche nouvelle et non moins difficile vous est encore réservée. Après avoir si puissamment contribué à réhabiliter les chefs-d'œuvre du moyen âge, vous n'avez pas tout fait pour eux : il vous reste à les défendre contre l'enthousiasme exclusif de quelques-uns de leurs admirateurs. Après avoir planté les premiers jalons d'une nouvelle archéologie, il vous faut prendre soin qu'elle ne s'égare pas hors de ses vraies limites, et surtout ne pas permettre que, par une usurpation profane, elle envahisse un domaine qui n'est pas le sien, le domaine de l'art. Personne, avec autant d'autorité que vous, ne saurait faire entendre certaines vérités, certains avertissements. Vous avez un droit incontestable à ne pas laisser altérer les idées que vous avez mises au jour et à séparer ce que vous croyez essentiellement vrai de ce qui n'est que mode, caprice ou rêverie. Donnez-vous donc cette mission nouvelle. Soyez les modérateurs d'un mouvement que vous avez si heureusement provoqué. C'est par là que vous affermirez votre ouvrage et que vous ajouterez de nouveaux services à tous ceux que vous nous avez rendus.

Jusqu'à présent, je dois me hâter de le dire, le danger que je vous signale n'est pas encore bien grand. Mais, vous le savez, tout parti qui triomphe a dans ses rangs certains esprits pour qui c'est un résultat misérable et vulgaire que d'avoir atteint le but : ils ne sont vraiment contents que lorsqu'ils le dépassent. Tâchez que leur exemple ne soit pas contagieux. Les meilleures causes sont si vite perdues par ceux qui les servent sans mesure et sans discernement !

Voulons-nous affermir dans l'estime et dans l'admiration de tous cette architecture du moyen âge que nous aimons, et dont les sublimes beautés nous ont si souvent causé de si vives et si sincères jouissances, gardons-nous de pousser jusqu'à l'hyperbole les sentiments qu'elle nous inspire. Si nous allions tout exalter en elle, tout jusqu'à d'incontestables imperfections; si nous voulions attacher un sens précis à tout ce qu'elle a pu faire, trouver une intention, un mystérieux langage dans chaque pierre, dans la moindre moulure, dans chaque coup de ciseau, nous ne tarderions pas, croyez-moi, à perdre la meilleure partie du terrain que nous avons conquis ; et si, comme souvent il arrive, notre enthousiasme tournait à l'intolérance, si, par prédilection pour l'ogive, nous allions déclarer la guerre à l'architrave, user de représailles, et, en souvenir d'une longue proscription, essayer de proscrire à notre tour tous les styles hors notre style favori, soyez certains que nous aurions bientôt provoqué une de ces justes et redoutables réactions auxquelles on ne résiste pas. Nous ne sommes pas encore, Dieu merci, témoins de pareilles imprudences; mais il faut tout prévoir, et les sages conseils que nous vous prions de donner ne seront certainement pas superflus.

Ce que nous disons des monuments du moyen âge et de l'architecture qui les a produits, il faut le dire également de cette science qui les décrit et les commente, de cette science à peine adulte, mais pleine d'avenir, dont, les premiers parmi nous, vous avez constaté l'existence et à laquelle vous nous avez initiés. Permettez que pour elle aussi nous réclamions votre sollicitude : elle a grand besoin, pour se maintenir dans la bonne voie, de rester quelque temps encore soumise à vos paternelles leçons.

Deux sortes d'adversaires bien différents peuvent la mettre en péril, ceux qui ne croient pas en elle et ceux qui y croient trop. Jusqu'ici vous n'avez eu à la défendre que contre le scepticisme, et vous l'avez défendue avec de bonnes armes, avec vos exemples, avec vos solides travaux, avec vos excellents essais de classification ; vous avez, en un mot, prouvé le mouvement en marchant. Aussi les sceptiques ne font-ils plus qu'une ombre de résistance : peut-être ne reconnaissent-ils pas encore à l'archéologie du moyen-âge la même importance, les mêmes droits qu'à cette archéologie romaine, grecque, égyptienne, asiatique dont la légitimité est depuis si longtemps établie ; ils la croient de moins noble maison et ne lui pardonnent pas complétement son origine, mais ils n'osent plus lui contester son caractère scientifique ; ils avouent que les observations qu'elle recueille, reposent sur une base expérimentale et qu'il peut en résulter d'utiles et sérieuses conclusions. Nous aurions donc cause gagnée, si nous n'avions affaire qu'aux incrédules; mais les croyants sont là qui, par excès de zèle et avec les meilleures intentions, menacent de tout compromettre. A les entendre, c'est un déni de justice envers l'archéologie du moyen âge que de la confondre sur le pied d'égalité avec les autres archéologies. Il faudrait lui rendre hommage comme à l'archéologie par excellence, comme à une science supérieure et pour ainsi dire révélée, qui n'a besoin ni de justifier ce qu'elle explique, ni de prouver ce qu'elle affirme.

Avec de telles prétentions, on ne tarderait guère à révolter contre l'archéologie du moyen âge tous les gens de bon sens et ceux-là mêmes qui sont le mieux disposés à reconnaître son autorité. Vous voyez donc combien il importe que vous ne gardiez pas le silence et que vous fassiez justice de ces chimères en établissant clairement quel est le rôle à la fois modeste et sérieux de la science que vous avez voulu fonder.

Son but est tout simplement l'étude des monuments du moyen âge : à la vérité c'est chose entièrement neuve et vraiment originale que de décrire, d'expliquer, de classer par ordre chronologique non-seulement ceux de ces monuments qui tiennent au sol et les sculptures qui les décorent, mais toutes les créations même les plus légères et les plus fragiles de l'art ou de l'industrie de nos pères. Jamais jusqu'à nos jours semblable travail n'avait été tenté. Ce qui ne veut pas dire pourtant que ce soit de nos jours, que ce soit depuis quinze ou vingt ans que le moyen âge ait été découvert. Les générations qui nous ont précédées nous avaient épargné ce soin. Non-seulement elles avaient aperçu cette grande époque, mais elles l'avaient étudiée siècle par siècle, province par province, avec cette infatigable patience et ce labeur persévérant dont le secret est presque perdu pour nous. Sans les admirables érudits de l'ordre de Saint-Benoît, peut-être aurions-nous grand'peine à pénétrer aujourd'hui dans les profondeurs de ces temps obscurs; leurs travaux sont nos meilleurs guides; nous ne voyons pour ainsi dire que par leurs yeux. Mais, il faut le reconnaître, sur un point ils étaient en défaut : ils avoient fouillé dans les entrailles du moyen âge, ils avaient défriché ses chartes, expliqué ses usages, interprété ses lois, ils n'avaient pas regardé ses monuments.

Comment l'étude de la paléographie, du blason, des monnaies ne les avait-elle pas conduits à l'étude des monuments? Comment ne s'étaient-ils pas aperçus que les monuments sont aux siècles passés ce que l'écriture est aux idées, qu'eux seuls nous en transmettent une vivante image? C'est chose étrange, en vérité. N'oublions pas, cependant, que ces hommes de savoir vivaient presque tous cloîtrés; eussent-ils été libres, les voyages étaient à cette époque d'une difficulté extrême, or sans voyages il n'y a ni comparaison, ni critique, et, par conséquent, point d'archéologie monumentale. La gravure, seul moyen de suppléer quelque peu aux voyages, n'était alors qu'un interprète infidèle et grossier. L'exactitude dans les copies des œuvres d'art est, comme vous le savez, quelque chose d'aussi neuf en son genre que l'emploi de la vapeur et que les autres merveilles de notre temps. Il ne faut donc pas s'étonner si dans les deux derniers siècles les monuments du moyen âge ne furent pour personne un sérieux sujet d'étude. Malgré quelques observations ingénieuses et clairvoyantes de l'abbé Lebœuf, j'oserais même dire, malgré les savants travaux de Montfaucon, la lacune fut complète, lacune à jamais regrettable, car il est bien tard pour la combler aujourd'hui.

Nous la comblerons pourtant si nous suivons sans nous en

détourner la voie prudente et sûre que vous avez ouverte. Continuons à observer patiemment les faits, sans esprit de système, avec cette bonne foi qui distingue franchement ce qui est certitude de ce qui n'est que conjecture; gardons-nous de substituer l'hypothèse à l'observation et les formes vagues et mystérieuses du sentiment aux lois sévères de l'analyse. Sans doute en parlant des choses chrétiennes on s'élève involontairement à un autre langage que s'il était question du monde païen et de son étroit horizon; mais il ne faut pas que la poésie des mots masque le vide des idées. C'est une science que nous voulons fonder; quel que soit son objet, il faut, pour qu'elle acquière confiance et crédit, qu'elle repose sur la même base que toutes les sciences, c'est-à-dire sur la méthode scientifique.

Quand nous aurons ainsi accompli notre tâche, ne croyez pas que nous n'ayons obtenu qu'une vaine satisfaction d'esprit; il en résultera, j'en ai la conviction, de notables profits pour nos études historiques. Il est telle page de nos annales, aujourd'hui presque entièrement effacée, que nous verrons revivre et que nous lirons couramment lorsque notre archéologie aura scientifiquement établi certains faits et les aura rendus incontestables. Connaissons-nous bien, par exemple, quels furent, depuis le septième siècle jusqu'aux croisades, les rapports de l'Occident avec l'Orient? A ne consulter que les documents écrits, qui s'aviserait de supposer qu'entre les bazars de Byzance et les comptoirs de Cologne, entre les couvents de la Thessalie et les cloîtres de l'Auvergne, ou du Poitou, il existât des relations, sinon toujours fréquentes, du moins jamais complétement interrompues? Les érudits n'en veulent rien croire, mais les monuments l'affirment et ce sont eux qui auront raison. Il est bien d'autres problèmes historiques qui s'éclairciront à cette lumière nouvelle. Mais j'en conviens, ce ne sera pas l'œuvre d'un jour et le but sera d'autant mieux atteint qu'on aura mis plus de temps et de patience à le poursuivre.

En attendant, nous sommes dès aujourd'hui en possession d'un autre résultat qui a bien aussi son importance, quoiqu'il soit purement pratique. Je veux parler des enseignements et des secours que notre archéologie nous procure pour la restauration des monuments du moyen âge; il ne suffit pas, en effet, d'avoir de l'argent et de la bonne volonté pour prévenir la ruine de certains édifices, il faut encore savoir comment s'y prendre. Si l'artiste ne connaît ni la règle ni l'esprit qui ont présidé à leur construction, il risque en les restaurant de les déshonorer, trop souvent même de les détruire. Grâce à vos leçons, grâce à ces premiers éléments de la science archéologique, que vous avez rendus populaires, nous n'aurons plus de telles chances à courir ; un certain nombre de jeunes artistes se sont approprié, sous vos auspices, les secrets du passé, ils ont exercé non-seulement leurs yeux à bien copier ce qui subsiste, mais leur intelligence à deviner ce qui est détruit, et désormais nous pouvons leur confier sans crainte, ils peuvent entreprendre sans témérité, une tâche naguère impossible.

Mais, à côté de cet avantage, laissez-moi vous signaler un danger : l'étude approfondie de notre architecture du moyen âge, la connaissance de plus en plus intime de ses beautés semblent nous exposer à une fâcheuse tentation. Ressusciter cette architecture quand il s'agit d'effacer les ravages du temps dans les œuvres qu'elle a créées, rien de mieux ; mais ne parle-t-on pas de l'imiter aussi, quand il faut construire à nouveau pour nos propres besoins, pour nos propres usages ? Je sais que de brillants esprits, loin de s'alarmer à cette idée, l'encouragent et la favorisent. Ils font, selon moi, bon marché du temps où nous vivons et lui refusent bien durement cette faculté d'invention, cet esprit créateur dont aucun siècle ne fut complétement dépourvu. Sans doute à l'âge où sont arrivées nos sociétés modernes, avec nos habitudes d'analyse et de réflexion, au milieu de cette atmosphère de doute et d'égoïsme qui nous enveloppe, nous pourrions difficilement prétendre à créer un de ces types entièrement nouveaux qui n'apparaissent qu'aux époques où la foi est vive, ardente, généreuse. Mais faut-il pour cela nous résigner dès l'abord à copier platement ce que d'autres ont inventé ? L'imitation dans le domaine de l'art sera toujours, quelque intelligente qu'on la suppose, un des plus pauvres emplois de la pensée humaine. Jamais dans ce monde l'art ne s'est produit deux fois sous la même forme, ou bien la seconde fois ce n'était que du métier. Pourquoi, je vous le demande, cette architecture qui régnait encore il y a vingt ans, et qui nous fatiguait de ses banales colonnes, de ses frontons inanimés, de ses monotones rosaces, pourquoi nous inspirait-elle un si grand éloignement ? Était-ce parce qu'elle avait mal choisi ses modèles ? Mais les monuments qu'elle s'imaginait reproduire sont la gloire de l'esprit humain ; ce sont des types d'éternelle beauté ; on se prosterne à leur aspect. Qu'est-ce donc qui nous révoltait ? C'était l'imitation. Il en sera de même, quel que soit l'objet imité. Copiez le Parthénon, copiez la cathédrale de Reims, vous subirez la même influence : les modèles resteront sublimes, les copistes feront pitié.

Honneur donc à ceux qui, même aujourd'hui, ne désespéreront pas d'inventer une architecture nouvelle, c'est-à-dire une combinaison de lignes et un système d'ornementation qui n'appartiennent qu'à notre époque et qui en perpétuent le souvenir! Qu'ils ne s'inspirent ni des formes antiques ni des formes du moyen âge, qu'ils se pénètrent seulement de la pensée mère qui les inspira, pensée d'artiste et non d'archéologue. Surtout qu'ils se préparent à tenir grand compte de toutes les exigences de notre civilisation, de nos idées, de nos habitudes. C'est en leur obéissant, c'est en cherchant à les comprendre et à les satisfaire, qu'ils auront chance de découvrir quelque chose d'original. Une architecture qui sait s'accommoder aux besoins de son temps n'est jamais ni banale ni insignifiante. Elle exprime quelque chose, elle a une physionomie; ce qui est déjà un certain genre de beauté.

Si nous plaidons ainsi la cause de l'art, si nous voulons qu'il n'obéisse qu'à ses inspirations, qu'il jouisse de la plus entière liberté, ne croyez pas que ce soit au détriment de notre science favorite. Non, messieurs, l'archéologie du moyen âge sera d'autant plus prospère, elle obtiendra d'autant plus de respect et de crédit, qu'elle ne se mêlera que de ce qui la regarde. Le plus sage conseil que vous puissiez lui donner, c'est de se renfermer dans son domaine, c'est-à-dire dans le champ du passé. Autorisez-la seulement à nous prêter son assistance pour la restauration des anciens monuments, mais ne la laissez jamais en construire de nouvaux. Que par exception, dans de rares circonstances, elle se fasse comme un jeu d'esprit de présider à la construction de quelques oratoires, de quelques chapelles, et, par exemple, qu'elle exhume de la poudre du treizième siècle un plan pour cette église de pélerinage, cette Notre-Dame de Bon-Secours, dont le curé, quêteur intrépide, s'acquitte de son apostolat comme s'il était lui-même du siècle de saint Louis, c'est-là une sorte de miracle qui ne saurait tirer à conséquence. Mais que ces exceptions ne fassent pas coutume : qu'elle reste archéologie c'est-à-dire étrangère au monde d'aujourd'hui. Et si dans quelques-unes de nos villes nous devons voir s'édifier à grands frais de soi-disant copies de chefs-d'œuvre inimitables, qu'il soit bien constaté que l'archéologie du moyen âge, telle que vous l'avez conçue, telle que vous la maintenez, n'a pris aucune part à ces profanations, et qu'elle n'en est pas plus responsable que des vieux meubles de moderne fabrique et des armures de carton qu'on passe au compte du moyen âge dans les boutiques de brocanteurs.

Je m'arrête, messieurs, quelle que que soit l'indulgence que vous m'avez témoignée, je ne me permettrai pas d'en abuser plus longtemps. — Laissez-moi seulement vous remercier encore, non plus au nom de nos confrères en archéologie pour les services que nous avons reçus de vous, mais en mon propre nom pour l'insigne honneur que vous m'avez fait en m'appelant cette année à diriger vos travaux. J'ai cru ne pouvoir mieux vous exprimer ma reconnaissance qu'en vous parlant avec toute franchise et en vous demandant votre concours pour le bien de notre cause commune. Puissent les idées que je vous ai soumises obtenir votre sympathie! puissé-je avoir éveillé votre sollicitude ! Je n'aurai pleine confiance au succès que lorsqu'il me sera garanti par la sanction de votre exemple et par l'autorité de vos paroles.

… X

M. CHARLES LENORMANT

Nous ne saurions achever ce choix de fragments sur l'art du moyen âge sans nous rappeler l'absence d'un des hommes qui l'ont le plus aimé, le mieux apprécié et le plus utilement servi, bien que la direction la plus connue de son esprit fût vers d'autres études. Pendant le temps où nous étions chargé de veiller à la conservation de nos trésors historiques, personne ne nous avait prêté un plus zélé concours. Il n'est donc pas de meilleure place pour renouveler l'hommage que peu de temps après sa fin prématurée nous eûmes à cœur de lui rendre. Les paroles qu'on va lire en sont la simple reproduction.

Il n'est personne que la mort de M. Lenormant n'ait vivement ému. Mourir sitôt, loin des siens, sur la terre étrangère, passer en quelques heures des plaisirs du voyage, des joies de la science, de l'espoir du prochain retour aux suprêmes angoisses, c'est là un de ces coups qui étonnent et consternent même les plus indifférents. Mais l'émotion serait autrement profonde si chacun savait, comme nous, quels liens cette mort a brisés, quels travaux elle laisse interrompus, quel esprit généreux, quel noble cœur nous sont ravis !

Déjà, devant sa tombe, au nom du corps illustre auquel il appartint pendant vingt ans, un confrère, un ami, a dignement parlé de lui ; d'autres paroles, destinées aussi à ce solennel adieu, ont révélé tout le bien qu'il a fait tous les regrets qu'il laisse dans le précieux dépôt dont il avait la garde ; je n'en veux pas moins à mon tour payer tribut à sa mémoire. Pour toute une partie de ses œuvres mon témoignage sera sans valeur. A moins de posséder soi-même un savoir presque universel, comment oser parler de tout ce qu'il a fait? Je ne sais guère, dans aucun siècle et dans aucun pays, un mystère archéologique que sa curiosité n'eût voulu pénétrer. Pour le suivre, il faudrait aborder et le domaine entier de la numismatique, et les problèmes les plus ardus de la philologie et de l'épigraphie, à commencer par ceux de l'écriture hiéroglyphique. Sur tout cela mon incompétence est complète. Mais dans d'autres études d'un accès plus facile nous nous étions rencontrés, et là, pendant trente ans du plus agréable commerce et de la plus véritable amitié, j'ai vu de près les qualités de son esprit, j'ai connu l'homme et le savant. Qu'on me permette donc d'essayer de le peindre, de dire au moins quelle fut sa vie, et par quelle laborieuse route il s'était élevé dans la science à l'éminente position dont il aura si peu joui.

Né en 1802, il eût dès 1815 le malheur de perdre son père. Trop jeune pour lui succéder dans sa charge de notaire à Paris, il n'en fut pas moins destiné à suivre un jour la carrière paternelle. On ne négligea rien pour la lui faire aimer. Tous les efforts furent inutiles; jamais on ne put faire de lui un clerc de la moindre espérance. Un voyage entrepris vers la fin de 1824 et continué pendant près d'un an à travers l'Italie et la Sicile mit fin à toute lutte et décida sans retour non-seulement de sa vocation, mais du bonheur de sa vie. Ce fut en effet pendant ce long voyage, où la vue des chefs-d'œuvre de l'art antique et moderne lui avait révélé toute la vivacité de sa passion d'archéologue, de critique et d'artiste, ce fut en Italie, en 1825, qu'il rencontra pour la première fois madame Récamier et sa nièce. Les deux jeunes gens s'engagèrent leur foi presque en même temps qu'ils se virent : l'année suivante ils étaient mariés.

Bientôt après, par dévouement à la science, il fallut s'imposer un cruel sacrifice, une séparation. Celle-là du moins devait avoir un terme ! On était en 1828 ; Champollion partait pour l'Égypte, occasion peut être unique (l'événement l'a prouvé) de l'entendre exposer, d'étudier avec lui, sur les parois des monuments eux-mêmes, sa merveilleuse découverte. M. Lenormant, qui déjà s'était fait son élève, pouvait-il abandonner son maître? Il s'arma de courage et suivit Champollion. Pendant toute une année, il vécut avec lui sur le Nil, sans mission officielle, en amateur et à ses frais, mais associé à tous les travaux de la nouvelle expédition d'Égypte, compagnon assidu de son chef, dépositaire de toutes ses pensées.

L'Égypte une fois explorée, il se rendit en Grèce. C'était le temps où tous les cœurs battaient pour ce noble pays. Jeune, ardent, généreux, M. Lenormant plus que tout autre devait embrasser avec feu cette sainte et glorieuse cause. Je ne crois pas qu'en 1828 il y eût un philhellène plus chaleureux que lui, et cet amour filial pour la Grèce n'était pas seulement un enthousiasme passager; chez lui, le philhellène de 1828 vivait encore en 1859. Cette constance, il la devait aux souvenirs ineffaçables que lui avait laissés son premier séjour en Morée. Il avait assisté, même il avait pris part au dernières luttes de l'indépendance, et lorsque après la victoire il put, en paix, sans distraction, étudier les monuments antiques, il n'en fut pas moins chaque jour mêlé à ces populations ivres de joie et d'espérance. Autour de chaque ruine et de chaque chef-d'œuvre il entendait des cris et des chants de triomphe. De là pour lui deux impressions inséparables : la Grèce antique et la Grèce moderne s'étaient identifiées dans son esprit, et son admiration pour l'une ne cessa plus d'entretenir sa sympathie pour l'autre.

De retour en France, un peu avant 1830, M. Lenormant, non sans regret, vit tomber cette antique monarchie dont l'esprit n'était pas le sien, et dont les derniers actes l'avaient même irrité, mais qui ne pouvait périr sans laisser après elle des chances trop certaines de désordre et d'instabilité. Parmi les hommes dont le pouvoir nouveau s'était d'abord sagement entouré, le jeune archéologue comptait des protecteurs et des amis. Il ne fut pas tenté de chercher sous leur patronage les hasards d'une carrière nouvelle, et ne fit dans l'administration qu'une apparition de trois mois, comme chef de la section des beaux-arts au ministère de l'intérieur. C'était ne pas sortir de son cercle d'études et continuer d'une façon sédentaire les fonctions d'inspecteur des musées qu'il avait exercées jusque-là. Il sortit de ce poste où l'avait appelé la confiance de M. Guizot le jour où celui-ci quitta le ministère, et il entra pour n'en plus sortir dans la calme retraite des bibliothèques publiques. D'abord il fit à l'*Arsenal* un séjour de deux ans, puis il passa comme adjoint en 1832 à ce cabinet des médailles dont il devait en 1840 devenir le conservateur.

S'il s'écartait de la vie publique, s'il s'enfermait dans l'étude, ce n'était pas pour garder le silence et tenir secrets ses travaux. Depuis 1827, M. Lenormant avait publié dans divers recueils périodiques d'assez nombreux essais de critique et d'archéologie. Une étude sur les *vases grecs*, une autre sur le *système hiéroglyphique*, un travail sur les *vitraux peints*; et bien d'autres qui m'échappent, avaient attiré l'attention par une abondante variété d'informations et d'idées, par un piquant mélange de savoir et d'imagination. Parfois aussi, sans dédaigner des cadres plus restreints, ses idées sur l'art et sur le beau s'étaient comme échappées, au courant de sa plume, tantôt dans le compte rendu d'un *salon* de peinture, tantôt dans le récit d'une représentation musicale. En peu d'années il eut ainsi pris place parmi les juges les plus experts et les plus délicats dont alors, en matière de goût, le public acceptât les arrêts. On pouvait s'étonner qu'avec son ardeur expansive il n'eût pas encore essayé d'un moyen d'émettre ses idées plus puissant que la parole écrite et qui semblait fait pour lui; n'y avait-il pas, en effet, dans les qualités de son style aussi bien que dans ses défauts quelque chose de l'improvisateur? Lui-même en avait conscience. Aussi lorsqu'en 1835 M. Guizot le désigna pour faire à la Sorbonne, comme son suppléant, le cours d'histoire moderne, il accepta sans hésiter, et à peine était-il en chaire qu'il se trouvait pourvu non-seulement d'une élocution facile, mais des principaux dons qui font un professeur et lui assurent un public.

Une ère nouvelle commençait donc pour lui. Sans négliger l'érudition, sans manquer à l'archéologie, il allait prendre au sérieux sa mission de professeur d'histoire. Par nature, il aimait passionnément la vérité, et c'est en la cherchant avec une ardente bonne foi pour éclairer ses auditeurs qu'il sentit naître ou plutôt se réveiller en lui, à la clarté de la science, les croyances de son jeune âge, heureux don qui devait rendre sa vie sereine et lui garantir le bienfait d'une tranquille mort.

Ce ne fut pas dès les premières années de son professorat que ce changement se laissa voir. On lui avait d'abord permis de faire, par exception, un cours d'histoire *ancienne*, et sur le sol antique, devant le paganisme incontesté, rien ne pouvait encore provoquer ses scrupules. Mais, lorsque après trois ou quatre ans de tolérance il fallut en venir à professer l'histoire moderne, au seuil même de cette histoire, il trouva devant lui, sans pouvoir l'éluder, un mystérieux problème. Qu'allait-il dire du christianisme? Sous quel jour l'allait-il présenter à cette jeunesse des écoles? N'en ferait-il que la plus grande des révolutions humaines? Y verrait-il l'œuvre de Dieu? Pour trouver la réponse, il consulta les textes saints, compara, contrôla les divers témoignages, puis, lorsque pièce à pièce il eut sondé les fondement de l'édifice et reconnu sans en pouvoir douter que ce n'était pas l'homme qui seul l'avait pu construire, il se soumit et crut que c'était Dieu

Mais un degré lui restait à franchir. La conviction chez lui, si vive et si peu cachée qu'elle fût, n'était encore que théorique. Il croyait et ne pratiquait pas : inconséquence assez commune dont il se hâta de sortir, sans faste comme sans effort. De ce jour, dans ses moindres paroles on sentit l'empreinte de sa foi. Son genre d'esprit ne lui permettait pas, soit de garder en lui la vérité lorsqu'il pensait l'avoir acquise, soit même d'en tempérer quelque peu, d'en atténuer l'expression, encore moins de prendre des détours pour marcher à son but; il cherchait le chemin le plus droit et s'y lançait tête baissée. Aussi, tout en ne faisant que de l'histoire et en remplissant ses leçons de recherches et de faits, son cours fut comme un plaidoyer véhément, mais sincère et toujours libéral en faveur des caractères divins de la révolution chrétienne.

Un nombreux et jeune auditoire suivit ce cours avec ardeur; mais au même moment, à quelque pas de là, un courant tout contraire poussait vers d'autres chaires une autre partie de la jeunesse. Le pouvoir, alarmé de témérités regrettables, fit fermer un de ces cours, et aussitôt l'esprit de représailles résolut d'interrompre les leçons de M. Lenormant. On vit alors comme toujours, ce que peuvent quelques turbulents; ils firent peur aux paisibles, et au nom de la liberté étouffèrent sous leurs cris la voix du professeur. Celui-ci lutta noblement, avec calme, assez pour maintenir sa propre dignité, pour justifier par sa patience la vérité de ses convictions; puis, lorsqu'il reconnut qu'il y avait parti pris et qu'en prolongeant la lutte il risquait d'envenimer l'attaque sans rencontrer peut-être grande chaleur dans la défense, il protesta et se démit de ses fonctions.

On a honte aujourd'hui de relire le récit, l'exacte sténographie de ces avanies brutales, triste avant-goût de cet autre délire qui éclatait deux ans après, en février. On s'étonne surtout en ne trouvant dans toutes ces leçons qu'un esprit tolérant et libre, toujours respectueux chez les autres des convictions contraires aux siennes. Aussi la réaction fut prompte en faveur de M. Lenormant, et la réparation dut lui sembler complète, lorsqu'en 1849, tous ses protecteurs en exil et ses amis hors du pouvoir, une libre élection, vœu spontané de ses émules et de ses pairs, le mit en possession de la chaire d'archéologie que la mort de M. Letronne laissait vacante au collége de France.

Son enseignement cette fois prit un tout autre caractère. Depuis trois ans, il est vrai, la lutte religieuse s'était fort apaisée; mais, s'il l'avait voulu, rien n'était plus facile, à propos de l'archéologie chrétienne, que de retrouver les questions, les succès, le public de son premier cours. Tout aussi aisément il pouvait s'assurer d'un brillant et nombreux auditoire en se donnant carrière dans les beaux siècles de la Grèce ou de Rome. Son choix fut plus austère. La découverte de Champellion lui semblait en péril; le plus urgent devoir était de la sauver, c'est-à-dire de former par des leçons patientes et techniques quelques bons lecteurs d'hiéroglyphes, travail ingrat et modeste, sorte d'humilité scientifique qui déjà donnait d'heureux fruits, car on semblait depuis ces dix années voir chaque jour se ranimer le goût des études égyptiennes.

Mais s'il se condamnait, au collége de France, à ces travaux obscurément utile, il se dédommageait au dehors.

Son ardeur n'était pas éteinte et ses goûts militants s'exerçaient chaque mois dans un recueil périodique qu'il soutenait et dirigeait. Outre la polémique passagère, ce recueil lui devait parfois, sur des questions générales et d'un intérêt permanent, de véritables traités, publiés chapitre par chapitre, puis reproduits sous un titre commun. Tel est entre autres un essai sur les *Associations religieuses* où une argumentation serrée s'unit à la raison la plus droite, et qui fait à l'esprit des sociétés modernes toutes les concessions compatibles avec les droits et les besoins du chrétien. Enfin, toujours fidèle à ses premiers travaux, il poursuivait sans relâche deux grandes publications scientifiques entreprises par lui il y a quinze ou vingt ans, l'une avec le concours de M. de Witte, *l'Élite des monuments céramographiques*, histoire et commentaire du symbolisme mythologique étudié sur les vases peints, l'autre qu'il conduisait seul, le *Trésor de numismatique et de glyptique*, sorte d'encyclopédie iconographique, histoire des monnaies, des médailles, des pierres gravées, des sceaux, à tous les âges et dans tous les pays.

Comment trouvait-il le temps de mener de front tant de choses? On doit à peine le comprendre et je n'ai rien dit encore ni de l'*Institut* ni de la *Bibliothèque* où se dépensait à coup sûr la plus grande partie de son temps. Il y a des gens, d'ailleurs très-estimables, qui dans ces sortes d'associations n'ont pas même l'idée de faire pour le bien commun plus que le règlement n'exige. M. Lenormant n'entendait pas ainsi l'esprit de corps et l'honneur du drapeau. Il s'était donné, j'ose dire, corps et âme à son Académie. Aussi sa place y sera longtemps vide, tel successeur qu'on lui puisse trouver.

Nul comme lui ne sera toujours prêt, à toute heure et sur toute question, muni d'une telle mémoire, d'un tel don de saisir comme au vol les rapprochements ou les contrastes les plus inattendus. Ce qu'il avait de vues, d'aperçus, de rapides instincts, je ne saurais le dire : presque toujours heureux, quelquefois téméraire, comme tous les esprits qui sont moins tourmentés de la peur de se compromettre que de l'envie de découvrir. Sur les sommets de la science, c'était un éclaireur, un hardi pionnier ; et en même temps, dans les menus détails, un classificateur circonspect. De là, pour diriger le cabinet des médailles, une aptitude singulière, un mélange de prudence et d'ardeur. Jamais de préférences exclusives, point de prédilections capricieuses; une sollicitude égale pour chaque case du médaillier, même envie de tout compléter et de tout enrichir; l'œil constamment ouvert sur les cabinets étrangers, sur leurs progrès, sur leurs lacunes, et toujours à l'affût des moyens d'étendre et d'accroître la supériorité du nôtre; n'hésitant pas enfin à s'engager de ses propres deniers lorsque, dans une vente, son budget épuisé ne pouvait plus, sur un seul exercice, lutter contre Londres ou Berlin. C'était sa vie, son orgueil que ce trésor, un des plus beaux du monde. Il l'aimait comme un capitaine est amoureux de son vaisseau ; et, n'en déplaise à ses meilleurs amis, je crois, sans hyperbole, qu'après Dieu, sa femme et ses enfants, ce qu'il avait de plus cher en ce monde, c'était le cabinet des médailles et l'Académie des Inscriptions.

Je ne dois pourtant pas oublier une autre institution plus modeste qu'il avait en très-vive affection, je parle de la commission des monuments historiques. Personne plus que lui ne prit à cœur cette restauration des vieux souvenirs de notre histoire, si libéralement entreprise depuis 1830 par le gouvernement et par les Chambres ; personne n'eut plus vite étudié les besoins de chaque province et de chaque édifice. Je l'ai vu là, comme à l'Académie, plein d'invention et de ressources, ne refusant jamais aucun fardeau. Puis, lorsqu'au nom de la politique on crut devoir, un certain jour, épurer cette commission, comme on permit par bonheur aux membres maintenus de se choisir eux-mêmes un nouveau président, les exclus s'en allèrent rassurés sur l'avenir de l'œuvre, puisque la présidence passait aux mains de M. Lenormant.

Ce zèle infatigable, cette prodigalité de ses forces et de son temps, n'étaient au fond que l'entraînement d'une nature généreuse, prédisposée au dévouement. Il avait le cœur chaud autant que la tête active, et ne savait faire rien à demi, pas plus aimer que travailler. Le cadre étroit où je m'enferme ici, et que déjà peut-être je dépasse, ne permet pas que je pénètre dans l'intérieur de cette vie. Où serais-je conduit si je voulais faire voir comment il savait obliger, ce que c'était pour lui que servir ses amis ; un seul exemple dira tout. Lorsque l'émeute, en février, menaçait d'envahir l'hôtel des affaires étrangères, chez qui M. Guizot mettait-il en sûreté ce qu'il avait de plus cher, sa mère et ses trois enfants ? qui lui en répondait, et qui, après de sinistres journées et de longues angoisses, lui rendait son précieux dépôt ? Nous l'apprendrons sans doute dans les Mémoires de M. Guizot ; il y aura là une page qui en dira plus sur le cœur de M. Lenormant que toutes nos paroles.

Cette pente au dévouement n'a-t-elle pas abrégé sa vie? Je crains de ranimer une plaie encore vive ; mais pourquoi s'en allait-il en Grèce? N'était-ce que pour revoir une troisième fois cette terre vénérée? Un devoir plus sacré l'entraînait : ne pas laisser son fils seul, sans guide, sans secours dans ces climats lointains; initier lui-même, conduire aux sources vives de l'archéologie cette jeune intelligence avide de savoir, déjà si riche et si bien préparée, voilà ce qui l'a poussé, on peut dire malgré lui. La saison n'était guère favorable, et quelques noirs pressentiments semblaient lui traverser l'esprit, à lui d'ordinaire si serein. Peut-être aussi regrettait-il de partir le jour même où paraissait un livre inspiré par un autre devoir, et dont il avait sans doute quelque sollicitude. N'eût-il pas mieux aimé rester là comme pour protéger cette vie jusque-là si cachée qui allait se laisser voir au jour? Tout cela pouvait l'agiter ; mais ces nuages eurent bientôt disparu : une rapide traversée, le succès de ce livre qui, plus rapide encore, le précéda pour ainsi dire, le soleil de l'Attique, la vue du Parthénon, l'accueil cordial et fraternel d'anciens et nombreux amis, des soins, des égards, des honneurs inespérés, tout avait fait comme un enchantement de cette expédition hasardeuse. C'est à la veille du retour, dans une dernière excursion, que devait commencer la série déplorable d'accidents et de fatalités dont le récit fait mal. Les détails en sont déjà connus de ceux qui me liront. Ce brusque changement du ciel amenant l'invasion du mal, cette mer devenue furieuse qui s'oppose au retour et à tout moyen de salut, ces trois jours de cheval et de route accablante, et lorsque enfin on touche Athènes, les secours devenus impuissants dès qu'ils commencent à devenir possibles, c'est un trop désolant spectacle, il faut s'en écarter.

Si je m'y arrêtais, ce serait seulement pour recueillir les témoignages unanimes de la résignation forte et calme qu'a laissé voir pendant ces dix jours d'agonie celui qui se sentait mourir. Pas une plainte, pas un soupir. C'est là pour ceux qui le pleurent, la vraie, la seule consolation. Ils n'ont pu lui fermer les yeux ; mais ils savent qu'à ce moment suprême il avait pour le soutenir et pour veiller à son chevet l'énergie de ses espérances. Et si nous descendons de ces hauteurs pour regarder la terre, n'auront-ils pas aussi quelque douceur à voir quelle éclatante fin couronne cette modeste vie? Qui sait s'il n'avait pas lui-même rêvé de mourir là, au champ d'honneur, dans la force de l'âge, comme cet autre antiquaire, l'honneur de l'Allemagne? Les voilà réunis, leurs noms inséparables sont gravés sur un marbre qui ne peut plus périr, tant que le sol d'Athènes sera foulé par un voyageur, tant que vivra le souvenir de l'*Académie de Platon*.

18 décembre 1859.

FIN DE LA DEUXIÈME SÉRIE.

TABLE DES MATIÈRES

DE LA DEUXIÈME SÉRIE

I (1844). — NOTRE-DAME DE NOYON.

PREMIÈRE PARTIE. — Essai archéologique.   1
- I. — État actuel et caractère du monument.   3
- II. — Documents et traditions. — Insuffisance des preuves écrites. — Comment y suppléer. 11
- III. — L'architecture du moyen âge est-elle un art? A-t-elle des règles et des lois?. 36
- IV. — L'église Notre-Dame de Noyon peut-elle être antérieure ou postérieure au douzième siècle? . . 75
- V. — Questions relatives à l'époque de transition. . . 81
- VI. — Application des principes énoncés ci-dessus. . . 116
- VII. — Origine et caractère de la révolution architecturale commencée au douzième siècle. 126
- VIII. — Conclusion. 141

DEUXIÈME PARTIE. — APPENDICE. 143
- I. — Plan de l'église et des monuments adjacents. . . 143
- II. — Façade occidentale. 157
- III. — Intérieur. 165

TABLE DES MATIÈRES.

  IV. — Détails.................................. 170
    I. — Bases des colonnes...................... 171
    I. — Chapiteaux des chapelles du chœur......... 172
    III. — Chapiteaux de la nef, du triforium du chœur et des transsepts........................ 176
    IV. — Corniches, arcs doubleaux, nervures et moulures diverses............................. 178
    V. — Éperons du porche....................... 180
    VI. — Le cloître............................. 182
    VII. — Porte de la sacristie................... 184
    VIII. — Armoires et bahuts dans la salle du Trésor. 185
  V. — Des églises à transsepts arrondis............. 188
  VI. — Liste chronologique des évêques de Noyon..... 215
II (1860). — L'architecture chrétienne en Judée........ 235
III (1859). — L'architecture du moyen âge en Angleterre. 258
IV (1830). — De l'architecture lombarde............... 291
V (1830). — L'église Saint-Cunibert a Cologne......... 316
VI (1831). — Les monuments historiques du nord-ouest de la France................................... 326
VII (1833). — Le musée de l'hôtel de Cluny............ 381
VIII (1861). — De l'orfévrerie religieuse au moyen age. 395
IX (1847). — L'art et l'archéologie................... 405
X (1859). — M. Charles Lenormant..................... 418

FIN DE LA TABLE DE LA DEUXIÈME SÉRIE

POISSY. — TYP. ET STÉR. DE A. BOURET.

www.ingramcontent.com/pod-product-compliance
Lightning Source LLC
Chambersburg PA
CBHW072217240426
43670CB00038B/1591